부동산은 어떻게
권력이 되었나

부동산은 어떻게 권력이 되었나

지구상 가장 비싼
자산의 미래

The
Land
Trap

마이크 버드 지음
박세연 옮김
홍춘욱 감수

RHK
알에이치코리아

내게 모든 걸 베풀어주신 부모님께

한국어판 서문

토지는 한국의 사회적 격변기마다 그 중심을 차지했다. 일본의 지배에서 벗어난 한국은 독립 공화국의 미래를 향해 나아가고 있었다. 1948년까지 이어진 미군정 시기와 초기 자치 기간에 한국 사회가 보여준 변화는 20세기에 대규모 토지 재분배를 통해 사회 개혁을 일궈낸 가장 성공적인 사례 중 하나였다. 한국 정부는 일본인 지주와 직접 경작하지 않는 지주들의 토지를 몰수해 수백만 명의 소작농에게 나눠줬다. 일본 제국이 한반도에서 물러난 1945년에는 전체 농지에서 자작농이 경작하는 농지의 비중이 35퍼센트에 불과했지만, 한국전쟁이 치열하게 전개되던 1951년 말에는 그 비중이 90퍼센트까지 올랐다.

농촌 사회가 여전히 지배적이었던 그 무렵, 토지 소유권에 대한 개혁이 대규모로 이뤄지면서 토지를 분배받은 소작농들은 새로운 독립 국가의 사회적 주체로 올라섰다. 그리고 농업 생산성을 크게 끌어올렸다. 새로운 토지 소유주들에게 생산성을 높여야 할 동기가 주어지면서 농업 생산량은 빠른 속도로 증가했고, 그렇게 발생한 이익은 마침내 경작자들 자신에게 돌아갔다. 이러한 변화 속에서 한국 사회는 안정을 찾아갔고, 더 많은 이들이 교육을 받기 시작했다. 새롭게 토지를 확보한 농민들은 늘어난 소득을 자녀 교육에 투자했고, 이를 통해 국가의 인적 자본이 강화되었다. 그리고 그렇게 교육받은 인구가 늘어나면서, 이후 수십 년간 이어진 한국의 경제 기적을 뒷받침하는 근간이 마련되었다.

그러나 오늘날 세계적으로 중요하고 가치 있는 토지는 농촌 지역에 있지 않다. 지금 세계 인구의 대부분은 도시에서 살아간다. 도시로의 인구 이동은 특히 한국에서 빠른 속도로 진행되었다. 한국 정부가 토지 개혁을 추진하던 제2차 세계대전 말에는 도시 인구의 비중이 전체 인구의 5분의 1에 불과했지만, 20세기 말에 이르자 5분의 4로 늘었다. 이처럼 급속하게 이뤄진 도시화와 산업화의 흔적은 한국의 주택 시장에 지금도 남아 있다. 은행 대출이 정부가 선호하는 기업과 정부 주도의 사업에만 집중되었던 금융 억압financial repression 시절에, 한국의 일반 가구는 대출에 접근하기 힘들었다. 서구 사람들의 눈에 생소한 한국 특유의 전세 제도는 경제가 빠르게 성장하는 동안에도 주택 소유자는 물론, 주택을 구매하려는 사람 모두 은행 담보 대출에 접근하기가 힘든 상황에서 대안으로 등장한 시스템이었다.

한국 사회가 농촌 중심 경제에서 도시 중심 경제로 넘어가면서, 토지와 주택 소유를 둘러싼 정치와 경제도 달라졌다. 그리고 새로운 위험이 고개를 들었다. 오늘날 한국은 토지와 주택, 부동산이 만들어낸 덫에 전 세계 어느 나라보다 깊숙이 걸려 있다. 토지 가격이 요동칠 때마다 국가 경제와 금융 시스템의 건전성이 위기를 맞고 있다. 현재 전국의 모든 건축물을 떠받치고 있는 토지의 가치는 민간 부문의 비금융 자산(국가 전체의 물리적 구조물과 기업들의 자산을 모두 포함한)에서 약 43퍼센트를 차지한다. 오늘날 한국의 토지 가치는 GDP의 약 189퍼센트로, 이는 2000년 92퍼센트에서 크게 증가한 수치다.

서울 소형 아파트의 터무니없이 높은 가격이 이러한 상황을 상징적으로 보여준다. 공식 통계에 따르면, 서울의 중위 가구가 일반적인 형태의 아파트 한 채를 사려면 소득을 한 푼도 쓰지 않고 모아도 14년이 걸린다. 이 수치는 다른 세계적인 대도시들에 비해 압도적으로 높다. 같은 기준에서 런던은 약 8년이 걸리고, 샌프란시스코는 10년에 조금 못 미친다. 동일 면적으로 비교할 때, 서울의 집값은 서구 세상의 어느 도시보다 비싸다. 이런 상황에서 부모나 조부모로부터 지원을 받을 수 없는 평범한 소득 수준의 가구라면, 세계적으로 역동적인 도시인 서울에서 집을 장만하기란 현실적으로 불가능한 꿈에 가깝다.

최근 집값이 급등하면서 주택을 이미 소유한 사람들과 주택 구매를 희망하는 청년층 사이에서 갈등이 고조되고 있다. 작년 기준으로, 서울에 거주하는 30대 중 주택을 소유한 사람들의 비중은 25.8퍼센트로 최저치를 기록했다. 이는 지금으로부터 10년도 되지 않은 시점의 33.3퍼센트에서 크게 하락한 수치다. 그러나 주택을 구매하려는 젊은 층과 자산 가치를 지키려는 기성 소유자들 모두를 만족시키는 것은 불가능한 과제다. 간단하게 말해서, 토지의 덫이란 토지 가격이 오를 때 승자와 패자가 필연적으로 발생하게 되는 현상을 뜻한다. 또한 한국 부동산 시장의 과열은 다른 문제들도 더 심각하게 만들고 있다. 가령 한국의 지역 간 주택 가격 격차는 선진국들 사이에서도 가장 극단적인 수준이다. 평균적으로

서울과 부산, 인천 등 대도시의 주택 가격은 소도시의 세 배에 이른다.

다음으로 경제 활동이 활발하게 이뤄지는 생산성 높은 도시들을 중심으로 주거 비용이 극단적으로 오르면서, 이미 세계 최저 수준의 출산율을 더욱 거세게 끌어내리고 있는 것으로 보인다. 2024년 기준으로, 주택을 소유한 신혼부부 중 아이를 낳은 비율은 56.6퍼센트였지만, 주택을 소유하지 않은 신혼부부의 경우는 47.2퍼센트에 불과했다. 서울대학교의 도영웅 연구원에 따르면, 2015~2023년에 한국의 출산율 하락에서 주거 비용의 급격한 상승이 3분의 1 정도 영향을 미친 것으로 추산된다.

일부는 단순한 해결책을 제시한다. 그들은 토지와 부동산 가격을 끌어내리면 된다고 말한다. 그러나 부동산 시장의 하락은 그 자체로 또 다른 위험의 원인이 된다. 그 이유는 토지와 부동산이 금융과 밀접하고 강력한, 때로는 위험한 관계를 맺고 있기 때문이다. 부동산이라는 자산은 소유자에게는 대출을 위한 담보로, 그리고 은행에는 대출의 안전장치로 기능한다. 이러한 면은 한국 사회에서 특히 두드러지게 나타난다. 주택 가치에 다양한 방식으로 연동되어 있는 한국의 가계 부채는 GDP 대비 89퍼센트 수준으로, 이는 영국의 76퍼센트, 미국의 68퍼센트, 일본의 64퍼센트를 한참 웃도는 수치다. 이처럼 높은 가계 부채는 한국은행의 정책적 움직임도 어렵게 만든다. 가구들이 금리 인상에 그만큼 취약하기 때문이다.

최근 이재명 대통령은 부동산 시장에 대한 새로운 규제로 대출 확대를 막고 있다. 그는 지금의 한국 주택 시장을 "시한폭탄"에 비유하기도 했다. 그리고 다른 선진국에 비해 상대적으로 낮은 부동산 보유세를 인상해야 한다는 논의를 새롭게 불러일으키고 있다. 현재 상황의 심각성에 대한 이재명 대통령의 판단은 옳다. 그러나 한국 정부가 부동산 시장의 열기를 가라앉히고자 개입한 것은 이번이 처음은 아니다. 2017~2022년 동안 문재인 정부 역시 대규모 대출 규제를 실시한 바 있다.

결론적으로 주택과 토지를 둘러싼 암울한 상황을 타개하려면, 공급이 필요한 지역을 중심으로 수백만 채의 주택을 새로 지어야 한다. 한국 정부는 2030년까지 수도권에 135만 채에 달하는 신규 주택을 공급하기 위해 서둘러 움직이고 있다. 본격적인 공급 확대가 이뤄지지 않는 상황에서 대출 규제는 주택 부족이라는 근본적인 문제를 덮어 두기 위한 임시방편에 불과하다.

시한폭탄을 해체하는 경우와 마찬가지로, 자칫 잘못된 전선을 자른다면 그 결과는 재앙으로 이어질 수 있다. 이 책에서 나는 역사적으로 많은 정부가 조세 제도와 금리 인상, 대출 규제를 통해 부동산 시장의 열기를 의도적으로 가라앉히려 했던 다양한 사례를 소개하고 있다. 그중에서도 일본의 경우, 정부와 중앙은행이 부동산 가격을 의도적으로 끌어내리면서 장기 침체가 시작되었다. 부동산 가격이 급락하면서 금융기관들이 줄줄이 무너지고, 국가 경제가 장기 침체와 디플레이션 국면으로 접어들 때까지도 그들은 자신이 어떤 실수를 저질렀는지 깨닫지 못했다.

한국은 아직 1980년대 거품의 정점에 이르렀다가 1990년대 금융 혼란으로 이어진 일본의 재앙적인 상황에는 이르지 않았다. 일본의 경우, 도쿄를 비롯한 여러 대도시를 중심으로 토지 가격이 극단적인 수준으로 치솟았고, 그 밑에는 담보 부채가 거대한 규모로 깔려 있었다. 일본 경제는 대출 주도의 경기 호황을 정상으로 되돌리려면 얼마나 큰 대가를 치러야 하는지 잘 보여주는 암울한 사례다.

제2차 세계대전이 끝나고 한국의 부동산 경제가 겪었던 변화는 아주 먼 과거의 일처럼 보인다. 당시 토지 개혁을 직접 목격하고 기억하는 한국인은 이제 거의 남아 있지 않다. 80년 전 농촌 경제의 개혁이 한국 사회를 더 안정적이고 번영하는 흐름으로 올려놓았다면, 오늘날 대도시를 중심으로 불거지고 있는 토지 위기는 사회적 안정성과 미래의 번영을 위협하고 있다. 이런 상황에서 이 책이 한국 사회에 조금이나마 길잡이 역할을 할 수 있기를 바란다.

감수의 글

요즘 인터넷 세상에서 인기 있는 스토리텔링 중 하나가 "한국은행이 돈을 마구 찍어내기에 현금은 휴지 조각이 될 것이니, 인플레위험을 피할 수 있는 금이나 부동산에 투자해야 한다"는 것이다. 흥미로운 주장이지만 이 책을 읽은 이들은 정반대의 생각을 할 것이다. 책에 다음과 같은 구절이 나오기 때문이다.

오늘날 전 세계적으로 전체 은행 대출에서 모기지, 즉 주택 담보 대출은 압도적인 비중을 차지하고 있다. 미국과 영국의 경우, 주택 담보 대출의 비중이 각각 61퍼센트와 68퍼센트에 이른다. 이 수치는 20세기 초의 32퍼센트와 9퍼센트에서 크게 높아진 것이다.

은행들이 부동산에 대한 대출을 늘림으로써 통화량을 늘린 측면이 더 크다는 이야기다. 즉 통화량의 공급이 많아 집값이 오른 게 아니라, 강력한 부동산 담보 대출 수요가 통화량을 늘린 셈이다.

　　많은 이들이 중앙은행이 금융기관에 지폐나 주화를 '직접' 공급한 것에 주목하지만, 경제학자는 가계나 기업이 보유 현금을 금융기관에 예치한 돈이 대출로 풀리며 유통되는 돈, 즉 파생 통화에 주목한다. 2023년 1월 기준으로, 시중에 풀린 지폐와 동전의 잔량은 168조 원 남짓이다. 반면 예금이나 적금, 수익증권에 투자된 돈은 3802조 원으로 불어나고 국채나 회사채 등 금융자산까지 포괄하는 이른바 광의의 통화량은 6622조 원에 이른다. 즉 세상을 움직이는 것은 파생 통화이며, 파생통화의 대부분은 부동산 대출과 밀접한 연관이 있다는 이야기다.

　　물론 부동산을 담보로 돈을 빌려주는 일은 쉽지 않다. 전근대 사회에서 토지를 소유한다는 것은 거기서 일하는 소작농(혹은 농노)과 지역 전반에 강력한 권력을 행사할 수 있다는 의미를 담고 있었기 때문이다. 따라서 이러한 권한과 책임은 토지 소유자 마음대로 처분할 수 있는 대상이 아니었다.

　　이런 연유로 부동산 담보 대출이라는 새로운 금융상품이 현실에 등장한 것은 1776년 미국 독립혁명 이후의 일이었다. 조지 워싱턴을 비롯한 미국 독립의 아버지들은 북미 대륙의 개척에 앞장선 사람들이자 대규모 토지 보유자들이었다. 이들은 누군가에게서 땅을 물려받은 것이 아니라 빈 땅을 개척하는 것이라 생각했기에 토지 소유권에 대해 강한 집착을 보였다. 토지 투기와 활용에 대한 영국 봉건귀족들의 제한이 독립혁명의 중요한 계기가 되기도 했다. 물론 북미 원주민들의 땅을 빼앗은 유럽의 개척자들을 옹호하려는 것은 아니다. 1910년 조선이 일본의 식민지가 되고 35년에 걸쳐 큰 고통을 겪었기에 북미 원주민들의 희생이 남의 일처럼 느껴지지 않는다.

　　다만 부동산에 대한 소유와 처분 그리고 부채 담보 설정 등의 권한을 갖게 된 것은 세계경제의 역사에서 매우 중요한 계기를 제공했다는 이야기다. 더 나아가 부동산을 보유한 사람만 이 권리가 중요한 게 아니라 경제 전체에 풀린 돈의 상당 부분이 부동산을 담보로 한 대출에서 만들어졌다는 점도 인지할 필요가 있다. 그 결과, 부동산 시장이 붕괴되면서 연쇄적인 대출 부실이 발생할 때 경제는 심각한 위기를 맞게 된다.

　　대표적인 사례가 1930년 대공황이다. 후버 정부는 침체된 건설업과 부동산 산업에 활기를 불어넣을 목적으로 '주택 보유 장려' 정책을 활발하게 펼쳤다. 그러나 1929년 주식시장이 붕괴되고 연이어 주택 가격마저 폭락하면서 경제는 견디기 힘든 고통에 직면했다. 많은 주택 소유자가 대출을 제때 상환하지 못하면서 미 전역에 걸쳐 압류율이 크게 치솟았고, 이는 미국에서 가장 가치 있는 부동산으로 인정받는 뉴욕 맨해튼도 마찬가지였다.

　　한 추산에 따르면, 1920년대에 정점을 찍었던 맨해튼 지역의 땅값이 폭락하고 난 뒤 1960년까지 완전한 회복이 이뤄지지 못했다. 월가가 무너지고 다시 이전 수준을 회복하는 데는 무려 30년이 넘게 걸린 셈이다.

　　여기서 한발 더 나아가 한국, 대만, 일본이 제2차 세계대전 이후 부흥기에 강력한 경제성장을 달성할 수 있었던 이유도 토지 소유권 확립에 있었다는 주장 역시 흥미롭다. 태평양 전쟁 이후 설치된 미군정의 핵심 브레인 울프 라데진스키는 자신의 고향인 우크라이나에서 겪은 일을 바탕으로, 강력한 토지 개혁 프로그램을 실행에 옮겼다. 그는 다음과 같이 토지 개혁의 중요성을 역설했다.

> (지주들이 보유한 토지를) "농민에게 재분배하는 방식으로 단호히 행동하지 않았다면, 공산주의자들은 절대 정권을 잡지 못했을 것이다. 만약 반공주의 세력이 토지 문제를 재빨리 해결했더라면, 나는 지금쯤 아버지의 대규모 제분소와 목재 사업을 물려받아 운영하고 있었을 것이다."

특히 그는 태평양 전쟁이 일어나기 전부터 일본은 물론 동아시아의 불평등한 토지 소유 방식을 집중적으로 연구했다. 그의 추산에 따르면 일본 농촌 가구의 7.5퍼센트가 국가 전체의 50퍼센트 이상을 소유할 정도였고, 이는 사회주의 혁명에 심취하는 젊은 이를 늘리는 결과를 가져왔다.

라데진스키의 연구에 감명받은 딘 애치슨 국무장관은 더글러스 맥아더 주일 연합군 최고사령관에게 즉시 토지 개혁을 추진하라고 지시했다. 1945년 12월 4일 일본 토지 개혁법이 의회를 통과했는데, 이 개혁법의 골자는 지주들이 소유한 토지 중 3헥타르를 넘는 부분을 모두 몰수한다는 것이었다. 이 결과 1950년 일본의 자작농 비중은 62퍼센트로 껑충 뛰어올랐다. 이후 일본 소작농들의 삶의 방식은 완전히 달라졌다. 과거에는 지주들이 임대료와 각종 비용을 명분으로 그들의 돈을 가로챘지만, 이제는 열심히 일하고 저축하고 미래를 설계할 수 있게 되었다.

비슷한 일이 한반도 남부 지역에서 반복되었다. 미군정이 일본인 보유 토지를 저렴한 가격에 불하한 데 이어, 1950년 초 이

승만 정부가 대대적인 농지 개혁을 단행했기 때문이다. 이에 따라 농부들이 소유한 토지의 비중은 1945년 35퍼센트에서 1951년에는 90퍼센트 이상으로 높아졌고 유례없는 교육 붐이 발생했다. 신분의 차이가 철폐되고 누구에게나 공평하게 성공의 기회가 보장된다고 생각하는 순간, 너 나 할 것 없이 자녀 교육에 두 팔을 걷어붙이고 나섰기 때문이다.

이 책은 명확한 사실과 다양한 역사적 사례를 바탕으로 토지가 시장경제의 기반을 만든 핵심 변수라는 것을 증명해 보인다. 오늘날 한국 부동산 시장에서 나타나는 투기 과열과 이에 따른 대출 규제 등 그 흐름을 보고 있자면, 대략적인 미래가 그려지는 듯도 하다. 다만 토지의 덫에 걸리지 않는 나라는 없다는 저자의 말처럼, 우리가 할 수 있는 일은 일단 제대로 알고자 노력하는 것이다. 주택 담보 대출 없이는 집을 살 수 없는 이 시대에, 시장경제의 겉면이 아닌 심부를 움직이는 엔진의 작동 원리를 조금이나마 이해할 수 있다면 독자로서 얻을 수 있는 최고의 성과가 아닐까 싶다. 부디 많은 이들이 이에 닿을 수 있기를 바란다.

차례

1
토지에 관한 거짓말

지금으로부터 약 3200년 전, 그러니까 카이사르가 루비콘강을 건너면서 로마 제국이 시작되기까지는 1000년 이상, 플라톤과 공자가 태어나기까지는 600년 이상이 남았던 그 시절에, '문나비투Mun-nabittu'라는 이름의 한 운 좋은 하인이 고대 바빌론을 통치한 카시트 왕조의 멜리-시팍 2세에게서 토지를 하사받았다.

오늘날 우리는 문나비투라는 인물과 그가 받은 토지에 관해 많은 정보를 알고 있다. 문나비투는 1제곱마일보다 조금 더 넓은 수백 에이커에 달하는 땅을 소유했다. 덕분에 갑부까지는 아니어도 꽤 풍족한 삶을 살았다. 그의 땅은 바그다드의 예전 이름으로 알려진 후다두Hudadu라는 지역의 운하와 인접해 있었다. 우리는 지금 문나비투의 몇몇 이웃들의 이름도 알고 있다. 그건 그가 하사받은 땅의 소유권을 놓고 법적 분쟁에 휘말렸기 때문이다. 결국 판결은 문나비투에게 유리하게 내려졌다. 또한 우리는 그 분쟁을 판결한 관리들의 이름과, 멜리-시팍 2세의 아들인 마르둑-아플라-이디나 1세의 왕궁이 문나비투의 토지를 측량하기 위해 파견한 행정관들의 이름도 알고 있다.

　사실 문나비투는 청동기 시대가 저물던 무렵에 태어나 역사적으로 알려질 가능성이 희박했던 바빌론의 하인에 불과했다. 그러나 그에 관한 기록은 이후로 수 세기에 걸쳐 등장한 수많은 왕과 장군, 학자 및 예언자보다 훨씬 더 많이 남게 되었다. 그것은 문나비투가 토지를 소유했기 때문이다. 그리고 그 소유권에 관한 정보가 길이 50센티미터 정도의 검고 매끈한 석회암에 새겨졌기 때문이다. 그 석회암은 20세기 초 고고학자들에 의해 이란의 수사Susa라는 지역에서 발굴되었다. 쿠두루kudurru라는 이름으로 알려진 그 석판은 말하자면 문나비투의 토지 소유권을 인정하는 공식 기록물이었던 셈이다. 그리고 문나비투는 아마도 나중에 이의를 제기하는 사람에게 자신의 정당한 소유권을 입증할 목적으로 쿠두루의 사본도 보관했을 가능성이 크다.

　그런데 문나비투에 관한 이야기가 이처럼 영구적인 형태의 기록물로 남았고, 그래서 다른 많은 이야기와는 달리 수천 년간 이어졌다는 사실은 역사적으로 우연이 아니다. 문나비투의 소유권을 단단한 석판에 새긴 데에는 다 그만한 이유가 있었던 것이다. 여러 초기 문명에서 토지는 곧 권력을 의미했다. 당시 권력을 쥔 세력은 세금을 곡물 형태로 걷었는데, 그러려면 무엇보다 누가 어느 땅을 소유하고 있는지 구체적으로 파악해야 했다. 그런 정보가 없으면, 누구에게 얼마만큼 세금을 거둬야 할지 알 수 없기 때문이었다. 초기 농업 경제에서 토지를 소유하고, 구획하고, 이용하는 방식은 나라를 운영하기 위한 최우선 과제이자 문명의 번영과 몰락을 결정하는 기준이었다.

　여러 다양한 고대 언어에 걸쳐, 그리고 전 세계 멀리 떨어진 서로 다른 문명에 걸쳐 지금까지 남아 있는 초기 자료 중에는 토지 소유권에 관한 기록물이 많다. 예를 들어, 기원전 3~4세기경 인도에서는 지역을 다스리는 통치자들이 종교 집단에 토지를 하사하면서 그 기록을 평평한 구리판에 새겼다. 이집트의 경우, 4000년 전 지어지고 봉인된 무덤 안에 그 주인공의 생애에 관한 자세한 기록물이 남아 있으며, 거기에는 그가 소유했던 토지에 관한 정보도 들어 있다. 인류가 투자 펀드와 연금, 주식, 채권, 혹은 국제 통화시장을 발명하기 전에, 그리고 역사 기록을 시작하기도 전에 이미 토지는 특별한 자산이었다. 토지를 소유하고 통제하는 기술은 권력을 부로 전환하는 최초의 수단이었다.

문나비투가 타임머신을 타고 지금 세상에 온다면 큰 혼란에 휩싸일 것이다. 그래도 몇 가지만큼은 좀 익숙한 느낌이 들 것이다. 가령 토지가 그럴 것이다. 수 세기에 걸친 거대한 사회적, 경제적 변화에도 불구하고, 토지는 여전히 세상의 중심을 차지하고 있기 때문이다. 지금도 토지를 소유하면 사회적 지위와 경제적 안정을 보장받는다. 이러한 점에서 토지는 어떤 다른 자산보다 우리의 인생, 그리고 성공과 실패에 더 강한 영향을 미치는 주요 자산이다. 매킨지 글로벌 연구소McKinsey Global Institute의 추산에 따르면, 건물에서부터 지식재산권에 이르는 모든 유형 및 무형 자산을 포괄하는 520조 달러 규모의 전 세계 실물 자산에서 토지가 차지하는 비중이 무려 35퍼센트에 이른다.[1] 그리고 전 세계에 존재하는 모든 기계와 인프라 및 설비의 가치를 모두 합친 것이 17퍼센트인 반면, 토지 위에 지은 상업용 건물과 주거용 주택의 가치는 각각 11퍼센트와 21퍼센트를 차지한다.

사실 토지시장의 규모는 전 세계 증권거래소에 상장된 모든 기업의 가치를 합친 것보다 2배 가까이 크다. 그럼에도 전 세계 투자자와 정신없이 바쁜 금융 언론은 주식시장은 초 단위로 면밀하게 분석하면서도, 토지는 주택과 부동산 시장에 딸린 부차적인 자산으로 여긴다. 실제로 사람들이 상업용 혹은 주거용 부동산에 관해 이야기 나눌 때, 실제 가치가 토지에 있는 게 아니라 그 위에 들어선 건물에 있다는 식으로 말한다. 그러나 번화한 도심 지역에서 주택이나 부동산 가격이 비현실적으로 높은 이유는 건물이 아니라 토지 때문이다. 그리고 국가와 도시, 마을에 따라 부동산 가격이 천차만별인 것도 역시 건물이 아니라 그 밑에 있는 토지 때문이다. 특히 부동산 가격이 높은 지역일수록 토지의 가치가 전체 부동산 가치에서 일반적으로 더 큰 비중을 차지한다.

　　하지만 점점 더 무형화, 디지털화되는 세상에서 토지가 여전히 중요한 자리를 차지하고 있다는 사실은 수수께끼처럼 느껴진다. 부동산 관련 데이터가 존재하는 선진국 지역의 경우, 21세기로 접어드는 기간에 걸쳐 토지가 민간 자산에서 차지하는 비중은 평균 18퍼센트에서 26퍼센트로 증가했다.[2] 세상이 점점 비물질화되는 지금도 오히려 토지의 가치가 주식이나 채권 등 금융 자산이나 건물, 기계, 지식재산권 등 실물 자산에 비해 더 빠르게 성장하고 있는 것이다. 지난 30년간 전 세계 경제 성장을 주도한 동아시아 신흥 경제 속에서도 토지 가치는 폭발적으로 증가했다. 중국만 놓고 보더라도, 거대한 부동산 호황이 이어지는 동안에 수십조 달러 규모의 토지 가치가 새롭게 창출되었다. 부유한 나라이든 가난한 나라이든 간에 토지는 그 어떤 자산보다 강력한 힘을 갖고 있다. 그리고 가구와 기업 및 정부는 이처럼 강력한 토지의 힘을 활용해서 엄청난 규모의 차입에 나서고 있다.

그러나 바로 그 강력한 힘 때문에 토지는 위험한 자산으로 전락하기도 한다. 경기 호황과 침체, 성장 둔화, 불평등의 지속과 심화, 역사 전반에 걸친 그리고 지금도 만연한 제로섬 정치 등 흔히 토지와 별 상관없어 보이는 여러 중요한 사회적, 경제적 문제가 사실은 토지와 토지를 자산으로 활용하는 고유한 방식에서 비롯된 경우가 많다. 왜 세상은 가장 오래된 형태의 자산인 토지에 아직도 그렇게 집착하는 걸까? 우리 사회는 어떻게 지금의 상황에 이르게 되었을까? 토지에 따른 문제는 오늘날 우리 모두에게 어떤 위험을 안겨주고 있을까? 이러한 질문을 살펴보는 것이 이 책의 핵심 과제다. 토지의 특성과 토지를 소유한 집단 그리고 토지가 금융 시스템에서 차지하는 비중은 우리가 인식하든 아니든 간에 중대한 영향을 미친다. 그 이유는 토지가 평범한 수십억 인구에 있어 가장 중요한 부의 원천일 뿐 아니라, 가구와 기업, 국가의 성공과 실패를 결정짓는 핵심 자산이기 때문이다.

돈 이상의 자산

기록된 인류 역사의 대부분 기간, 즉 바빌로니아 제국 시절부터 수천 년이 흐른 뒤에도, 그리고 전 세계 대다수 지역에서는 20세기까지도 삶은 단순하고 지역적이며 시골 중심이었다. 사람들은 극도로 가난했다. 재산이라고 해봐야 대부분 토지에서 나왔는데, 땅에서 곡물을 재배하고, 가축을 기르며, 광물을 채굴하여 얻는 것이 전부였다.

토지를 소유한 사람들은 대부분 그 땅에서 함께 살아가는 사람들에 대한 권력과 더불어 책임도 부여받았다. 산업화 이전에 유럽과 아시아 지역에서 넓은 경작지를 소유한 이들은 높은 사회적 지위를 누렸다. 그리고 농민들은 노동, 작물, 소득, 혹은 그 모두를 평생 토지를 소유한 이에게 바쳐야 했다. 농지를 경작하던 이들이 유럽의 전쟁에 불려 나가 싸우고 목숨을 바쳐야 했을 때, 이 불운한 징집병들을 강제로 복무하게 만든 것은 바로 토지를 소유한 귀족들, 즉 백작과 남작, 영주와 봉건 영주들이었다. 이들 토지 귀족은 농민과 이들에게 직접 권력을 행사하지 못하는 중앙정부 사이에서 때로 가혹한 중재자로 군림했다. 이러한 지배 구조는 근대 이전 세상에서 보편적인 모습이었다.

이 책에서 나는 왜 토지가 지금도 그렇게 중요한지 그리고 어떻게 토지가 우리의 미래를 열어주거나 위협할 것인지 살펴보고자 한다. 세상에서 가장 중요한 자산인 토지를 과거에 어떻게 사용했는지 살펴보는 작업은 단지 역사 공부에서 그치지 않는다. 그 과정에서 우리는 오늘날 토지가 어떻게 사회를 지배하고 있는지, 또 왜 사람들이 그토록 토지에 집착하는지 이해할 수 있다. 토지는 다른 일반적인 부의 원천보다 더 상징적인 자산이며, 우리의 감정을 더 강하게 자극한다. 역사 전반에 걸쳐 토지를 소유한다는 것은 농노제와 봉건제, 혹은 지주의 구속으로부터 해방되는 것을 의미했다. 그리고 오늘날 전 세계 많은 지역에서 그 의미는 여전히 살아 있다. 우리는 토지와 토지 위 건물을 소유함으로써 안정적이고 독립적인 중산층의 일원이 될 수 있다. 부동산은 성인됨의 상징이자 재정적 안정의 증명이다. 우리는 자신이 토지를 소유하고 있다는 생각을 넘어서 스스로 토지에 속해 있다고 믿는다. 토지는 개인의 소속감이나 정체성과 긴밀하게 얽혀 있다. 즉, 우리가 자신을 정의하는 방식에서 중요한 역할을 한다.

변하지 않는 토지의 특성

그러나 이 책에서 중점적으로 살펴볼 최근 350년간의 역사는 과거 수백 년, 수천 년 이전의 세월과는 근본적인 차원에서 다르다. 그 350년은 급격한 전환기로, 마치 인류 역사가 직선으로 뻗은 익숙한 도로를 오랫동안 달리다가 갑자기 방향을 꺾은 형국과 같다. 산업화가 시작되면서 세상은 식량의 생산과 유통이 주요한 산업 활동이던 시대에서 농업이 전 세계 생산에서 20분의 1도 차지하지 못하는 시대로 넘어가게 되었다. 오늘날 선진국에서 농업이 국내 총생산에서 차지하는 비중은 1퍼센트 미만이며, 농업에 종사하는 인구는 50명 중 1명에도 미치지 못한다. 또한 세금 징수는 더 이상 농작물이나 군 복무가 아닌, 화폐로 이뤄진다.

18~19세기에 이르러 그동안 토지에 얽매여 살았던 수천만의 유럽 농노들은 영주의 구속에서 해방되었다. 그리고 유럽과 북미의 시골 지역에 살던 인구가 새롭게 번성하는 도시 지역으로 이동하기 시작했다. 과거 이름도 들어보지 못한 도시들이 순식간에 수십만 인구로 넘쳐나게 되었고 생산성이 높은 새로운 형태의 제조업과 교통, 무역, 통신 산업이 발달했다. 그러면서 그동안 토지가 감당했던 역할의 중요성이 점차 낮아졌다. 오랫동안 소작농들이 경작해온 가장 중요한 자산인 토지의 가치와 사회적 위상이 크게 떨어졌다. 그렇게 오늘날 우리가 아는 새로운 세상이 모습을 드러내기 시작했다.

문나비투가 살았던 시대 이후로, 그리고 유럽인들이 처음으로 북미 대륙을 밟은 이후로 세상은 완전히 바뀌었다. 그런데도 토지는 여전히 글로벌 경제와 전 세계 모든 사람의 삶에서 중요한 자리를 차지하고 있다. 이러한 토지의 중요성은 세 가지 핵심 특성에서 비롯된다. 식량과 원자재의 원천으로서 토지의 특별한 위상이 크게 떨어졌음에도 그 가격이 계속 상승하는 이유는 무엇일까? 이는 이 세 가지 특성을 중심으로 설명할 수 있다. 그리고 토지가 지금도 금융 시스템 안에서 가장 중요한 자산이자 거대한 부의 저장고로 존재하는 이유도 이해할 수 있다. 나아가 토지가 전 세계 심각한 불평등의 원인인 이유도 짐작할 수 있다. 토지는 다른 자산이나 재화에 적용할 수 있는, 또 오늘날 경제가 돌아가게 만드는 몇몇 일반적인 자본주의 원칙을 거스른다. 그리고 바로 이러한 이유로 토지는 아주 위험한 자산으로 혹은 재앙적인 금융위기의 주요 원인으로 쉽게 전락하곤 한다.

토지의 고유한 첫 번째 특성은 추가적인 생산이 대단히 힘들고 일반적으로 거의 불가능하다는 사실이다. 경제학 용어로 표현하자면, 토지는 공급이 제한되어 있다. 물론 개간 사업으로 새로운 토지를 소규모로 생산하는 것은 가능하다. 가령 네덜란드의 해안 지대와 도시 국가인 싱가포르 그리고 도쿄만 개간 사업이 대표적 사례다. 인류는 이러한 노력으로 수천억 달러에 달하는 귀한 토지를 만들어냈다. 그러나 거시적으로 볼 때, 오늘날 전 세계 토지 면적은 산업혁명 이전과 비교해서 거의 달라지지 않았다. 이러한 점에서 토지는 수요가 증가하면 공급도 따라 증가하는 다른 재화나 자산과 다르다. 일반적으로 수요가 늘어나서 가격이 상승하면, 생산자들이 몰려들어 비슷한 재화를 서둘러 생산한다. 그러나 토지는 아니다. 인기가 높은 지역에서 더 많은 토지를 차지하려면 다른 사람에게서 사들이거나 빼앗는 수밖에 없다. 일반적으로 자산은 경제학에서 말하는 '포지티브 섬positive-sum'이라는 특성을 보인다. 다시 말해, 한 사람이 특정 재화를 더 많이 가진다고 해서 다른 사람이 그 재화를 덜 가져야 하는 것은 아니다. 그러나 토지는 '제로 섬zero-sum' 자산에 해당한다.

산업혁명이 시작되고 경제가 급속히 성장하면서 가치 있는 모든 자산의 공급과 특성은 끊임없이 변화했다. 그리고 혁신적인 방법의 등장으로 기존 방법은 빠르게 대체됐다. 2024년 말을 기준으로 시가총액이 15조 달러가 넘는 미국의 5대 기업 가운데 설립된 지 50년을 넘긴 기업은 마이크로소프트 단 한 곳뿐이다. 코닥과 폴라로이드, 노키아, 모토로라 등 불과 얼마 전만 해도 확고한 산업 거물로서 기술을 선도했던 철옹성 같은 대기업들은 이제 사람들의 관심 밖으로 밀려나 버렸다. 오늘날 기업은 치열한 경쟁에서 살아남기 위해 새로운 제품과 서비스를 계속 내놓아야 한다. 그렇지 못하면 순식간에 역사의 뒤안길로 사라진다. 20년 전 높은 가치를 자랑했던 기계 설비와 기술, 지식재산권 중 상당수가 이제 그 효용이 다했다. 과거의 시장은 사라졌고, 시장의 표준이었던 기술은 이제 구닥다리가 되었다. 그런데 토지만큼은 예외다. 그 이유는 부동산 시장의 오랜 속담처럼, 토지는 더 이상 만들어지지 않기 때문이다.

토지를 다른 자산과 차별화하는 두 번째 핵심 특성은 이동이 불가능하다는 것이다. 토지는 더 효율적으로 사용할 수 있는 곳으로 가져갈 수 없다. 사람들로 붐비는 지역의 땅값이 크게 치솟아도, 값싼 지역에서 토지를 가져올 수 없다. 자산은 대부분 유동적이며 이동이 가능하다. 노동 인구는 새로운 기회를 찾아서 다른 지역이나 새로운 도시로, 혹은 국경을 넘어 이동한다. 기계와 장비는 도로와 철도, 해상과 하늘길로 이동한다. 심지어 아이디어는 이동성이 너무 강해서 누군가 새로운 이론이나 발명을 함부로 훔치지 못하도록 정부가 나서서 법을 만들어야 할 정도다. 토지 위에 세운 건물도 때로 이동이 가능하며, 철거해서 자재를 재생하거나 재활용할 수 있다. 그러나 토지는 이 모든 게 불가능하다.

생산이 거의 불가능하고 이동할 수 없다는 토지의 특성을 바탕으로, 우리는 뉴욕시 도심 땅 한 조각이 동일 면적의 노스다코타North Dakota[미국 대평원 북쪽에 있는 주-옮긴이] 땅보다 수만 배 더 비싼 이유를 설명할 수 있다. 그 두 토지는 서로 바꿀 수 없다. 지난 3세기에 걸쳐 세계 경제가 산업화, 도시화되면서 토지의 가치는 그곳에서 재배하거나 채굴하는 자원이 아니라, 그 주변에서 이뤄지는 활동의 유형에 따라 결정되었다. 예를 들어, 교통시설이 새로 들어서면 토지 가치가 상승한다. 그리고 유동 인구가 많은 도심 지역의 토지는 활용도가 높다. 주택이나 상업용 부동산, 교통 인프라 혹은 녹지 공간 등으로 활용될 수 있다. 그런데 토지의 용도가 일단 정해지면, 좀처럼 바뀌지 않는다. 19세기에 산업이 발전하면서 도심 지역 토지의 가치는 크게 높아졌다. 새로운 무역 거래의 활로가 된 운하와 부두 및 철도 시설이 들어선 지역에 대한 사람들의 관심은 점점 더 높아졌다. 이는 새롭게 유입된 노동 인구가 거주하고 일하기 위한 공장과 제분소 및 주택을 짓기 위해 더 많은 토지가 필요해졌기 때문이다.

다음으로 토지의 세 번째 특성은 충분한 주목을 받지 못하고 있지만, 현대 경제에서 토지가 차지하는 위상을 설명하는 데 아주 중요하다. 다른 모든 자산과는 달리, 토지는 세월이 흘러도 상하지 않는다는 것이다. 회계 용어로 설명하자면, 토지에는 감가상각이 적용되지 않는다. 특정한 토지에서 수많은 인구가 살면서 경제 활동이 활발하게 이뤄진다고 해도, 몇십 년 혹은 몇백 년 후에 땅의 가치가 떨어지지 않을까 걱정할 이유는 없다. 이러한 이유로 과거에 도심 지역의 토지를 소유했던 유서 깊은 가문들이 아직도 세계에서 가장 오래된 자산인 토지의 상당 부분을 보유하게 된 것이다. 예를 들어, 영국의 웨스트민스터 공작 가문과 캐도건 백작 가문은 영국 귀족이 경제적으로 몰락하는 상황에서도 런던에 대규모 토지를 소유하고 있었기에 가문의 명맥을 유지할 수 있었다. 오늘날 영국에서 세 번째와 열네 번째 갑부는 이 두 가문 출신이다.[3] 그러나 이들은 토지를 중심으로 이뤄지는 부의 세습을 보여주는 아주 작은 사례에 불과하다. 일반적으로 생산성과 경제적 역동성이 높고 토지가 제한된 도시에서는 소수가 그 토지를 독점하는 현상이 나타난다.

반면 토지를 제외한 가치 높은 자산들은 그리 오래가지 못한다. 가령 토지 위 건축물은 아무리 튼튼하게 지었다고 해도 언젠가 무너진다. 혹은 큰 비용을 들여서 대규모 개보수 공사를 해야한다. 신차도 출고되는 순간 가치가 급락한다. 첨단 기술을 바탕으로 개발된 장비도 결국에는 (때로는 아주 빠른 속도로) 효용이 사라진다. 인간도 나이 들다가 죽는다. 말과 마차, 운하용 선박처럼 한때 전 세계 모든 산업에서 중요했던 자산들 역시 효용을 다했고, 이제는 원래 가치를 잃어버리면서 오락거리로만 남았다. 창조적인 아이디어나 혁신은 어떤가? 또 다른 기술이 등장하면 자리를 내어주고 가치를 잃는다.

기업 가치와는 달리, 토지 가치를 결정하는 것은 혁신 혹은 경영자의 리더십과 역량이 아니다. 해당 토지의 주변에서 살고 일하는 사람들의 활동 유형이 전적으로 그 가치를 결정짓는다. 그런데 정작 토지의 가치 상승에 기여한 사람들이 그 과정에서 큰 피해를 볼 때가 많다. 실제로 매일 아침 버스와 지하철을 타고 분주히 도심을 오가는 수많은 근로자가 해당 지역의 임대료를 충격적인 수준으로 끌어올리는 데 기여한다. 그리고 그곳에서 계속 거주하기 위해 엄청난 임대료를 감당해야 한다. 아주 조그마한 땅이라도 차지하려면, 수십 년의 세월 동안 아끼고 저축해야 한다. 반면 토지 가격이 오르기 전에 땅을 소유했던 운 좋은 소수가 가치 상승에 따른 막대한 이익을 독식한다. 그렇게 운이 모든 것을 결정한다.

공급이 한정되어 있고, 이동이 불가능하며, 자연적으로 손상되지 않는다는 이 세 가지 특성 때문에, 토지는 세상에 존재하는 그 밖의 모든 자산과 차별화된다. 우리는 이 세 가지 특성을 중심으로 토지가 농업의 근간이자 국가 권력을 조직하는 구심점으로서 과거의 중요성이 크게 줄어들었음에도 여전히 현대 경제와 정치 시스템에서 거대한 부의 저장고로 기능하는 이유를 설명할 수 있다. 동시에 토지는 이러한 특성 때문에 오늘날 인류의 번영을 심각하게 위협하는 자산이 될 수도 있다는 사실에 주목할 필요가 있다.

계몽주의가 낳은 금융 혁신과 함정

농업의 중요성이 줄어들면서 그동안 유럽을 지배했던 사회구조와 사고방식도 힘을 잃었다. 그리고 이성의 시대와 계몽주의가 모습을 드러내면서 서구 사회를 뒤바꿀 새로운 사상들이 등장했다. 오늘날 우리에게 익숙한 자유주의와 사회주의, 민족주의와 같은 정치 이념이 태동한 것이다. 영국의 커피하우스, 에든버러에서 나폴리에 이르는 명문 대학들, 대서양 너머 미국까지 확장된 지적 네트워크를 중심으로 서구 세상 전반에서는 철학과 과학에 대한 새로운 논의와 치열한 논쟁이 활발하게 전개되었다.

또한 이러한 지적 네트워크를 중심으로 등장했던 돈과 금융, 부에 관한 새로운 개념은 당시의 새로운 정치 이념만큼이나 서구 세상에 큰 영향을 미쳤다. 그리고 이러한 개념들을 바탕으로 출현한 정치 경제학은 이후 경제학이라는 공식 학문으로 정립되었다. 이후 경제학 분야에서 성장한 많은 사상가는 점차 중요성이 높아지는 상업 시스템인 시장이 실제로 어떻게 기능하는지 들여다보기 시작했고, 또 다른 일부는 납을 금으로 바꾸는 연구에 집착했던 연금술사처럼 부를 창조하는 과제에 많은 관심을 기울였다.

17세기로 접어들 무렵, 화폐는 여전히 귀했으며 주로 이동 가능한 자산인 금과 은으로 이뤄졌다. 그런데 금과 은을 애초에 가치 높은 자산으로 만들어준 공급의 제한성이 이제는 거래의 장벽으로 작용하기 시작했다. 그래서 당시 신세계인 미국에서 형성되고 있던 새로운 정착지처럼 귀금속을 갖고 다니기 힘들거나 위험한 지역에서는 대체 수단들이 나타났다. 가령, 사람들은 귀금속 대신 차용증을 사용했다. 차용증을 가진 사람은 나중에 이를 발행자에게 제시해서 귀금속으로 돌려받을 수 있었다. 이 같은 정교한 신용 시스템은 나중에 일반적인 화폐의 출발점이 되었다. 이후 금융 분야에서 몇몇 혁신가는 더욱 과감한 아이디어를 내놓기 시작했다. 그들은 물었다. 금이 화폐의 근간이 될 수 있다면, 다른 자산도 그런 기능을 할 수 있지 않을까? 그리고 금보다 훨씬 가치 높은 자산인 토지를 대규모 신용의 근간으로 활용한다면, 화폐 공급을 크게 확대할 수 있을 것으로 예상했다. 그렇게 토지와 화폐를 둘러싼 새로운 아이디어가 유럽 전역의 지적 네트워크를 통해 퍼져 나갔고, 도전적인 사상가들은 이런 질문까지 던졌다. 토지를 화폐 전체의 근간으로 삼을 수 있지 않을까?

하지만 토지 가치를 기반으로 돈을 빌린다는 생각은 결코 생소한 발명이 아니었다. 원래 '모기지mortgage'라는 용어는 노르만 정복자들이 11세기에 영국으로 들어오면서 영어로 편입되었다. 여기서 '게이지gage'란 서약을 의미한다. 즉, 돈을 갚겠다는 약속이다. 역사를 더 거슬러 올라가면, 로마 제국에서도 토지 거래와 담보 대출이 존재했다. 다만 산업화 이전에는 토지를 담보로 돈을 빌리는 행위에 대해 많은 논란이 있었고, 그 실행도 현실적으로 쉽지 않았다. 특히 기독교와 이슬람 국가의 경우, 고리대금업에 대한 사회적 금기가 돈을 빌리는 사람과 빌려주는 사람 모두에게 실질적인 장애물로 작용했다. 채무 관계를 명확히 규정하는 법적, 행정적 제도도 제대로 갖춰져 있지 않았고, 토지를 담보로 돈을 빌려주는 행위는 농업 귀족 사회의 윤리를 거스르는 일이기도 했다. 당시 토지를 소유한다는 것은 곧 거기서 일하는 소작농과 지역 전반에 강한 권력을 행사할 수 있다는 의미였다. 이러한 권한과 책임은 토지 소유자 마음대로 처분할 수 있는 대상이 아니었다. 또한 토지를 담보로 사용할 때, 돈을 빌린 사람이 갚지 않으면 빌려준 사람이 토지에 대한 소유권을 넘겨받을 수 있어야 했다. 그러나 일부 지역에서는 강력한 영주의 아들과 손자 그리고 아직 태어나지 않은 후손에게 토지 소유권을 상속받을 도덕적 권리가 있다고 보았다. 이러한 점에서 지주 가문의 일원이 경제적 어려움을 빌미로 가문의 가장 중요한 자산을 부도덕한 대금업자에게 넘기는 일은 절대 용납되지 않았다.

그러나 귀족 사회의 낡은 규범이 점차 힘을 잃으면서 금융 활동 전반에 대한 금기와 제약도 사라져갔다. 한층 강력해진 금융 시스템을 뒷받침하기 위한 기록 시스템과 규칙이 등장하면서 금융에서 토지의 역할을 옥죄고 있던 사슬이 끊어졌다. 덕분에 토지는 역사상 처음으로 은행가의 가장 친한 친구인 오늘날의 지위로 올라서게 되었다. 이동할 수 없고 상하지 않는다는 특성 때문에 토지는 대출을 위한 완벽한 담보 자산이 되었다. 교활한 차입자가 토지를 들고 달아날 수도 없고, 대출 상환 전에 그 가치가 갑자기 떨어질 위험도 없었다(적어도 사람들은 그렇게 믿었다). 돈을 빌리는 사람의 입장에서도 토지를 담보로 활용하는 것은 이상적인 방식이었다. 귀금속이나 장신구를 담보로 제공하는 경우와는 달리, 돈을 빌려주는 사람에게 토지를 맡길 필요는 없었다. 낮은 금리로 큰 돈을 대출받고 나서도 농사와 거주 및 사업 용도로 예전과 똑같이 토지를 활용할 수 있었다.

토지를 유동적인 금융 자산으로, 그것도 대규모로 전환할 수 있다는 아이디어는 오늘날에도 세상을 돌아가게 만드는 중요한 개념으로 남았다. 토지는 지금도 전 세계의 신용을 뒷받침하는 최대 규모의 단일 자산이다. 주거 및 상업용 부동산을 담보로 제공하고 돈을 빌리는 것은 오늘날 가장 일반적인 형태의 대출 방식이다. 영세 사업자도 자신이 보유한 소규모 토지(일반적으로 그가 소유한 주택)를 담보로 제공하고 대출을 받을 수 있다. 가난하거나 통치 시스템이 허술한 국가에서도 자신이 토지를 소유하고 있다는 사실을 입증할 수 있는 개인이나 기업은 그렇지 못한 이들과는 비교할 수 없는 재정적 경쟁력을 확보할 수 있다.

오늘날 전 세계적으로 전체 은행 대출에서 모기지, 즉 주택 담보 대출은 압도적인 비중을 차지하고 있다. 미국과 영국의 경우,

주택 담보 대출의 비중이 각각 61퍼센트와 68퍼센트에 이른다. 이 수치는 20세기 초의 32퍼센트와 9퍼센트에서 크게 높아진 것이다.[4] 그러나 이 수치조차 토지의 높아진 위상을 충분히 설명하지 못한다. 여기서 더 중요한 사실은 대출이 단지 집을 사기 위해서만 이뤄지는 것은 아니라는 점이다. 전 세계적으로 기업 대출 중 상당한 비중이 토지를 담보로 이뤄지고 있다. 또한 일부 국가는 토지 매각이나 임대를 조세의 대체 수단으로 활용하면서 든든한 재정력을 확보했지만, 동시에 그에 따른 내재적 문제로 심각한 어려움을 겪고 있다. 이처럼 세계에서 가장 오래된 자산인 토지는 지금도 세계 경제의 신용 시스템에서 핵심 지위를 차지하고 있다. 그리고 그 중요성은 어느 때보다 높은 것으로 보인다.

유럽과 미국에서 산업화가 시작되면서 토지가 금융에서 차지하는 비중도 커지기 시작했다. 그리고 동시에 그에 따른 금융 위험도 크게 높아졌다. 실제로 돈을 빌려주는 사람들이 토지를 상환의 안전망으로 활용하기 시작하면서, 안타깝게도 토지는 지난 300년 동안 일어난 여러 금융위기에서 주요 원인으로 작용했다. 은행들이 토지시장에 깊이 관여하면서 모든 중대한 금융위기와 침체 및 경기 하락이 토지에 따른 위험과 긴밀한 관계를 맺게 되었다. 가령, 토지 가격이 상승할 때 은행은 높아진 담보 가치를 기준으로 많은 돈을 안전하게 빌려줄 수 있다. 그러나 토지 가격이 하락할 때 은행이 담보로 잡은 자산의 가치는 급락한다. 그러면 은행은 채무불이행에 대한 우려로 대출 신청을 거절하기 시작하고, 그에 따라 투자가 위축되면서 시장은 침체로 접어든다. 결국 투자자와 금융가 및 중앙은행가들은 오만과 붕괴, 후회가 끝없이 반복되는 경기주기를 오랫동안 경험하고 난 뒤에야 그들이 천재적인 금융 혁신으로 수익을 올린 게 아니라, 그저 토지 가치의 파도를 타고 오르내리고 있었을 뿐이라는 사실을 비로소 깨닫게 된다.

　　토지는 세월이 흘러도 상하지 않는다는 특성 때문에 그 가치는 먼 미래의 기대에 대단히 민감하게 반응한다. 사람들이 미래 전망을 낙관하거나 경기 흐름이 좋을 때, 혹은 특정 지역의 인구가 앞으로 계속 증가할 것으로 보일 때, 토지는 인기 있는 투자 자산이 된다. 실제로 많은 사례에서 이러한 사실을 확인할 수 있다. 그러나 토지에 대한 투자는 때로 금융적 광풍으로 발전하기도 한다. 특정 지역의 토지 가격이 갑자기 오를 때, 많은 투자자가 단기 수익을 노리고 몰려든다. 그리고 그러한 열풍에 일찍 뛰어든 투자자가 수익의 대부분을 차지한다. 반면 이들보다 금융 정보가 한발 늦은 후발 주자들은 가격이 하락할 때 손실을 고스란히 떠안게 된다.

　　식민지 개척 시절 버지니아 농촌 지역에서 일어난 토지 투기를 시작으로 19세기 철도 개발 호재에 따른 일련의 토지 거품을 거쳐 2008년 모기지가 낳은 대재앙에 이르기까지, 호황과 금융 붕괴, 장기 침체를 반복하는 경기주기는 이제 미국 사회에 전통으로 자리 잡았다. 하지만 이러한 패턴이 미국만의 현상은 아니다. 2008년 이후로 아일랜드와 남부 유럽에서도 토지시장이 붕괴하면서 심각한 금융위기가 발생했다. 그리고 1990년대 일본 금융이 무너지면서 시작된, 그리고 이후로 온전히 회복되지 못한 '잃어버린 수십 년' 또한 제2차 세계대전 이후에 일었던 토지 거품과 밀접한 관련이 있다. 게다가 오늘날 중국 역시 인류 역사상 최대 규모의 토지 거품에 따른 심각한 금융 여파를 겪고 있다.

　　토지는 공급 제한성과 이동 불가능성 그리고 실제로 무한한 유통 기간이라는 고유한 특성 때문에 중요한 분쟁 요인으로 작용한다. 누가 토지를 소유하고 어떻게 사용해야 하는지를 둘러싼 논쟁은 국가 간 전쟁의 도화선이자 민족 해방을 위한 게릴라 운동의 원동력, 그리고 정치적 급진주의자들이 집착하는 주제가 되었다. 실제로 '영토land'라는 단어는 열 개가 넘는 국가國歌의 제목에, 그리고 수십 개에 달하는 국가의 가사에 등장한다. 민족주의자들은 피와 함께 영토의 중요성을 강조한다. 또한 토지는 소유하지 못한 이들에게 시기의 대상이다. 그리고 동시에 운 좋게 소유한 이들에게는 필사적으로 지켜야 할 불안의 대상이기도 하다.

　　역사 전반에 걸쳐 토지는 무력 충돌의 원인이었다. 설사 전쟁의 직접적인 원인으로 작용하지 않았다고 해도, 토지는 언제나 정치 갈등의 잠재적 불씨로 존재했다. 예를 들어, 19세기 말에서 제1차 세계대전에 이르는 수십 년 동안 토지를 둘러싼 갈등과 수많은 지주가 산업 경제의 번영으로부터 챙긴 이익은 20세기에 벌어질 정치 투쟁의 불씨로 이어졌다. 실제로 19세기 사람들이 가장 널리 읽었던 책은 사후에도 그 유산이 오랫동안 이어진 카를 마르크스Karl Marx나 프리드리히 니체Friedrich Nietzsche, 혹은 게오르크 헤겔Georg Hegel의 저작이 아니라, 토지 불평등을 주제로 끊임없이 정치적 투쟁을 이어갔던 샌프란시스코의 기자, 헨리 조지Henry George의 책이었다. 그리고 뉴욕과 런던 및 유럽 전역, 호주, 뉴질랜드, 쿠바, 스페인, 중국에서 급진적인 정치 운동을 일으킨 이들 모두 토지 소유에 주목했다. 토지 소유야말로 세계가 점차 도시화되면서 뚜렷하게 드러난 사회적 불평등과 새롭게 형성된 막대한 부와 점점 더 심각해지는 빈곤이 공존하는 이유를 명쾌하게 설명해줄 핵심 요인으로 인식되었다.

　　19세기에 사람들은 토지가 20세기 정치에서 중요한 쟁점이 될 것으로 내다봤다. 그런데 실질적인 전개 과정은 예상과 달랐다. 전 세계 정치 상황이 급변하고 번영하는 중산층이 대규모로 등장하면서 토지는 점차 사회적 논의의 중심에서 멀어져갔다. 영국과 미국을 비롯한 전 세계 선진국 지역에서 대중이 주택을 소유하기 시작하면서 토지 귀족은 다수의 토지 소유주로 대체되었다. 과거에 토지 소유의 불평등을 해결하기 위해 투쟁에 나섰던 정치 좌파 세력도 토지에 대한 관심을 조금씩 잃어갔다. 사회적 영향력을 키워나가던 사회주의자와 공산주의자들은 토지를 몰수해서 재분배해야 할 자산 중 하나로 인식했다. 하지만 토지가 이렇게 정치 무대에서 점차 존재감을 잃어갔던 것과는 달리, 비즈니스 세상에서는 그 위상이 더 높아지면서 전 세계 금융 시스템의 중심으로 자리를 잡아가고 있었다.

비록 토지를 둘러싼 정치적 갈등이 수면 아래로 가라앉았지만, 완전히 사라진 적은 역사상 단 한 번도 없었다. 그리고 계속해서 반복적으로 수면 위로 떠올랐다. 토지로 엄청난 이익을 챙긴 승자가 있다면, 패자도 존재하게 마련이다. 지난 반세기에 걸쳐 전 세계 주요 지역을 중심으로 토지 가격이 (종종 급속하게) 오르면서, 토지 소유를 둘러싼 불평등이 점점 더 뚜렷하게 모습을 드러냈다. 적절한 시점과 장소에서 토지를 매입하는 행운을 얻은 승자는 막대한 보상을 거둬들였다. 지난 40년간 선진국 세상에서 경제 지형이 급변하고, 많은 관심이 집중되는 생산성 높은 도시들이 점차 세계적인 경쟁 우위를 차지하면서 자산으로서 토지의 중요성은 더욱 높아졌다. 주목받는 부동산 시장에 일찍 뛰어들지 못했거나 불운하게도 쇠퇴하는 지역의 토지를 매입한 이들은 절호의 기회를 날려버렸을 뿐 아니라, 개인의 부와 자녀의 성공을 뒷받침해줄 중대한 핵심 자산을 잃어버리고 말았다.

　전 세계 모든 정부는 토지의 실질적인 작동 방식 때문에 양립 불가능한 목표 사이에서 갈등하고 있다. 봉건제가 무너진 이후로 전 세계 많은 정부는 수십억 가구의 열망이 된 주택 소유를 적극적으로 장려하는 정책을 펼쳤다. 그리고 정치인들은 부동산 가치가 오르기를 간절히 바라는 주택 소유층의 지지를 잃지 않기 위해 안간힘을 썼다. 한 세기 전과는 달리, 오늘날 선진국 세상에서 주택 소유자의 비중은 과반을 차지하고 있으며, 유권자 집단을 기준으로 하면 그 비중은 더 높아진다. 그러나 주택 소유자의 비중을 높이겠다는 목표와 토지 가격을 빠르고 지속적으로 끌어올리겠다는 목표는 동시에 달성할 수 없다. 지금까지 많은 정부는 부동산 시장을 뒷받침하고자 세금 및 금융 시스템을 통해 부당한 혜택을 대규모로 제공해왔다. 덕분에 토지는 현대 역사 전반에 걸쳐 아주 수익성 높은 자산으로 자리매김했다. 그러나 이러한 상황에서 제로섬이라는 토지의 특성이 함께 작용하면서 토지 소유에 따른 부의 불평등은 더 심각해지고 있다.

　세계에서 가장 오래된 자산인 토지의 특성이 빚어낸 신용과 위기와 갈등은 지난 300여 년 역사에 걸쳐 오늘날까지 그대로 이어지고 있다. 토지가 경제의 핵심 지위를 차지하면서 가격이 계속 오르든, 아니면 급격히 하락하든 간에 경제적 역동성이 위축되거나 부의 불평등이 심화될 위험은 항상 존재한다. 토지 가격이 급등하면 주택 소유자와 기업 사이에서 신용의 팽창과 위축이 발생한다. 그리고 이러한 현상은 운 좋은 토지 소유자와 불운한 비소유자 사이의 격차 그리고 번영하는 지역과 쇠퇴하는 지역 사이의 격차를 더 크게 벌린다. 또한 그에 따라 정치적 갈등이 크게 증폭된다. 토지를 소유한 기업은 더 쉽게 돈을 빌릴 수 있다. 투자도 토지를 많이 확보한 기업들 쪽으로 편중된다. 하지만 토지 가격이 급락하면 토지에 크게 의존한 오늘날 금융 시스템은 심각한 위기에 빠지고, 때로 회복 불가능한 붕괴로 이어지고 만다. 우리는 토지의 이러한 특성을 이해함으로써 세상이 돌아가는 방식을 더 온전하게 이해할 수 있다. 더 나아가 오늘날 세계 각국이 빠져 있는 거대한 함정의 실체도 정확히 확인할 수 있다.

2
국가의 형성

1610년경 영국에서 출발해 북아메리카 동부 해안가에 새롭게 형성된 식민지에 도착하려면 무려 3개월간의 험난한 항해를 버텨야 했다. 그럼에도 소수의 사람들은 대서양을 횡단하는 고된 여정에 도전하여 미지의 땅에 도착했다. 그러나 새로운 지역의 현지 환경과 원주민에 대한 이해가 부족했던 그들은 정착 초반에 많은 어려움을 겪었다. 그들은 자신의 눈앞에 얼마나 방대한 영토가 펼쳐져 있는지 제대로 알지 못했다. 스페인 탐험가들은 이미 한 세기 전에 태평양을 건너 이 대륙의 서해안을 발견했다. 1579년, 영국의 탐험가이자 사략선[적국 선박을 공격하고 나포할 수 있는 허가를 정부로부터 얻은 민간 선박-옮긴이] 선장인 프랜시스 드레이크Francis Drake 경 역시 세계 일주 도중에 다소 억지스러운 방식으로 캘리포니아 해안을 영국령으로 선포한 바 있다. 그러나 태평양과 대서양 사이에 놓인 이 아메리카 대륙에 무엇이 있는지, 그 규모가 어떠하며 어떤 내용을 담고 있는지에 대한 이해는 거의 전무한 수준이었다. 북아메리카 대륙을 동서로 나누는 로키산맥의 존재도 초기 식민지가 형성된 지 한 세기가 흐른 뒤에야 유럽 탐험가의 눈에 띄게 될 터였다.

땅이 만든 나라, 돈 없는 사회

1616년에 존 스미스John Smith 선장은 오늘날 미국 영토인 동해안 지역에 관해 이렇게 썼다. "3200킬로미터나 뻗은 이 영토의 절반 이상에 대해서는 지금까지 알려진 바가 없다." 스미스 선장은 영국의 새 식민지인 아메리카 대륙의 잠재력과 위험을 누구보다 잘 이해한 인물이었다. 그리고 초기 식민지인 제임스타운을 개척한 사람 중 하나이기도 했다. 1610년 무렵에 제임스타운은 잇단 질병과 기근으로 많은 정착민이 사망하면서 잠시 폐허로 버려져 있었다. 스미스는 자신의 탐험 활동을 책으로 펴냈고, 여전히 개척 중에 있는 미지의 땅에 관해 더 많이 알고 싶어 하는 영국 독자들은 그의 책에 큰 관심을 보였다. 그러나 스미스는 자신의 책에서 신대륙에 대해 알려진 바가 거의 없다는 사실을 숨기지 않았다. 그는 이렇게 썼다. "우리는 아직도 해안의 경계가 정확하게 어떻게 생겼는지 모른다. 땅의 비옥함과 그 진정한 가치에 대해서도 거의 무지한 상태다."[1]

그러나 초기 정착 시절부터 스미스를 비롯한 영국 개척자들은 그 미지의 땅에 대해 적어도 한 가지만큼은 분명히 알고 있었다. 북아메리카 동해안을 따라 건설되고 있는 정착지의 주민들은 아마도 어마어마한 규모의 토지를 기반으로 막대한 부를 쌓게 될 거라는 사실이었다. 그들은 수천 킬로미터에 걸쳐 펼쳐진 광활한 대륙을 자유의 상징이자 문화적 매혹과 집착의 대상 그리고 그 나라가 누리게 될 초기 번영의 원천으로 보았다. 동시에 그 땅은 거대한 금융 투기의 대상이 될 운명이기도 했다.

그런데 스미스가 미처 깨닫지 못했던 것이 있었다. 앞으로 식민지 개척자와 그들의 정부가 200년에 걸쳐 토지를 금융에 활용하는 새로운 방식을 발명하게 될 거라는 사실이었다. 유럽에서는 물론 점차 미국에서도 화폐 개혁가들은 연구와 실험을 통해 새롭게 태동하는 현대 금융 시스템에서 토지가 얼마나 유용한 자산이 될 수 있는지 알게 되었다. 더 나아가 새롭게 미국 시민이 된 사람들은 토지를 기반으로 화폐를 발행해서 나날이 발전하는 새로운 경제에 활력을 불어넣는 방법까지 확립하게 되었다. 아메리카 개척자와 그들을 따라 새롭게 미국 시민으로 합류한 이들이 얻은 이러한 지혜는 이후로 몇 세기 동안 전 세계에 걸쳐 긍정적인 혹은 부정적인 영향을 미치게 될 것이었다.

토지는 또한 대서양을 사이에 두고 갈등이 고조되는 과정에서 중요한 역할을 했다. 기존의 영국 중심 체제와 새롭게 떠오르는 미국의 체제가 토지를 둘러싸고 충돌하게 되었다. 아메리카 대륙에서는 새로운 정치, 경제 엘리트 집단이 모습을 드러냈다. 그들은 유럽의 선조들과 같은 귀족 계급도 아니었고, 이해관계도 크게 달랐다. 대서양을 사이에 둔 양측이 토지를 기반으로 부를 축적하거나 토지를 이용해 돈을 빌리는 방식을 바라보는 시각의 차이는 점점 더 벌어졌다. 그리고 이러한 차이는 결국 영국 왕실과 미국 식민지가 전면전을 벌이는 과정에서 드러나지 않은 촉매제로 작용하게 되었다.

17세기 초 아메리카 동부 해안에 자리 잡은 개척자들은 드넓은 토지를 잘 개간하기만 하면 비옥한 토양이 될 것으로 확신했다. 땅은 옥수수와 같은 토착 작물과 함께 영국에서 가져온 여러 다양한 작물을 재배하기에 적합했다. 그리고 담배나 목화 같은 새로운 환금작물을 키우기에도 좋았다. 지금까지 소작농으로 일했던 사람들은 새로운 식민지에서 비로소 해방을 맞이했다. 이에 대해 스미스는 이렇게 말했다. "이 땅에는 높은 지대를 요구하는 가혹한 지주가 없다. 누구나 자신의 노동으로 땅의 주인이 될 수 있다."[2]

물론 그곳에 지주는 없었지만, 그렇다고 아무도 없는 것은 아니었다. 식민지 개척자들은 지금까지 그곳에 살면서 사냥하고, 물고기를 잡고, 곡물을 재배했던 아메리카 원주민들과 우호적인 관계를 맺기도 했다. 식민지 초기 정착민들에게 있어 아메리카 원주민과 물물교환을 하거나 그들의 도움을 얻는 일은 생존에 반드시 필요했다. 그러나 개척자들의 정착지가 점점 더 대륙으로 뻗어나가면서 원주민과의 충돌은 예정된 수순이었다. 개척자들이 비옥한 농지를 찾아 끊임없이 정착지를 확대하면서 크고 작은 충돌과 폭력 사태가 벌어졌다. 이러한 마찰은 식민지 개척자들과 그들의 후손 그리고 나중에 미국이라는 나라가 될 땅에서 그전부터 살아왔던 원주민들 사이의 향후 300년에 걸친 관계 양상을 근본적으로 결정짓는 요인으로 작용했다.

식민지 아메리카에 새롭게 정착한 수백 명의 인구는 이후 수십 년 만에 수만 명으로 늘어났지만, 그 숫자도 북미 해안 지대와 끝없이 펼쳐진 광활한 내륙에 비하면 보잘것없는 수준이었다. 어마어마한 경작지가 그들 앞에 놓여 있다는 사실을 고려할 때, 정착민의 노동력은 턱없이 부족했다. 1700년에 아메리카 식민지 인구는 25만 명에 달했지만, 이는 오늘날 소규모 도시에 불과한 수준이었다.[3] 미국 독립혁명이 일어나기 직전, 13개 식민지에 걸친 78만 제곱킬로미터에 달하는 공식 영토에 거주했던 인구는 250만 명밖에 되지 않았다. 영토 대부분이 거의 텅 비어 있었고, 인구 밀도는 오늘날 호주나 리비아처럼 낮았다.

　　초기 정착지 지도자들은 숙련된 노동력의 부족과 이러한 노동력 확보에 들어가는 엄청난 비용에 대해 불만이 많았다. 메릴랜드 식민지를 세운 볼티모어 경은 더 많은 영국인이 대서양을 건너는 위험한 여정에 도전하도록 장려하기 위해 새로운 정착민을 대상으로 수십 에이커에 달하는 토지를 주겠다고 약속했다. 북아메리카 최초의 선출 입법기관이라 할 수 있는 버지니아 의회Virginia House of Burgesses도 이와 같은 전략을 활용했다. 그들은 가족이나 노동자를 데리고 이주하는 사람에게 더 넓은 땅을 제공했으며, 아메리카 식민지의 부유한 정착민들은 몇 년간 계약 노동을 조건으로 항해에 필요한 비용을 대신 내주기도 했다.

　　힘든 항해를 마치고 정착에 성공한 이주민들은 건강과 재산을 기준으로 영국에 두고 온 동료들을 금방 앞질렀다. 17세기 말에, 혹은 많은 지역에서는 더 일찍부터 아메리카 정착민들은 그들의 영국 동료보다 더 나은 삶의 수준을 누렸다. 노동력 부족이 만성적으로 이어지면서 임금은 상승했고, 영국에서 소작농이나 농장 노동자로 살았던 이들은 아메리카로 건너와 스스로 땅을 소유하게 되었다. 기본적인 식량과 육류, 소박한 직물이나 연료를 살 수 있는 구매력을 기준으로 비교할 때, 미국인들은 독립혁명 이전인 18세기에 걸쳐 영국인보다 약 50퍼센트 더 풍족한 삶을 누렸다.[4] 그리고 미국이 독립을 쟁취한 직후에 미국 남성의 키는 영국 남성보다 평균 약 6.4센티미터나 더 컸다.[5]

　　유럽인의 관점에서 볼 때, 새로운 아메리카 정착민 사회는 1616년에 존 스미스가 예상했던 대로 소득과 정치에서 대단히 평등했다. 아메리카 식민지들 전반에 걸친 소득 불평등은 당시 유럽이나 오늘날 미국보다 훨씬 낮았다. 경제사학자 제프리 윌리엄슨Jeffrey Williamson과 피터 린더트Peter Lindert의 추산에 따르면, 1776년 미국 독립혁명 직전에 미국의 상위 소득자 1퍼센트가 국가 총소득에서 차지한 비중은 7.6퍼센트로, 이는 오늘날 20퍼센트와 뚜렷한 대조를 보인다.[6] 사실 그보다 한 세기 전에는 아마도 더 평등했을 것이다. 영국에서는 토지를 소유하지 못한 농장 노동자에게는 투표권이 주어지지 않았다. 반면 미국에서는 토지 소유가 보편적으로 이뤄졌기 때문에, 투표권은 토지를 소유해야 한다는 조건에도 불구하고 남성 인구 전반에 폭넓게 주어졌다.

새로운 아메리카 식민지는 아주 불평등한 영국과 비교할 때 놀랍게도 평등한 사회였지만, 정작 새로운 정착지 전역에 걸쳐 대규모 농장을 중심으로 꾸준히 형성되던 사회는 정반대의 모습을 보였다. 아메리카 식민지에 자리 잡은 일부 부유한 정착민은 농업에서 노동력 부족 문제를 해결하기 위해 스스로 세계 최대의 노예 매매상이 되었다. 그들이 자행한 인신매매의 규모는 카리브해 영국령에서 이미 성행하고 있던 노예무역이 초라해 보일 정도였다. 특히 인구가 희박한 미국 남부 지역의 노예 무역상들은 1600년대가 저물기도 전에 수만 명에 달하는 서아프리카인을 미국 동부 해안 지역으로 끌고 왔다. 그러나 이 규모도 미들 패시지Middle Passage [아프리카에서 아메리카로 아프리카인들을 노예로 수송했던 주요 대서양 항로-옮긴이]를 통해 감금되어 실려온 1200만 명이 넘는 남성과 여성, 아이들에 비하면 일부에 불과할 뿐이었다.

그런데 부족한 것은 노동력만이 아니었다. 아메리카 식민지에는 비옥한 토지는 풍부했지만, 상업을 돌아가게 만드는 중요한 요소들은 전혀 없었다. 금과 은이 풍부한 남아메리카와 달리, 영국의 새로운 식민지 정착민들은 귀금속의 원재료를 거의 발견할 수 없었다. 17세기 전 세계 많은 지역에서는 화폐 거래가 주로 금이나 은으로 만든 주화로 이뤄졌다. 아메리카 정착민들은 번영을 누렸지만, 실질적인 화폐의 부족으로 어려움을 겪었다. 영국의 은화와 함께 멕시코와 카리브해, 중남미 지역의 오랜 식민자와의 거래로 스페인 화폐가 소량 들어오기는 했지만, 아메리카 식민지의 경제적 삶은 화폐 부족으로 큰 어려움을 겪었다. 물건의 가격은 영국처럼 파운드와 실링, 펜스로 표기되었지만, 결제는 이와는 다른 여러 가지 방식으로 이뤄졌다. 다양한 형태의 차용증이 일상적인 거래에서 사용되었고, 채무자가 돈을 갚지 못할 경우 까다로운 법적 분쟁이 자주 일었다. 화폐가 부족한 상황에서 정착민들은 종종 물물교환에 의존해야 했다. 가죽과 담배, 옥수수, 심지어 웜펌(조개껍데기로 만든 구슬로 장식한 인디언 허리띠)까지 거래에 동원되었다.

특히 사업을 하려던 정착민들은 노동력 부족과 마찬가지로 화폐 부족에 대해서도 끊임없이 불만을 토로했다. 상인들은 그들의 정착지로 건너온 이들과 거래할 수 있는 많은 기회를 놓쳤다. 물물 거래는 대단히 불편한 임시방편이었다. 상대가 원하는 물건을 가지고 있을 때만 거래할 수 있었고, 상대가 원하지 않는 물건이나 시간이 지나면 부패해서 가치가 떨어지는 물건으로는 효율적인 상거래가 불가능했다.

또한 새로운 정착지 주민들은 화폐 부족으로 정치적, 경제적 활동에도 제약을 받았다. 영국 엘리트 집단의 시선으로 볼 때, 아메리카 식민지의 역할은 농산물과 원재료를 대서양 건너의 모국으로 보내는 것이었고, 영국의 역할은 그 원재료를 가지고 완제품을 생산하는 것이었다. 아메리카 정착민들은 대부분 영국 상인에게서 이러한 완제품을 수입했다. 담배와 목재, 철, 식료품은 북대서양을 거쳐 동쪽인 영국으로 이동했고, 반대로 철로 만든 제품과 섬유, 무기와 석탄은 서쪽인 미국으로 이동했다.[7] 사업가들은 아메리카 대륙 내에서 정교하고 가치 높은 제품을 생산하거나 이에 투자하고자 했지만, 화폐 부족으로 어려움을 겪었다. 그러한 고충은 영국이 아니라 미국 시장에 팔기 위해 제품을 생산하고자 했던 사업가들 역시 겪었다.

식민지 초기에는 대서양을 사이에 둔 양쪽 진영 모두 그러한 역할 분담에 동의했다. 새로운 식민지 정착민들에게 전문적인 방식으로 생산된 다양한 영국 제품은 생존에 꼭 필요했다. 그러나 아메리카 정착민들은 화폐 부족으로 제품 수입에 애를 먹었다. 게다가 유럽의 상업 중심지로부터 멀리 떨어진 아메리카 땅은 인구가 적어서 원자재 공급처 이상의 지위를 차지하지 못했다. 그러나 이후 수십 년 동안 인구가 증가하고 미국 사회의 고유한 정체성이 형성되기 시작하면서, 기존의 불평등한 경제 관계를 점점 더 유지하기 힘들어졌다. 영국 정부는 아메리카 개척자들이 독자적으로 경제적 이익을 추구하지 못하도록 계속해서 억압했다. 대부분의 정책 결정은 영국의 엘리트 집단을 보호하는 차원에서 이뤄졌고, 이를 통해 영국 상인들이 요구했던 식민지의 상업 및 금융에 대한 독점권을 보장했다. 그러나 이러한 억압 중에서도 특히 아메리카 정착민들이 무한히 펼쳐진 토지를 온전히 활용하지 못하도록 가로막은 정책이 가장 핵심적인 갈등의 원천이 되었다.

토지로 화폐를 주조한 사람들

17세기는 지성의 관점에서 대변혁의 시대였다. 유럽에서는 과학혁명이 일어났다. 아메리카 개척자들이 정착지를 건설하고 확장하는 동안 갈릴레오 갈릴레이와 르네 데카르트, 아이작 뉴턴은 놀라운 연구 결과를 발표했다. 이 중요한 성과는 농업이 주를 이룬 아메리카가 아니라 지적, 학문적 중심지인 유럽 땅에서 모습을 드러냈다. 그 무렵 소수의 아메리카 정착민들은 과학보다 생존에 집중해야 했다. 반면 당시 런던과 파리, 피렌체, 암스테르담에서 일어났던 사고 혁명은 결국 은유적 의미에서도 실질적인 차원에서도 아메리카 정착지의 혁신에 직접적인 영향을 미치게 되었다.

유럽 전역의 지식인들은 철학, 윤리학, 물리학 등 여러 학문 분야에 걸쳐 다양한 질문을 던졌다. 그리고 많은 저자가 오늘날 우리가 경제학이라고 부르는 학문에 점점 더 많은 관심을 보이면서 상업과 부의 관계 그리고 호황과 침체가 주기적으로 반복되는 이유를 설명해줄 이론을 모색했다. 런던에서는 윌리엄 포터William Potter라는 한 토지 행정관이 무역과 화폐 및 토지에 관한 이론을 담은 두 권의 책을 집필하고 있었다. 책에서 포터는 화폐 부족이 경제 활동을 가로막는 장애물이며, 경제 전반에 유통되는 화폐량을 늘리면 거래를 활성화하고 성장 속도를 높일 수 있다고 주장했다. 그 무렵 화폐는 일반적으로 공급이 제한된 금과 은에 기반을 두고 있거나 이러한 귀금속으로 주조되었기 때문에 오늘날 우리가 경제 성장이라고 부르는 흐름을 가로막는 결정적인 병목 요인으로 작용했다.

포터도 과거의 많은 학자가 그랬듯 흔한 금속을 희귀하고 가치 높은 금으로 바꾸는 연금술에 몰두했다. 그러나 그는 토지에도 금만큼 혹은 금을 뛰어넘는 가치가 있다는 사실을 발견했다. 나아가 지금까지 금이 화폐의 가치를 뒷받침하는 자산으로서 해왔던 역할을 토지가 대체할 수 있다고 주장했다. 포터는 이렇게 물었다. 금이 화폐의 가치를 뒷받침할 수 있다면, 토지가 그러지 못할 이유가 무엇이란 말인가? 포터는 화폐 부족 문제를 해결하려면 은행이 지폐를 직접 발행해서 이를 필요로 하는 부유한 토지 소유주에게 빌려주면 된다고 설명했다. 대신에 토지 소유주는 매각 외에는 다른 활용 방법이 없는 자신의 토지를 은행에 담보로 제공하면 된다. 그리고 그렇게 받은 지폐로 토지를 개간하거나, 노동자에게 급여를 주거나, 혹은 그 지폐를 받는 상인에게 제품과 서비스를 구매하면 된다.

포터는 일단 은행이 화폐가 필요한 사람에게 이러한 방식으로 대출을 해주면, 그 돈이 유통되면서 결과적으로 고용과 생산 및 무역을 훨씬 더 빠른 속도로 촉진할 것으로 보았다. 더 나아가 토지가 금의 역할을 온전히 대체해 통화 전체의 가치를 뒷받침하는 내적 기반이 되리라 믿었다. 1650년에 포터는 이러한 자신의 비전을 정리하여 《부의 열쇠The Key of Wealth》라는 책으로 발표했다.[8] 그는 귀금속의 가치에 기반을 둔 화폐 시스템이 경제 성장을 억압하고 있으며, 결국에는 지폐가 모든 화폐를 대체할 것이라고 주장했다. 포터의 진단은 시대를 앞서간 예언이었다. 기존의 금은 본위제는 포터의 책이 출간되고 나서도 몇 세기 더 명맥을 유지했지만, 끝내 세상은 무명의 한 영국 토지 행정관이 예언했던 방향으로 흘러가게 되었다.

포터는 《부의 열쇠》에서 훗날 전 세계적으로 보편화될 경제 개념들을 선지적으로 제시했다. 그는 화폐와 그 유통이 경제 성장을 이끄는 핵심 원동력으로 작동할 것으로 내다봤는데, 이러한 생각은 그로부터 300년이 흘러 밀턴 프리드먼Milton Friedman과 같은 학자들에 의해 널리 알려지게 되었다. 여기서 포터는 17세기에 인기를 끌었던 신비적인 연금술에 관한 논의로 빠지지는 않았다. 그가 '화폐의 혁명revolution of money'이라고 부른 개념은 오늘날 경제학자들이 말하는 '화폐 유통속도velocity of money'라는 개념과도 맞닿아 있다. 또한 그는 사회 전반에 자리 잡은 대규모 금융 시스템이 토지 가치를 담보로 대출을 제공할 때, 나중에 경제학자들이 언급한 '통화공급supply of money'을 확대할 수 있다는 점도 분명히 알고 있었다. 실제로 오늘날 유통되는 화폐 대부분은 상업 은행들이 대출을 통해 공급하고 있다. 그리고 이러한 대출은 주로 토지와 토지 위에 세운 건물을 활용하는 부동산 담보 형태로 이뤄진다. 이러한 점에서 포터의 이론은 놀라운 선견지명을 보여줬다고 하겠다.

포터의 책은 당시 유럽 전역에서 형성되던 지적 네트워크를 통해 급속도로 퍼져 나갔다. 열정적인 지지자 중 한 사람인 새뮤얼 하틀리브Samuel Hartlib는 박학다식한 인물로, 유럽 전역에서 생각이 비슷한 사람들을 모아 '지식인들intelligencers'이라고 알려진 조직을 결성했다. 그리고 이 조직을 중심으로 많은 이와 교류하고 협력했다. 여기에는 오늘날 우리가 근대 화학의 아버지라 부르는 헨리 올덴부르크Henry Oldenburg와 로버트 보일Robert Boyle도 포함되었다. 그러나 당시 개인이 정치적, 학문적 견해를 직접적이고 공개적으로 표명하는 데는 시대적인 위험이 따랐다. 가령 영국의 찰스 1세는 포터의 책이 나오기 1년 전에 재판을 받고 처형되었다. 당시 정치적, 종교적 논쟁은 지적 탐구의 문을 열어주기도 했지만, 동시에 위험도 몰고 왔다. 하틀리브 서클Hartlib Circle 혹은 '보이지 않는 대학invisible college'이라고 불렸던 그의 비밀 조직은 나중에 영국왕립학회Royal Society의 모태가 되었고, 1660년 찰스 2세가 왕위로 복귀하면서 왕실의 정식 인가를 받았다.

그러나 하틀리브도 포터도 대서양을 건너본 적이 없었다. 17세기 중반에 대서양 횡단은 여전히 위험했으며, 대개 편도로만 이뤄졌다. 이러한 이유로 아메리카 식민지는 한 세기 가까이 새로운 사상의 발원지가 되지 못하고 지적 세상의 주변부에만 머물러 있었다. 그러나 토지를 실제 화폐로 전환할 수 있다는 생각이 영국에서는 단지 흥미로운 아이디어에 머물렀던 반면, 토지는 풍부했지만 화폐 부족으로 어려움을 겪던 아메리카 식민지에서는 큰 반향을 불러일으켰다. 초기 아메리카 엘리트들은 그 아이디어에 화폐 부족 문제를 해결할 잠재력이 있다는 사실을 간파했다. 이제 포터의 이론은 학문의 영역에서 벗어나 아메리카 식민지에서 토지를 둘러싸고 점점 심화되던 정치적 갈등 속으로 뛰어들 채비를 하고 있었다. 아메리카 개척자들은 이후 수 세기에 걸쳐 많은 국가가 발견하고 이익과 손해를 동시에 경험했던 비밀을 처음으로 파헤치게 되었다. 그 비밀이란 다름 아닌 토지를 활용해서 엄청난 규모의 화폐를 창출할 수 있다는 사실이었다.

그 아이디어를 처음으로 알아본 인물 중에는 코네티컷 총독으로 새로 선출된 존 윈스럽 주니어John Winthrop Jr.가 있었다. 1660년 그는 새뮤얼 하틀리브와 서신을 주고받던 중에 포터의 저작을 알게 되었다.[9] 그의 아버지 윈스럽 시니어는 영국 서퍽주의 부유한 지주로, 나중에 매사추세츠만 식민지 건설에 참여하게 된 인물인데, 그 정착지가 화폐 부족으로 심각한 어려움을 겪던 상황에서 은 대신에 옥수수를 화폐로 사용하는 방안을 시도한 바 있다.

매사추세츠는 1652년에 아메리카 식민지로는 처음으로 자체 주조국을 통해 해외 주화를 녹여 새로운 형태의 은화인 '소나무 실링'을 발행했다. 그리고 얼마 되지 않는 화폐가 이웃 식민지나 해외로 유출될 위험을 막고자 매사추세츠 안에서만 통용되도록 엄격하게 제한하는 법을 제정하기도 했다. 그러나 이러한 노력에도 화폐 공급량은 턱없이 부족해서 매사추세츠만 지역의 화폐 부족 문제를 해결하는 데 실질적인 도움은 되지 못했다.

윈스럽의 강한 의지에도 불구하고 포터의 혁신적인 아이디어는 처음부터 난관에 부딪혔다. 그는 그 아이디어를 현실적으로 실행할 정치적 해법을 찾지 못했다. 당시 코네티컷이나 매사추세츠 지역에서는 어떤 진척도 이뤄지지 못했다. 그러나 아메리카 개척자들이 상업적 한계에 직면하면서, 국가의 토지를 활용해 화폐 부족 사태를 해결해야 한다는 생각은 더 이상 외면할 수 없는 선택이 되었다. 이후로 몇 년간 유사한 주장과 실험이 계속 등장했다. 특히 급진적 이상주의자와 금융 사업가들은 다양한 시도를 했다. 가령, 영국에서 윌리엄 포터와 친분이 있었던 존 우드브리지 John Woodbridge는 영국 국교회에 소속되지 않은 목사였는데, 토지를 활용해 화폐를 창출하는 아이디어를 처음부터 줄곧 지지했다. 그리고 1671년에는 매사추세츠 지역에 민간 토지 은행을 설립하고자 했다. 포터의 또 다른 지지자이자 역시 비국교도인 존 블랙웰 John Blackwell 대위는 올리버 크롬웰 정권의 통치에 깊이 관여한 혐의로 영국에서 토지를 몰수당한 뒤 1684년에 보스턴으로 이주했다. 블랙웰은 오늘날 중앙은행에 해당하는 공공기관을 설립해서 토지를 담보로 지폐를 발행하는 방안을 주장했다.[10] 하지만 아메리카 식민지들이 정치적 자율성을 확보하지 못하게 되면서 이런 시도들 모두 실패로 돌아가고 말았다.

　17세기 말 미국 식민지 사이에서 등장한 토지와 화폐에 관한 아이디어는 이제 더 이상 새로운 화폐 이론가 집단만의 관심사가 아니었다. 그 아이디어를 둘러싼 논쟁은 점차 갈등을 촉발하는 적대적인 정치적 특성을 보이기 시작했고, 이러한 사회적 분위기가 고조되면서 결국 미국 독립혁명의 도화선이 되었다. 1776년에 미국 사회를 두 무력 진영으로 갈라놓은 경계는 이미 이 시기에 모습을 드러냈다. 그리고 아메리카 개척자들이 토지를 소유하고 이를 활용해서 상업과 금융을 강화하려고 시도하면서 영국의 이해관계와 충돌하게 되었다.

　개척자들이 아메리카 대륙에 도착했을 때, 그들은 노르만 정복 역사로 거슬러 올라가는 600년 전통의 영국법도 함께 가지고 왔다. 그런데 그 법의 일부는 아메리카의 새로운 경제 상황과 잘 들어맞지 않았다. 영국에서 봉건주의가 수 세기 전에 이미 힘을 잃었음에도 가장 가치 높은 자산인 토지는 18세기와 19세기에 걸쳐 사회적 위상이 크게 높아지게 될 신흥 상인과 산업가 계층이 아닌, 농업 귀족들이 그대로 차지하고 있었다. 또한 토지를 기반으로 화폐를 창출할 수 있다는 포터와 블랙웰의 아이디어를 실현하기 위해서 꼭 필요한 요소가 영국 법체계에는 들어 있지 않았다. 그것은 다름 아닌 토지를 담보로 돈을 빌린 사람이 제때 상환하지 못할 때 토지를 실질적으로 압류할 수 있는 권리를 보장하는 조항이었다. 17세기 영국법은 재산을 토지와 동산으로 구분했다.[11] 여기서 동산은 이동이 가능한 개인 재산으로, 이를 담보로 돈을 빌릴 수 있고 압류도 가능했다. 반면, 돈을 빌린 사람의 토지를 압류할 수 있는 현실적인 방법은 없었다. 이로 인해 담보로서 토지의 가치는 항상 낮았고, 그래서 토지를 기반으로 화폐를 발행한다는 생각은 현실성이 없어 보였다.

영국 지주 엘리트 집단이 보기에, 유서 깊은 가문의 토지를 난데없이 나타난 대금업자나 신흥 상인에게 넘겨준다는 건 절대 용납할 수 없는 일이었다. 그건 그들의 상속자를 비롯하여 아직 태어나지 않은 후손의 권리를 빼앗는 일이기도 했기 때문이다. 당시 귀족 집단의 이해관계가 여전히 영국 사회를 좌우하고 있었고, 이러한 권력은 방대한 농지 소유에 기반을 둔 것이었다. 그래서 채무자가 빚을 갚도록 강제할 수 있는 방법은 오늘날에 비해 지극히 제한적이었다. 때로 채무자의 토지를 관리할 수 있는 권리를 인정한 경우도 있었지만, 그것도 토지에서 나오는 수익으로 빚을 모두 갚을 때까지로 한정되었고, 상환이 끝나면 토지를 원래 소유주에게 다시 돌려줘야 했다.

토지에 기반을 둔 새로운 신용 및 화폐 시스템이 제대로 기능하려면, 화폐를 발행한 대출 기관이 영국에서 종종 그랬던 것처럼 채무자의 재산을 압류할 수 있는 권리가 법적 분쟁으로 수십 년 동안 제한되지 않으리라 믿고 안심할 수 있어야 했다. 대출 상환을 보장받기 위해 담보로 잡은 토지가 기존의 법적 권리에 따라 채무자 아들에게 다시 돌아가게 될지 모른다는 불안감은 토지 은행 설립을 주장했던 이들이 지적한 위험 요소였다. 미국 개척자들은 새로운 형태의 대출 시스템이 실질적으로 기능하려면, 채무불이행과 압류를 관리하는 체계적인 시스템이 필요하다고 믿었다. 이후 1670~1680년대에 이르러 아메리카 식민지의 여러 의회는 토지를 활용하여 다양한 채무를 상환할 수 있도록 허용하는 새로운 법률을 제정하기 시작했다.[12] 17세기 말, 영국 엘리트에게는 생소했던, 토지에 대한 아메리카 고유의 접근 방식이 식민지 경제 속으로 그렇게 자리 잡아가고 있었다.

금융 분야의 초기 개척자들이 직면했던 정치적 어려움에도 불구하고, 미국인들은 토지를 화폐로 전환하려는 시도를 포기할 생각이 없었다. 그리고 18세기 초 그 아이디어를 지지했던 이들은 마침내 돌파구를 찾았다. 그들은 블랙웰이 꿈꿨던 공공 토지 은행을 잇달아 설립하기 시작했다. 1712~1717년까지 사우스캐롤라이나와 매사추세츠, 로드아일랜드, 뉴햄프셔는 이러한 공공기관을 설립하여 토지 감정가의 일부를 대출해주는 제도를 실시했다. 그 과정에서 토지는 담보로 활용되었다.[13] 다만 이러한 시도는 일부 지역에서 의미 있는 성과를 거뒀지만, 전체적인 대출 규모는 그리 크지 않았다. 결국 화폐 부족 문제는 여전히 해결되지 않은 상태로 남았고, 상인 계층의 실망감은 더 커졌다.

1732년 영국에서 채무회수법 Debt Recovery Act이 통과되면서 아메리카 식민지 전역에 걸쳐서 채권자가 토지를 압류할 수 있는 권한이 공식적으로 인정받게 되었다. 이로써 채권자는 담보 없이 돈을 빌린 채무자에 대해서 동산과 노예, 토지 등 모든 자산을 대상으로 채권을 추심할 수 있게 되었다.[14] 당시 이 법은 아메리카 식민지에만 적용되었고, 영국 내에서 이와 유사한 법이 적용되기까지는 한 세기가 더 걸렸다. 사실 이 법은 빚을 받아내려고 식민지 개척자를 쫓아다니는 데 지친 영국 상인을 위해 제정된 것이었다. 그럼에도 이 법은 그 자체로 하나의 중요한 이정표가 되었다. 다시 말해, 영국 정부가 토지 및 금융 문제와 관련해서 아메리카 정착민들에게는 다른 제도를 적용해야 한다는 사실을 인정한 셈이 된 것이다. 이러한 점에서 이 법은 영국의 법률 시스템과 아메리카 식민지 시스템이 서로 다른 길을 걸어가기 시작한 상징적인 분기점으로 남았다.

그럼에도 식민지 개척자들은 토지를 담보로 돈을 빌리는 데 한계가 있었기 때문에 새로운 혹은 비정상적인 방법까지도 모색했다. 아메리카 식민지에서 부의 최대 원천은 토지였고, 다음으로 큰 원천은 사슬에 묶여 미국 해안으로 끌려온 노예들이었다. 17세기 중반부터 대부업자들은 노예를 담보로 잡아서 돈을 빌려주기 시작했다. 그리고 그 과정에서 '채틀chattel' 노예제라는 말이 생겨났다. 여기서 '채틀'이란 이동이 가능한 소유물, 즉 동산을 의미한다. 반면 앵글로색슨 시대에 존재했던 노예제는 이미 600년 전 노르만 왕조에서 폐지되었기 때문에 영국에서는 노예를 담보로 돈을 빌려주는 사례를 찾아보기 힘들었다. 그래서 아메리카 식민지는 여러 다양한 제도를 동원하여 자유롭게 실험에 착수했다. 역사학자 보니 마틴Bonnie Martin은 신용과 구속의 조합이 노예제를 유지하는 "보이지 않는 힘"이라고 말했다. 다시 말해, 노예의 가치는 노동력뿐 아니라 이를 담보로 활용할 수 있다는 사실에 있다는 뜻이었다. 실제로 아메리카 식민지 시대에 버지니아 지역에서 실행된 담보 대출의 3분의 2는 토지와 주택 및 기타 재산이 아니라, 노예를 담보로 한 것이었다.[15]

18세기 초 수십 년 동안 미국은 유럽의 사상을 수동적으로 받아들이는 처지에 점점 더 만족하지 않게 되었다. 훗날 미국의 건국 아버지가 될 인물 중 연장자들은 정치 세상에 발을 들이면서 미국의 경제와 자치권, 행정에 관한 논의에서 스스로 목소리를 내기 시작했다. 특히 벤저민 프랭클린Benjamin Franklin은 21세의 젊은 나이에 런던 여행에서 돌아온 뒤 필라델피아에서 '준토Junto'라는 이름의 지식인 모임을 만들었다. 하틀리브 서클이 영국왕립학회의 모태가 되었던 것처럼, 준토는 미국철학학회American Philosophical Society 의 전신이 되었다. 프랭클린은 장기적인 화폐 부족 현상이 아메리카 식민지에 부정적인 영향을 미치는 상황을 크게 우려했고, 토지를 활용해서 문제를 해결하는 방법을 모색했다. 1727년 23세의 프랭클린은《지폐의 본질과 필요성에 대한 소박한 연구A Modest Enquiry into the Nature and Necessity of a Paper Currency》라는 제목으로 책을 출간했다. 그는 유럽의 대규모 금융 중심지에서 많은 은행이 금과 은으로 교환할 수 있는 초기 형태의 지폐를 이미 발행하고 있다는 사실을 알았다. 그리고 미국 은행들 역시 토지를 담보로 화폐를 발행할 수 있다고 확신했다. 금과 은을 담보로 발행한 지폐가 화폐로 통용되듯이, 토지를 담보로 발행한 차용증 역시 화폐가 될 수 있었다. 프랭클린은 이러한 화폐를 일컬어 "주조된 토지coined land"라고 설명했다.[16]

1740년대 말 매사추세츠 총회General Court of Massachusetts가 향후 몇십 년 동안 화폐 공급을 늘리기 위한 방안을 찾고 있었을 때, 토지 은행 설립을 주장했던 이들은 새로운 정치적 기회를 놓치지 않았다. 토지는 물론, 철과 아마, 밧줄 등의 상품을 담보로 화폐를 대규모로 발행하는 민간 은행을 설립해야 한다는 청원에 수백 명이 서명했다. 그리고 그렇게 탄생한 토지 은행은 매사추세츠 의회의 승인을 받지 않은 상태로 5만 파운드라는 엄청난 규모로 화폐를 발행했다.[17] 그러나 새로운 화폐의 발행은 곧바로 또 다른 정치적 위기로 이어졌다. 매사추세츠 총독 조너선 벨처Jonathan Belcher가 신규 화폐의 사용을 억제했고, 그 화폐를 승인한 지방 판사들을 해고했다. 그러나 벨처의 단속에도 불구하고 매사추세츠 내 몇몇 지역은 그 화폐로 세금을 받기 시작했다. 이후 토지 은행 설립을 반대했던 이들이 그 소식을 영국 정부에 알렸다. 그러자 영국은 즉각 억압 조치에 들어갔다. 그리고 1720년에 수천 명의 투자자가 막대한 손실을 입은 '남해 거품South Sea Bubble'과 같은 사태가 재발하지 않도록 제정했던 법을 여기에 활용했다. 1741년 영국 정부는 이 법을 아메리카 식민지로 확대 적용하는 과정에서 새로운 토지 은행의 설립을 금하는 조항을 추가했다.

결국 토지 은행은 무너졌고, 설립자들은 엄청난 부채를 떠안게 되었다. 설립자 중 하나인 새뮤얼 애덤스Samuel Adams 집사는 은행 파산에 따른 여파가 끝나지 않은 1748년에 부채를 떠안고 세상을 떠났다. 그리고 그의 아들 새뮤얼 애덤스 주니어Samuel Adams Jr는 아버지가 사망하고 1750년대까지 은행 빚에 시달려야 했다.[18] 그는 이러한 힘든 경험을 통해 대영 제국의 압박이 얼마나 가혹한지 몸소 깨달았고, 이후로 평생에 걸쳐 영국 왕실의 탄압에 맞서 싸웠다. 그리고 아메리카의 열성적인 초기 혁명가로 활약하면서 1773년에 보스턴 차 사건을 이끌었고, 1776년에는 독립선언문에 서명했다.

서부 개척이 낳은 거대한 비즈니스

아메리카 개척자들이 토지에 그토록 집착했던 이유는 사실 간단했다. 토지가 아메리카 식민지에서 가장 풍부한 자산이었기 때문이다. 곡물과 담배를 재배하는 농부들과 노예를 부리는 목화 농장주들은 그들의 상상만큼 넓게 퍼져 있던 영토를 개척하기 위해 서쪽으로 나아갔고, 풍요를 누릴 기회도 그만큼 더 커졌다. 당시 아메리카 식민지 중 비도덕적인 노에 거래와 가장 거리가 멀었던 뉴 잉글랜드 지역에서 토지는 전체 부의 80퍼센트 이상을 차지했다.[19]

어느덧 초기 아메리카 엘리트 사이에서 토지 투기는 유행이 되었다. 그들은 아직 아무도 차지하지 않았거나 혹은 적어도 유럽인이 소유하지 않은 땅을 모두 가지려 했다. 이러한 그들의 욕망은 아주 다양한 형태로 나타났다. 어떤 이들은 장사꾼처럼 토지를 사자마자 팔아서 곧장 수익을 챙겼다. 또 다른 이들은 땅을 차지하기 위해 그곳에서 오랫동안 살아왔던 원주민은 물론, 법적 권한 없이 정착한 백인들에게도 폭력을 휘둘렀다. 그리고 또 다른 이들은 사회적으로 좀 더 인정받는 장기적인 방식으로 토지를 매입해서 수익을 냈는데, 토지 구획을 나누고 개간 및 정비 작업을 마친 뒤 팔거나 임대했다.

18세기 중반으로 접어들면서 토지 투기는 아메리카 식민지 초창기에 일반적으로 행해졌던 소규모 단계를 훌쩍 넘어섰다. 1747년에는 버지니아의 몇몇 투기꾼이 자금을 모아 오하이오 컴퍼니Ohio Company를 설립하면서 아메리카 식민지의 서부 영토를 탐사하기 시작했다.[20] 이 사업에 참여한 이들 중에는 부유한 지주 가문 출신인 로런스 워싱턴Lawrence Washington과 어거스틴 워싱턴Augustine Washington이 포함되어 있었다. 그리고 두 사람의 이복동생으로 역시 지주 가문의 풍요 속에서 성장한 조지 워싱턴George Washington도 그들과 함께했다. 이듬해는 로열 컴퍼니Loyal Company라는 회사가 설립되었다. 이들 기업은 수십만 에이커에 달하는 토지에 대한 소유권을 인정받기 위해 버지니아 정부에 청원을 제기하기도 했다. 그렇게 투기는 점차 거대한 비즈니스로 변모하고 있었다.

13개 아메리카 식민지의 광범위한 서부 탐사는 이후 1754년

프렌치-인디언 전쟁French and Indian War을 촉발하는 원인이 되었다. 이 전쟁에서 영국령 아메리카 식민지와 프랑스 왕국이 각각 아메리카 원주민 동맹의 지원을 받아 맞붙었다. 당시 버지니아 정부는 거주지 이외 지역의 토지에 대한 소유권을 투기꾼들에게 인정함으로써 이들이 북서쪽으로 계속 영토를 확장해 나가도록 힘을 실어줬다. 이러한 정부 정책은 오하이오강 주변과 그 너머의 영토를 장악하고 있던 프랑스에 위협이 되었다. 토지에 대한 탐욕은 전쟁의 원인이었을 뿐 아니라, 전쟁을 재정적으로 뒷받침하는 수단이기도 했다. 사실 프랑스에 맞서 전쟁터에 뛰어든 병사들에게는 개인적인 이해관계가 있었다. 즉, 참전에 대한 보상으로 수십만 에이커에 달하는 토지를 약속받은 것이다. 그런데 영국과 프랑스 본국으로부터 한참이나 떨어진 아메리카 땅에서 영토를 놓고 벌어진 충돌의 여파는 거기에서 끝나지 않았다. 1756년 영국은 프랑스에 공식적으로 전쟁을 선포했다. 프러시아가 영국을, 오스트리아가 프랑스를 지원하면서 두 진영은 오래 묵은 앙금을 해소하고자 전면전을 벌였다. 이후 러시아와 스웨덴이 오스트리아 측에 추가로 합류했다. 이 대대적인 무력 충돌은 1763년까지 이어졌고, 유럽 본토를 비롯하여 아시아와 아메리카에서 동시에 벌어진 최초의 대규모 유럽 전쟁이 되었다. 나중에 이 전쟁은 7년 전쟁이라는 이름으로 알려졌다.

미국 독립혁명의 방아쇠

당시 22세의 젊은 조지 워싱턴도 프랑스와의 전투에 참전했다. 그 무렵 그는 이미 유망한 토지 투기꾼이었으며, 국경이 더욱 확장될 경우 얻을 수 있는 막대한 잠재적인 부에 대한 기대에 잔뜩 부풀어 있었다. 훗날 그는 이렇게 확신에 찬 글을 남겼다. "토지야말로 우리가 소유할 수 있는 가장 영구적인 자산이며, 가치가 오를 가능성이 가장 높은 것이다."[21] 워싱턴은 버지니아와 영국을 위해 군인으로 복무하면서 그에 따른 보상으로 토지를 받았고, 이후 여러 차례 투기사업으로 미국 전역에 걸쳐 수만 에이커에 달하는 토지를 추가로 매입함으로써 아버지와 형제들이 일군 가문의 재산을 더 키워나갔다. 7년 전쟁이 끝나고 수십 년 동안 그가 추진했던 투기사업은 대부분 큰 성공을 거뒀다. 덕분에 그는 미국 독립혁명이 발발하기 직전에 식민지 아메리카의 대표적인 부자 반열에 이름을 올렸다.

물론 미래에 대통령이 된 조지 워싱턴이 미국의 건국 아버지 중 토지 투기에 깊숙이 관여한 유일한 인물은 아니었다. 미국 독립선언문에 서명했던 제임스 윌슨James Wilson과 조지 메이슨George Mason 역시 서부 지역의 토지 사업에 적극적으로 참여했다. 그리고 미국 헌법에 서명했던 토머스 피츠시먼스Thomas Fitzsimons와 조너선 데이턴Jonathan Dayton, 윌리엄 블런트William Blount도 마찬가지로 투기 거물로 활약했다. 또한 나중에 미국 혁명 정부에서 재정감독관으로 일하면서 '혁명의 금융가'로 이름을 알린 로버트 모리스Robert Morris도 새롭게 독립을 맞이한 미국에서 대표적인 토지 소유주로 손꼽혔다. 미국 헌법제정회의Constitutional Convention에 참석했던 55명 가운데 14명 이상이 토지 투기꾼이었는데, 이는 제조업과 무역 산업에 종사했던 11명보다 많은 숫자였다.[22] 사실 이것도 미국 건국자 중 토지에 대한 개인적인 이해관계가 그리 깊지 않은 인물은 제외한 보수적인 수치다.

7년 전쟁에서 영국과 그 동맹은 초반 몇 차례 패배를 겪었지만, 결국 아메리카 전선에서 승리를 거둠으로써 어마어마한 규모의 영토를 차지하게 되었다. 유럽 본토에서 벌어진 전쟁이 끝났을 무렵, 프랑스는 미시시피강 동쪽 수십만 킬로미터에 달하는 토지 영유권을 포기해야 했다. 그에 따라 아메리카 북부 지역의 거대한 영토에 대한 영국 왕실의 지배가 더 공고해진 듯 보였다. 하지만 전쟁에서의 승리는 더 많은 토지를 갈망하는 아메리카 식민지 정착민들에게 재앙과도 같았다. 1763년 10월에 영국은 왕실 칙령 Royal Proclamation을 통해 아메리카 식민지의 서쪽 경계를 새롭게 확정했다. 이 새로운 국경은 애팔래치아산맥을 따라서 오늘날 조지아와 노스캐롤라이나, 버지니아, 펜실베이니아, 뉴욕, 뉴햄프셔주를 가로지르는 것이었다. 이 경계를 기준으로 동쪽에 있는 강들은 대서양으로, 서쪽에 있는 강들은 미시시피강으로 흘렀다. 영국 왕실은 아메리카 식민지의 주민들이 이 경계를 넘어 서쪽으로 영토를 확장하는 것을 막았다. 지속적인 서부 개척에 따른 아메리카 원주민 부족과의 끊임없는 충돌에 염증을 느낀 영국 정부는 애팔래치아산맥 서쪽에 완충 지대를 조성하고 영국군 1만 명을 파병해서 이곳을 다스리고자 했다.

그 칙령선은 단순한 정치적 경계선이 아니라, 새로운 경제 체제를 의미하는 것이기도 했다. 영국은 아메리카 원주민과 거래하려면 정부의 허가를 받아야 한다고 처음으로 공표했다. 그리고 칙령을 통해 '인디언들의 땅을 사들이는 과정에서 발생한 심각한 사기와 강압의 실태'를 비난했다.[23] 영국 정부의 이러한 태도는 수십 년 전 토지를 기반으로 화폐를 발행하고자 했던 경우와 마찬가지로 식민지 정착민들의 토지를 향한 끝없는 열망을 위협하는 것이었다. 그러나 결론적으로 영국 정부는 이 결정으로 인해 13개 식민지에 걸쳐 큰 손해를 입게 되었다.

비록 영국 정부에 이 새로운 경계선을 영구적인 장벽으로 만들 의도가 있었던 건 아니었지만, 이는 이미 긴장 상태에 있던 미국 식민지와의 관계를 더욱 악화시켰다. 영국 정부는 이번 결정을 통해서 서부 개척은 식민지가 결정할 사안이 아니라 영국 제국의 사업이라는 점을 분명히 했다. 지금까지 150년 넘게 아메리카 북부 지역에서 영토를 계속 확장해왔던 부유한 지주 가문들은 이제 어떻게든 영국 정부로부터 허락을 구해야 하는 신세가 되고 말았다. 더불어 조지 워싱턴과 그의 형제들을 비롯한 식민지 엘리트들이 추진해왔던 토지 투기사업도 위기를 맞이하게 되었다. 실제로 오하이오 컴퍼니가 탐사하고자 계획했던 땅은 영국 정부가 정한 경계선 너머에 있었다. 워싱턴이 직접 참여했던 투기 회사인 미시시피 랜드 컴퍼니Mississippi Land Company는 이번 칙령이 공포되기 불과 몇 달 전인 1763년 6월에 설립되었다.[24] 아메리카 식민지가 자율적으로 결정을 내리도록 영국 정부가 의도적으로 허용했던 '선의의 방임benign neglect' 시대는 그렇게 저물고 있었다.

그러나 일부 식민지 주민은 그 새로운 법의 취지나 규정을 따르려 하지 않았다. 그들은 나중에 켄터키주가 될 지역에 대한 탐사를 이어 나갔다. 매입과 폭력의 방식이 뒤섞인 가운데, 1775년에는 그 지역 전반에 걸쳐 새 정착지들이 모습을 드러내기 시작했다. 물론 이러한 움직임은 영국 왕실의 칙령을 노골적으로 무시한 처사였다. 대령이자 유명 가문을 대표하는 인물이었던 조지 워싱턴과 같은 기득권 엘리트조차 새로운 경계를 지킬 의사를 보이지 않았다. 1767년에 워싱턴은 자신의 토지 관리인에게 보내는 서한에서 이번 칙령은 임시방편에 불과할 거라는 본인의 예상과 함께, 새로운 제한은 원주민 부족들의 불만을 달래기 위한 것이며 영구적으로 이어지지 않을 거라는 개인적인 입장을 드러냈다.[25] 실제로 그는 미래의 정착지가 될 땅을 지금 포기한다면 다시는 기회가 오지 않을 거라고 확신했다.

토지 투기가 단지 돈벌이 수단만은 아니었다. 아메리카 개척자들이 추구했던 평등과 번영의 세상, 나아가 새롭게 등장한 미국식 자유주의 이상은 주민 상당수가 토지를 소유해야 가능한 일이었다. 많은 이가 이미 아메리카 동부 지역의 상당 부분을 소유하고 정착한 상황에서 개척자들은 계속해서 서쪽으로 나아가거나 그게 아니면 소작농과 토지를 소유하지 못한 노동자가 사회 대다수를 구성하는 유럽식 정치 경제 체제를 그대로 받아들여야 했다. 1751년에 이미 벤저민 프랭클린은 개척할 땅이 남아 있는 나라와 그렇지 못한 나라가 직면하게 되는 현실의 차이를 잘 이해하고 있었다. 그는 유럽에서는 "토지에 대한 소유와 개발이 모두 이뤄진 상태에서 토지를 갖지 못한 자들은 지주 밑에서 일할 수밖에 없다"고 언급했다. 반면 미국의 경우는 달랐다. "농사 기술과 일할 능력이 있는 사람은 짧은 시간에 돈을 모아 토지를 매입한 뒤 농장을 운영하면서 가족을 부양할 수 있다."[26]

영국이 아메리카 정착민들이 토지를 소유하고, 확장하고, 이를 담보로 돈을 빌리지 못하도록 제한한 것은 그때가 처음은 아니었다. 그러나 17세기 말 영국 왕실이 최초의 토지 은행들을 억압한 이후로 아메리카 식민지 상황은 크게 달라졌다. 13개 식민지는 인구 기준으로 10배로 커졌을 뿐 아니라, 본토 영국과 뚜렷한 사회적 차이를 드러냈다. 예를 들어, 존 블랙웰 대위나 존 우드브리지

목사와 같은 초기 개척자들이 그 새로운 대륙에 발을 들여놓았을 때만 해도, 미국이 독립 국가를 이룰 수 있다는 생각은 터무니없어 보였다. 그러나 1776년 미국 독립선언문에 서명한 56명의 인사 중 유럽에서 태어난 사람은 8명에 불과했다.[27] 그중 많은 이가 아메리카 땅에 깊이 뿌리 내린 가문의 출신이었다. 가령 워싱턴은 미국 이주민의 4세대 후손으로, 그의 할아버지는 미국 독립혁명이 일어나기 100년 전 버지니아에서 태어났다. 그리고 미국 귀족 가문의 자제들은 펜실베이니아와 컬럼비아, 예일, 하버드, 프린스턴, 러트거스대학교와 같은 고등 교육기관에서 동료 미국인 학생들과 함께 공부했다. 그런 그들에게 영국 정부의 압박은 절대 무시하고 넘어갈 수 없는 모욕이었다. 영국 정부의 멸시적인 태도가 위험한 갈등의 원인으로 작용하면서 점차 형성되기 시작하던 미국 사회의 정체성을 더 공고하게 만드는 역할을 했다.

미국 독립혁명이 일어나기 10년 전, 영국 왕실의 펜실베이니아 대리인 자격으로 런던에 머물던 벤저민 프랭클린은 아메리카 식민지와 영국 정부 사이에 점차 고조되는 갈등을 해소하기 위한 최후의 방법을 시도했다. 1765년 영국 정부가 인지세법Stamp Act을 제정하여 아메리카 식민지에 처음으로 직접세를 부과하면서 '대표 없는 조세'라는 불만의 목소리가 터져 나왔다. 이에 대해 프랭클린은 영국 정부에 재정 확충을 위한 '일반대출사무국General Loan Office'(1720년대에 펜실베이니아에 설립된 소규모 공공 토지 은행의 이름을 딴)의 설립을 허가해달라고 요청했다.[28] 여기서 그는 향후 운영 및 관리에 관한 구체적인 방법까지 함께 제안했다.[29] 그러면서 이 사무국을 통해 토지를 담보로 대출을 제공하면 이자 수입으로 13개 식민지 정부의 재정을 충당할 수 있고, 나아가 더 많은 화폐가 식민지 내에서 유통되게끔 하는 중요한 부수 효과도 얻을 수 있다고 주장했다. 사실 프랭클린은 이러한 주장을 미국의 건국 아버지 중 많은 이가 태어나기 전부터 끊임없이 해왔다. 이후 인지세법은 1766년에 폐지되었지만, 영국 정부의 가혹한 압박에서 한숨을 돌릴 수 있었던 것은 잠시뿐이었다. 징벌적 법률은 이후로도 계속 등장했고, 영국 정부의 압제가 한때 어느 정도 자율권이 보장되었던 식민지 사회 전반으로 뻗치기 시작했다. 프랭클린의 요구는 끝내 받아들여지지 않았다.

　　토지 투기와 토지 활용에 대한 제한이 결국 1776년 독립혁명으로 이어졌다는 주장은 예전에 역사가들 사이에서 널리 인정받았던 견해였다. 특히 20세기 초 컬럼비아대학교 역사학 교수인 찰스 비어드Charles A. Beard는 미국 건국자들의 경제적 이해관계를 주제로 광범위한 역사적 저작을 발표하면서, 그들의 개인적인 재정 문제가 미국 독립혁명을 일으킨 주요 원동력이었다고 주장했다. 그리고 훗날 미국 대통령이 된 존 애덤스John Adams(새뮤얼 애덤스 주니어의 사촌)가 독립전쟁 직전에 쓴 글에 따르면, 그는 토지를 금융 분야에서 활용하려는 시도를 억압한 정책이 영국과 미국 식민지 사이의 분열을 초래한 주요 원인이었다고 확신했다. 1941년에 애덤스는 영국이 매사추세츠 은행을 탄압했던 사건을 언급하면서 이렇게 주장했다. "토지 은행을 허물어뜨리려는 시도는 이곳에서 인지세법보다 더 큰 사회적 분노를 불러일으켰다."[30] 아메리카 정착민들이 토지에 대한 영국 정부의 억압을 대단히 불공정한 처사로 받아들였다는 주장에는 의심의 여지가 없다. 실제로 미국 식민지의 서부 개척과 계속되는 인구 증가를 가로막으려는 영국 정부의 시도에 대한 분노는 독립선언문에 일곱 번째 불만 사항으로 담겼다.

미국 건국 아버지들의 개인적인 욕심이 독립 과정에서 어느 정도 역할을 했는지 정확하게 가늠할 수는 없을 것이다. 그런데 1775년에 이르면, 경제적 이해관계와 철학적 사상을 따로 구분하기가 더 어려워진다. 그건 미국의 경제적 근간이자 새로운 세속적 원칙으로서 토지와 자유의 개념이 온전한 하나의 덩어리가 되었기 때문이다. 토머스 제퍼슨이 "생명과 자유, 행복 추구"라는 양도할 수 없는 권리를 주장했을 때, 그는 영국과 미국의 계몽주의 자유론자들에게 강한 영향을 미친 철학자 존 로크John Locke가 언급한 "생명과 자유, 재산"의 신성함을 살짝 틀어서 표현했다. 결국 1783년 반기를 든 미국 식민지가 영국 통치자를 물리치고 난 후, 투기를 향한 그들의 열정은 다시 흘러넘치기 시작했다. 사실 그 열정은 전쟁이 이어지는 동안에도 사그라지지 않았다. 몇몇 주는 전쟁이 끝나기도 전에 영국 왕실을 지지했던 미국인들로부터 토지를 몰수했다. 그리고 식민지 정착민과 투기꾼들은 칙령선을 마음대로 넘어섰다. 이후 30년에 걸쳐 버몬트와 켄터키, 테네시, 오하이오주가 새로 추가되면서 13개 식민지는 17개로 늘어났다. 그럼에도 가장 서쪽에 있는 정착지조차 오늘날 아메리카 대륙의 중간을 넘어서지 못했다. 이제 그들 앞에 수천 킬로미터나 뻗은 영토가 펼쳐졌고, 그들의 행진을 가로막을 세력은 없었다.

건국 무렵 그 새로운 나라의 국민 가운데 놀랍게도 많은 수가 토지를 소유하고 있었다는 점에서, 미국은 세계적으로 전례를 찾아보기 힘든 사회였다. 당시 유럽에서는 인구 대부분이 강력한 지주 아래에 종속되어 살았고, 이러한 체제는 이후 수 세기 동안 그대로 이어졌다. 다음으로 토지라는 자산을 신용과 화폐로 전환해서 새로운 경제에 활력을 불어넣고자 했던 미국 식민지 정착민들의 강력한 의지 또한 새로운 통치 시스템만큼이나 세계적으로 보기 드문 사례였다. 그렇게 미국은 이후 수 세기에 걸쳐 대서양 반대편은 물론, 전 세계 거의 모든 지역에서 표준으로 자리 잡게 될 정치 제도의 선구자로 성장하고 있었다.

그런데 아이러니하게도 정작 영국에서는 토지에 대한 접근과 금융적 활용을 제한했던 기존 법률이 미국의 독립혁명이 일어나기 수십 년 전부터 서서히 힘을 잃고 있었다. 그러나 미국 식민지와 영국 정부 사이의 정치적 간극을 메우기에는 이미 너무 늦은 상황이었다. 1750년 이후로 영국에서 토지를 담보로 활용하는 것을 허용하는 법안의 수가 늘었고, 이러한 자유화 흐름은 19세기 초에 절정을 이뤘다.[31] 토지와 관련된 봉건 시대의 잔재가 한 세기도 지나기 전에 자취를 감추면서 영국의 상인과 지주는 그들이 소유한 토지를 담보로 쉽게 돈을 빌릴 수 있게 되었고, 대금업자들도 토지를 담보로 잡아서 더 많은 돈을 빌려줄 수 있게 되었다. 영국에서 가장 가치가 높고 보편적인 자산인 토지를 담보로 활용하는 방식이 활성화되면서, 이미 도시를 중심으로 싹트고 있던 산업혁명 흐름에 박차를 가했다. 이러한 변화는 유럽 대륙에서도 똑같이 일어났다. 18세기 말 프러시아에서는 토지를 담보로 돈을 빌려주는 대금업자들이 활동하기 시작했다.[32] 그리고 프랑스 황제 나폴레옹은 1807년에 토지 측량 사업을 벌여 전국 토지의 비옥도와 소유권을 중앙집중식 데이터베이스로 분류하고 정리함으로써 토지를 담보로 활용하는 방식을 더욱 활성화하는 기반을 마련했다. 다시 말해, 미국적 방식이 전 세계로 퍼져 나가고 있었던 것이다.

그런데 벤저민 프랭클린을 비롯하여 미국 식민지에서 토지의 금융적 활용을 주장했던 이들은 토지 및 그 활용과 관련해서 영원히 유효하지는 않을 몇 가지 전제를 깔고 있었다. 프랭클린은 화폐 부족이 계속 이어지는 상황에서 토지 가격이 상승해야 미국 식민지가 경제적 속박에서 벗어날 수 있다고 믿었다. 그러나 토지 가격이 문제가 될 만큼 상승할 것인지에 관한 논의는 거의 없었다. 물론 1684년 매사추세츠에서도, 1729년 필라델피아에서도, 혹은 1783년 새롭게 독립을 쟁취한 미국 내 어디서도 그런 위험은 상상조차 힘들었을 것이다. 당시 미국의 인구 밀도는 여전히 매우 낮았고, 서부에는 아직도 어마어마한 미지의 땅이 그들을 기다리고 있었다. 그렇기에 끝없이 펼쳐진 풍요가 언젠가 끝날 수도 있다는 생각은 그저 기우에 불과했다.

당시 생명과 자유, 토지 투기에 대한 권리를 주장했던 미국인들은 수천 년 이어져 내려온 농업 시대의 황혼기를 살고 있었다. 그 시대 토지 가치의 대부분은 그 위에 재배할 수 있는 작물이 결정했다. 미국이 건국될 무렵, 유럽에서 가장 거대하고 강력했던 두 도시인 런던과 파리의 인구는 100만 명도 되지 않았다. 그러나 이제 변화가 시작되고 있었다. 이는 토지를 자산으로 활용하는 방식을 영원히 바꿔놓을 흐름이었다. 마찬가지로 새롭게 등장한 풍요로운 공화국 미국에서도 사람들은 토지를 둘러싼 정치의 판도를 완전히 뒤집어 놓을 준비를 하고 있었다.

3
토지를 둘러싼 전쟁

1909년 7월 30일 쌀쌀한 금요일 저녁, 4000명의 청중이 런던 동부의 한 강당에 모였다. 그들 모두는 유명 정치 연설가의 등장을 기다리는 중이었다. 그곳은 에든버러 캐슬이라는 이름의 건물로, 예전에는 왁자지껄한 술집이었지만 이제는 지역에서 활동하는 금주 운동가들이 소유한 회합의 장소였다. 이 건물을 스쳐 지나는 라임하우스 컷Limehouse Cut 운하는 활기 넘치는 템스강 부둣가를 시작으로 런던을 관통하여 그 너머로 이어졌다. 대영 제국은 물론 해외에서 끝없이 쏟아져 들어오는 상품들은 바로 이 지저분한 산업 지역과 빈곤한 슬럼가를 거쳐서 영국 전역으로 흘러가고 있었다.

청중이 강당에 모인 이유는 영국 정부의 재무장관이자 떠오르는 자유당 슈퍼스타인 데이비드 로이드 조지David Lloyd George의 연설을 듣기 위해서였다. 로이드 조지는 3개월 전 1909년도 정부 예산안을 발표했는데, 여기에는 술과 담배에 새롭게 부과되는 세금은 물론, 소득과 상속 재산에 대한 새로운 세금 정책이 여럿 포함돼 있었다. 영국 정부의 이번 증세 방안은 실업과 의료 지원, 고령자 연금, 부상하는 독일 제국에 맞서는 군사비 확충을 뒷받침하기 위한 것이었다. 이 예산안은 영국 자유당이 추구했던 기존의 작은 정부에서 벗어나 20세기 초 젊은 진보주의자들이 주창했던 적극적인 개입주의 접근 방식으로의 전환을 의미하는 기념비적인 정책이었다.

그러나 이번 예산안에서 정치적으로 가장 민감한 부분은 소득세나 지출 규모가 아니었다. 영국 의회에서 가장 뜨거운 논란을 불러일으킨 주제는, 토지에 대한 새로운 세금과 그에 따른 토지 소유자를 향한 위협이었다. 조지 재무장관은 토지를 매각할 때 소액의 자본이득세를 부과하고자 했다. 그는 매입 시점을 기준으로 가치 상승분에 대해 20퍼센트 과세를 계획하고 있었다.[1] 이에 더하여 영국 정부는 국가 전체의 토지 가치를 조사해서 이를 기준으로 소액의 세금까지 부과할 생각이었다. 이것이 현실화될 경우, 도시 내 미개발 토지를 소유하고 있는 사람들은 그 가치의 약 0.2퍼센트를 매년 세금으로 내야 했다. 그러나 과세 규모를 기준으로 할 때, 이번 예산안에서 토지세가 차지하는 비중은 그리 크지 않았다. 실제 토지세로 거둬들일 세수 규모는 내년 총세수의 0.5퍼센트에도 미치지 못하는 수준이었다.[2] 그런데도 조지의 예산안을 두고 지지자와 반대자 모두가 폭발적인 반응을 보였다.

그날 로이드 조지가 라임하우스 연단에서 한 연설은 영국의 최고위 관료가 했던 그 어떤 정치적인 연설보다 더 선동적이었다. 그는 쏟아지는 박수와 환호 속에서 이렇게 외쳤다. "지주는 스스로 돈을 벌지 않는 신사들입니다. 지주의 유일한 역할이자 최고의 덕목은 다른 사람들이 생산한 부를 품위 있게 소비하는 것입니다." 그러고는 영국 최고 갑부들이 왕실 해군을 크게 확충해서 점차 호전주의 본색을 드러내는 독일 제국과 군비 경쟁에 맞서야 한다고 주장하면서도, 정작 새로운 현대식 드레드노트Dreadnought[20세기 초 영국이 개발한 최신식 대형 주력 전함-옮긴이] 생산에 필요한 돈은 내놓으려 하지 않는다고 꼬집었다. 또한 조지는 지주들이 한때 그들의 소작농이자 하인이었던 광부와 농부, 산업 노동자에 의지하여 편하게 살기만을 바란다며 강하게 비난했다. 그는 이렇게 강조했다. "그건 거래가 아니라 갈취일 뿐입니다."[3]

데이비드 로이드 조지는 라임하우스 연설 이후 한 달이 채 지나기 전 동생에게 보내는 편지에서 그날의 연설문 팸플릿이 벌써 125만 부나 판매되었다고 전했다.[4] 실제로 팸플릿에 대한 수요는 공급을 훌쩍 넘었다. 장사꾼들까지 몰려들어 팸플릿을 사다가 되팔았다. 이후 수십 년에 걸쳐 '라임하우징Limehousing'이라는 표현은 영국 정치판에서 대중을 선동하는 도발적인 연설을 의미하는 용어로 사용되었다. 그 무렵 영국은 헌정 질서가 위기에 처하면서 1910년에만 두 차례 선거를 치러야 했고, 자유당 정부와 지주들이 장악한 하원 간의 갈등이 교착상태에 이르면서 결국 새로 부임한 조지 5세 국왕이 나서 중재해야 했다.

라임하우스 연설에 열광한 군중과 이에 두려움을 느낀 웨스트민스터 귀족들은 그렇게 그 시대의 정치적 소용돌이 속으로 빨려 들어가고 있었다. 대서양을 사이에 둔 양쪽 진영의 진보주의 사상가들은 토지와 토지 소유자들이 새로운 산업 시대의 부를 독차지하는 방식에 주목했다. 라임하우스 연설이 있던 무렵에 토지에 대한 과세를 주장하는 이들은 미국과 유럽 전역의 의회에서 쉽게 찾아볼 수 있었다. 전 세계 혁명가들은 평범한 사람들이 노동으로 이룬 결실을 독식하는 지주와 귀족의 부를 몰수하는 것이야말로 국가 발전을 위한 최대 과제라고 믿었다. 이러한 분위기에서 전 세계 귀족들은 그들이 딛고 있던 땅이 흔들리는 공포감에 휩싸였다. 이들 부유층에게 토지 개혁 운동가들은 가장 심각한 위협 세력이었다.

진보와 빈곤의 비밀

토지 소유에 관한 문제는 전 세계에서 중요한 정치 사안으로 급부상했다. 로이드 조지가 라임하우스에서 연설하기 30년 전, 캘리포니아의 한 신인 작가가 새로운 정치 시대의 서막을 알렸다. 1879년 샌프란시스코 무명 기자인 헨리 조지Henry George(로이드 조지와는 아무 관련이 없다)가 자신의 첫 번째 저서인 《진보와 빈곤Progress and Poverty》을 출간했다. 조지는 이 책으로 출간 후 수십 년에 걸쳐 미국과 전 세계 정치에 그 누구보다 막강한 영향력을 행사하게 되었다. 조지는 오늘날 거의 알려지지 않았고 뚜렷한 정치적 유산도 남기지 못했지만, 그의 책만큼은 분명히 그 시대에 가장 영향력 있는 책이었다고 단언할 수 있다.

　　헨리 조지는 미국 경제가 깊고 오랜 침체로 빠져들기 시작하던 1839년에 펜실베이니아에서 태어났다. 1837년 그리고 조지가 태어났던 1839년에 벌어진 두 차례 금융 공황은 막 발돋움하던 국제 상품시장 전반에 찬물을 끼얹었고, 휘청이던 미국의 은행들을 막다른 골목으로 몰아넣었다. 이후 경기침체가 1843년까지 이어지면서 수백만 명이 일자리를 잃었다. 조지가 평생 파고들었던 연구 주제를 떠올려볼 때, 당시 사회적 상황이 그의 인생을 규정하는 출발점이었다는 사실을 쉽게 이해할 수 있다. 그 무렵 미국의 도시 인구는 70만 명을 조금 넘었고, 전체 인구의 90퍼센트가 농촌 지역에 살고 있었다.[5] 그러나 조지의 출생 이후 20년간 미국의 도시 인구는 4배 가까이 증가했고, 19세기 말에는 800만 명을 넘어서면서 전체 인구의 40퍼센트에 육박했다.

조지는 가난한 가정에서 자랐고 독실한 신앙을 가졌으며 특별한 사회적 혜택을 누리지 못했다. 젊은 시절에는 여러 가지 일을 전전했고, 인도와 호주를 오가는 상선인 '힌두'호에서 선원으로 일하기도 했다. 그러던 중 열아홉 살이 되었을 때 앞으로 수많은 미국인이 따라 하게 될 결정을 내렸다. 미국 서부로 넘어가기로 결심한 것이다. 조지는 당시 많은 이가 몰려들던 샌프란시스코에 자리를 잡았고, 바로 거기서 자신의 대표작을 쓰게 되었다. 1861년 애니 코르시나 폭스Annie Corsina Fox와 결혼해 네 명의 자녀를 낳았지만, 극심한 빈곤이 주기적으로 찾아오면서 많은 어려움을 겪었다. 물론 그것이 조지와 그의 가족만의 문제는 아니었다. 당시 미국 전역의 수백만 인구는 똑같이 그런 고통을 주기적으로 겪고 있었다. 미국 경제는 규모 측면에서 성장하고 있었지만, 새롭게 등장한 금융 기업들의 투기와 거품 그리고 붕괴가 반복되면서 몇 년 주기로 심각한 경기침체를 겪었다. 결국 조지의 삶은 구렁텅이 한가운데에 놓였다. 둘째가 태어난 지 얼마 지나지 않은 1865년 2월, 조지는 일기장에 이렇게 썼다. "새로운 삶을 시작하고 싶지만, 200달러 빚 때문에 무기력과 절망에 빠져 있다. 나는 모든 일에 실패했다."[6] 1860년대 중반에 그는 단순한 생활고를 넘어 끼니도 해결할 수 없는 지경이 되었다. 결국 조지는 구걸에 나서 부유해 보이는 한 행인에게 돈을 달라고 사정까지 했다. 그는 어린 자녀를 둔 조지를 측은히 여겨 5달러를 건넸다. 나중에 조지는 그때를 회상하면서 상황이 너무 절박해서 만약 그가 돈을 주지 않았더라면 강도나 살인까지 저질렀을지 모른다고 털어 놓기도 했다.

어릴 적 인쇄소에서 조판 기술을 배운 덕분에 조지는 여러 신문사와 출판사에서 일자리를 구할 수 있었다. 1866년에는 생긴 지 얼마 안 된 〈샌프란시스코 타임스〉에 식자공으로 취직했다. 그리고 이듬해, 그는 경력의 중요한 전환점을 맞이하게 되었다. 편집 장으로 승진한 것이다. 이후 주급이 50달러로 올랐고, 비록 큰 재산은 모으지 못했지만 어느 정도 생활의 안정을 찾을 수 있었다. 당시 언론은 오늘날처럼 많은 돈을 벌 수 있는 그런 비즈니스 분야가 아니었다. 그의 사상은 그때부터 조금씩 형성되어갔다. 1868년에 조지는 한 짧은 기사에서 캘리포니아 지역에 철도가 들어서면 토지 가격이 상승할 것이고, 그에 따라 빈민층이 집을 구하기가 더 어려워지면서 빈곤과 범죄가 확산될 거라는 예측을 내놨다.[7] 또한 나중에 그는 〈데일리 이브닝 포스트Daily Evening Post〉라는 신문사를 직접 설립해 1871년에서 1875년까지 운영했다. 그러나 재정적으로 큰 성공을 거두지는 못했다. 이후 조지는 민주당에서 활동했고, 1876년부터는 얼마 전 주지사로 당선된 윌리엄 어윈Wiliam Irwin의 추천으로 캘리포니아주 가스 검침원으로 일하기도 했다.

1879년 자신의 대표작을 발표할 무렵, 조지는 이미 10년 넘게 토지와 거시적 경제 주기 사이의 관계를 연구해오고 있었다. 그가 《진보와 빈곤》 집필을 마치고 출판사를 찾았을 때, 모두가 그 책의 잠재적 가치를 알아본 것은 아니었다. 오히려 출판사 대부분이 상업적 성공 가능성이 없다며 출간 의뢰를 거절했다. 최종적으로 출간을 결정한 출판사 디 애플턴 앤드 컴퍼니D. Appleton & Company

역시 조지에게 문제가 "명료하고 힘이 있지만 지나치게 공격적이다"라고 말했다.[8] 그는 1879년에는 자비를 들여서라도 출간을 하고자 했는데, 실제로 조지는 자기 돈으로 조판을 제작했고, 500부를 인쇄해서 3달러에 판매했다. 이후 활자 조판을 넘기겠다는 조건으로 애플턴은 출간에 최종 동의했다.

이 책에서 조지는 19세기 말 전 세계 사상가들이 주목한 바로 그 질문을 던졌다. 물질적, 기술적 발전이 대규모로 이루어지는 가운데 빈곤이 이토록 광범위하게 공존하는 이유는 무엇인가? 《진보와 빈곤》이 출간되기 10년 전, 전화와 전구가 개발되었고, 내연기관이 역사상 처음으로 대량 생산을 통한 상업화 단계에 진입했다. 현대적인 세상이 서서히 모습을 드러내고 있었던 것이다. 그러나 동시에 샌프란시스코와 뉴욕, 런던을 비롯하여 유럽 내 각국 수도에서 참혹한 빈곤이 새로이 나타나고 있었다. 이러한 현상은 당시 서구 사회에 가장 급박한 도덕적 딜레마였다.

조지는 그 대답을 알고 있었다. 그것은 번성하는 산업 중심지의 토지 가격이 급등하는 과정에서 소수의 지주가 개발의 결실을 독점했기 때문이었다. 토지의 가격을 높인 것은 노동자의 땀과 기업가의 혁신이었지만, 그들이 얻은 보상은 게으른 지주에 비해 턱없이 작았다. 조지가 개인적으로 이해하기로, 엄청난 부와 참혹한 빈곤의 공존을 설명해줄 유일한 요소는 고정되어 이동할 수 없는 토지였다. 기술과 혁신, 노력으로 생산성이 높아질 때, 지주들이 하는 일이라고는 그저 임대료를 높이는 것뿐이었다. 그들은 아무 일도 하지 않으면서 돈을 주워 담았고, 도시 인구가 증가할수록 그 수익도 늘었다. 미국 도심을 중심으로 도로와 다리, 철도, 인프라가 들어설 때마다 토지 가격은 크게 뛰었고, 지주들은 그런 시설을 직접 만들고 사용하고 투자한 사람들의 희생으로 모든 이익을 독차지했다.

조지가 보기에 주기적으로 발생해서 사람들을 빈곤으로 몰아넣는 금융위기의 원인 역시 토지 투기였다. 토지 가격이 상승하기 시작하면, 투기꾼들은 단기 수익을 노리고 도시 외곽으로 무대를 점점 넓혀가면서 막대한 토지를 사들였다. 최초의 투기 물결이 도심 지역의 땅값을 크게 높이고 나면, 투기꾼들은 다음으로 도시 외곽의 넓은 땅으로 진출했다. 조지는 일반적으로 이런 투기꾼들은 그렇게 매입한 토지를 생산적으로 활용하지 않는다고 지적했다. 왜일까? 일단 개발을 시작하면 토지는 향후 수년간 특정 용도에 묶이게 되고, 그러면 토지를 팔아서 수익을 남기는 길이 막히기 때문이었다.[9] 그렇게 임대료가 치솟으면, 기업들은 생산 활동을 포기했다. 높은 임대료를 감당할 수 없게 된 기업가는 공장을 짓는 대신 투자하지 않는 쪽을 택했다. 1991년 조지주의 경제학자 프레드 폴드베리Fred Foldvary는 이런 현상을 이렇게 설명했다. "애덤 스미스의 보이지 않는 손이 조지의 보이지 않는 장벽에 가로막히고 말았다."[10] 지주들이 차지하는 몫이 점점 더 커지면서 기업가와 노동자는 투자와 노동을 포기했고, 그에 따라 급격한 실업률 증가가 만연하게 나타났다. 조지의 이론은 이후 세월의 검증에 온전히 살아남지는 못했다. 그래도 그가 발견했던 패턴, 즉 토지 투기가 광적으로 치닫다가 거품이 꺼지면 경기침체가 이어지는 순환 주기는 지금도 여전히 우리가 살아가는 세상에서 반복되고 있다.

조지는 두 가지 문제에 확고한 해법을 제시했다. 그는 토지를 다른 자산과 똑같이 취급해서는 안 된다고 믿었다. 그리고 토지 임대료 수익에 100퍼센트 과세를 주장했다. 다만 주택, 공장, 상업용 건물 등 토지 소유자가 토지의 가치를 높이기 위해 한 일에 대해서는 세금을 부과해서는 안 된다고 생각했다. 그는 이러한 조세 정책으로 토지 투기를 억제할 수 있을 것으로 봤다. 그건 토지 가격이 오르면 그에 따라 세금도 오르지만, 토지 소유자가 토지를 개발하면 세금이 오르지 않기 때문이었다. 또한 토지의 효율성 역시 높일 수 있다고 봤다. 그 이유는 지주들이 더 이상 토지를 놀리거나 제대로 활용하지 않으면서 땅값이 오르기만을 기다릴 수 없기 때문이다. 조지는 이러한 조세 정책을 올바로 시행하면, 토지 가치에 대한 과세만으로 모든 세수를 충당할 수 있다고 믿었다. 다시 말해, 토지세만 실시하면, 소득세와 판매세를 비롯하여 경제 활동에 부과하는 모든 세금을 없앨 수 있다고 확신한 것이다. 바로 이러한 점에서 조지의 주장은 단일세Single Tax라는 이름으로 알려지게 되었다.

그런데 자유주의 철학자와 정치경제학자들도 이미 이와 비슷한 주장을 내놓고 있었다. 특히 프랑수아 케네François Quesnay와 안 로베르 자크 튀르고Anne Robert Jacques Turgot와 같은 중농주의자로 알려진 프랑스 경제사상가들은 이상적인 세수 원천으로서의 토지 가치에 주목했다. 그리고 18세기 말과 19세기 초 영국에서는 애덤 스미스Adam Smith나 데이비드 리카도David Ricardo와 같은 자유시장을 대표하는 인물들이 그 뒤를 이었다. 또한 조지와 몇 차례 서신을 주고받았던 영국의 철학자이자 정치경제학자인 존 스튜어트 밀John Stuart Mill 역시 토지세를 주장한 바 있다.[11] 결국 조지가 단일세라는 결론에 도달했을 때, 토지세는 이미 정치와 경제, 철학 분야의 많은 사상가가 한 세기 넘게 주목해온 대안이었던 셈이다.

샌프란시스코의 예언자

그래도 조지에게는 이전 경제학자들과는 확연히 차별화되는 측면이 있었다. 그의 선배들이 소수 엘리트 청중을 대상으로 글을 썼다면, 조지는 마치 대중 선동가가 대규모 청중에게 연설하듯 강력한 어조로 이렇게 썼다. "우리 모두가 창조주의 허락으로 평등하게 이 세상에 태어났다면, 그분이 내린 은총을 받을 동등한 자격과 자연이 공평하게 선사한 모든 혜택을 누릴 동등한 권리가 우리에게 있다."[12] 조지는 토지 소유가 비효율성과 불평등 그리고 도덕적 해이의 직접적인 원인이라고 인식했다. 그는 책 전반에 걸쳐서 성경 속 비유를 종종 활용했다. 예를 들어 하느님이 이스라엘 민족에게 자유를 약속했듯이, 모두에게 평등하게 주어진 자산인 토지에 대한 독점을 철폐하는 것이야말로 하느님의 약속 못지않게 급박하고 정당한 과제라고 주장했다. 스코틀랜드 토지 귀족인 아가일 공작 Duke of Argyll은 나중에 이렇게 말했다. "헨리 조지 같은 불의의 설교자를 세상은 지금껏 만나지 못했다." 그러고는 그를 "샌프란시스코의 예언자"라고 불렀다.[13] 완전히 긍정적인 의미로 그렇게 부른 것은 아니었지만, 그래도 조지에게 잘 어울리는 별명이었다. 이후 조지의 추종자들은 그 별명을 그들의 선지자에 대한 애칭으로 기꺼이 받아들였다.

19세기 말 사회적, 경제적 분위기는 조지가 이러한 주장을 펼치기에 완벽한 무대가 되어주었다. 1873년에 필라델피아에 있는 은행 제이 쿡 앤드 컴퍼니Jay Cooke & Company가 파산하면서 19세기 최악의 금융위기가 발발했다. 그 여파가 막 형성되고 있던 국제 금융 시스템 전반으로 퍼져 나가면서 유럽과 미국에서 뱅크런 사태가 발생했다. 오늘날 대중 역사에서는 거의 잊혔지만, 당시 금융위기의 충격은 2008년 리먼 브러더스Lehman Brothers의 파산에 맞먹는 것이었고, 전 세계적인 파장도 그에 못지않게 심각했다. 그렇게 터진 미국발 금융위기는 국제 위기로 확산되었다. 일부 분석에 따르면, 이로 인한 경기침체는 거의 사반세기가 흐른 1897년까지 이어졌다. 이러한 상황에서 전 세계 학자들은 과열과 침체를 끝없이 반복하는 쳇바퀴에서 벗어날 해법을 간절하게 찾고 있었다.

한편으로 제임스타운에 최초의 식민지를 건설한 이후 아메리카 개척자들이 누려왔던 막대한 경제적 우위도 거의 끝나가는 듯했다. 미국은 거대한 규모의 영토 확장과 원주민들에 대한 끊임없는 폭력과 침략으로 형성된 나라였다. 건국 초기의 미국 사회는 정착민들이 떠나온 유럽의 어느 지역보다 부와 지위에서 평등했다. 나중에 새로운 공화국인 미국에서 가장 유명한 전기 작가로 이름을 날리게 된 프랑스 관료 알렉시 드 토크빌Alexis de Tocqueville은 미국 땅에서 직접 목격하고 감탄했던 경제적 평등과 사회적 유동성, 유럽 국가들과의 차이점, 평등에 대한 미국인들의 생각에 관해 상세히 기록했다. 1831년에 그는 미국의 동부 해안을 여행하면서 이렇게 썼다. "대지주 가문들 대부분이 일반 주민들과 함께 살아가고 있다. 부는 상상하기 힘들 정도로 빠르게 순환하고 있고, 두 세대가 연속으로 부를 온전히 누리는 경우는 대단히 드물다는 사실을 경험으로 확인할 수 있다."[14]

수백만의 식민지 개척자들이 눈독을 들였던 그리고 끝없이 펼쳐져 있을 것으로 보였던 서부 개척지도 이제 끝을 다해가고 있었다. 철길이 들어서면서 동부 해안에서 출발해 아메리카 대륙을 가로질러 샌프란시스코에 있는 조지의 고향까지 갈 수 있게 되었다. 조지가 살았던 19세기 말에 미국 사회는 도시화와 산업화가 급속히 진행되면서 전례 없이 심각하고 뚜렷한 불평등을 드러내기 시작했다. 식민지 건설이 시작되고 약 300년이 흘러, 지금까지 무한해 보였던 서부 개척지는 마침내 종착지를 앞두고 있었다. 1868년에 조지는 이렇게 썼다. "일반적인 관점으로 보자면, 토지를 소유하지 못한 사람이 그것을 차지하기는 점점 더 어려워질 것이다."[15] 그 결과, 임대료는 치솟고 도시 인구는 폭증했으며 대중의 삶은 더 비참해졌다. 조지의 인생 말년 무렵에 백인 정착민들이 이제 마지막으로 남은 미개척지를 향해 미친 듯이 뛰어들었던 오클라호마 랜드 러시Oklahoma Land Rush가 일어났다. 1890년에 미 인구조사국은 유럽의 식민지 개척자들이 아메리카 대륙에 발을 들여놓은 이후 처음으로 실질적이고 연속적인 개척지 경계선이 더 이상 존재하지 않게 되었다고 선언했다. 드디어 토지 공급이 중단된 것이다.

조지가 내린 결론은 옳았다. 유럽에서 건너온 개척자와 방문객을 놀라게 했던 평등의 분위기는 빠르게 사라지고 있었다. 20세기 초 미국 사회의 상위 1퍼센트가 국가 총소득의 20퍼센트를 차지했고, 이는 오늘날 상황과 대략 비슷한 수준으로 미국 독립혁명 기간에 비하면 3배나 높았다.[16] 그러나 조지가 살았던 평생에 걸쳐 그리고 이후로 한동안 미국에는 사회적 불평등을 해소하기 위한 복지 시스템이나 전국적인 소득세 및 실업 보험도 없었다. 토크빌이 그렸던 자영농을 위한 국가는 사라졌고, 엄청난 부가 소수에게 집중되었다. 카네기와 록펠러, 밴더빌트와 같은 대표적인 갑부들이 엄청난 부를 거머쥐면서 거대 자본은 계속 몸집을 불려 나갔다. 그들은 새로운 산업 분야에서 규모의 경제에 따른 강력한 경쟁력으로 막대한 부를 차지했다. 그러나 그러한 모습에서 대중은

083

위험천만한 독점의 두려움을 느꼈다.

《진보와 빈곤》이 출간된 첫해에 즉각적인 시장 반응은 없었다. 조지는 일자리를 찾아 동부로 다시 돌아가야 했다. 1880년 말 그는 친구에게 보낸 편지에서 이렇게 당시의 심정을 털어놨다. "그동안 편안히 지냈던 즐거운 나의 작은 집은 사라졌고 마흔둘의 나이에 스물한 살 때보다 더 가난한 떠돌이 신세가 되었다네."[17] 그러나 이후 평생을 고향처럼 살아가게 된 뉴욕시에서 조지는 캘리포니아에서와는 다른 새로운 경험과 기회를 발견하게 되었다. 매주 수많은 이민자가 배를 타고 뉴욕시로 몰려들었다. 조지는 아일랜드 출신 이민자들에게서 한 가지 공통점을 발견했다. 그것은 그들이 고국에서는 물론 고국을 떠나서도 토지로 인해 많은 어려움을 겪고 있다는 사실이었다. 뉴욕으로 건너온 이민자들은 주로 파이브포인츠 같은 도시 빈민가에 모여 살았다. 1878년 아일랜드에서는 농민들이 대규모 저항운동을 벌였다. 그들은 엄청나게 높은 임대료에 불만을 제기했다. 그리고 이듬해에는 아일랜드 전국토지연맹Irish National Land League이 설립되면서 임대료를 거부하고 압류에 반대하는 사회운동과 더불어 소규모 농민 항쟁이 오랫동안 이어졌다. 여기서 조지가 그 운동을 일으킨 당사자는 아니었지만 계속해서 뚜렷한 영향력을 미쳤다. 1880년 조지는 토지 운동가이자 아직은 요원한 아일랜드 공화국의 건립을 지지하던 마이클 대빗Michael Davitt이라는 인물을 만났다. 두 사람은 친구가 되었고 1년 뒤 조지는 《아일랜드 토지 문제The Irish Land Question》라는 제목의 책을 출간하면서 영국의 아일랜드 지배와 소작농에 대한 억압 정책을 강력히 규탄했다.

조지는 아일랜드에서 처음으로 작가를 넘어서 급진적인 정치 활동가로 이름을 알리게 되었다. 자신의 책을 통해 미국 독자들로부터 꾸준한 관심을 받고 있던 1881년, 조지는 프리랜서 기자 신분으로 대서양을 건너 아일랜드로 넘어가 1년 넘게 그곳에 머물렀다. 그는 아일랜드를 돌아다니는 동안 서부 해안의 러프레아와 애선리에서 아일랜드 왕실 경찰에 두 번이나 체포되었다. 다행히 치안판사의 결정으로 모두 몇 시간 만에 풀려났지만, 이는 이후 외교적인 사건으로 이어졌다. 조지는 당시 미국 대통령 체스터 아서 Chester A. Arthur에게 서한을 보내 자신이 당한 짧은 구금에 대해 불만을 제기했다. 그 내용은 〈뉴욕타임스〉에 실리기도 했다. 이에 대해 영국 외무장관 그랜빌 백작은 미 국방장관 프레더릭 프렐링하이젠Frederick Frelinghuysen에게 서한을 보내 이렇게 해명했다. "조지의 행적과 그가 접촉한 인물들은 현지 경찰로 하여금 혹시 그가 불법적인 목적으로 아일랜드에 입국한 것은 아닌지 의심하게 만들었습니다."[18]

조지는 아일랜드를 돌아다니면서 자신의 급진적인 성향을 과감히 드러냈지만, 엘리트 집단은 토지 몰수를 주장한 그를 그리 위협적인 존재로 인식하지 않았다. 1882년 조지가 아일랜드 여정을 끝내고 영국을 처음으로 찾았을 때, 사람들은 그를 특이한 사상을 지닌 흥미로운 인물 정도로만 생각했다. 그러나 조지는 이후로도 영국을 자주 방문하면서 그 어느 곳보다 영국 사회에 더 많은 영향을 미쳤다. 영국의 전통적인 언론 〈더 타임스〉는 《진보와 빈곤》에 대해 긍정적인 반응을 보였다. 조지가 영국 전역을 순회하며 연설했던 1882년 9월에는 이렇게 그를 평가했다. "조지는 폭넓게 독서하고 깊이 성찰한다. 그의 추론은 날카롭고 문체는 탁월하다. 이 책의 독자가 그의 주장과 결론에 동의하지 않을 수는 있어도, 책을 읽은 시간이 아깝다는 생각은 하지 않을 것이다. (…) 책 곳곳에서 깊이 생각해봐야 할 주제와 시사적인 문제를 맞닥뜨리게 될 테니 말이다."[19]

조지주의의 절정과 몰락

언론의 호기심이 비난으로 바뀌는 데는 그리 오랜 시간이 걸리지 않았다. 조지의 책은 영국에서 큰 인기를 끌며 미국의 판매 부수를 단숨에 뛰어넘었다. 그러나 18개월이 지난 1883년에 〈더 타임스〉가 조지의 단편 에세이 모음집에 대한 서평을 내놨을 때, 그 결론은 분명히 부정적인 쪽으로 기울어 있었다. 그 기사는 조지의 문체가 명료하고 힘이 있지만, 그 이면에 짙은 어둠이 깔려 있다고 지적했다. 평론가들은 이런 조바심을 드러냈다. "조지가 그 뛰어난 재능을 덜 선동적인 주제에 쏟았다면 어땠을까 하는 아쉬움을 느낄 수밖에 없다. 그가 세상의 평화와 안녕을 위해 다른 사람의 재산을 몰수해야 한다는 주장에서 한발 물러선다면, 사람들은 그의 이야기에 더 진지하게 귀 기울일 것이다."[20]

조지의 혁명적인 주장이 모든 나라의 지주에게 큰 위협이 될 수 있다는 긴장감이 점점 뚜렷하게 모습을 드러냈다. 기술 교육 기관인 런던시립대학교 정치경제학부에서 《진보와 빈곤》을 교재로 채택하려고 했다는 사실이 알려지면서 큰 논란이 일었고, 결국 대학 행정처는 그 계획을 전면 철회해야 했다.[21] 그럼에도 불구하고 '조지주의Georgism'는 정치권으로 빠르게 확산했다. 1883년에는 영국에서 그 이름도 거창한 영국 토지가치과세연맹English League for the Taxation of Land Values이 설립되었다. 그리고 미국 전역에 단일세 클럽과 헨리 조지 클럽이 수백 곳이나 생겨났다. 1887년 한 조사에 따르면, 그런 조직이 매주 30곳씩 생겨나면서 미국 전역에 걸쳐 활발한 움직임을 보였다. 나아가 조지주의를 표방하는 수십 종의 신문도 전국적으로 창간되었다.[22]

　　이후 미국으로 돌아온 헨리 조지는 자신을 그 나라의 정치판에 나서게 만들 중요한 인연을 맺게 되었다. 1883년에 그는 당시 펜실베이니아주 스크랜턴의 시장이던 테런스 파우더리Terence Powderly를 만났다. 여기서 중요한 사실은 파우더리가 당시 미국 정치판에서 가장 체계적인 방식으로 노동운동을 이끈 열정적이면서도 과격한 노동조합 연맹인 노동기사단Knights of Labor의 대표였다는 점이다. 노동기사단은 점점 급진화되어가는 미국 노동운동에서 구심점 역할을 했다. 《진보와 빈곤》이 출간되기 직전인 1877년, 메릴랜드에서 시작된 철도 파업이 여러 주로 퍼져 나갔다. 이 소요 사태는 나중에 '대격변기Great Upheaval'라는 이름으로 알려지게 되었다. 철도 파업은 결국 연방군의 진압으로 끝이 났지만, 경제적 갈등이 무력 충돌로 치닫게 되는 위험을 예고한 사건이었다. 실제로 그 이후부터 파업과 산업 내 폭력, 계급 갈등이 산업화되어가는 미국 사회 전반에 걸쳐 뚜렷하게 증가했다.

　　파우더리는 조지의 책을 읽고 그와 서한을 주고받는 과정에서 그의 사상을 신뢰하게 되었다. 그러한 사람이 파우더리만은 아니었다. 노동기사단에서 활동했던 많은 아일랜드 이민자들이 아일랜드 소작농의 편에 섰던 조지를 긍정적으로 평가했다. 1886년 조지는 연합노동당United Labor Party 후보로 뉴욕시 시장 선거에 출마했다. 그 선거에서 노동기사단이 조지를 강력하게 지지하면서 유권자들의 선택에 실질적인 영향을 미쳤다. 또한 종종 거칠고 통제하기 힘든 정치 무대에서 조지가 이상을 펼칠 수 있도록 힘을 실어주었다.

오늘날 독자들의 시선으로 보면, 토지의 사적 소유라는 재앙으로부터 세상을 구원하겠다는 도덕적 신념을 품었다는 점에서 샌프란시스코의 예언자로 불린 조지를 떠오르는 사회주의자나 초기 공산주의 사상가 정도로 생각할 수도 있다. 물론 조지는 급진주의와 포퓰리즘을 드러내기도 했다. 그래도 조지의 이념적 핵심은 19세기 말 미국에서 성장하던 정치 좌파와는 결을 달리했다. 조지는 노동과 투자로 임대료가 상승하면서 그 이익을 지주들이 모두 독점하기 때문에 노동자들이 가난해졌다고 믿었지만, 그렇다고 노동운동으로 그 문제를 해결할 수 있다고는 보지 않았다. 실제로 그는 자신의 베스트셀러에서 파업이 빈곤 문제를 실질적으로 해결할 수 없는 이유를 구체적으로 거론하면서, 파업은 "노동자들이 추구하는 부와 자유를 결국 파괴할 뿐"이라고 결론 내렸다.[23]

또한 조지는 자유무역을 일관되게 지지했다는 점에서도 점차 세력을 불려가던 좌파와 견해를 달리했다. 그는 토지 독점에 반대할 때와 거의 똑같은 종교적인 신념으로 자유무역에 대해 강한 지지를 표명했다. 조지가 보기에, 무역에 대한 제한은 곧 인간의 기본적인 자유에 대한 제한이었다. 1886년 조지는 또 한번 큰 성공을 거둔 자신의 책, 《보호무역이냐 자유무역이냐Protection or Free Trade》에 이렇게 썼다. "보호 관세를 적용하는 것은 무력으로 해상을 봉쇄하는 것과 다를 바 없다. 보호무역을 실행한다는 것은 전시에 적들이 우리에게 강요하는 바를 평화 시에 자발적으로 하겠다는 뜻이다."[24] 자유무역에 대해서는 노동조합과 조합원들 사이에서도 의견이 엇갈렸다. 파우더리를 비롯하여 노동조합의 지도자와 조합원들 대부분은 해외 경쟁으로부터 미국 노동자를 보호해야 한다는 명목으로 높은 관세 정책에 찬성했다.

그러나 당시 조지와 노동기사단은 같은 비전을 품고 있었다. 그들은 산업화 세상에서 노동자들의 목을 옥죄고 있던 족쇄를 풀어내야 한다는 주장에 동의했다. 그 족쇄를 채운 이가 과연 누구인지는 나중에 따져 물어도 괜찮을 것이었다. 뉴욕 시장이 나라의 무역 정책을 좌지우지할 수는 없었으므로 그들은 관세를 둘러싼 의견 대립을 일단 접어두기로 했다. 조지와 그의 추종자들은 지주 계급에 대한 투쟁을 강화함으로써 기존의 노동운동이나 사회주의 운동이 침투할 수 없는 영역까지 세력을 넓힐 수 있다고 봤다. 조지는 《진보와 빈곤》에서 시대의 거대한 정치 투쟁에 산업 노동자와 신흥 중산층 및 소상공인 그리고 성공한 자본가까지 끌어들여야 한다는 점을 분명히 강조했다. 그 이유는 게으른 지주 계급이 생산 활동에 참여한 모두의 피를 빨아먹고 있기 때문이었다. 조지는 마치 선교 활동과 같은 열정을 품고, 조직적인 노동운동에 염증을 느끼고 있던 중산층 사회 개혁가와 자유주의자들에게 다가갔다. 그렇게 그는 토지세를 전면에 내세워 진보적인 산업가들까지 포섭했다. 조지의 책을 읽고 성공적인 전차 산업에서 정치로 활동 무대를 옮긴 톰 존슨Tom Johnson과 조지주의 운동을 재정적으로 후원했던 백만장자 비누 사업가 조지프 펠스Joseph Fels가 이에 해당한다.

그런데 조지가 구상했던 다소 느슨한 형태의 선거 연합은 초반부터 균열의 조짐을 보였다. 조지가 뉴욕 시장 선거에 출마하기 6개월 전, 하루 8시간 근무를 외치며 시카고 헤이마켓 광장에서 열렸던 시위가 미국 노동운동 역사상 전례 없는 폭력 사태로 번지고 말았다. 5월 4일에 시위대 중 한 사람이 경찰에게 사제 폭탄을 던지는 사건이 벌어졌다. 이것이 총격전으로 번지면서 시위대와 경찰 12명이 사망하고 수백 명이 부상을 당했다. 결국 4명은 폭탄 테러를 공모한 혐의로 사형을 언도받았다. 이 사건을 놓고 조지를 시장 후보로 지명한 연합노동당 내 급진파는 당 지도부가 피고인들을 적극적으로 옹호해주길 요구한 반면, 중도파는 이번 폭력 사태로 중산층 지지자들이 기성 정당으로 넘어갈 것을 우려했다.

조지를 비판하던 이들은 그를 무정부주의와 사회 혼란을 책동하는 트로이 목마라고 비난의 공세를 높였다. 당시 엄청난 인기를 끌었던 일러스트 신문 〈퍽Puc〉도 이러한 비난의 물결에 가세했다. 1886년에 〈퍽〉은 뉴욕 시장 선거를 일주일 앞두고 발행한 신문에서, 커다란 《진보와 빈곤》을 주머니에 꽂은 한 덩치 큰 부랑자가 저녁 식사 자리에 모인 가족을 내쫓는 삽화를 실었다.[25] 조지의 경쟁 후보인 에이브럼 휴잇Abram Hewitt은 연합노동당에 투표하는 것은 프랑스 혁명의 폭력을 미국 땅에 그대로 가져오는 것이라고 주장했다. 그리고 뉴욕 대교구 가톨릭 부주교 토머스 스콧 프레스턴Thomas Scott Preston은 공식적으로 조지의 사상이 "불건전하고 위험천만하며 교회의 가르침에도 어긋난다"라는 입장을 표명했다.[26] 그야말로 종교와 정치, 언론을 포함한 기득권 전체가 조지에 대한 비난에 가세한 것이다. 다른 한편으로, 유권자들은 조지주의의 핵심 사상과 사회 전복을 위해 토지 문제를 이용하려고 했던 급진 좌파의 사상을 쉽게 구분하지 못했다. 게다가 연합노동당에겐 단일 정치 세력으로서 결속력을 강화하기 위해 내부적인 노선 차이를 의도적으로 흐리게 만들려는 의도도 있었다.

1886년 11월 2일에 열린 뉴욕 시장 선거에서 연합노동당의 헨리 조지는 31퍼센트 득표율을 기록했다. 비록 휴잇에게 패하긴 했지만, 3위를 차지한 공화당 후보 젊은 시어도어 루스벨트Theodore Roosevelt를 꺾는 이변을 일으켰다. 미국의 양당 체제, 뉴욕의 민주당 세력과 그 핵심인 태머니 홀Tammany Hall 조직 그리고 짧은 선거운동 기간과 연합노동당의 경험 부족을 모두 고려할 때, 조지가 거둔 선거 결과는 대단히 놀라웠다. 불과 7년 만에 무명 인사에서 세계적인 관심을 받는 정치인으로 성장한 것이다. 선거에 출마하기 20년 전, 조지는 샌프란시스코 거리를 떠돌며 구걸하던 신세가 아니었던가. 그래도 결과는 패배였다. 그 선거는 조지의 정치 경력에서 최고 정점으로 남았다. 이후로도 그는 공직 선거에서 한 번도 이기지 못했다. 조지의 측근들은 부정선거를 의심했지만, 이를 입증할 증거는 제시하지 못했다. 그로부터 1년이 흐른 1887년에 조지는 뉴욕주 국무장관 선거에 도전했지만, 큰 차이로 패배하고 말았다.

이후로 조지는 자신의 사상을 선거 정치를 통해 구현하는 과업을 추종자들에게 넘기고, 자신은 집필과 국제 강연에 집중했다. 1890년에 미국의 모든 주 대표들이 모여 전미 단일세 연맹National Single Tax League을 설립했다. 그해 조지는 호주 전역을 돌면서 자유무역과 토지 과세를 주제로 열정적인 순회강연을 했다. 그는 자신의 추종 세력이 점점 늘어나고 있던 시드니와 멜버른, 브리즈번, 애들레이드 지역을 중심으로 강연했다.[27] 그러나 조지의 정치 인생에서 가장 급진적이었던 시기는 점차 막을 내리고 있었다. 1892년에 민주당 대선 후보인 그로버 클리블랜드Grover Cleveland를 지지하면서 그는 많은 노동운동 동지를 실망시켰다. 그럼에도 조지의 존재감을 높여줬던 경제 상황은 달라지지 않았다. 1893년에는 또 한

번 심각한 금융위기가 발발하면서 많은 기업이 잇달아 파산했다. 그리고 미국의 실업률이 3배로 급증하면서 이후 5년간 10퍼센트를 계속 웃돌았다.

1897년 가을, 조지는 다시 한번 선거판으로 돌아와 마지막으로 뉴욕 시장 선거에 출마했다. 이번에는 무소속으로 나섰다. 뉴욕시 여러 곳에서 연설을 강행하는 긴 하루를 보내고 난 뒤 조지는 밤늦게 유니온스퀘어 호텔로 돌아왔다. 그리고 다음 날인 10월 29일 아침, 그는 심각한 뇌졸중으로 세상을 떠났다. 그의 나이 58세였다. 그날 그의 곁에는 아내인 안나와 그가 30년 전 거리에서 구걸하면서 먹여 살렸던 아들 헨리 조지 주니어가 있었다. 시장 선거가 일주일도 채 남지 않은 시점에 조지의 사망 소식이 뉴욕시 전역으로 퍼지면서 충격에 휩싸인 군중이 유니온스퀘어로 모여들었다.

이틀 후 조지의 시신은 맨해튼 렉싱턴가에 있는 대규모 전시장인 그랜드 센트럴 팰리스로 옮겨졌다. 수천 명이 그의 마지막 모습을 보기 위해 전시장을 찾았다. 일간지 〈더 뉴욕 선The New York Sun〉은 조지의 관 앞에 선 사람들의 모습을 이렇게 묘사했다. "여성들은 눈물을 흘리며 자녀를 들어 올려 '순교자'의 얼굴을 보여줬다. 울음이 퍼져 나가면서 거친 사내들도 주변의 시선에 아랑곳하지 않고 흐느꼈다."[28] 〈뉴욕타임스〉는 이렇게 보도했다. "링컨의 시신이 시청에 안치된 이후, 공인의 죽음을 놓고 시민들이 어제처럼 크고 깊은 슬픔을 드러낸 적은 여태껏 없었다. 이를 영웅 숭배라고 말하는 사람도 있겠지만, 실제로 그는 영웅이었다."[29] 그의 부고 소식이 널리 알려졌음에도 조지는 그의 마지막 시장 선거에서 2만 1000표 이상을 얻었다.

성경 이후의 베스트셀러

작가이자 선동가로서 헨리 조지의 영향력은 그의 선거 기록을 뛰어넘어 오래 지속되었다. 그의 책 《진보와 빈곤》은 단지 인기 있는 책을 넘어 19세기 전반에 걸쳐 가장 영향력 있는 정치 서적으로 인정받았다. 1879년에는 베스트셀러 목록이란 게 없었지만, 조지의 아들 헨리 조지 주니어의 추산에 따르면, 출간 후 25년 동안 총 200만 부가 판매되었다.[30] 여러 번역본과 요약본 및 그의 다양한 글을 엮은 선집까지 고려한다면, 이것도 대단히 보수적인 수치로 보는 게 맞겠다. 1880년대에 영국에서 조지의 책을 출간한 두 곳의 출판사 중 한 군데에서만 10만 부 이상이 팔렸다.[31] 19세기 마지막 10년 동안에는 조지의 책이 미국에서 성경 다음으로 많이 팔렸다는 주장도 있다. 당시 책의 엄청난 인기와 조지의 사회적 영향력을 고려할 때, 이는 어느 정도 현실적인 추측일 것이다.

　　19세기 마지막 몇십 년 동안 미국 전역에서 생겨난 소규모의 조지주의 클럽들은 민주당을 기반으로 미국 정치판에 상당한 영향력을 행사했다. 그들은 조지주의 추종자들이 세력을 모으고 공직에 오르는 과정에서 실질적인 힘이 되어주었다. 실제로 19세기 말에 몇몇 조지주의 추종자들이 미국의 주 정부 및 지방정부로 진출했으며, 여러 하원의원이 조지주의의 영향을 받았다고 밝혔다. 샌프란시스코 시장에 당선된 에드워드 로버슨 테일러Edward Robeson Taylor는 1907~1910년 기간에 《진보와 빈곤》의 집필이 이뤄진 바로 그 도시에서 조지의 이론을 구현했다. 이러한 움직임은 특히 중서부 산업 지역에서 뚜렷하게 나타났다. 가령 1901년에 조지의 동료였던 톰 존슨은 활발한 산업 중심지인 오하이오주 클리블랜드 시장에 당선되어 1909년까지 재임했다. 기업가에서 사회 개혁가로 변신한 헤이즌 스튜어트 핑그리Hazen Stuart Pingree는 1889년부터 1897년까지 디트로이트 시장을 지냈고, 이후로 미시간 주지사를 4년간 역임했다. 또 다른 조지의 추종자 조지프 제이 파스토리자Joseph Jay Pastoriza는 재임 중이던 1917년에 사망할 때까지 텍사스주 휴스턴 시장을 지냈다. 파스토리자는 점차 확장하던 휴스턴 외곽에 있던 한 오두막집을 단일세 운동 본부이자 토지 불평등을 시각적으로 보여주는 상징물로 활용했다.[32] 1903년에 그는 그 오두막이 들어선 토지를 350달러에 매입하면서 땅값이 5000달러가 될 때까지는 팔지 않겠다고 선언했다. 그리고 8년 만에 그 약속을 지켰다.

전 세계적으로 토지세를 부과하는 실험이 본격적으로 모습을 드러내기 시작했다. 그러나 미국의 열성적인 조지주의 추종자들은 선거 기간에만 토지세의 정당성을 알리는 노력으로는 부족하다고 생각했다. 토지세 이론을 확신했던 이들은 플리머스록에 첫발을 디딘 청교도들의 발자취를 따라 공동체를 설립하는 시도를 했다. 1894년 아이오와주 토지세 신봉자들은 앨라배마주 페어호프에 조지주의 이념을 근간으로 삼은 최초의 정착지를 세웠다. 또 페어호프에서 약 1600킬로미터 떨어진 곳에서는 디모인 단일토지세 클럽Des Moines Single Tax Club 회원들이 미국의 주류 정치에서 벗어날 만한 독자적인 방안을 모색하고 있었다. 여기서 회원들의 이주 운동을 이끌었던 건 어니스트 베리 개스턴Ernest Berry Gaston이라는 기자였다. 그는 새로운 공동체 건설을 위한 비전을 밝히면서 이렇게 썼다. "지금의 사회적, 경제적 질서는 언젠가 무너지고 말 것이다."[33]

새로운 정착지를 세우고자 했던 사람들은 '페어호프 산업

협회Fairhope Industrial Association'(나중에 '페어호프 단일세 조합Fairhope Single Tax Corporation'으로 이름이 바뀌었다)가 소유하고 있던, 앨라배마주 모빌 베이 동쪽 132에이커에 달하는 수변 지역을 매입했다.[34] 이들은 초기 이주민들이 도착하기도 전에 남성과 여성 모두에게 투표권을 평등하게 보장하는 자치 정부를 이미 구성했다. 화폐도 역시 자체로 발행했다(일종의 지역 화폐). 그러나 초기 정착지의 제반 상황은 아주 열악했다. 새로운 정착지와 앨라배마의 다른 지역을 잇는 도로도 없었다. 1910년에 590명이던 인구는 1920년이 되어서도 853명밖에 되지 않았다.[35] 정착지 운영은 조지주의 원칙에 따라 이뤄졌지만, 현실적으로 몇 가지 결함을 드러냈다. 무엇보다 실질적인 정부 조직이 없었기에 토지를 소유한 주주들 중심으로 의사결정을 내렸는데, 여기서 250달러인 정착금을 내지 못한 주민은 사실상 정치에 참여할 수 없었다. 이처럼 자유로운 형태의 초기 공동체 모형은 결국 미국의 일반적인 지방자치 시스템으로 서서히 통합되었다. 그럼에도 페어호프 단일세 조합은 아직까지 비영리단체로 남아 있으며, 1200만 달러의 자산과 4400에이커의 토지를 보유하고 있다.[36] 그 외에도 1900년과 1910년에 델라웨어주 아든과 뉴저지주 프리 에이커스에 각각 이러한 형태의 공동체가 설립되었다. 이들의 흔적은 아직도 남아 있지만, 초기에 추구했던 유토피아 공동체로서 정체성을 지키고 있는 곳은 한 군데도 없다.

혁명가의 불편한 유산

오늘날 전 세계 수억 곳의 가정집 거실에는 조지주의 사상을 기념하는 물건이 있다. 1903년에 델라웨어주 아든의 리지 매기Lizzie

Magie라는 게임 개발자는 토지에 부과하는 단일세 개념을 쉽게 설명하기 위해 보드게임을 개발했다. 〈지주 게임Landlord's Game〉이라는 게임에서, 플레이어는 게임판을 돌아다니며 부동산을 최대한 빠르게 많이 사들여야 한다. 그렇게 확보한 부동산이 많을수록 더 많은 돈을 벌어들일 수 있다. 게임판을 돌다가 다른 이가 소유한 부동산에 도착한 불운한 플레이어는 임대료를 내야 한다. 그렇게 게임은 한 사람을 제외한 모두가 파산할 때까지 계속된다. 이후 1935년에 미국의 게임 및 장난감 제조기업인 파커 브러더스Parker Brothers가 이 게임의 권리를 사들였고, 오늘날 이 게임은 '모노폴리Monopoly'라는 이름으로 널리 알려져 있다.

샌프란시스코의 예언자라는 조지의 별명은 다소 농담조로 붙여진 것이었지만, 19세기 말과 20세기 초에 등장한 좌파 정치운동가들 입장에서 헨리 조지는 사실 종교 지도자에 더 가까운 인물이었다. 영국 노동당의 설립자이자 초대 원내 대표를 지낸 키어 하디Keir Hardie는 1884년에 조지에게 보낸 서한에서 이렇게 썼다. "고민을 시작하면서 언제나 마음 한구석을 차지하고 있던 질문에 당신의 책이 한 줄기 빛을 던져줬습니다. 무어라고 감사의 말씀을 드려야 할지 모르겠군요."[37] 1906년에 영국 노동당 계열 하원의원 45명을 대상으로 실시한 설문조사에서 현대 사회주의의 아버지인 카를 마르크스가 언급된 경우는 두 번에 불과한 반면, 조지의 저작은 열두 번이나 언급되었다. 이는 성경보다 2회 적은 것이었다.[38]

1896년, 역사의 운명을 바꾸게 될 한 젊은이가 런던에서 《진보와 빈곤》을 집어 들었다. 영국의 자유주의자도, 미국의 노동운동가도 아닌 그 청년은 고국을 멀리 떠나온 중국인 의사였다. 그는 30세의 쑨원孫文으로, 1년 전 무너져 가던 청나라에 맞선 봉기에 깊숙이 관여했다가 망명길에 오른 상태였다. 당시 쑨원은 민주주의와 민족주의 이상을 품고 있었지만, 청나라 군주제를 무너뜨리고 나서 새롭게 설립할 공화국을 어느 방향으로 이끌어 가야 할지에 대한 거시적인 비전은 아직 세우지 못하고 있었다. 그런 상황에서 조지의 사상은 중국의 근대화와 발전을 바라보는 쑨원의 시선에 중대한 영향을 미쳤다. 특히 '토지 권리의 평등화'가 쑨원의 핵심 원칙으로 자리 잡았다. 비록 짧은 기간으로 끝나고 말았지만, 쑨원은 중화민국 초대 대통령의 자리에 올라 4000년이나 이어진 중국 왕조의 역사에 종지부를 찍었다. 쑨원이 미국과 유럽에서 이미 막강한 정치적 영향력을 가진 조지의 책을 접하면서, 아시아의 미래에도 큰 영향을 미치는 계기가 마련된 것이다.

헨리 조지는 주로 미국 정치에 주목했지만, 그의 사상이 전 세계적으로 토지 독점이 뚜렷하게 드러난 지역에서 더 뜨거운 반응을 얻었다는 사실은 그리 놀라운 일이 아니다. 조지의 평생에 걸쳐 미국 사회의 불평등은 점점 더 심화되었지만, 그래도 세계적인 기준으로 볼 때 토지 소유는 비교적 평등하게 이뤄졌고, 그리 부유하지 않은 이들도 충분히 토지를 소유할 수 있었다. 쑨원이 조지주의를 사상적 근간으로 받아들인 유일한 해외 혁명가는 아니었다. 멕시코의 혁명가로서 나중에 대통령에 오른 프란시스코 마데로Francisco Madero와 쿠바의 민족주의자 호세 마르티José Martí, 러시아의 개혁가이자 짧은 기간 존속했던 러시아 공화국의 지도자였던 알렉산드르 케렌스키Aleksandr Kerenskii 역시 이에 해당했다.

젊은 쑨원이 중국의 통치 방식에 대한 비전을 정립해 나가는 동안, 중국의 한 작은 지역에서는 보기 드문 단일세 실험이 진행 중이었다. 1897년에 독일 제국의 식민지 행정관인 38세의 빌헬름 슈라마이어Wilhelm Schrameier가 중국의 북동부 해안에 위치한 칭타오Tsingtao(지금의 칭다오Qingdao)의 통치를 맡게 되었다.[39] 슈라마이어는 1898년에 소규모 조지주의 단체들이 모여서 설립한 독일 토지개혁협회Deutscher Bund für Bodenreform의 회원이었다. 실제로 그는 칭타오에서 토지 가치의 6퍼센트를 매년 세금으로 부과했다. 이는 임대 수익의 약 절반에 달하는 수준이었다. 여기에다 토지 매각 시 가치 상승분에 대해서도 세금을 부과했는데, 이는 몇 년 후 로이드조지가 제안한 것보다 더 급진적인 방식이었다. 다만 그는 그 외 다른 세금은 전혀 부과하지 않았다. 하지만 1914년 제1차 세계대전의 발발로 독일이 아시아 지역 식민지를 잃어버리면서 그의 실험은 막을 내리고 말았다.

　오늘날 시선으로 볼 때, 100년도 더 전에 토지가 공적 논의에서 대단히 중요한 주제였다는 사실은 믿기 어렵다. 그러나 20세기로 넘어갈 무렵에 진보주의자와 사회 혁명가들은 토지 문제에 열광했다. 토지 문제를 둘러싸고 처음 진정으로 국제적인 정치적, 사회적 운동들이 종교에 가까운 열의를 띠며 일어났다. 그 과정에서 오늘날 우리가 잘 아는 다양한 안건이 정치 쟁점으로 떠올랐다. 그러나 토지 소유와 그에 따른 경제적 결과에 대한 논의는 오늘날 정치 세상과 공적 토론의 장에서는 대부분 사라지고 말았다. 지금 조지주의를 떠올리게 만드는 대표적인 유산은 아마도 전 세계 수많은 가정의 거실 한구석에 놓여 있는 '모노폴리'일 것이다. 한때 토지를 중심으로 산업사회의 병폐를 설명하려는 시도는 많은 주목을 받았지만, 지금은 그 흔적조차 찾아보기 어렵게 되었다.

4
흔들리는 땅

1881년 6월, 헨리 조지는 영국과 아일랜드로 떠나는 첫 번째 해외 정치 여정을 앞두고 뉴욕에 머무르고 있었다. 당시 그는 대서양을 사이에 둔 양쪽 정치 세상에서 아무런 존재감이 없었다. 미래의 지지자와 비평가도 아직 그를 알지 못했다. 10년 후 거물로 성장하게 될 그의 모습과는 거리가 멀었다. 그런데 그런 조지의 사상을 일찍 접한 뒤 그와 그의 사상을 평가한 런던의 한 독자가 있었다. 그는 친구에게 보내는 편지에서 조지가 "만병통치약을 개발했다고 우기는 사기꾼 특유의 건방진 독선과 오만"을 드러낸다며 그를 비난했다.[1]

다만 그렇게 조지를 혹평했던 그는 소중한 토지 자산의 미래를 걱정한 귀족 출신이 아니었다. 조지의 급진적인 주장에 불쾌감을 느낀 반동 사상가도 아니었다. 편지를 쓴 주인공은 다름 아닌, 런던 북부 벨사이즈 파크의 공동주택에 세 들어 살고 있던 63세의 카를 마르크스였다. 그로부터 2년 뒤 마르크스가 세상을 떠났기에, 조지가 국제무대에서 활동했던 시절과 그의 생애가 겹친 기간은 아주 짧았다. 그러나 조지와 그의 사상에 대한 마르크스의 비판은 그가 세상을 떠나고 나서 큰 주목을 받았다. 마르크스는 이렇게 불만을 터뜨렸다. "조지의 모든 시도는 사회주의라는 가면을 쓰고 자본가의 지배를 구원하려는, 나아가 지금보다 더 광범위한 토대 위에 자본주의를 새롭게 건설하려는 획책에 불과하다."

조지는 마르크스가 세상을 떠나고 14년을 더 살았지만, 마르크스에 관해 공식적으로 언급한 적은 거의 없다. 두 사람이 사적으로 서신을 주고받았다는 증거도 없다. 조지는 다만 마르크스가 사망했을 때, 그를 위한 추모집에 이렇게 짧은 글을 실었다. "비록 견해 차이는 있었지만, 억압받는 자들의 자유와 짓밟힌 자들의 해방을 위해 그토록 끈기 있게 헌신적으로 노력한 인물에 대한 나의 존경심에는 변함이 없다." 다만 개인적으로 조지는 요란스럽지 않게 본심을 드러내곤 했다. 여러 편지에서 마르크스를 "멍청이 왕자"라고 지칭하면서, 분석력과 논리력이 부족한 천박한 사상가라고 폄하한 것이다.[2] 또한 조지는 몇몇 친구와 지인들이 《공산당 선언》의 저자를 대단히 존경한다는 사실을 안타깝게 생각했다.

대륙에서 꺼진 개혁의 불꽃

조지는 대서양 양쪽에서 점차 모습을 드러내는 좌파 운동가들, 자신의 사상을 선거 정치로 실현하는 과업에 힘을 실어줄 것으로 기대한 중산층 진보주의자와 자영농들 사이에서 점점 벌어지는 정치적 간극을 메우기 위해 노력했다. 실제로 조지의 평생과 사후 한동안, 그가 추구했던 느슨한 형태의 연합이 실질적인 성과를 거둠에 따라 싸움에서 어느 정도 승리한 것처럼 보였다. 마르크스의 평생 동지이자 재정적 후원자였던 프리드리히 엥겔스Friedrich Engels 역시 조지가 미국에서 초기 공산주의자들보다 더 효과적으로 노동운동을 이끌었다고 지적하면서, 1880년대에 뉴욕 정치판에서 조지가 거둔 성과를 꽤 긍정적으로 평가했다.[3] 20세기 첫 10년 동안에 조지가 미국 민주당과 영국의 노동운동 그리고 유럽의 많은 진보주의 정당에 미친 영향은 마르크스를 분명히 넘어선 것이었다. 당시 마르크스는 전 세계 급진 좌파 진영에서 널리 인정받았지만, 여러 유명 사회주의 지식인 중 하나에 불과했다. 조지처럼 그를 구원자로 바라보는 이는 없었다.

당시 조지주의 추종자들은 예측하기 어려웠겠지만, 그의 정치 운동은 제1차 세계대전을 앞두고 최고 정점을 맞이하고 있었다. 이후로 조지의 단일세 운동은 그때처럼 많은 영향력 있는 운동가와 폭넓은 대중의 지지를 다시 얻지 못했다. 그로부터 20년 후 단일세 운동은 정치 세력으로서 힘을 크게 상실했고, 20세기 중반에 이르러서는 대중의 관심 밖으로 밀려나고 말았다. 새로운 정치적, 경제적 세력들이 등장하면서 조지의 사상과 사회적 영향력을 대체하기 시작했다. 자연스럽게 형성된 노동 계층은 단일세에 대한 관심이 시들면서 토지를 별로 중요시하지 않는 노동조합과 사회주의로 시선을 돌렸고, 기존 중산층 역시 점차 세력을 키워가던 국제 좌파 세력에 대한 반발로 서구 정치 세상에서 떠오른 반혁명 보수주의 진영으로 넘어갔다. 결론적으로, 조지주의는 좌파와 우파로부터 동시에 이념적 공격을 받았고, 거기서 끝내 살아남지 못했다.

1881년만 해도 대중은 《자본론》의 저자 마르크스가 제기한 비판을 현실에서는 크게 중요하지 않은 학술적 이견 정도로 여겼다. 마르크스의 비판에는 어쩌면 당시 사회적 명성이 높았던 조지에 대한 경쟁자적 질투심도 섞여 있었을지 모른다. 그러나 수십 년이 흐른 20세기 초, 유럽 내 정치 혼란이 이어지면서 조지주의에 대한 마르크스의 비판은 사회적 논의에서 주목을 받게 되었다. 조지와는 달리 사회적 병폐를 설명하는 과정에서 토지의 특수하고 중요한 역할에 주목하지 않았던 사회주의자와 공산주의자들은 전 세계 진보 진영을 이끄는 최대 세력으로 급성장했다. 반면 조지는 세부적인 입장 차이가 있더라도 모든 진영의 개혁가를 포섭하는 빅텐트의 필요성을 믿었다. 그러나 이미 주류 세력으로 떠오른 마르크스주의자들은 이념적 다양성을 인정하지 않았다. 그렇게 헨리 조지의 추종자 대신 마르크스주의자들이 전 세계 좌파 귀족의 자리를 차지하면서, 비주류인 조지주의자들의 입지는 그만큼 좁아졌다.

동시에 정치적 급진주의에 대한 반발이 점차 힘을 얻어갔다. 1886년 뉴욕 시장 선거에 민주당 후보로 출마해 최종 당선된 에이브럼 휴잇은 오래전 프랑스 혁명의 망령을 소환함으로써 노동조합과 토지 개혁가들의 느슨한 연합을 악의적으로 비난했다. 그러나 휴잇의 이러한 선거 전략은 구시대적이라는 조롱을 받기도 했다. 당시 뉴욕시 유권자가 1815년에 끝난 나폴레옹 전쟁을 기억하려면 적어도 80세는 넘어야 했기 때문이었다. 그리고 폭력이 난무했던 1790년대를 기억하려면 100세는 넘어야 했다.

그러나 제1차 세계대전이 끝나고 나서는 굳이 역사적인 혁명의 망령을 들먹일 필요조차 없게 되었다. 첫 번째 세계대전으로 2000만 명이 사망했고, 전 세계 정치 질서는 완전히 와해되었다. 600년 넘게 유럽을 지배해온 오스만 제국과 합스부르크 가문은 갑작스러운 해체를 맞이했다. 독일에서는 해군이 북부 항만 도시 킬에서 반란을 일으키면서 황제를 퇴위시켰고, 이후로 독일 전역에 걸쳐 노동 단체들이 지역별로 형성되었다. 그렇게 유럽 세상은 혼란 속으로 접어들었다. 그중에서도 전 세계 기득권 세력을 가장 공포에 떨게 만든 것은 러시아에서 일어나고 있던 정치 혁명이었다. 1917년 2월, 300년간 러시아를 통치해온 로마노프 왕조가 결국 무너졌다. 자유주의와 온건주의 및 사회주의 세력이 느슨한 형태의 연합 전선으로 차르를 퇴위시켰다. 그러나 그 세력도 9개월 만에 다시 자리를 내주고 말았다. 블라디미르 일리치 레닌Vladimir Ilyich Lenin이 이끄는 볼셰비키 세력이 무력으로 정권을 장악하려 들면서 러시아 내전이 발발했다. 이후 기존 세력에 다양한 방식으로 충성했던 사업가와 상인 및 귀족들 수십만 명이 망명길에 올랐다. 그리고 러시아 왕실 일가는 1918년 7월에 우랄산맥의 한 지하실에서 처형당했다. 전 세계 기득권층 대부분이 이러한 사태에 충격과 두려움을 느꼈다. 이에 비하면 제1차 세계대전 이전에 조지주의를 비롯한 여러 다양한 사회 개혁 운동으로 느껴지는 공포는 아무것도 아니었다. 레닌은 러시아 귀족이 소유한 토지에 세금을 물리겠다고 말하지 않았다. 대신에 그들을 줄 세워 놓고 총살했다.

　　레닌과 조지는 생전에 한 번도 만나지 못했다. 조지가 사망했을 때, 레닌은 27세 청년이었고, 차르 치하 법정에서 선동 혐의로 유죄 판결을 받고 3년간 시베리아 유배 생활을 시작하려는 참이었다. 다만 훗날 소련의 최고 지도자가 될 레닌은 러시아를 떠나 본격적으로 혁명 과업을 추진하던 동안 조지주의자들과 인연을 맺은 바 있었다. 1907년에 러시아 공산당의 전신인 사회민주당 사람들이 런던에서 모였다. 이슬링턴의 한 예배당에서 열린 그 모임에는 레닌을 비롯해 레온 트로츠키Leon Trotsky와 이오시프 스탈린Iosif Stalin도 참석했다. 지성의 역사에서 대단히 귀한 만남의 순간이 연출됐던 그날 회합에서, 소련의 미래를 이끌 정치 거물들은 당시 비누 산업을 대표했던 조지주의자 조지프 펠스와 악수를 나눴다. 당시 사업 확장을 위해 영국에 머물던 펠스는 거기서도 정치 후원을 이어가고 있었다. 그날 펠스는 그 러시아 반체제 인사들에게 오늘날 가치로 20만 달러에 달하는 1700파운드를 빌려줬다.[4] 그 자리에서 펠스는 레닌에게 단일세 주장을 담은 전단지를 건넸는데, 이는 결국 정치 역사상 가장 값비싸고 처참한 마케팅 시도였던 것으로 밝혀졌다.

펠스가 러시아 마르크스주의자들에게 보인 관대함은 조지가 마르크스 부고에 감성적인 추도문을 기고했던 것처럼 정치적 순진함이거나 단일세 지지자들이 새로운 폭력적인 세상에서 겪게 될 고난을 뚜렷하게 보여주는 또 하나의 상징이었다. 그날 단일세 운동의 대표적 후원자인 펠스가 돈을 빌려준 대상은 조지의 저작에 아무런 관심이 없을 뿐만 아니라, 적으로 간주한 세력에게는 폭력적인 수단도 마다하지 않는 잔혹한 자들이었다. 광범위한 정치 스펙트럼에 걸쳐 연합을 형성하려는 노력은 평화적인 시기였다면 숭고한 시도가 될 수 있었을 것이다. 그러나 20세기 초 혼란한 세상에서 관대한 조지주의자들은 비정한 정치 좌파의 손쉬운 먹잇감에 불과했다.

사실 자본주의를 전복하려는 게 아니라 그 체제를 더 효율적이고 공정한 시스템으로 개선하고자 했던 조지와 그의 많은 추종자에 대한 마르크스의 판단은 옳았다. 조지는 공적인 차원에서 균형을 유지하면서 다양한 사회주의 및 노동운동 지도자들과 연합 전선을 유지하려 했지만, 본질적으로 그 자신은 개인주의자였다. 이슬링턴 예배당에서 펠스는 자신이 만난 사람들을 러시아 지주 계급에 저항하는 또 다른 개혁가로 인정했던 반면, 그에게서 돈을 빌렸던 사람들은 펠스를 적대 계급의 일원으로 인식했다. 그들의 눈에 펠스는 자신들의 고국인 러시아에서 타도하고자 했던 귀족 계급에 가까운 인물이었다. 그날 펠스는 레닌에게 특별한 인상은 남기지 못했다. 나중에 레닌은 런던에 있는 친구들에게 대출 상환을 연기한 이유에 대해 설명하면서, 독일과 유대인 이민자 부모 사이에 태어난 버지니아 출신의 펠스를 그저 "그 영국인"이라고만 언급했다. 그들은 1908년 만기였던 대출금을 끝내 갚지 않았다.[5]

단일세 지지자들은 그들의 주장에 비판적인 마르크스주의자들을 의도치 않게 돕는 단계에서 끝나지 않았다. 실제로 그들의 지원은 많은 사회주의자와 공산주의자의 활동에 발판이 되었다. 1882년에 아일랜드계 미국인 극작가 조지 버나드 쇼George Bernard Shaw는 조지가 처음으로 미국에서 영국으로 건너와서 했던 순회강연에 참석했고, 이후 조지 덕분에 세계적인 경제 문제에 눈을 뜨게 되었다고 소회를 밝혔다. 그리고 《진보와 빈곤》을 읽고 사회주의 이념을 접하게 되었다고 했다.[6] 이후로 쇼는 많은 조지주의 추종자처럼 경계를 넘어 정치적 좌파 진영으로 깊숙이 들어갔다. 소련은 이후 70년 동안 그들과 노선을 함께하는 정권과 단체를 대상으로 재정적, 전략적, 외교적 지원을 했다. 그러나 조지주의자들에게는 그럴 만한 자원이 없었다.

헨리 조지 지지자들의 행보를 전면적으로 가로막은 대대적인 이념적 변화를 드러낸 대표적인 사례는 중국에서 찾아볼 수 있다. 1912년에 쑨원은 중국의 초대 대통령에 오르면서 4000년 왕조 역사에 종지부를 찍었다. 청나라가 무너지면서 중국의 정치 상황은 40년간 혼란기로 접어들었다. 쑨원은 중국 전역에서 명망이 높았지만, 군사력은 경쟁 세력보다 약했다. 1920년대에 중국의 여러 강력한 군부 세력이 영토와 정치적 영향력을 놓고 싸움을 벌이면서 중국 사회는 전면적인 내전의 시기로 빠져들었다. 쑨원은 곧 권좌에서 물러나야 했지만, 토지세에 대한 개인적인 확신은 더 굳건해졌다. 그는 토지세를 잘 활용하면 중국을 급속도로 발전시킬 수 있다고 믿었다. 그리고 조지주의에 기반을 둔 다양한 정책을 제시했다. 예를 들어, 토지 가치의 1퍼센트를 소유자에게 과세하자는 주장을 내놨다.[7] 그가 제안한 방식에 따를 때, 토지 소유주가 토지 가격을 신고하면, 정부는 그 가격을 기준으로 세금을 부과하거나, 그 가격으로 토지를 매입할 수 있었다. 이는 토지 소유주가 세금을 낮추려고 토지 가격을 고의로 낮게 신고하지 못하도록 막기 위한 교묘한 장치였다.

1920년에 쑨원은 《중국의 국제 개발The International Development of China》이라는 제목의 책을 출간했다. 여기서 그는 자신이 이끄는 국민당을 발판으로 중국 사회를 근대화하는 정책적 로드맵을 제시했다. 가령 상하이에 대규모 항구를 건설하자고 주장하면서 가난한 중국이 거대한 프로젝트를 추진할 수 있는 구체적인 해법까지 내놨다. 그는 항만 지역이 도시화, 산업화되면 주변 토지 가격이 상승하고, 이를 기반으로 재원을 마련할 수 있다고 설명했다. "뉴욕이나 필라델피아 같은 대도시를 40년 안에 만들 수 있다면, 토지 가치 상승만으로 개발에 들어간 자본을 회수할 수 있다."[8] 이를 실행에 옮기기 위해, 쑨원은 칭타오에 실질적인 영향을 미친 토지 과세를 추진했던 전직 독일 식민지 행정관인 빌헬름 슈라마이어를 고문으로 영입했다.

1920년대 쑨원의 세력이 점차 지지를 얻으면서 그는 급변하는 새로운 공화국의 정치적 흐름 속에서 다시 한번 존재감을 드러낼 기회를 잡았다. 그러나 중국의 급속한 경제 현대화라는 쑨원의 꿈은 끝내 실현되지 못했다. 1924년에 쑨원의 건강이 급속히 악화되었기 때문이다. 결국 그는 간암 판정을 받고 1925년 3월 12일, 헨리 조지와 같은 58세의 나이로 베이징에서 숨을 거뒀다. 쑨원 역시 조지와 마찬가지로 해야 할 많은 과제를 남겨둔 채 세상을 떠났다. 같은 해, 슈라마이어도 광둥(지금의 광저우)에서 자동차 사고로 생을 마감했다.

쑨원이 세상을 뜨고 난 뒤, 중국이 경제 정책을 실행에 옮길 시간은 많이 남아 있지 않았다. 1928년 쑨원의 후계자인 장제스蔣介石는 국민당 세력을 집결하여 사실상 분열된 중국의 지도자가 되었지만, 이후 반세기에 걸쳐 수차례 참혹한 내전과 국제 분쟁을 치러야 했다. 쑨원이 사망하고 3년 뒤, 국민당과 공산당이 충돌하면서 내전의 첫 단계가 시작되었다. 내전은 제2차 세계대전 중 일본 제국의 침략으로 잠시 중단되었지만, 대전이 끝나자마자 다시 시작되었다. 1949년 장제스는 결국 마오쩌둥이 이끄는 공산당에 무릎을 꿇었다. 국민당 내 좌파 진영에 속했던 쑨원의 몇몇 후계자는 새롭게 수립된 중화인민공화국으로 넘어갔고, 지금도 전국인민대표회의에서 상징적인 자리를 차지하고 있다. 장제스를 비롯한 국민당 인사들 대부분이 대만으로 넘어가 중화민국을 현재까지 이어 나가면서, 대만은 토지 과세 원칙을 헌법에 명시한 유일한 국가로 남았다.

토지 독점 시대의 종말

20세기 초의 정치적 흐름은 전 세계 조지주의 추종자들에게 불리한 방향으로 작용했다. 그들이 직면한 어려움은 이뿐만이 아니었다. 1880년대 산업화가 진행되는 가운데 권력과 부를 잃을까 우려했던 귀족들은 새로운 정치와 경제 현실에 두려움을 느꼈다. 토지와 부동산 시장을 다루는 영국의 정기간행물 〈에스테이츠 가제트 Estates Gazette〉는 1921년 한 기사에서 지난 4년간 잉글랜드와 웨일스의 전체 토지 중 약 4분의 1이 매각되었다고 보도했다.[9] 조지가 《진보와 빈곤》을 출간했을 무렵, 유럽의 공작과 자작, 남작들이 소유한 토지 규모는 이미 줄어들고 있었다. 또 농업 경제가 오랜 기간 침체를 겪고 산업 경제로 넘어가면서, 농업 엘리트 집단이 입었던 상처는 어느덧 대규모 출혈로 악화되었다. 이렇게 토지를 둘러싼 정치 상황이 빠르게 변하고 있었지만, 조지주의자들에게 유리한 방향은 아니었다. 20세기 세상은 토지 독점의 시대가 아니라, 대중이 광범위하게 토지를 소유하는 시대로 변해가고 있었다.

영국 사회는 빠르고 분명하게 조지주의에 거리를 두었다. 그동안 조지주의는 전 세계 어느 나라보다 영국에 가장 깊이 뿌리를 내리고 있었다. 조지주의자들은 미국의 여러 지방정부에서도 활약하고 있었지만, 토지세를 국가 차원의 주요 정책으로 추진하면서 오랫동안 이어져 내려온 귀족 계급의 특권을 제한하겠다고 위협한 곳은 다름 아닌 영국이었다. 그러나 토지세를 법으로 정한 이후로, 이를 실행에 옮기는 과정은 악몽과 같았다. 실제로 경제 역사가 샘 와틀링Sam Watling은 에드워드 7세 치하에서 영국의 작은 중앙정부가 전국의 지주들에게 토지 가치를 자율적으로 신고하도록 수백만 부의 양식지를 배포했던 과정을 악몽으로 묘사했다. 막대한 과업을 수행하기 위해 1910년에 설립된 토지평가국Valuation Office은 1917년까지 해당 세금 부과 작업을 마무리할 수 있을 것으로 예상했다. 그러나 설립 초기에 행정 업무에 소요된 비용이 세금으로 징수한 수익보다 훨씬 더 많았다.

영국 정부의 이러한 시도는 1914년 8월 이전부터 이미 난관에 봉착해 있었다. 당시 데이비드 로이드 조지를 비롯한 신자유주의자들이 품었던 이상은 제1차 세계대전 발발로 산산이 조각나고 말았다. 전쟁은 토지세에 대한 희망을 다양한 방식으로 짓밟았다. 무엇보다 현실적인 차원에서 영국 전역의 토지 가치를 감정하는 정부 사업이 연기되었다. 그리고 유럽 대륙에서 벌어진 전쟁이 영국 정치까지 혼란에 빠뜨렸다. 이러한 상황에서 토지세를 주장하는 핵심 세력인 영국 자유당은 두 계파로 분열되었다. 연립 내각의 총리가 된 로이드 조지는 제1차 세계대전이 끝나고 치러진 1918년 선거에서도 연합을 그대로 유지했다. 거기에는 로이드 조지의 개인적인 야망도 한몫한 것으로 보인다. 그 결과, 자유당이 73석을 잃으면서 모든 형태의 토지세를 지지했던 입법 세력도 그만큼 힘을 잃었다.

영국의 선거 정치 역시 급격한 변화를 겪고 있었다. 러시아 혁명이 일어난 지 3개월도 지나지 않은 그리고 제1차 세계대전이 끝나지 않은 1918년에 국민대표법Representation of the People Act이 의회를 통과했다. 그 입법으로 사실상 보통선거가 시작되었고, 제1차 세계대전이 끝나고 처음 치러진 선거에서 투표수는 전쟁 이전보다 170퍼센트 넘게 증가했다. 이는 영국 역사상 투표권이 최대 규모로 확대된 입법 사례였다. 몇 년 전만 하더라도 여성에 대한 투표권 확대는 뜨거운 논란의 대상이었다. 그러나 국민대표법은 압도적인 찬성으로 하원을 통과했다. 5년에 걸친 세계대전이 막을 내리자 재산이 없는 노동계급 남성과 여성 노동자들의 전쟁 기여가 사회적 인정을 얻게 되었고, 투표권 확대 주장이 광범위한 지지를 얻었기 때문이었다. 이렇게 보편적인 민주주의가 자리 잡으면서 소수 엘리트가 토지 대부분을 소유했던 영국의 정치 지평은 지각변동을 맞이하게 되었다.

이러한 변화로 그동안 참정권 확대에 반대해왔던 세력은 난관에 부딪혔다. 기존의 협소한 유권자 집단보다 더 가난하고 교육 수준이 낮은 대중 유권자 집단은 보수당에게 적대적이었고, 또한 사회주의자의 간교한 선동에 취약했다. 제1차 세계대전이 터지기 전 마지막으로 치렀던 1910년 총선에서는 520만 명이 투표에 참여한 가운데 자유당과 보수당이 접전을 벌였다. 반면 1922년 보통선거에 참여한 유권자는 1400만 명에 달했다. 영국 정치에 대규모 지각변동이 일어나고 있다는 사실이 분명하게 드러난 것이다. 실제로 그 선거에서 노동당이 142석을 차지하면서 처음으로 자유당을 앞섰다. 그럼에도 보수당이 여전히 영국 정치에서 최대 권력의 자리를 지켰지만, 기존의 방법이 더 이상 통하지 않을 거라는 두려움이 퍼져 나갔다. 보수당 정치인들은 저소득 중산층과 산업 노동자 계층을 끌어들일 새로운 대안을 만들어내지 못하면 자유당의 전철을 그대로 밟게 되리라 걱정했다.

집으로 짓는 보수주의

보수당인 토리당의 정치적 위상을 회복할 방안을 고심하던 여러 사상가와 정치인 중에 노엘 스켈턴Noel Skelton이라는 인물이 있었다.

그는 1922년 총선에서 처음으로 하원의원에 당선되었다. 그러나 스켈턴의 정치 경력은 짧았고, 장관으로는 한 번도 발탁되지 못한 채 1935년에 생을 마감했다. 스켈턴은 헨리 조지처럼 정치보다 저작으로 사회에 더 많은 영향을 미쳤다. 1923년에 스켈턴은 영국 보수 주간지 〈스펙테이터The Spectator〉의 한 기사에서 지금도 널리 회자되는 유명한 글을 남겼다. 그는 이렇게 물었다. "보수 진영이 침묵을 깨고 우리에게도 미래에 대한 비전이 있음을 국민에게 분명히 밝히지 않는다면 무슨 소용이 있겠습니까? 자산 소유 민주주의property-owning democracy, 즉 스스로 삶을 책임지는 주체, 견고하고 안전하며, 따라서 새로운 시대의 불안한 여명 속에서 인간 세상을 가로질러 휘몰아치는 날카롭고 격렬한 광풍을 견뎌낼 수 있는, 그런 비전 말입니다!"[10]

여기서 스켈턴이 언급한 '자산 소유 민주주의'라는 이상은 급진적이면서도 아주 오래된 개념이었다. 그리고 동시에 수백 년 이어진 영국의 정치 논리를 거꾸로 뒤집는 개념이기도 했다. 13세기에 영국에서 하원이 구성된 이후로 투표권은 자산을 소유한 이들에게만 제한적으로 주어졌다. 그 논리는 자산 요건이 있어야만 정치가 잘못 돌아갈 때 손해 볼 것이 있는 사람들이 책임감 있게 투표할 거라는 생각이었다. 하지만 토지 소유와 투표권 사이의 연결고리는 19세기에 치열한 논쟁을 불러일으킨 여러 선거개혁법Reform Act이 통과되면서 점차 느슨해졌다. 물론 토리당 정치인들 대부분 이러한 법안에 반대했다. 그러나 스켈턴은 달랐다. 그는 이제 기존의 논리를 완전히 뒤집어야 할 때가 왔다고 확신했다. 앞으로 자산 소유자들에 한해 투표권을 제한할 수 없다면, 그리고 그런 정치 상황에서 승리하려면, 새롭게 투표권을 부여받은 사람들이 어떤 방식으로든 자산을 소유하게 만들어야만 했다.

보수당에게는 서둘러야 할 또 다른 이유가 있었다. 1923년 노동당이 크게 위축된 자유당의 지지를 업고 처음으로 정권을 잡으면서 램지 맥도널드Ramsay MacDonald를 총리로 세웠다. 1920년대와 1930년대에 걸쳐 장기간 보수당을 이끌었던 스탠리 볼드윈Stanley Baldwin은 1922년과 1923년 선거 연설에서 주거 문제는 한 번도 언급하지 않았다. 반면 영국 전역에 걸쳐 노동당이 장악한 지방정부들은 그들을 지지해준 유권자를 위해 주거 시설을 짓고 있었고, 새롭게 집권한 노동당 행정부는 이러한 건설 사업을 확충하기 위해 보조금을 늘리고 있었다.[11] 이후 1924년 선거운동 기간에 보수당은 전략적인 차원에서 광범위한 변화를 시도했다. 볼드윈은 주거 문제를 실업 다음으로 중요한 국정 과제로 꼽았고, 주거 건설 속도를 높이고 산업 도시 지역의 빈민가를 정비하겠다는 공약을 내놨다. 그렇게 주거 문제를 둘러싼 정치 경쟁의 시대가 열렸다. 1930년대에 주택 건설 사업이 역사적 정점에 이르면서 1933~1934년, 그리고 1938~1939년 사이에 잉글랜드와 웨일스 지역에 매년 25만 채가 넘는 민간 주택이 들어섰다.[12] 이는 과거 혹은 이후 어느 때와 비교해도 민간 분야에서 가장 많은 주택이 건설된 시기였다. 최근 30년간 잉글랜드와 웨일스에서 민간 기업이 건설한 주택 수는 연간 13만 채에도 미치지 못한다.

이렇게 주택 건설이 급속도로 진행되던 시절에 형성된 교외 지역을 둘러보면, 당시 인기가 높았던 소박한 주거 형태인 반단독주택semi-detached housing[두 채가 맞붙어 있는 구조의 주택-옮긴이]이 여전히 곳곳에 남아 있는 것을 확인할 수 있다. 리즈의 라운드헤이, 버밍엄의 홀그린, 혹은 리버풀의 웨스터더비처럼 영국의 산업 도시를 중심으로 원을 이루며 형성된 교외 지역들은 그때의 사회적, 경제적 변화를 잘 보여주는 지리적 기념물이다. 당시 이러한 변화는 런던 외곽에서 더 큰 규모로 이뤄졌다. 런던에 처음으로 들어선 통근 철도인 메트로폴리탄 라인을 따라, 수많은 주택이 런던 북서부에서 미들섹스 지역까지 줄지어 생겨났다. 대중교통이 확충되고 자동차 운전이 대중화되면서 영국의 도시 노동자들은 예전에 농지였던 드넓은 땅에 집을 짓고 살 수 있게 되었다. 그로부터 한 세기가 지난 지금도 이들 교외 지역은 크게 변하지 않았고, 20세기 후반에 지어진 공공 임대주택과는 달리 젊은 가구들 사이에서 여전히 인기가 높다. 민간 기업의 건설 사업이 붐을 이뤘던 1930년대는 영국 사회가 가장 성공적으로 주택을 건설했던 시기였으며, 그때부터 영국 역사에서 대규모 주택 소유의 시대가 열리게 되었다.

얼핏 보기에, 스켈턴과 조지의 정치 철학은 크게 다르지 않다. 양질의 주택을 소유한 대규모 중산층의 등장, 도시 빈민가 지주들의 몰락, 여기에 더하여 농촌 토지 귀족의 세력 약화는 두 사람 모두 두 팔 벌려 환영했을 변화였다. 그러나 스켈턴과 조지의 생각은 토지에서 뚜렷하게 갈렸다. 스켈턴은 세상에서 가장 오래된 자산인 토지가 특별한 역할을 할 것으로 보지 않았다. 그의 목표는 조지주의자처럼 토지의 개인 소유를 전면 금지하는 것이 아니라, 토지를 더 공정하게 분배하는 것이었다. 두 사람의 생각이 단기적으로는 큰 차이가 없어 보일지 몰라도, 스켈턴의 이뤄낸 최종 성과는 조지의 이상과는 완전히 달랐다. 스켈턴은 영국의 경제와 정치 상황에서 토지를 오히려 더 중요한 자산으로 만들어버렸다.

당파적 관점에서 볼 때, 당시 영국 정부는 스켈턴과 같은 정치인들의 소망을 정책적인 차원에서 그대로 실현했다. 영국의 교외 지역에 아직도 남아 있는 반단독주택들은 정치 운동에서 조지주의를 파멸로 몰고 갔던 사회와 경제 혁명의 증거물이다. 민간 주택 건설 사업이 대규모로 추진되면서 이제는 지킬 재산이 생긴 새로운 주택 소유자 계층이 등장했고, 이들은 보수당과 더 강한 연대를 형성했다. 조지주의를 비롯한 모든 형태의 급진주의의 편에 선다는 것은, 그들의 시선으로 볼 때 힘들게 얻은 소중한 자산을 잃어버리게 될지도 모른다는 의미였다. 1930년대 말 '자산 소유 민주주의'는 아직 초기 단계에 불과했지만, 주택을 소유한 비중은 전체 가구의 3분의 1 정도로 이미 크게 높아진 상태였다.[13] 이후 20세기 말에 이르렀을 때, 주택 소유는 영국 전역에 걸쳐 가장 보편적인 주거 형태로 자리 잡게 되었다. 당시 영국 가구의 약 70퍼센트가 자가 소유 주택에 살게 되었다. 새롭게 등장한 중산층은 당연하게도 토지에 무거운 세금을 부과해야 한다는 모든 주장에 저항했다. 한때 귀족이 소유했던 토지를 이제는 대중이 소유하게 된 것이다.

　　세월이 흐르면서 조지주의에 대한 평판은 점점 더 부정적으로 바뀌었다. 1890년대 단일세 운동을 이끌었던 혁명적인 열정은 이미 사라져 버렸다. 양차 대전 사이에는 중산층의 뻔한 위선 정도로 인식되기도 했다. 유토피아 공동체인 헬리콘 홈 콜로니Helicon Home Colony에서 관리인으로 일했던 유명 풍자 작가인 싱클레어 루이스Sinclair Lewis는 특유의 날카로운 필치로 단일세 주장을 조롱했다. 1933년 발표한 〈앤 비커스Ann Vickers〉에는 주인공 남편이 결혼식 당일 저녁에 단일세 개선 프로그램 만찬에 참석하는 장면이 나온다. 루이스는 이를 통해 그 남성의 따분한 성격을 묘사했다.[14] 사회주의자와 공산주의자들이 위험하면서도 때로는 매력적인 급진주의 깃발을 힘차게 들어 올렸던 것과는 달리, 조지주의 추종자들은 대중에게 오만하고 외골수적인 이미지만 남겼다. 그리고 끝내 그 이미지에서 벗어나지 못했다.

경제학 연구의 방향도 단일세 주장에 불리한 쪽으로 흘러 갔다. 18세기와 19세기의 위대한 고전 경제학자들은 조지와 비슷한 시선으로 토지 소유의 불평등을 바라봤던 반면, 조지와 동시대를 살았던 경제학자들은 형식적인 모델 기반 원칙에 주목하면서 비판적인 입장을 드러냈다. 특히《경제학 원리Principles of Economics》의 저자이자 현대 경제학의 아버지라 불리는 앨프리드 마셜Alfred Marshall은 조지주의를 강하게 비판했다.[15] 그는 토지가 경제에서 유일한 지대 원천은 아니라고 지적하면서, 조지가 새롭게 떠오른 경제학자들이 주목한 두 가지 요소인 저축과 생산성까지 고려한 통합적 이론을 내놓지 못했다고 꼬집었다. 또한 경제학 분야에 새롭게 등장한 신고전주의 운동을 이끈 학자들은 조지를 경제학 세상의 일원이 아닌, 정치 선동가에 가까운 인물로 치부했다. 경제 역사가 마크 블로그Mark Blaug는 헨리 조지의 저작이 "출간된 날부터 이미 30년이나 세월에 뒤떨어졌다"며 혹평했다.[16] 음울한 학문이라 불리던 경제학은 그렇게 변해갔고, 그 과정에서 한 세기 이전에 정치 경제학자들이 주목했던 토지의 역할은 논의의 중심에서 사라졌다.

그럼에도 불구하고 조지주의는 전 세계 몇몇 지역에서 소소한 승리를 거뒀다. 20세기 초 덴마크에서 일어난 토지세 운동은 다른 지역과는 달리 쉽게 시들지 않았다. 조지주의에 근간을 둔 덴마크 정당인 레츠포르분데트Retsforbundet는 의회에서 꾸준히 영향력을 행사했고, 1950년대 말에는 캐스팅보트로서 역할을 했다. 덕분에 덴마크는 지금도 온건한 형태의 토지세 제도를 유지하고 있다. 또한 조지주의 사상을 받아들인 호주도 여전히 국가 차원에서 일부 토지에 세금을 부과하고 있다. 그럼에도 제1차 세계대전 이전에 조지주의가 강한 영향력과 존재감을 드러낼 것으로 대중의 기대를 모았던 것과는 달리, 조지주의 추종자들은 한때 인기가 높았던 지역에서도 대부분 비주류 정치 세력으로 전락하고 말았다.

미국에서 단일세 운동은 다양한 요소가 혼재된 진보주의 운동으로 편입되었다. 19세기 말 조지주의에 열광했던 운동가 중 일부는 직접 민주주의나 공공시설 규제 혹은 여성 참정권 등 여러 다양한 목표를 추구하는 쪽으로 넘어갔다. 그리고 그 과정에서 토지에 대한 관심은 점차 사그라들었다. 조지에게 영향을 받은 많은 유명 진보주의자는 1913년 연방소득세 도입을 열렬히 환영했지만, 정작 그 정책의 목적은 과세 기반을 토지에서 다른 자산으로 옮기는 것이었다.

미국의 정치 변화는 진보주의자들의 학문적 관심을 넘어섰다. 이제 미국 사회는 토지와 주거 정책 분야에서 새로운 시대로 넘어가고 있었다. 1916년에는 연방농지대출법Federal Farm Loan Act이 통과되었는데, 이 법안의 취지는 소규모 농지 소유자를 대상으로 신용을 확대하기 위한 것이었다. 이후 이 법을 기반으로 연방농지대출위원회Federal Farm Loan Board가 설립되었고, 이는 나중에 미국 전역의 토지 및 주택시장에 등장한 정부 보증 기관의 모태가 되었다. 새로운 대출법의 시행으로 소규모 농민들은 이제 자신이 소유한 토지를 담보로 최대 1만 달러까지 저리로 돈을 빌릴 수 있게 되었다.[17] 소규모 토지 소유주를 지원하겠다는 미국 정부의 정책적 의지는 농업 분야에만 머무르지 않았다. 이듬해인 1917년 전미부동산위원회National Association of Real Estate Boards는 주택 소유를 장려하는 캠페인을 시작했고, 이후에는 노동부가 이를 이어받아 추진해 나갔다. 1919년에 상무장관에 오른 허버트 후버Herbert Hoover도 주택 소유를 장려하는 정부 정책을 강력하게 지지했다.

후버는 주택 소유가 그 자체로 좋은 것이며, 또한 자본 집약적인 부동산 산업이 건전한 국가 경제의 근간이라고 믿었다. 이는 노엘 스켈턴이 영국에서 주창했던 자산 소유 민주주의와 결을 같이하는 접근 방식으로, 한때 헨리 조지의 사상에 매력을 느꼈던 이들이 자영농과 잠재적인 주택 소유자를 지원하는 새로운 형태의 정부 정책을 긍정적으로 받아들인 이유를 설명해준다. 이러한 정부 정책은 광범위한 차원에서 카르텔과 독점을 해체하려는 시도의 일환으로 추진되었다. 지금까지 조그마한 파이 조각을 원했던 세입자들은 농업을 독점한 자본가와 빈민가를 지배하는 지주에 맞서야만 했다. 그러나 토지에 대한 정부 정책이 변하면서 토지가 사유재산이라는 인식이 강화되었으며, 토지와 관련해서 급진적인 변화가 일어나면 불이익을 받게 될까 우려하는 폭넓은 지지층이 새롭게 형성되었다.

유럽의 어느 곳과 비교하더라도, 미국은 특히 시골 지역을 중심으로 주택 소유가 광범위하게 이뤄진 자산 소유 민주주의 국가였다. 20세기로 접어들 무렵에는 미국인의 약 47퍼센트가 주택을 소유했고, 서부와 중서부 쪽 주로 넘어가면 그 수치가 60퍼센트에 이르렀다.[18] 또한 전 세계 정치 상황이 급변하면서, 미국 정부는 주택 소유를 더 적극적으로 장려해야 할 새로운 동기를 발견하게 되었다. 특히 19세기 중반부터 빠르게 성장했던 도시들을 중심으로 그 필요성이 더 뚜렷하게 드러났다. 이러한 지역들은 높은 이민자 비중과 불안정한 임대 시스템, 첨예한 노사 대립 등 다양한 사회적 갈등을 뚜렷하게 드러내면서 공화당 정치인은 물론 많은 민주당 인사 역시 어떻게든 저지하고자 했던 좌파 정치의 온상이 되어가고 있었다.

　　1920년에 부동산 산업 거물인 조지프 폴 데이Joseph Paul Day 는 이렇게 말했다. "한 사람이 땅이나 집을 사도록 만들면, 급진주 의와 볼셰비즘의 중요한 요인 하나를 제거한 셈이다."[19] 데이가 급 진주의를 두려워했던 데는 그만한 이유가 있었다. 1937년 〈라이 프〉는 한 기사에서 데이를 뉴욕을 비롯한 여러 지역에서 수백 건 의 토지 매매로 수백만 달러를 벌어들인 "역대 최고의 부동산 사 업가"로 추켜세웠다. 그리고 토지 소유에 따른 부정적인 영향을 암시하면서 이렇게 덧붙였다. "그는 어마어마한 미국식 부를 창조 했다. 그리고 그 재산은 부동산에 연결된 것이라 그가 세상을 떠나 고 나서도 계속 불어나게 될 것이다."[20] 데이가 사들이고 팔았던 토지는 도시 외곽으로 교통망이 새롭게 확장되면서 그 가치가 크 게 뛰었다. 그러나 그 과정에서 부동산 중개인과 경매업자, 개발업 자들은 당연히 아무런 비용도 분담하지 않았다.

　　미국에서 주기적으로 등장했던 토지 붐이 다시 고개를 들 었다. 소위 '햇살을 파는 시대era of selling sunshine'가 시작된 것이다. 특히 플로리다 지역에서는 투기 열기가 광적인 수준에 이르면서 거대한 붐이 일었다. 이후로 30년간 플로리다주 인구는 3배 가까 이 급증했다. 토지 투기는 1920년대 중반에 절정을 이루면서 아침 에 땅을 사서 오후에 팔아도 큰 차익을 남길 정도였다. 투기 광풍 이 몰아치던 시절에는 에버글레이즈와 같은 열대 낙원의 소규모 부동산에 투자를 하라는 유혹적인 광고 문구를 어디서나 쉽게 찾아볼 수 있었다. 악명 높은 찰스 폰지Charles Ponzi도 이때 플로리다에 부동산 회사를 차렸다.[21] 당시 그는 자신의 이름이 붙은 범죄 수법인 폰지 사기로 보석 상태에 있었음에도, 아무짝에도 쓸모없는 늪지대 땅을 팔아서 많은 투자자의 돈을 갈취했다.

1920년대 미국의 주택 건설 규모는 크게 늘었다. 1928년 대통령에 당선된 후버는 그동안 구상해왔던 주택 소유 프로젝트를 국가 최고 권력의 자리에서 실행에 옮기기 시작했다. 그러나 취임 후 1년도 지나기 전에 월가가 무너지면서 심각한 경기침체가 이어졌다. 후버의 집권기에 먹구름이 드리웠다. 그래도 후버는 오늘날 미국의 토지 및 주택 시스템 그리고 이를 위한 정치적 개입의 씨앗을 뿌린 대표적인 인물로 손꼽힌다. 1931년 연설에서 후버는 주택 소유 정책에 대한 강한 의지를 드러내면서 주택 소유 비중을 높이는 것을 국정의 근본 원칙으로, 즉 국가의 핵심 존재 이유로 삼았다. 그는 이렇게 말했다. "국민 모두가 자기 집에서 살아야 한다는 생각은 우리 민족과 미국적 삶에 깊이 뿌리내린 정서입니다." 나아가 이러한 생각은 토지와 재산을 둘러싸고 수천 년에 걸쳐 형성된 사회적 연대감에서 비롯되었다고 역설했다. "잔뜩 쌓인 임대료 영수증 앞에서 노래를 부르는 사람은 없을 것입니다. 주택 소유는 곧 개인주의와 도전정신, 독립심 그리고 자유 정신의 실질적인 표출입니다."[22]

주택 담보 대출 시스템의 탄생

비록 토지에 대한 관심이 정치적으로 위축되고 경제학에서도 부차적인 주제로 밀려나기는 했지만, 그렇다고 그 중요성이 사라진 것은 아니었다. 오히려 어떤 측면에서는 드러나지 않게 높아지고 있었다. 특히 담보 자산으로서의 중요성은 더욱 커졌다. 20세기에 접어들 무렵, 주택 담보 대출 시스템은 체계적이지 못했고, 그 방식도 지역마다 제각각이었다. 일반적으로 초기 납입금down payment 과 이자율이 아주 높았다. 당시 대부분의 일반 은행들이 기업 대출에 주력했기 때문에 담보 대출은 주로 보험사들의 몫이었다. 그러나 이러한 기존 대출 시스템은 새로운 시대에 적합하지 않았다. 영국과 미국 정부가 주택 소유를 늘리겠다는 정치적 목표를 달성하려면, 무엇보다 신용 기반을 확대해야 했다. 이제 대서양 양쪽의 정치인들은 토지와 주택을 구매하려는 사람에게 돈을 빌려주는 시스템을 새롭게 구축하는 작업에 착수했다. 이후로 부동산 구매자에게 돈을 빌려주는 금융 산업이 급성장하기 시작했다. 이러한 현상은 과거에 부유한 엘리트 집단이 토지를 독점했던 영국과 같은 나라에서 더욱 뚜렷하게 드러났다. 데이비드 로이드 조지가 라임하우스 연설에서 영국의 토지 귀족을 맹렬히 비난했던 1909년만 해도, 주택 담보 대출이 전체 대출시장에서 차지하는 비중은 10분의 1 정도에 불과했다. 그러나 오늘날 그 비중은 3분의 2로 크게 늘었다.[23]

　　제1차 세계대전과 제2차 세계대전 사이에 이르러 영국 사회에서는 미국이 독립하기 직전에 그들을 분노케 했던 토지의 금융적 활용에 대한 오랜 반감이 이미 사라진 상태였다. 18세기 말에서 19세기 초에 이르기까지 토지 소유권 이전에 관한 여러 가지 토지 법안이 대거 쏟아졌다.[24] 이러한 법안들은 토지를 매각하거나 이를 담보로 돈을 빌릴 수 있는 소유자의 권리를 더욱 강화해줬고 덕분에 대출시장은 더욱 활성화되었다. 토지는 거래가 가능한 재산이고 그러므로 대출 담보로 자유롭게 활용할 수 있으며, 또한 쉽게 압류할 수 있다는 미국적 사고방식은 유럽에서 마지막으로 남은 봉건주의 잔재가 사라지면서 전 세계로 퍼져 나갔다. 영국 금융가들은 벤저민 프랭클린이 이미 1729년에 설파했던 단순한 진실의 의미를 다시금 깨닫게 되었다. 그것은 법이 허락하기만 하면, 토지는 얼마든지 돈으로 쉽게 바꿀 수 있다는 사실이었다.

　　1920년대에 걸쳐 영국에서는 사람들이 토지와 주택을 구매하도록 재정적으로 도움을 주는 대출 조합이 빠른 속도로 성장했다. 특히 영국 정부가 금본위제를 폐지했던 1931년 이후로 이 흐름은 더욱 가속화되었다. 영국 정치인들은 또한 미국의 대공황에 따른 경기침체에 맞서고자 저금리 정책을 펼치기 시작했다. 게다가 주택 구매를 위한 대출 기간을 30년까지 늘리면서 상환 부담이 줄었고 잠재 구매자 수는 크게 증가했다. 초기 납입금도 집값의 20~25퍼센트에서 5퍼센트 혹은 그 이하로 떨어졌다.[25] 덕분에 주택 소유가 처음으로 크게 늘면서 주택 담보 대출시장이 처음으로 붐을 이뤘다. 낮은 이자율과 대규모 주택 건설 사업, 정부의 강력한 지원이 하나로 합쳐지면서 시장에 엄청난 영향을 미쳤다.

대중화된 주택 소유

미국 정부는 대공황이 시작되면서 침체된 건설업과 부동산 산업에 다시 활기를 불어넣고자 주택 소유를 장려하는 기존 정책에 더욱 박차를 가했다. 실업률은 1932년과 1934년에 다시 20퍼센트를 넘어섰다. 그리고 이후 제2차 세계대전이 터지면서 국가의 기간산업을 전면적으로 가동할 때까지 10퍼센트 밑으로 떨어지지 않았다. 자본주의의 생존이 위태로워 보일 지경이었다. 당시 미국 경제의 폭락을 막고자 했던 정책결정자들이 보기에, 많은 가구가 부동산을 구매하도록 정부 지원을 확대함으로써 위험이 발생할 수 있다는 생각은 그저 기우에 불과했다. 그러나 실제로 많은 주택 소유자가 대출을 제때 상환하지 못하면서 미 전역에 걸쳐 압류율이 크게 치솟았다. 한 추산에 따르면, 1920년대에 정점을 찍었던 맨해튼 지역의 땅값이 폭락하고 난 뒤 1960년까지 완전한 회복이 이뤄지지 못했다. 월가가 무너지고 다시 이전 수준을 회복하는 데는 무려 30년이 넘게 걸린 셈이다.[26]

주택 소유와 주택 담보 대출 시스템이 현대화되면서 다양한 프로그램이 쏟아져 나왔다. 비록 오늘날 후버 대통령은 대공황의 심각성을 제대로 인식하지 못해서 제때 대응하지 못한 자유방임 사상가로 알려져 있지만, 그래도 주택 문제와 관련해서는 역사가 평가하는 것보다 훨씬 더 개입주의적인 정치인이었다. 1932년 후버는 연방주택대출은행법Federal Home Loan Bank Act을 실행에 옮겼다. 이 법은 그가 이미 대공황 이전에 제안했던 것으로, 1916년 연방 농지대출법Federal Farm Loan Act으로 농민을 지원했던 것처럼 도시 지역의 토지 소유자를 대상으로 지원 범위를 확대한 것이었다. 이후 연방주택대출은행법을 근간으로 연방주택대출은행 네트워크가 형성되었고, 그 은행들은 토지를 담보로 상업은행과 보험사 및 기타 금융기관에 돈을 빌려줬다. 이러한 연방 차원의 지원 제도는 미국의 주택시장을 뒷받침하기 위한 새로운 정부 사업의 출발점으로, 지금도 대부분 그대로 유지되고 있다. 또한 연방주택대출은행 네트워크 역시 여전히 미국 정부의 주택 정책에서 근간을 차지하고 있으며, 그 자산 규모는 1조 3000억 달러에 이른다.[27]

미국 역사상 최악의 경기침체가 이어지는 가운데 후버는 1932년 대선에서 큰 차이로 패했고, 경기침체를 끝내겠다고 약속한 민주당 후보 프랭클린 델라노 루스벨트가 압승을 거두면서 대통령 자리에 올랐다. 그리고 이와 함께 미국 역사상 조지주의자가 최고 권력에 오를 수 있었던 마지막 기회도 사라지고 말았다. 그 후보는 다름 아닌 또 다른 조지주의자였던 톰 존슨의 뒤를 이어 클리블랜드 시장을 역임하고, 우드로 윌슨 행정부에서 전쟁부 장관을 지내면서 이름을 널리 알린 민주당 정치인 뉴턴 베이커Newton Baker였다. 그는 헨리 조지의 원칙을 충실히 따른 인물이었다. 그러나 루스벨트의 지지율이 크게 오르면서 베이커는 결국 출마를 포기하고 말았다. 그는 1차 민주당 전당대회에서 비공식 후보로 출마해 0.7퍼센트의 지지율을 얻은 게 전부였고, 베이커의 출마 포기는 단일세 운동의 사망을 알리는 최종 선고였다.

대통령에 오른 루스벨트는 거대하고 체계화된 주택 담보 대출 산업을 육성하기 위해 정부 지원을 더욱 강화했다. 그는 뉴딜 정책의 일환으로 여러 기관을 새롭게 설립했고, 이들 대부분은 지금도 그대로 남아 있다. 이후 1934년에 통과된 국가주택법National Housing Act에 따라 연방주택청Federal Housing Administration과 연방저축대출보험공사Federal Savings and Loan Insurance Corporation가 설립되었다. 여기서 연방저축대출보험공사는 주택 담보 대출에 들어가는 자금을 상당 부분 제공했던 저축대출조합Savings and Loans Associations의 예금을 보증하는 역할을 했다. 또한 1938년에는 흔히 '패니메이Fannie Mae'라고 불리는 연방국립주택저당공사Federal National Mortgage Association가 설립되어 대출 기관에 대한 정부 지원을 더 강화했다. 패니메이는 은행을 비롯한 여러 대출 기관으로부터 다양한 모기지 상품을 매입해서 다시 판매하는 방식으로 주택 담보 대출의 유동성을 높이는 역할을 했다. 동시에 주택 담보 대출을 보증하는 기능도 했다. 이와 관련해서 연방정부도 암묵적인 차원에서 똑같은 역할을 했다. 정부가 지원하는 패니메이는 그로부터 70년이 흘러 다시 무대에 올라 또 다른 재앙적인 금융위기에 대처하는 과정에서 주도적인 역할을 맡게 된다. 1944년에 설립된 재향군인청Veterans Administration 역시 주택 담보 대출을 보증하는 기능을 하면서 유럽과 태평양 전선으로부터 고국으로 돌아온 수백만 명의 군인들에게 많은 도움을 줬다. 재향군인청은 지금도 매년 수십만 건의 주택 담보 대출의 보증을 제공하고 있다.

대공황 시기에 나온 긴급 대응책과 후버와 루스벨트가 구상했던 주택 담보 대출시장 시스템은 이후로도 계속 유지되었다. 이로써 토지와 부동산 투자를 대규모로 지원하는 새로운 시대가 열렸다. 이러한 정부 지원은 토지를 제외한 다른 자산에는 전혀 적용되지 않았다. 1936년에는 전체 주택 담보 대출에서 정부 지원을 받은 비율이 1퍼센트에 불과했다. 그러나 1950년에는 42퍼센트로 급증했다.[28] 이렇게 대출 지원이 확대되면서 주택 소유 비율이 빠르게 늘어났다. 1940년에 44퍼센트였던 주택 소유 비율은 1960년에 62퍼센트로 급증하면서 미국은 다시 한번 다수가 토지를 소유하는 나라가 되었다. 당시 토지 투자를 특별하게 대우했던 정부 지원 시스템의 근간은 지금까지 그대로 이어지고 있다.

주택 소유를 지원하는 또 하나의 대규모 정책은 의도치 않게 이뤄졌다. 1913년 조세법에 따라 연방소득세가 도입되었을 때, 납세자들은 소득에서 이자 납부금을 공제받게 되었다. 이 방안은 특히 기업가의 입장에서 합리적으로 보였다. 가령 기업이 1만 달러 매출을 올렸다고 해도 재고와 임금을 비롯한 여러 비용으로 8000달러를 썼다면, 과세 대상은 전체 매출이 아니라 비용을 뺀 2000달러로 잡았다. 바로 이러한 논리에 따라 대출 이자도 비용으로 간주해서 공제해야 한다는 것이다.[29] 처음에는 이러한 공제 정책이 가구의 투자 패턴을 바꿀 정도로 크게 중요하지는 않았다. 1913년에 소득세 기준은 연 3000달러로 대단히 높게 설정되어 있었기에, 당시 소득세를 내는 인구는 극소수에 불과했다. 그래서 이러한 세금 공제가 주택 담보 대출을 받은 수천만 명의 납세자에게 엄청난 혜택으로 돌아갈 것이라는 생각은 누구도 하지 못했다.

그러나 제2차 세계대전을 치르는 동안에 미국 정부는 막대한 방위비 지출을 충당하기 위해 소득세 기반을 크게 확대해야 했다. 1939년에 소득세를 내는 미국인은 400만 명에 불과했지만, 1945년이 되자 그 수가 4300만 명으로 크게 늘었다.[30] 그리고 세율도 많이 올랐다. 제2차 세계대전 이후로 최고 한계 소득세율이 90퍼센트를 넘어섰다. 상황이 바뀌자 처음에 별 고민 없이 도입했던 주택 담보 대출에 대한 이자 공제 정책의 중요성이 갑자기 커졌다. 여기에 더하여 주택 소유자를 대상으로 한 다양한 혜택이 잇달아 쏟아졌다. 1951년 조세법은 실거주 주택에 한해 양도소득세를 처음으로 면제해주었다. 그렇게 주택 소유에 따른 혜택이 점차 늘어났다. 많은 우대 혜택과 다양한 지원 프로그램, 실질적인 보조금 덕분에 순수하게 재정적 관점에서만 보더라도 주택 소유는 그 자체로 엄청난 이득이 되었다.

이것이 미국만의 현상은 아니었다. 제2차 세계대전 이후 영국에서도 주택 구매 붐이 일었고, 1960년대 말에는 국민 중 절반 이상이 자기 집을 소유했다. 21세기로 접어들 무렵에 주택 소유 비율은 70퍼센트에 달했다. 또한 프랑스와 네덜란드, 북유럽에서도 주택 소유 비중이 크게 높아졌다. 심지어 임대가 중산층의 일반적인 거주 형태로 자리 잡고 임대에 대한 법적 보호가 강했던 서독에서조차 20세기 말이 되자 주택 소유가 50년 전 유럽의 어느 나라보다 더 보편화되었다.

　새롭게 떠오른 호전적인 마르크스주의 좌파와 대서양을 사이에 두고 주택 소유를 적극적으로 장려한 여러 정부 등 새롭고 강력한 정치 세력들 모두가 헨리 조지를 세계적인 스타로 만들었던 토지세 운동의 숨통을 끊어 놓았다. 새로운 대중 주택 소유 시대를 뒷받침하기 위한 여러 특별 혜택으로 구성된 금융 시스템과 네트워크가 굳건히 자리 잡았으며, 이러한 흐름은 공산주의 혁명의 위협이 사라진 후에도 그대로 이어졌다. 토지 독점에 대한 조지주의의 공격은 소수가 토지 대부분을 소유했던 시대에는 광범위한 사회적 공감을 얻었다. 그러나 도시화와 산업화가 진행된 20세기 초반에는 토지를 둘러싼 정치가 점차 힘을 잃어갔다. 다만 이러한 상황에서도 서구 세상을 제외한 전 세계 농촌 지역에서는 토지를 둘러싼 정치적 움직임이 막 시작되고 있었다.

5
땅은 경작자에게

헨리 조지가 세계적인 명성을 쌓아가던 무렵, 새롭게 형성되어 인구가 집중되던 전 세계 대도시들을 중심으로 토지 소유에 따른 불평등이 뚜렷하게 드러나고 있었다. 토지를 둘러싼 정치적 움직임이 시드니에서 런던, 뉴욕, 밴쿠버에 이르는 영어권 도시에서 활발하게 일어났다. 그러나 19세기 말 급속하게 성장한 이들 도시는 세계적인 관점에서 볼 때 예외적인 사례에 해당했다. 전 세계 대부분의 지역들에는 아직 산업화나 도시화가 진행되지 않았고, 전통적인 토지 소유 방식이 그대로 남아 있었다. 제2차 세계대전이 끝난 뒤에도 전 세계적으로 도시 인구 비중은 전체 인구의 3분의 1도 되지 않았다.[1] 실제로 2006년까지 전 세계 인구는 도시보다 농촌에 더 많이 살았다.[2] 사실 아주 최근까지도 전 세계 대다수 인구의 삶은 1000년 전 선조들의 삶과 크게 다르지 않았다.

그러나 오늘날 개발도상국이라고 부르는 지역들은 당시 토지와 그 소유권을 두고 정치적 갈등이 벌어지는 혼란기로 접어들고 있었다. 1945년에 전 세계 전시 경제 시스템이 해체되기 시작했다. 공중 폭격과 치열한 시가전으로 무너지고 타버린 유럽과 아시아의 많은 도시에서 재건 사업이 진행되었다. 영국과 프랑스, 벨기에, 일본 등 대표적인 제국주의 국가들은 전쟁이 끝나고 재정적, 물질적으로 황폐화된 상태였다. 그들에게는 그동안 착취해왔던 식민지를 통치할 힘이 더 이상 남아 있지 않았다. 연합군에 맞선 추축국들이 몰락한 후 20년 동안, 수억 명(오늘날 수십억 명에 달하는)의 인구가 살고 있던 50개국 이상의 나라들이 새롭게 독립을 쟁취했다.

이러한 국가에서는 제국주의 압제에 저항했던 반식민주의 세력이 권력을 잡았다. 그중에서도 특히 좌파 정권은 토지와 산업을 비롯한 다양한 자산을 몰수하여 국유화하고자 했다. 20세기 초에 영국과 미국에서 주택과 토지를 둘러싸고 자본주의와 사회주의가 정치적으로 맞붙었던 것처럼, 전 세계 나머지 지역에서도 비슷한 양상이 펼쳐졌다. 제2차 세계대전 승전국들은 앞으로 40년간 이어질 냉전 시대를 앞두고 있었다. 그러나 이념 간 대립에서 점차 두 강대국 간 대립으로 넘어간 냉전 시대에도 토지는 여전히 중요한 자리를 차지했다. 도시 노동자를 세력 기반으로 삼았던 공산주의자들은 시골 지역 농부들에게 그들만이 지주로부터 해방시켜줄 수 있다고 약속했다.

새로운 토지 개혁의 시대가 열리면서 전 세계 신생 독립 국가들에서는 토지의 소유와 분배 및 사용 방식을 혁신하려는 다양한 시도가 야심 차게 추진되었다. 그리고 그중 일부는 수 세기 동안 거의 변화가 없었던 농촌 지역의 경제 구조를 완전히 뒤엎는 개혁으로 이어졌다. 반면 완강한 저항에 직면해서 아무런 성과를 이루지 못한 경우도 있었다. 혹은 더 나쁘게, 정치적 재앙과 갈등,

기근 사태를 촉발한 사례도 있었다. 토지 개혁을 주도했던 각국 정책결정자들은 토지를 실제로 농사짓는 농부에게 대규모로 분배함으로써 사회적 평등을 강화하고 국가적 통합을 이룰 수 있다고 봤다. 그리고 토지를 소유한 소농이 직접 경작할 경우, 생산성 개선에 따른 이익이 그들에게 직접 돌아갈 것으로 예상했다. 그렇게 되면 경제적으로 훨씬 효율적인 시스템을 구축할 수 있을 것이었다. 열정적인 지지자들이 보기에, 토지 개혁은 새로운 번영의 시대로 나아가는 출발점이자 급속한 경제 성장을 알리는 신호탄이었다.

지주의 아들이 만든 반공 방패

토지 재분배 프로그램을 구상하고 실행하는 과정에서 중요한 역할을 맡으면서 가장 성공적인 토지 개혁의 핵심 설계자로 인정받은 미국인이 있었다. 바로 울프 라데진스키Wolf Ladejinsky라는 이름의 농업경제학자였다. 사실 그는 미국 태생이 아니었다. 라데진스키는 러시아 로마노프 왕조가 저물어가던 1899년에 오늘날 우크라이나 중부에 해당하는 카테리노필에서 태어났다. 그가 성인이 될 무렵, 잔혹한 러시아 내전이 발발했다. 22세가 되던 해, 그는 고향을 떠나 꽁꽁 얼어붙은 드네스트르강을 건너 루마니아 왕국으로 넘어갔다. 그 여정에서 그가 최종적으로 도착한 곳은 미국이었다. 사실 라데진스키는 공직에 오른 적이 없었고 인기 있는 책을 출간한 적도 없었다. 오늘날 전 세계 어디서도 그의 이름은 잘 알려지지 않았다. 그렇지만 그는 토지의 소유와 분배 시스템에 헨리 조지보다 더 큰 영향을 미쳤다. 사실 그가 연구원과 관료, 정책 전문가로 활동했던 50년의 경력은 새로운 농촌 경제 질서를 구축하려는 수많은 시도가 왜 실패로 돌아갈 수밖에 없었는지를 잘 보여주는 암울한 사례이기도 하다.

1920년 미국으로 건너온 젊은 라데진스키는 컬럼비아대학교에서 농업경제학을 공부하게 되었다. 하지만 토지에 관한 그의 사상은 대학 수업이 아니라, 저물어가던 차르 치하의 러시아와 소비에트 연방 초기 시절 겪었던 어릴 적 경험으로부터 형성되었다. 라데진스키의 아버지와 할아버지는 토지 소유주였다. 그의 설명에 따르면, 그들은 여러 곳의 제분소를 소유한 대지주였다.[3] 그가 성장하던 시절에 러시아는 초기 토지 개혁의 실험실이었다. 군주제 러시아를 혁명의 열기로부터 지켜내기 위해 1906년부터 1914년까지 러시아 총리 표트르 스톨리핀Pyotr Stolypin은 서둘러 개혁을 추진했다. 그는 이미 반세기 전 농노제에서 해방된 농민들을 여전히 얽매고 있던 경직된 농촌 공동체를 해체하여 그들이 집단농장 체제에서 빠져나오도록 함으로써 러시아 농촌 경제를 개혁하고자 했다. 그렇게 자영농이 된 사람들을 러시아 사회에 이해관계를 가진 일원으로 만들면, 그들 스스로 혁명의 흐름에 맞설 것으로 예상했던 것이다.[4] 이후 세상을 뒤흔든 여러 사건이 벌어지지만 않았더라면, 스톨리핀의 개혁은 어쩌면 성공을 거두고 전 세계 토지 개혁의 모범 사례로 남았을지 모른다.

그러나 영국의 경우와 마찬가지로, 토지 중심의 경제 체제를 개혁하겠다는 스톨리핀의 야심은 1914년에 제1차 세계대전이 발발하면서 꺾이고 말았다. 결론적으로 말해서, 스톨리핀의 개혁 시도는 너무 늦었다. 러시아 혁명은 도시를 중심으로 시작되었지만, 레닌은 러시아 인구의 대다수를 차지하는 농민들을 위한 공약을 제시함으로써 광범위한 농촌 지역을 장악하고자 했다. 그는 빵과 평화 그리고 토지를 약속했다. 특히 토지를 엘리트 집단에게서 몰수하여 농민들에게 재분배하겠다고 강조했다. 실제로 그 과정에서 라데진스키 가족은 러시아 전역의 대지주들과 마찬가지로 토지를 빼앗겼다. 하지만 레닌의 약속은 그리 오래가지 못했다. 1929년 이오시프 스탈린 체제의 소련이 농업을 대규모로 집단화하기 시작했던 것이다. 농민들은 다시 땅을 빼앗겼고, 결국 국가가 운영하는 농장이나 공동체로 들어가야 했다. 소련 정권의 몰수 작업이 속도를 내면서 기아 사태가 벌어졌고, 이로 인해 수백만 명이 목숨을 잃었다.

우크라이나에서 지주로 살 수 있었던 인생을 빼앗기고 난 뒤, 라데진스키는 전 세계 토지 정책에 큰 영향을 미치게 될 새로운 삶을 시작하게 되었다. 프랭클린 루스벨트가 대통령으로 당선된 후, 비평가들 사이에서 '붉은 렉스Rex the Red'라는 별명으로 알려진 컬럼비아대학교 경제학자 렉스퍼드 터그웰Rexford Tugwell이 새 행정부에 참여했다.[5] 그는 자신의 제자인 라데진스키가 농무부에서 외교 업무를 맡도록 자리를 마련해줬다.[6] 여기서 라데진스키는 아시아 농촌 경제 전문가로 성장하게 되었다. 중앙집중식 계획 경제를 강력히 지지했던 터그웰이 행정부에 있던 동안 라데진스키는 좌익 급진주의자라는 의혹을 받았다. 토지 재분배에 대한 의지가 강하고 미국에서 태어나지 않았다는 이유로 그는 워싱턴 보수주의자들의 표적이 되었다. 그러나 라데진스키는 확고한 반공주의자였다. 그는 어릴 적 경험에서 배운 교훈을 절대적으로 믿었다. 즉, 평등하고 보편적인 농지 분배야말로 폭력적인 좌파 혁명을 막아줄 보호막이며, 이러한 보호막이 없을 때 민주주의를 지키려는 모든 노력이 실패로 돌아갈 수밖에 없다고 확신했다. 말년에 라데진스키는 자신의 개인적인 경험을 회상하며 이렇게 썼다. "농민에게 재분배하는 방식으로 토지 문제를 단호히 해결하지 못했다면, 공산주의자들은 절대 정권을 잡지 못했을 것이다. 만약 반공주의 세력이 토지 문제를 재빨리 해결했더라면, 나는 지금쯤 아버지의 대규모 제분소와 목재 사업을 물려받아 운영하고 있었을 것이다."[7]

라데진스키는 공산주의자들이 권력을 잡고 농촌 지역을 장악하고 나면 나중에는 반드시 농업 집단화를 추진할 것이라고 주장했다. 실제로 그는 공산주의자들이 권력을 잡기 전에 가난한 소작농들에게 땅을 주겠다고 약속해서 민심을 동요시키는 것을 목격한 바 있었다. 1954년 라데진스키는 이렇게 탄식했다. "도탄에 빠진 농민들은 결국 배신당해 토지를 국가에 빼앗기고 총칼에 떠밀려 집단농장으로 끌려가게 될 운명이라는 사실을 알지 못한 채 그 약속을 믿는다."[8] 나중에 개발경제학자이자 토지 개혁가인 마이클 립턴Michael Lipton은 이러한 농업 집단화 과정을 개발도상국 토지정치의 "끔찍한 우회로terrible detour"라고 불렀다.[9] 실제로 라데진스키가 소련 초창기에 목격했던 집단화 과정은 제2차 세계대전이 끝나고 동유럽과 마오쩌둥 치하의 중국, 북한, 공산주의 베트남, 사회주의 탄자니아에서 똑같이 되풀이되었다. 그리고 정도의 차이만 있을 뿐 결국 심각한 사회적 재앙으로 이어졌다.

평화로운 시절이었다면, 라데진스키는 아마도 세상의 관심을 받지 않고서 미국 행정부 관료로 평생을 살았을 것이다. 사실 1930년대 중반 미국 농무부 외교팀은 세상을 바꿀 기술관료에게 그리 좋은 자리는 아니었다. 그러나 러시아 혁명이 평생의 사명을 라데진스키에게 안겨다 줬다면, 1945년의 급변하는 국제 정세는 개인적인 야심을 워싱턴보다 더 넓은 세상에 펼쳐 보일 기회를 그에게 선사했던 것이다. 역사적인 차원에서 라데진스키는 냉전 초기에 아시아를 비롯한 여러 국가에서 꽤 중요한 인물로 모습을 드러냈다. 국제 질서가 요동치는 상황에서 미국의 정책 설계자인 그에게 거대한 이상을 그려낼 캔버스가 펼쳐져 있었다.

1945년 12월, 라데진스키는 일본 히로히토 천황이 항복을 선언하고 넉 달이 지난 시점에 도쿄에 왔다. 일본 경제는 전쟁을 치르는 동안 전시 체제로 바뀌어 있었다. 일본의 산업은 그 밖의 모든 제조와 상업을 포기한 채 오로지 제국의 확장에만 집중된 상태였다. 태평양 전쟁 마지막 해에는 일본 본토에 더 가까이 접근한 미군의 폭격으로 그동안 전쟁 기계로서 물자를 생산했던 일본 산업은 초토화되었다. 전쟁이 끝나고 미국 관료들이 일본을 다스리고 재건하기 위해 도쿄를 찾았을 때, 그 나라는 모든 면에서 황폐화되어 있었다. 1940~1945년 사이에 일본 인구는 절반 넘게 줄었고, 전쟁 이전으로 돌아가기까지 10년의 세월이 걸렸다.[10] 아시아 전역을 침략하고 파괴했던 일본은 이제 적국인 미국에게 전적으로 의존해야 하는 상황에 처했다. 일본 정부는 미국의 막대한 재정적, 물질적 지원 없이는 기본적인 행정 기능도 수행할 수 없는 상태였다.

라데진스키는 태평양 전쟁이 일어나기 전부터 일본 사회의 독점적이고 불평등한 토지 소유 방식을 집중적으로 연구했다. 그의 추산에 따르면, 농촌 지역 가구 중 약 7.5퍼센트가 50퍼센트에 달하는 국가 토지를 소유했던 반면, 가난한 50퍼센트가 차지했던 비중은 10퍼센트에도 미치지 못했다.[11] 농업과 토지 문제는 일본 정치에서 이미 중요한 사안이었다. 일본 인구는 태평양 전쟁이 일어나기까지 60년 동안 2배 이상 증가했고, 그 과정에서 심각한 기근이 발생했다. 1918년에는 쌀값 폭등으로 소요 사태가 일면서 내각이 총사퇴했고, 가난한 소작농들은 엄청난 빚더미에 올라앉았다. 1939년 라데진스키는 이렇게 안타까워했다. "농업 중심의 일본 사회에서 번영과 발전은 도저히 기대할 수 없는 상황이었다."[12] 20세기에 도시와 교외 지역의 인구가 점점 더 많은 토지를 소유하면서 토지를 둘러싼 정치가 급변했던 영국이나 미국의 상황과는 달리, 일본 정부는 농지 대부분을 수 세기 동안 땅을 일궈온 소작농들에게 분배함으로써 농촌의 토지 소유 방식을 혁신하는 일을 무엇보다 중요하고 급박한 과제로 삼았다.

　　라데진스키가 1945년에 도쿄에서 활동했던 유일한 진보적인 개혁가는 아니었다. 로버트 피어리Robert Fearey와 같은 관료들도 라데진스키와 뜻을 같이했다. 피어리는 제2차 세계대전 이후 일본을 통치하기 위한 정책의 수립을 담당했던 인물이었다.[13] 그리고 미국 남부 지역의 농업 경제와 인종 문제를 주제로 광범위한 저작을 남긴 미국의 사회학자 아서 레이퍼Arthur Raper도 일본을 방문하여 새로운 미국인 통치자들에게 정책적 조언을 줬다. 일본 측에서는 제2차 세계대전 기간에 좌익 전복 활동 혐의로 장기간 수감 생활을 했던 와다 히로오和田博雄가 1946년에 농림부 장관직을 맡았다.

　　라데진스키가 일본에 오기 전, 히로히토 천황이 항복 선언을 한 지 두 달 만에 피어리는 일본의 농촌 상황에 관한 짧은 보고서를 작성했다. 여기서 피어리는 앞서 라데진스키를 만나 나눴던 논의에서 영감을 얻어 두 가지 개혁 방안을 내놨다. 첫 번째는 온건한 방식으로, 농지 임대료에 상한선을 둠으로써 소작농들의 삶을 개선하고 그들의 법적 권리를 강화하는 것이었다. 두 번째는 다소 급진적인 방식으로, 일본 농촌 지주들의 토지를 수용하여 실제로 경작하는 농부들에게 재분배하는 것이었다. 이와 관련해서 피어리는 지주들에게 언젠가 보상하게 되겠지만, 파탄에 빠진 일본의 재정 상황이 크게 나아진 다음에야 가능할 것이라고 덧붙였다. 하지만 피어리의 이러한 제안은 미국 정부의 폭넓은 지지를 얻지는 못했다. 더군다나 몇몇 외교관은 일본 지주 계층의 분노를 자극해서 사회를 동요시킬 위험이 있다고 우려를 표명하기도 했다.

　　이후 라데진스키와 피어리는 그들의 급진적인 야심을 펼치는 데 도움을 줄 중요한, 그러나 다소 뜻밖의 지원군을 발견했다. 그는 다름 아닌 새로운 트루먼 행정부의 고위 관료인 딘 애치슨Dean Acheson으로, 1949년에 미 국무장관의 자리에 오른 인물이었다. 실제로 애치슨은 피어리의 보고서를 당시 도쿄에 머무르고 있던 연합군 최고사령관 더글러스 맥아더Douglas MacArthur 장군에게 전달했다. 사실 맥아더는 진보나 급진주의와는 거리가 먼 인물이었다. 예전에 그는 대공황이 한창일 때 미국 정부에 보상을 요구하며 시위를 벌였던 제1차 세계대전 참전 용사들을 무력으로 해산시킨 적도 있었다. 그래도 맥아더는 일본의 토지 개혁을 적극적으로 지지했던 핵심 인물 중 하나였다. 나중에 라데진스키는 토지 개혁에 대한 맥아더의 열정이 부분적으로 필리핀에서의 경험으로부터 비롯되었다고 언급했다.[14] 그의 아버지인 아서 맥아더Arthur MacArthur는 군사 통치자 신분으로 필리핀에 잠시 머무른 적이 있었다. 그리고 아들 더글러스 역시 필리핀에서 군인으로서 또 민간인으로서 꽤 오랜 시간을 머물렀고, 그동안 거대 지주들이 필리핀의 경제와 정치를 주무르는 모습을 지켜봤다. 이러한 경험으로 더글러스는 라데진스키와 마찬가지로 토지 독점과 농민들의 비참한 삶이 필리핀의 폭력과 사회 불안의 궁극적인 원인이라고 생각하게 되었다.

　제2차 세계대전에서 승리한 연합국 세력의 대표로서 맥아더의 권위는 당시 미국이 전 세계에서 차지했던 절대 군주의 지위에 비견할 만한 수준이었다. 그는 일본 의회가 통과시킨 법안을 승인하거나 거부하고 언론을 검열할 권한을 갖고 있었다. 그리고 일본의 평화주의 헌법을 작성하는 과정에서 주요한 영향력을 행사할 수 있었다. 그런 그가 토지와 관련해서 구상한 것은 경제적, 사회적 혁명에 가까운 것이었다. 1945년 11월, 미국 언론은 맥아더가 지시한 것으로 알려진 연합군 사령부의 비공식 성명서를 보도했다. 그 문서에는 다음과 같은 약속이 담겨 있었다. "일본의 농부와 그 가족들은 이제 노예와 같은 삶에서 해방될 것이다."[15]

　일본의 공식적인 항복 선언이 있고 3개월도 지나지 않아, 일본 정부는 토지의 소유와 사용 방식을 실질적으로 바꿔나가기 시작했다. 1945년 11월 22일 시데하라 기주로幣原喜重郎 총리가 이끄는 내각은 일본 최초의 토지 개혁법을 승인했고, 이 법안은 그해 12월 4일에 의회에 상정되었다. 이 개혁법의 골자는 지주들이 소유한 토지 중 5헥타르를 초과하는 부분을 모두 몰수한다는 것이었다. 이를 실행에 옮길 경우, 약 10만 명의 지주가 그들이 소유한 토지 대부분을 잃게 될 예정이었다. 그러나 이것도 라데진스키와 맥아더가 구상했던 원대한 목표에는 턱없이 모자라는 수준이었다. 이후 맥아더는 토지 개혁과 관련해서 공식적으로 입장을 밝혔다. 1945년 12월 13일, 연합군 최고사령관 맥아더는 일본 정부에 공식적으로 이렇게 명령했다. "인간의 존엄성을 확립하고, 수 세기 동안 이어진 봉건적 억압으로 일본 농부들에게 노예의 삶을 강요했던 경제적 속박을 해체하라."[16]

1946년에 일본 정부는 점령군의 요구에 부응하여 좀 더 적극적인 형태의 법안을 내놨다. 이에 따르면, 실제 경작자는 3헥타르까지 토지를 소유할 수 있지만, 그 밖의 사람은 1헥타르까지밖에 소유할 수 없었다. 그에 따라 토지 소유권을 빼앗긴 지주들의 수는 10배로 증가한 100만 명에 육박했다.[17] 이후 지역 행정위원회 조직이 구성되어 이전에 지주들이 소유했던 땅을 소작농에게 넘겨주는 작업을 추진했다. 그 과정에서 지주들은 일본 정부가 발행한 장기 채권을 보상으로 받았지만, 이의를 제기할 권한은 거의 주어지지 않았다. 이번 토지 개혁법에서 일본 정부는 지역 위원회를 15명으로 구성하면서, 지주와 소작농, 자경농이 각각 동수로 참여하는 방식을 택했다. 그러나 맥아더가 반발하면서 1946년에 도입된 법안은 결국 소작농 5명, 지주 3명, 자영농 2명까지 총 10명이 지역 위원회를 꾸리는 방식으로 수정되었다.[18] 그 새 법안은 1946년 10월 일본 의회에서 변경 없이 통과되었다.

　　토지 개혁의 성과는 빠르게 나타났다. 1947년에 37퍼센트에 불과했던 자작농 비중이 1950년에 62퍼센트로 껑충 뛰었다.[19] 사실 이처럼 대규모 토지를 하나의 계급에서 다른 계급으로 이전하는 위험천만한 변화는 일반적으로 광범위한 사회적 갈등을 일으키기에, 전면적인 형태의 혁명 없이는 세계 어디서도 거의 일어나지 않는다. 일본 정부는 제2차 세계대전 이전에도 농지 소유 방식을 다소 온건한 방식으로 재분배하는 정책을 구상했지만, 거대 지주 집단을 자극해서 벌어질 정치적 혼란을 우려해 실제로 실행에 옮기지는 못했다. 다만 이번에는 개혁의 주체가 일본 정부를 감독하는 승전국인 미국이었기 때문에 정치적 반대 세력이 아무런 힘을 쓸 수 없었다. 말하자면 라데진스키와 맥아더가 토지 개혁이라는 게임을 초보자 모드로 하고 있었던 셈이다. 일본 엘리트 집단이 완전히 패배한 상태였기에 일반적인 상황처럼 그들과 타협하거나 설득할 필요가 없었던 것이다.

　이제 소작농들의 삶의 방식은 완전히 달라졌다. 지금까지는 먼 지역에 사는 지주들이 임대료를 높이는 방식으로 그들의 돈을 가로챘다. 그러나 이제 열심히 일하고, 저축하고, 계획을 세우면 얼마든지 돈을 벌 수 있게 되었다. 이후로 농업 생산성이 비약적으로 발전했고 생산량은 크게 늘었다. 그리고 가계 소득이 오르면서 새로운 기회의 문이 열렸다. 라데진스키는 그 기회를 이렇게 설명했다. "일본의 시골 지역 어디를 가더라도 가장 인상적이었던 것은 교육에 대한 사람들의 열망이었다."[20] 일본 가구들은 이제 자녀교육에 적극적으로 투자하고자 했고, 그럴 여유도 있었다. 국가 경제가 서서히 살아나면서 도시화가 빠른 속도로 재개되었다. 미국이 추진한 정책의 효과는 일본 도시들을 중심으로 뚜렷하게 나타났다. 1950년에는 주택금융공사가 설립되면서 주택을 짓거나 구매하려는 사람에게 저리로 대출을 해줬고, 또한 주택 담보 대출시장에서 유동성을 강화하는 역할을 했다. 이 기관은 20세기 후반에 일본 주택 건설 사업의 3분의 1을 재정적으로 지원했다.[21]

　다만 미국의 토지 개혁가들은 일본에 적용했던 개혁 정책을 아시아의 다른 국가에도 똑같이 추진할 수는 없었다. 당시 아시아 각국의 정치 지도자들은 공산주의 위협에 촉각을 곤두세우고 있었다. 이러한 긴장감이 가장 뚜렷하게 드러난 곳은 제2차 세계 대전 후 분단을 맞이한 한국이었다. 당시 공산 정권이 들어선 북한의 농부들은 그로부터 얼마 후 농업 집단화가 폭력적인 방식으로 이뤄지면서 광범위하게 토지를 소유하게 되었다. 그리고 미군정의 전폭적인 지지를 등에 업은 남한의 이승만 정권은 일본 식민지 시절 농촌을 지배했던 제국주의 시스템을 개혁하는 작업에 착수했다. 일본 식민지 지배가 끝나고 미군정이 남한을 통치하면서 토지 개혁의 첫 단계는 정치적으로, 행정적으로 비교적 순조롭게 진행되었다. 그들은 일본 지주들이 소유했던 수십만 에이커에 달하는 토지를 몰수해서 소작농들에게 분배했다. 그 과정에서 한국의 정치 세력은 압도적인 지지를 보냈다. 대한민국 정부는 수립된 지 1년밖에 되지 않은 1949년에 지주들이 소유한 토지 중 약 7.5에이커를 초과한 부분을 추가로 재분배했다. 그에 따라 농부들이 소유한 토지의 비중은 1945년 35퍼센트에서 불과 6년 만에 90퍼센트로 급증했다.[22]

라데진스키가 다음으로 주목한 나라는 대만이었다. 여기서 그는 일본 정부에서 거둔 인상적인 성과를 재현하고자 했다. 1949년 9월, 그는 현장 조사를 위해 대만을 방문했다. 당시 대만은 50여 년에 걸친 일본의 지배가 끝나고 민족주의 국민당KMT이 들어선 상황이었다. 라데진스키가 대만을 방문했을 때, 중국 본토에서는 수십 년 동안 이어진 정치적 분열과 내전이 막바지에 이르면서 마오쩌둥이 이끄는 공산당이 빠르게 세력을 확장하고 있었다. 그로부터 두 달 후, 국민당 본토 세력이 완전히 궤멸당하고 중화민국 장제스 총통은 대만으로 넘어갔다.

그러나 대만은 일본과 달리 패전국이 아닌 연합국의 일원이었기에, 맥아더가 내전에서 패한 국민당에게 일방적으로 명령할 수 없었다. 그럼에도 라데진스키는 국민당 내부에서 동맹을 쉽게 발견할 수 있었다. 오랫동안 망명 생활을 하면서 헨리 조지의 사상을 받아들인 혁명적인 민족주의자 쑨원의 정치 이념을 국민당이 그대로 계승했기 때문이었다. 쑨원은 땅을 경작하는 사람이 땅의 주인이 되어야 한다고 믿었으며, 이러한 믿음은 그가 세상을 떠난 후에도 중국 민족주의자들이 추진했던 정책의 근간으로 오랫동안 이어졌다. 영어권 세상 전반에서 조지의 이념에 대한 관심이 사라지고 오랜 세월이 흐른 1947년에, 그것도 조지가 태어난 캘리포니아에서 태평양 건너 수천 킬로미터나 떨어진 곳에서 토지가치세 그리고 세계에서 가장 오래된 자산인 토지에 대한 평등한 분배(즉, '토지권의 평등화')의 원칙이 중화민국 헌법에 명문화되었다.

그러나 중국 내전 기간에 장제스는 쑨원의 원칙을 저버렸다. 그는 공산주의자의 천적이라 할 수 있는 중국의 강력한 지주들과 동맹을 맺었다. 단기적인 정치적 편의를 위한 이 동맹은 위험천만한 실수로 드러났다. 30년 전 러시아에서 레닌이 그랬던 것처럼, 중국 공산당은 독립과 토지에 대한 열망을 자극하는 방식으로 중국 전역의 농민들이 민족주의 국민당 정부에 맞서도록 부추겼다. 공산당으로부터 토지를 하사받은 농부들은 장제스가 이끄는 국민당이 마오쩌둥의 군대를 물리치고 다시 영토를 탈환했을 때 끔찍한 폭력과 고문, 즉결 심판에 직면해야 했다.[23] 이후 토지를 소유하지 못한 중국 농부들은 내전이 전개되는 과정에서 점차 공산당 쪽으로 돌아섰다. 토지에 대한 약속을 정치적인 공략으로 활용한 마오쩌둥 혁명가들의 시도가 성공한 것이다. 물론 러시아와 북한이 그랬던 것처럼, 중국 농민들 역시 가혹한 농업 집단화 프로그램이 시작되면서 새롭게 얻은 땅을 오랫동안 소유하지는 못했다.

국민당은 내전이 끝나고 한층 축소된 새로운 영토 내에서 토지에 대한 쑨원의 가르침을 원칙의 차원은 물론 새로운 전략적 이유를 들어 부활시켰다. 국민당의 정치적 셈법은 완전히 달랐다.

비록 중국 본토에서는 지주들과 손을 잡아야 했지만, 대만에서는 더 이상 지주 계층과 함께할 이유가 없었다. 중국 본토에서 넘어온 난민들(흔히 '외성인'이라 부르는)은 주로 대만의 도시 지역에 정착했고, 시골 지역의 국민당 세력은 상대적으로 약했다. 이러한 상황에서 장제스는 농촌 지역의 권력 기반을 강화할 목적으로 대만 지주들의 땅을 몰수하고자 했다. 대만 지주들 입장에서 국민당에 정치적으로 맞설 수 있는 대안이라고는 공산당이 대만을 침략하게 하는 수밖에 없었지만, 사실 그들이 원하는 방향은 아니었다. 대만 지주들의 저항은 별 희망이 없어 보였다. 장제스가 수백만 병력과 지지자들을 이끌고 대만으로 넘어왔기 때문이었다. 게다가 그의 계엄 통치는 이후로 40년 가까이 이어졌다.

대만 해협을 건너서 퇴각한 지 4년이 흘러, 국민당은 미국 농촌재건합동위원회Joint Commission on Rural Reconstruction(JCRR)의 도움을 받아 급진적인 형태의 토지 개혁 프로그램을 추진해 나갔다. 여기서 대만 정부는 처음으로 임대료 상한선을 토지 생산 가치의 37.5퍼센트로 제한하는 정책을 실시했다.[24] 그리고 일본 식민주의자들이 소유했던 토지는 한국의 경우와 마찬가지로 모두 몰수했다. 국민당 관료들은 라데진스키의 권고에 따라 도쿄를 방문해서 일본 정부가 어떻게 토지를 개혁했는지 공부했다. 그는 일본의 모형을 바탕으로 설립한 토지위원회에 더 많은 소작농이 참여할 수 있도록 대만의 정책입안자들을 설득했다. 1949년 라데진스키는 대만의 농촌 경제를 이렇게 평가했다. "국민 대다수를 위해 만든 프로그램이 국민의 참여 없이 이뤄지고 있다."[25] 공산당이 중국 본토를 차지하지 못하도록 막는 일에 실패한 미국 정부의 정책결정자들은 섬으로 건너간 장제스의 보루마저 무너지도록 내버려둘 수는 없었다. 이후 농촌재건합동위원회는 행정 업무 처리와 토지 거래 체계화, 토지 소유의 공식 기록 시스템 구축에 참여했다.

한국과 일본의 경우와 마찬가지로, 대만에서도 변화는 빠른 속도로 이뤄졌다. 임대료 상한제로 농지 가격이 하락하면서, 소작농들은 지주들에게서 땅을 살 수 있게 되었다. 이후로 농업 생산량이 크게 증가했다. 그리고 1953년부터는 정부 정책이 본격적인 토지 재분배 방향으로 바뀌었다. 대만 정부는 대규모 지주들로부터 토지를 강제 수용하여 소작농에게 낮은 가격에 판매했다. 그 과정에서 지주들에게는 정부에서 발행한 채권과 그들이 민영화했던 과거 일본 국영 기업들의 주식을 보상으로 지급했다. 일본이 그랬듯 대만의 지주들 역시 주어진 제안을 그대로 받아들이는 수밖에 없었다. 정책이 시행된 첫해에 소작농 수는 크게 줄었다. 1952년에 30만 명을 살짝 넘어섰던 소작농 규모는 1953년에 17만 5000명 아래로 떨어졌다. 그리고 1971년에는 10만 명 미만으로 감소했다.[26]

경제를 바꾼 땅의 크기

동아시아 지역의 토지 개혁 프로그램의 성과는 오랫동안 열띤 역사적 논쟁의 주제였다. 일부 학자는 라데진스키가 설계하고 지원했던 개혁 프로그램이 평등주의 관점에서 긍정적인 발전으로부터 한 걸음 더 나아가, 이들 국가에서 실질적인 경제 발전의 초석이 되었다고 주장한다. 실제로 동아시아 지역은 전후 극심한 빈곤 상태에서 놀라우리만치 빠른 속도로 회복했으며, 일본의 경제 호황에 이어 대만과 한국에서도 인상적인 성장 시대가 열렸다. 2001년에 캘리포니아대학교 리버사이드 캠퍼스의 경제학자들인 키스 그리핀Keith Griffin과 아지주르 라만 칸Azizur Rahman Khan, 에이미 이커비 츠Amy Ickowitz는 토지 개혁가들이 처음으로 제시했던 역관계 이론 을 다시 한번 논의의 주제로 부활시켰다. 여기서 역관계 이론이란, 토지 소유 규모가 작을수록 농업 생산성은 높아지고 이후 경제 발 전의 실질적인 원동력으로 작용하게 된다는 것을 말한다.

경제 발전을 주제로 연구하고 글을 쓰는 조 스터드웰Joe Studwell은 동아시아 지역의 경제 성장에 관한 자신의 3단계 모형에 서 토지 개혁을 첫 번째 단계로 꼽는다. 그의 설명에 따르면, 이 지 역의 각국 정부는 먼저 농업 경제를 혁신하고 난 뒤 수출 증대와 금융 규제 정책을 함께 실시했다. 일본과 한국, 대만 정부 모두 그 정도는 서로 다르지만 수십 년에 걸쳐 이러한 과정을 거쳤다. 농업 생산량과 과거에 소작농으로 일했던 농부들의 소득이 크게 증가 하면서 교육과 산업화를 위한 중요한 재원이 마련되었고, 이를 바 탕으로 세 나라의 경제가 발전했다. 스터드웰은 토지 개혁을 기준 으로 아시아 지역에서 경제적으로 성공한 나라와 그렇지 못한 나 라의 차이를 설명할 수 있다고 주장한다.

하지만 동아시아 지역의 토지 개혁에 대한 모든 평가가 이 처럼 대단히 긍정적인 결론에 도달한 것은 아니다. 가령 미국 비영 리단체인 오픈 필란트로피 Open Philanthropy의 경제학자 올리버 김Oliver Kim과 펜실베이니아주립대 경제학자 왕전콴Jen-Kuan Wang은 이와는 사뭇 다른 견해를 내놨다.[27] 두 사람은 대만의 경우에 일본 이 소유했던 토지를 중화민국 국민에게 분배했던 토지 개혁 초기 에만 농업 생산성이 높아졌을 뿐이라고 지적한다. 반면 이후 대규 모 토지를 작은 단위로 구획했던 본격적인 토지 개혁 단계에서는 농업 생산량이 증가하지 않았다. 농지를 지나치게 잘게 구획함으로써 오히려 자립적인 운영이 불가능한 상황으로 이어졌을 수도 있다. 그러나 대규모 토지 재분배가 침체했던 기존의 농촌 경제의 성장에 얼마나 기여했는지만을 기준으로 토지 개혁의 성과를 판단할 수는 없다. 공산주의자들이 주도했던 농업 집단화의 끔찍한 비극을 피할 수 있었던 것만으로도 토지 개혁 프로그램의 긍정적인 성과를 인정할 수 있을 것이다.

　　개발경제학이 학계에 모습을 드러내기 시작할 무렵, 라데진스키는 동아시아 지역에서 거둔 성과로 슈퍼스타와 같은 인기를 누리고 있었다. 전 세계 많은 정부가 그의 통찰력에 주목했다. 남아시아와 동남아시아, 중동, 남아메리카를 비롯하여 신세계와 구세계 모두 이 토지 개혁 전문가를 모시기 위해 치열한 경쟁을 벌일 정도였다. 라데진스키는 일본과 대만에서 몸소 배웠던 깨달음을 세상에 전하고자 세계 곳곳을 돌아다니며 여생을 보냈다. 무엇보다 전통적인 농업 경제가 공산당 세력의 확장에 도움이 된다고 판단했기에 토지 개혁을 통해 그 위협을 억제하고자 노력했다. 또한 말년에는 포드 재단Ford Foundation과 세계은행World Bank에 몸을 담기도 했다. 그러나 동아시아를 벗어나 방문했던 대부분 지역에서 라데진스키는 급진적인 토지 개혁에 강력하게 저항하는 정치 환경을 목도해야만 했다.

제국의 그림자

식민지 지배로부터 새롭게 독립을 쟁취한 국가들의 경우, 토지 개혁을 위한 최우선 과제이자 가장 분명한 정치적 선택은 한국과 대만의 사례에서처럼 과거 식민지 통치자들과 그들에 부역했던 국내 세력의 재산을 몰수하는 일이었다. 이는 중국이 공산당 체제로 넘어가면서 아시아 최대의 제3지대 국가로 남게 된 인도에서도 마찬가지였다. 1947년 인도에 새 정부가 들어섰을 때, 토지 개혁의 핵심 과제는 자민다르zamindār 세력을 청산하는 것이었다. 자민다르란 인도 북동부 지역을 중심으로 영국 식민지 정부와 인도 국민 사이에서 이익을 취했던 지역 봉건 세력을 뜻한다.

영국은 이전에 인도 북부를 다스렸던 무굴 제국으로부터 자민다르 시스템의 근간을 그대로 가져왔다. 자민다르라는 용어는 원래 페르시아어로 '토지'를 의미하는 '자민'과 '소유주'를 의미하는 '다르'의 합성어다. 자민다르 집단은 광범위한 지역의 토호 세력으로 구성되었는데, 이들은 무굴 제국을 위해 전쟁에 참여하거나 서로 경쟁하면서 전쟁을 벌였고 무굴 제국에 대한 중앙정부의 통치가 미치지 못하는 지역에서 세금을 거둬들였다. 그러다가 영국의 식민 통치가 시작되면서 강력한 국가 체제에 순응하는 형태로 변모했다. 18세기 말 자민다르 집단은 무기와 군대를 포기해야 했는데, 군사력을 양도한 대가로 토지 소유를 공식적으로 인정받았고 영국 정부를 대신해 세금을 거두는 중재자로서 강력하고 공식적인 재정 권한을 누렸다. 이를 두고 영국의 철학자이자 경제학자인 존 스튜어트 밀은 영국이 "토지의 절대적 소유권이라는 영국적 개념을 그러한 개념이 존재하지 않고 한 번도 존재한 적이 없었던 나라에 강압적으로 주입했다"고 말했다.[28]

인도는 밀의 이러한 평가를 그대로 받아들였다. 20세기 초에 자민다르는 인도의 독립을 추구했던 민족주의자들에게 척결의 대상이었다. 20세기 중반 좌파 운동가이자 토지 개혁 분야의 저자인 하르시 데오 말라비야Harsh Deo Malaviya는 이렇게 지적했다. "자민다르는 말 그대로 경제적인 차원에서 해외 제국주의의 현지 주둔 군처럼 일했다."[29] 전 세계 대부분의 봉건 사회처럼 인도의 농민들 역시 지주들로부터 경제적, 신체적, 성적 학대를 겪어야 했다. 그러나 영국 지배에 맞서 저항운동을 이끌었던 정치 세력인 인도 국민회의Indian National Congress가 보기에, 자민다르 체제에 대한 여론의 반감은 전략적 동맹을 형성할 수 있는 실질적인 기반이기도 했다. 전 세계 대부분의 지성 운동과 마찬가지로, 인도 국민회의 역시 비교적 부유한 도시 거주자들이 주축을 이뤘지만 당시 인도는 압도적인 농업 사회였다. 인도 농촌 지역의 봉건 체제는 영국의 통치와 밀접하게 얽혀 있었기 때문에, 도시를 중심으로 활동했던 인도 민족주의자들은 농촌 지역과 연대를 구축할 수 있는 공동의 목표를 발견해야 했다.

당시 모한다스 간디Mohandas Gandhi는 비폭력을 향한 열망에 통합의 길이 있을 것으로 봤다. 인도가 독립하기 전, 간디는 지주 계급이 중간자로서 토지와 소작농을 책임지는 자비롭고 숭고한 신탁자의 역할을 맡아 인도의 사무라이로 역할을 할 수 있다고 주장했다.[30] 그러나 자치권과 독립을 추구했던 대부분의 민족주의자들이 간디처럼 관대하지는 않았다. 그들의 시선으로 볼 때, 자민다르 체제는 그 자체로 영국 정부가 인도 국민을 이해하려고 노력하거나 관심을 기울이지 않았으며, 유럽식 봉건주의를 그들에게 강요했다는 사실을 의미하는 것이었다. 인도 독립 후 초대 총리에 오르게 될 자와할랄 네루Jawaharlal Nehru는 1934년 자민다르를 이렇게 비판했다. "그들은 생산 과정에 전혀 참여하지 않으면서 수확물 대부분을 지대의 형태로 가져간다. 이러한 점에서 그들은 마차의 다섯 번째 바퀴와 같은 존재다. 아무짝에도 쓸모없이 걸리적거리면서 토지에 대한 부담만 가중시킬 뿐이다."[31]

1947년 인도는 독립하자마자 식민지 치하의 지주와 세금 징수자들의 특권을 폐지하는 법안들을 빠르게 쏟아냈다. 1952년 라데진스키가 처음으로 인도를 장기간 방문했을 때, 마드라스와 비하르, 마디아프라데시, 우타르프라데시 등 새롭게 형성된 여러 주는 자체적으로 이러한 폐지 법안을 통과시켜 체계적인 방식으로 자민다르의 토지를 수용하고 토지 소유주에게 보상하고 있었다. 또한 인도 정부는 연방 차원에서 헌법 수정을 통해 각 주에 기존 지주들의 토지를 수용할 수 있는 권한을 보장했다. 인도는 이러한 방식으로 재분배 정책을 추진해 나갔다.

그러나 그 외 농촌 지역에서는 여러 애매모호한 문제와 한계가 드러나면서 개혁이 제대로 진척되지 않았다. 자영농이 토지를 소유하는 형태로 급격한 전환이 이뤄졌던 동아시아 지역의 사례와 비교할 때, 인도의 개혁은 극단적으로 더뎠다. 라데진스키는 인도의 농촌 지역을 돌아보고 난 뒤 개혁 성과에 대해 부정적인 평가를 내렸다. 이러한 판단은 이후 그의 경력에 걸쳐 바뀌지 않았다. 그는 농촌 지역의 봉건적 잔재가 사라졌음에도 기존 소작농의 삶은 거의 달라지지 않았다고 지적했다. 바뀐 게 있다면, 세금을 걷는 주체가 지역의 자민다르에서 인도 정부로 달라졌다는 것뿐이었다. 라데진스키는 이렇게 썼다. "부당하고 부조리한 자민다르 체제야말로 가장 손쉬운 공격 대상이었다. 해외 세력이 일방적으로 그 제도를 도입했기에 영국은 물론 이로부터 토지를 하사받은 누구도 그 소유권을 주장할 수 없었기 때문이다."[32]

독립 후 20년 동안 인도의 여러 주는 지주 개인이 소유할 수 있는 토지 면적을 제한하는 토지 상한제를 실시했다. 그런데 이

제도에는 치명적인 허점이 있었다. 기준을 가족이 아니라 개인으로 설정했기 때문에, 수많은 가짜 명의를 이용하면 얼마든지 토지를 분할하는 방식으로 소유할 수 있었던 것이다. 경제학자 티머시 베슬리Timothy Besley와 제시카 라이트Jessica Leight, 로히니 판데Rohini Pande, 비자엔드라 라오Vijayendra Rao의 연구에 따르면, 대규모 지주로부터 소작농을 보호하기 위한 개혁을 추진했을 때도 그 혜택을 본 것은 땅을 살 돈이 있거나 대출 자격이 있는 부유한 소작농들뿐이었다. 경작지에서 쫓겨나 땅 없는 노동자로 살아가게 된 가난한 농민들의 생활은 더 불안정해졌다. 결국 토지 재분배 정책의 효과는 전반적으로 아주 미미한 것으로 드러났다. 한 추산에 따르면, 독립 이후로 1992년까지 소작농에게 실제로 넘어간 토지는 인도 토지 전체의 1.3퍼센트에 불과했다.[33] 1960년대 후반에 라데진스키는 인도의 주요 정치 세력인 국민회의당이 토지 개혁을 추진할 동기를 이미 잃어버렸다고 한탄했다.

이념 전쟁터의 마지막 희망

제국주의의 주요 상징을 제거하는 작업은 농촌 경제의 전반적인 구조를 바꾸는 일보다 훨씬 쉬웠다. 독립 이전부터 토지의 소유와 사용을 둘러싼 갈등이 존재했던 케냐의 경우도 그랬다. 흔히 '마우마우Mau Mau'라고 불리는 '케냐 토지와 자유군Kenya Land and Freedom Army'은 토지가 없는 소작농의 참여와 지원을 근간으로 형성된 조직이었다. 그들은 공식적인 독립을 쟁취하기 10년 전인 1952년부터 영국 정부와 백인 정착민을 상대로 무력 투쟁을 벌였다. 케냐가 독립한 뒤, 백인 정착민을 위해 남겨져 있던 비옥한 고지대 영토는 정치적으로 명백한 재분배 대상이었다. 그러나 어느 민족이 어느 땅을 차지할 것인지를 놓고 갈등이 일었다. 결국 조모 케냐타Jomo Kenyatta 대통령과 그의 측근들이 그중 상당 부분을 차지했다.

　　1954년 말, 라데진스키가 미국 행정부에서 일했던 20년과 가장 중요한 냉전주의자 중 한 명으로 활동했던 10년의 경력은 안타깝게도 명예롭지 못하게 끝나고 말았다. 일본에서 농업 분야의 외교관으로 활동했던 그는 적색 공포Red Scare[미국 사회에서 공산주의에 대한 극심한 공포와 반감이 팽배했던 시기-옮긴이] 시절의 왜곡된 두려움 속에서 경력의 마지막을 맞이했다. 당시 미 농무부는 라데진스키가 1930년에 소련이 해외 무역을 위해 설립한 기관인 암토르그 무역회사Amtorg Trading Corporation에서 잠시 통역사로 일했다는 사실을 근거로 그를 보안상 위험인물로 지목했다. 또한 그의 누이들이 공산권 국가에 살고 있다는 점도 불리한 증거로 작용했다. 라데진스키의 해고는 거센 사회적 논란을 불러일으켰다. 1948년 퓰리처상을 수상한 작가 제임스 미치너James Michener는 〈뉴욕타임스〉에 보낸 서한에서 라데진스키가 "아시아 전역에서 공산주의 정권에 가장 위협적인 적"으로 알려진 인물이라고 언급했다.[34] 또한 공화당 하원의원이자 미국 정치에서 대표적인 장제스 지지자였던 월터 저드Walter Judd는 "미국이 아시아 지역에서 펼친 유일하게 성공적인 반공 정책"이라는 표현으로 라데진스키의 업적을 평가했다.[35]

　　비록 행정부에서 불명예스럽게 쫓겨나기는 했지만, 라데진스키는 자신이 선택한 투쟁을 포기할 마음이 없었다. 1955년 2월, 그는 베트남 정부의 초청을 받아 개혁가의 자격으로 사이공을 방문했다. 그리고 남베트남 정부가 새롭게 들어서는 상황에서 응오딘지엠Ngo Dinh Diem 대통령의 자문을 맡게 되었다. 전년도에 프랑스로부터의 독립전쟁이 혼란스러운 상황으로 끝나면서 베트남은 북측과 남측으로 갈라졌고, 전국 선거가 치러질 때까지 한동안 그 체제로 남아 있게 되었다. 하지만 분단 상황은 이후 20년간 지속되었고, 남북 간에 일어난 잔혹한 내전은 미국이 처음으로 겪은 실질적인 군사적 패배로 이어졌다.

당시 라데진스키가 처음으로 둘러본 베트남 농촌 지역은 심각하고 급박한 상황이었다. 분단 후 북부 지역을 차지한 공산주의자들은 농민들을 결집하고자 토지를 적극적으로 활용했다. 공산주의의 위협은 잠재적 위험이 아니라 현실이었다. 그 무렵 프랑스 지배에 저항했던 베트민Viet Minh[베트남의 독립과 공산화를 주도했던 핵심 조직-옮긴이]은 베트남 농촌 지역 전역에 걸쳐 강한 지지를 얻고 있었다. 남베트남 관료들은 공산주의 일부 세력이 북부로 퇴각하면서 지역의 토지 및 조세 자료까지 모두 가져가는 바람에 실제 상황을 파악하는 과정에서 어려움을 겪었다. 더 심각한 문제는 이전에 베트민이 장악했던 지역에서는 임대료를 인하하는 방식의 토지 개혁으로 농민들의 적극적인 지지를 끌어낼 수 없다는 사실이었다.[36] 공산주의자들이 해당 지역을 통치했던 동안에는 소작농들이 임대료를 전혀 내지 않았기 때문이었다.

지금 돌이켜보건대, 라데진스키가 사이공과 베트남 농촌 지역을 시찰하면서 남겼던 초기 기록물은 남베트남이 결국 전쟁에서 패배할 운명이라는 사실을 분명하게 보여주는 증거였다. 베트남 정부는 토지 개혁 위원회를 국가 전역에 걸쳐 설치했다고 주장했지만, 많은 지역에서 위원회를 구성하는 움직임이 전혀 나타나지 않았다. 그리고 구성된 위원회들조차 지주들이 장악했고, 불교와 가톨릭, 민간 신앙이 혼합된 다양한 종교 조직이 여러 지역에서 큰 영향력을 행사하고 있었다. 실제로 농촌 지역에서는 정부의 존재를 거의 찾아볼 수 없었다. 라데진스키는 이러한 상황을 정치적 공백 상태라 불렀다. 그는 이렇게 탄식했다. "그들은 진정한 의미에서 정권이라고 볼 수 없다. 통치 권한이 미미한 수준에 머물러 있다."[37]

라데진스키는 베트남 정부가 1956년에 전면적인 토지 재분배 프로그램을 설계하는 과정에 함께 참여했지만, 문서로만 살펴봐도 그가 일본과 대만에서 성공적으로 추진했던 개혁 사업의 수준에는 전혀 미치지 못했다. 그는 응오딘지엠 대통령에게 선출된 토지위원회를 중심으로 동아시아의 성공 사례에 주목하라고 당부했지만, 인도의 경우와 마찬가지로 베트남 정부가 내놓은 정책은 농업 경제를 근본적으로 바꾸기에 턱없이 부족했다. 그들은 지주 1인당 100헥타르 면적의 토지를 소유할 수 있도록 허용했는데, 라데진스키의 설명에 따르면, 이러한 정책으로는 전체 소작농의 70퍼센트가 토지를 매입할 자격조차 얻지 못했다. 실제로 라데진스키가 베트남에 머무는 동안 남베트남 지역에서 토지를 매입한 소작농은 전체의 약 10퍼센트에 불과했다.[38] 1961년 라데진스키는 베트남을 떠났다. 그 무렵 베트남에 주둔 중인 미군의 규모는 수천 명으로 늘어나 있었다. 라데진스키가 떠나고 4년 동안, 새롭게 설립된 미국 국제개발처US Agency for International Development는 사이공에 토지 개혁을 추진할 책임자를 한 명도 두지 않았다.[39]

이후 남베트남 정부는 첫 번째 토지 개혁 프로그램의 실패를 만회하고자 1969년에 서둘러 두 번째 개혁에 착수했다. 이번 개혁에서는 지주 1인당 15헥타르로 제한을 두었다. 그리고 이 기준을 넘어서는 토지를 수용해 소작농에게 무상으로 제공했다. 그 과정에서 미국 정부는 지주들에 대한 선급 보상 금액의 10퍼센트를 부담하기로 동의했다. 그러나 그 액수는 미국이 베트남에 50만 명의 병력을 파견하기 위해 투입한 예산에 비하면 그야말로 새 발의 피였다. 패색이 짙었던 베트남의 지주들 대부분 정부가 내건 보상 조건을 기꺼이 받아들였다. 이에 대해 〈타임〉은 이렇게 보도했다. "이전에 베트콩이 장악했던 지역의 지주들은 아주 만족해했다. 새로운 정책 덕분에 이미 잃었다고 포기했던 토지에 대해 보상받을 수 있게 되었기 때문이다."[40] 당시 전쟁은 정점을 향해 치닫고 있었지만, 전세는 이미 북쪽으로 기울고 있었다. 베트남 정부는 공산주의 혁명을 저지하고자 토지 개혁이라는 카드를 뒤늦게 꺼내 들었지만, 이때는 스톨리핀 러시아 총리가 60년 전에 그랬던 것보다 훨씬 더 늦은 시점이었다.

인도와 베트남을 비롯한 동남아 지역에서는 라데진스키가 애초에 의도했던 것만큼 토지 재분배가 전면적으로 이뤄지지 못했고, 또한 토지 개혁이 법으로 통과되었음에도 제대로 실행되지 않았다는 사실이 공통적인 문제점으로 드러났다. 1960년대 초 라데진스키는 필리핀과 네팔, 인도네시아를 방문해서 낙후되어 있던 비효율적인 농업 경제를 시찰했지만, 제한적인 토지 개혁 정책으로부터 어떠한 변화의 가능성도 발견할 수 없었다. 그는 한 동료에게 "거대하면서도 분열되어 있고 상호 모순적인" 인도네시아 정부의 농업 정책을 고려할 때, 농촌 지역을 개혁하려면 기적이 필요하다고 말했다.[41] 실제로 그 밖의 아시아 국가들 대부분에서 토지 재분배 개혁 이후 지주들이 토지를 소유할 수 있는 한도인 '토지 상한선'은 일본과 대만의 경우보다 훨씬 더 관대했다. 1947년에 라데진스키는 이러한 글을 남겼다. "토지 상한선이 없는 토지 개혁은 진정한 의미의 개혁이 아니다. 토지 상한선은 실제로 몇몇 개혁 사례에서 한 가지 주요한 성공 요인으로 작용했다."[42]

곡물 창고가 묻어버린 혁명의 불씨

토지 개혁이 언제나 사회 불안을 누그러뜨리는 만병통치약인 것은 아니다. 개발도상국 세상에서 토지 개혁을 강력하게 지지한 대표적인 인물로는 모하마드 레자 팔라비Mohammad Reza Pahlavi 국왕이 있다. 1961년 이란의 빠른 근대화와 산업화를 위한 개혁 운동인 '백색 혁명White Revolution'에서 핵심 과제는 대규모 토지 재분배였다. 개혁 사업의 목표가 먼 곳에 사는 지주에게 속박된 소작농들을 국왕의 자비로 해방된 자영농으로 전환하는 것이었다는 점에서 라데진스키의 개혁과 흡사했다. 당시 케네디 행정부도 이란의 이러한 개혁 움직임을 강하게 지지했다. 한 추산에 따르면, 개혁 과정에서 이란 전체 농지의 약 31퍼센트가 농가 전체의 약 18퍼센트에 해당하는 가구에 재분배되었다. 이는 인도를 비롯한 여러 어정쩡한 시도보다 훨씬 더 전면적인 규모의 개혁이었다.[43]

다만 원래 의도와는 달리, 이란의 토지 개혁은 1979년 혁명으로 국왕을 몰아내고 이슬람 공화국을 수립하는 계기가 되었다.[44] 당시 재분배 사업은 주로 대지주와 성직자들의 강한 반발에 직면했다. 이들 대부분 부유한 지주 가문 출신으로, 종교를 기반으로 소유했던 토지 자산이 재분배 사업으로 위협을 받게 되었던 것이다. 당시 그랜드 아야톨라Grand Ayatollah[시아파 이슬람에서 최고위 성직자를 일컫는 명칭-옮긴이]였던 호세인 보루제르디Hossein Borujerdi는 팔라비 국왕이 추진하는 토지 개혁이 이슬람 율법을 거스르는 것이라고 반박했다. 그리고 이를 저지하는 파트와Fatwa[이슬람 학자가 율법을 기준으로 내리는 종교적 판단-옮긴이]를 내려 개혁 정책의 실행을 자신의 사망 이후로 연기시켰다. 개혁에 대한 저항은 아래로부터도 왔다. 대규모 토지 재분배에도 불구하고 토지를 소유하지 못한 소작농과 분배받은 토지 면적이 가족을 부양하기에 충분치 않았던 자영농들이 도시 지역으로 대거 몰려들었다.[45] 그렇게 종교 엘리트 집단과 더불어 새롭게 등장한 불안정한 도시 노동자 집단이 토지 개혁에 격렬하게 저항하기 시작했다. 그 과정에서 엘리트들은 1979년에 이란 왕정을 무너뜨린 혁명을 주도했고, 도시 노동자들은 혁명의 핵심 보병대 역할을 했다.

　　라데진스키를 비롯한 여러 토지 개혁가가 보기에, 토지 개혁과 관련해서 동아시아 지역에서 거둔 초기 성공은 세계적으로 예외적인 사례였다. 그것은 이들 국가의 재분배 프로그램에 대한 미국 정부의 지원이 일관적으로 이뤄지지 못했기 때문이었다. 1950년대 초 라데진스키가 토지 개혁 프로그램을 활발하게 추진하고 있을 무렵, 미국 정부 내에서도 대대적인 변화를 요구하는 목소리가 높았다. 1952년 미 행정부는 라데진스키를 처음으로 일본에 파견했고, 이후 미 국무장관 자리에 오른 딘 애치슨은 토지 개혁이 미국의 국제 전략에서 가장 핵심적인 부분이라고 강조했다. 1960년대 초 케네디 행정부는 '진보를 위한 동맹Alliance for Progress' 프로그램을 추진했다. 이는 미국과 남미 지역 간의 협력 사업으로, 여기에는 대규모 토지 개혁 지원 방안도 포함되었다. 반면 다른 시점에서 미국 정책결정자들은 공산주의에 맞서기 위해 대지주와 손을 잡는 것이 더 나은 선택이라는 결론을 내렸다. 이는 장제스가 중국 본토에서 택한 전략과 일맥상통하는 것이었다. 나아가

1954년에 아이젠하워 행정부는 대규모 토지 재분배 정책을 추진하고 있던 하코보 아르벤스구스만Jacobo Arbenz-Guzmán 과테말라 대통령을 축출할 목적으로 쿠데타를 지원하기까지 했다. 실제로 브라질과 칠레 정부가 추진했던 토지 재분배 프로그램은 각각 1964년과 1973년에 미국이 쿠데타를 지원하면서 멈춰서고 말았다.

그러나 궁극적으로 토지 개혁가들의 도전을 가로막은 장벽은 정치가 아니라 기술이었다. 20세기 중반에 일어난 녹색혁명Green Revolution이라는 농업 혁신의 기적이 전 세계로 퍼져 나갔다. 1940년대에 노먼 볼로그Norman Borlaug라는 미국의 젊은 농학자가 멕시코에서 병충해에 강한 키 작은 새로운 밀 품종을 개발했고, 그 업적으로 노벨 평화상을 수상했다. 1960년대 초, 멕시코에서 재배되는 밀의 95퍼센트가 볼로그가 개발한 품종이었으며, 덕분에 밀 수확량은 20년도 안 되는 짧은 기간에 무려 6배나 증가했다.[46] 해가 갈수록 전 세계 농부들은 점차 생산성이 높고 병충해에 강한 품종으로 밀을 재배하게 되었다. 이러한 성과가 멕시코를 넘어 전 세계로 퍼져 나가면서 극심한 빈곤과 영양실조, 기근의 위험이 기적처럼 줄어들었다. 1960년대 중반에 이르러서는 인도의 농부들도 볼로그의 밀 품종을 재배하기 시작했다.

농업 생산량이 크게 증가하고 장기적으로 이어지면서 광범위한 기근 사태와 과도한 인구 증가에 대한 우려의 목소리가 잦아들었다. 전 세계적으로 농업에 활용된 토지 비중은 1960년대 초이후로 13퍼센트 증가에 그쳤지만, 같은 기간에 세계 인구는 160퍼센트 넘게 늘었다.[47] 곡물 생산량이 무려 250퍼센트 넘게 증가하면서 전 세계 기근 문제를 해결하기에 충분한 상황에 이르렀다. 그런데 이렇게 농업 생산성이 빠르게 커지면서 정치적으로 민감한 급진적인 토지 개혁을 바라보는 시각에도 잇단 변화가 나타났다. 여기서 볼로그는 승산이 높은 쪽에 내기를 걸었다. 다시 말해, 그는 규모가 큰 부유한 농장을 중심으로 새로운 밀 품종을 보급하면서 실험을 이어 나갔다. 대지주들은 비옥한 토지는 물론, 최고 품질의 종자와 비료 및 농기구에 투자할 자본도 확보하고 있었다.[48] 이러한 점에서 대규모 농장들은 수확량 증가의 상업적 효과를 입증해 보일 수 있는 적절한 후보지였다. 이후로 볼로그는 생산성과 수확량을 높여 결핍과 기근을 해결하는 과제에 몰두했다. 나중에 그는 인도에서의 활동과 관련해 이렇게 언급했다. "당시 평등에 관한 문제에 대해서는 아무 고민도 하지 않았다."[49]

라데진스키는 토지 개혁과 농업 기술 발전이 얼마든지 함께 갈 수 있다고 주장했다. 1968년 그는 이렇게 썼다. "인도는 농업 분야에서 의미 있는 혁신을 앞두고 있다. 하지만 그러한 기술 혁신을 온전히 실현하기 위해 꼭 필요한 조직적, 문화적, 사회적, 정치적 변화에 대한 준비는 전혀 되어 있지 않다."[50] 라데진스키의 노력에도 불구하고 토지 개혁의 시급성에 대한 인식은 점차 줄어들었다. 오히려 농업 분야에서 나타난 자본 집약적인 성과를 확인한 몇몇 경제학자는 자영농이 아니라 대규모 농장이 농촌 세상의 미래가 되어야 한다는 뜻을 내비치기도 했다.

1975년 라데진스키는 델리에서 뇌졸중으로 사망했다. 향년 76세였다. 단 하나의 목표를 향해 달려갔던 그의 30년 경력이 이로써 끝을 맺었다. 그가 세상을 떠났을 무렵에는 토지 재분배 운동을 이끌었던 학계의 원동력도 이미 한풀 꺾인 상태였다. 서구 세상에서 토지를 둘러싼 정치가 순식간에 종적을 감췄던 것처럼, 새롭게 모습을 드러낸 제3세계의 상황도 비슷했다. 라데진스키가 세상을 떠나고 10년 뒤, 미국 국제개발처는 다음과 같이 당시 상황에 대한 직설적인 평가를 내놨다. "지난 10년간 토지를 자영농들에게 재분배한 경우는 극히 드물었으며, 재분배가 이뤄졌다고 해도 소규모에 그쳤다. 정치적, 경제적, 사회적 성과 또한 전반적으로 균등하게 나타나지 않았다. 또한 토지 개혁을 실행에 옮긴 정부들이 사회적 안정을 달성한 것도 아니며, 오히려 개혁이라는 슬로건이 점진적 발전보다 혁명적 격변을 자극함으로써 토지 개혁 이전에 존재했던 권리마저 억압하기까지 했다."[51]

녹색혁명에 따른 농업 발전 그리고 좌파와 우파 양측의 정치적 압박으로 인해 라데진스키의 싸움은 사실상 그가 세상을 떠나기 전에 이미 끝나고 말았다. 토지 개혁을 향한 십자군 원정의 마지막은 20세기 초 헨리 조지의 단일세 운동의 결말과도 기묘하게 닮아 있었다. 그러나 새롭게 등장한 개발도상국 세상에서 토지를 둘러싼 정치가 시들어가던 와중에도, 자산으로서 토지의 중요성은 오히려 커지고 있었다. 그리고 그와 함께 토지가 전 세계에 가하는 위협 역시 모습을 드러내고 있었다.

6
토지 담보와 그 그림자

20세기 마지막 몇십 년 동안, 민주주의 세상에서 토지를 둘러싼 정치의 시대는 사람들의 관심에서 멀어지며 서서히 막을 내리고 있었다. 1879년 《진보와 빈곤》의 출간을 시작으로 한 세기가 흘러 토지 개혁 운동이 시들해질 때까지, 토지 소유를 둘러싼 정치 투쟁은 전 세계로 퍼져 나갔다가 사라져 버렸다. 도시화와 경제 발전을 이룬 지역에서는 대중이 주택을 소유하는 시대가 열렸고, 가난한 농촌 지역에서는 농업 생산성의 폭발적인 증가로 인해 재분배를 향한 열정이 사그라들었다. 그리고 20세기 마지막 10년 동안에는 세계 권력의 양대 축을 이뤘던 공산주의가 급격하게 몰락하면서, 농업 집단화라는 재앙적인 실험 대부분이 원래 상태로 되돌아 갔다.

토지가 정치적 투쟁의 원천으로서 힘을 잃어가는 와중에도 그 경제적 특성은 달라지지 않았다. 20세기 말 도시화가 진행되고 동시에 주택 소유 비중이 높아지면서 토지의 가치는 오히려 더 새로워지고 뚜렷해졌다. 부유한 세상에서 주택 소유를 장려하는 다양한 프로그램이 등장하면서 부동산을 담보로 한 대출이 점차 확대되었고, 이로써 토지와 신용 창출 사이의 관계는 강력하면서도 위험한 형태로 강화되었다. 토지와 부동산을 담보로 하는 모기지 산업의 혁신으로 그 자산을 소유하게 된 이들은 새로운 형태의 금융적 역량을 확보하게 되었다. 또한 성장하는 모기지시장은 신생 기업들에 특히 중요한 생명줄인 것으로 드러났다. 토지와 주택 소유를 근간으로 삼은 오늘날 재무 시스템은 단순한 사회적 변화만을 의미하지 않았다. 그건 일종의 금융 혁명이었다.

미국에서 주택 소유가 급격히 늘어나던 1930년대부터 1980년대 말에 이르기까지 자가 주택에 거주하는 가구 비중은 인구 절반 미만에서 3분의 2 수준으로 크게 증가했다. 그동안 주택 소유가 소수에게만 국한되어 있던 국가들에서도 주택 소유 비중이 아주 빠르게 상승했다. 소수 특권층이 누렸던 자가 주택 방식이 불과 몇십 년 사이에 서구 세상의 보편적인 주거 형태로 자리 잡은 것이다. 그런데 주택 소유를 장려하는 정부 정책 덕분에 성장한 모기지시장에서 혜택을 받은 것은 주택 소유를 꿈꾸던 세입자들만이 아니었다. 이미 주택을 소유하고 있던 수백만 가구들도 집을 담보로 신용을 확장하는 방식으로 손쉽게 대출을 받을 수 있게 되었다. 다시 말해, 이제 미국을 비롯한 선진국 세상에서 수많은 인구가 합리적인 금리로 대규모 신용에 접근할 수 있게 된 것이다.

햄버거 제국의 진짜 레시피

미국에서 대중이 주택을 소유하는 새로운 시대가 열리기 시작할 무렵, 일리노이 출신의 한 35세 청년 사업가가 대형 모기지시장이 제공하는 새로운 신용 시스템을 활용하는 사회적 흐름에 뛰어들었다. 제1차 세계대전에 참전하기도 했던 레이 크록Ray Kroc이라는 이 청년은 예전에 종이컵을 만드는 회사에서 영업사원으로 일한 경력이 있었다. 당시 그는 시카고 북서부 교외 지역인 알링턴하이츠에 조그마한 주택 한 채를 보유 중이었다. 1938년 크록은 아내의 반대를 무릅쓰고 가족이 사는 그 집을 담보로 6만 8000달러를 빌렸다. 그리고 그 돈으로 '멀티믹서Multimixer'라는 식음료 장비의 유통권을 사들였다.[1] 주로 레스토랑의 주방에서 사용되는 그 장비가 있으면 밀크셰이크 6잔을 한 번에 만들 수 있었다. 그렇게 유통권을 확보한 크록은 이후 미국 전역을 돌아다니며 식음료 관계자들을 만나 장비를 홍보하기 시작했다.

그런데 제2차 세계대전 이전은 국제 무역에 크게 의존하는 비즈니스에 과감하게 투자하기 좋은 시기가 아니었다. 1941년 12월에는 진주만 공격이 시작되면서 태평양을 통한 해상 교역로가 완전히 막혀버렸다. 일본군이 필리핀을 점령하면서 그 지역의 사탕수수 농장과의 교역이 중단되었고, 화물선은 전쟁 물자 운송에 동원되었다. 1942년에는 설탕 배급제가 시행되면서 다양한 당류 제품시장이 얼어붙었다. 크록이 판매하던 장비의 모터에 들어가는 구리도 더 이상 구할 수 없게 되었다. 무역로가 다시 열리고 전시 물자 생산이 끝나면서 미국 경제가 회복되기 시작했던 1945년이 되어서야 크록도 멀티믹서 사업을 재개할 수 있었다.

크록은 한동안 사업을 중단하면서 많은 어려움을 겪었지만, 그래도 멀티믹서 유통권을 인수한 결정은 행운의 투자로 드러났다. 그는 장비를 판매하면서 다양한 식음료 시스템과 레스토랑 비즈니스의 내면을 들여다볼 수 있었다. 그는 52세가 되던 1954년에 캘리포니아주 샌버너디노에서 패스트푸드 레스토랑을 개업한 두 명의 고객을 만나게 되었다. 그 고객은 다름 아닌 딕 맥도널드Dick McDonald와 모리스 맥도널드Maurice McDonald였다. 이들과의 우연한 만남은 미국 비즈니스 역사에서 대단히 중대한 사건으로 남았다. 크록은 멀티믹서를 판매하면서 수천 곳의 레스토랑과 식음료 장비를 몸소 경험했기에 주방 시스템 전문가로서 자부심이 있었다. 그런 그가 미국인의 식사 문화를 뒤집어엎을 맥도널드 형제의 비즈니스를 보고 완전히 매료된 것이다. 그들은 재료 준비와 요리 시간을 최소화한 획기적인 '스피디speedee' 조리 시스템을 바탕으로 드라이브인 고객에게 버거를 15센트에 판매했다. 이후 크록은 멀티믹서 사업을 접고, 미국 전역의 투자자에게 새로운 맥도날드 매장을 개설할 수 있도록 하는 권리를 인수하여 프랜차이즈 사업을 시작했다. 얼마 후 크록은 일리노이주에 직접 맥도날드 지점을 열었다. 그리고 1년 후에는 맥도날드 시스템 주식회사McDonald's System Incorporated를 설립하여, 미 전역으로 프랜차이즈를 확장하기 시작했다. 그런데 만약 크록이 집을 담보로 멀티믹서 사업을 시작하는데 필요한 자금을 빌리지 못했다면, 오늘날 미국의 패스트푸드 산업은 아마도 지금과 크게 다른 모습일 것이다.

크록은 사업을 시작하기 위해 집을 담보로 대출을 받았던 자신의 일화를 "자본주의에 대한 개인적인 기념비"라는 표현으로 소개했다. 오늘날 크록의 사례는 사업 아이디어를 실현하기 위해 집과 소규모 부동산을 담보로 활용했던 전 세계 다양한 분야의 수많은 사업가와 자영업자, 프리랜서, 혹은 1인 기업가에게 익숙한 이야기가 되었다. 다른 한편으로, 은행 입장에서 토지와 부동산은 가장 쉽게 받아들일 수 있는 형태의 담보다. 토지나 부동산을 담보로 설정함으로써 채무 불이행에 따른 위험을 실질적으로 낮출 수 있다. 사실 많은 경우에 신생 중소기업은 담보 대출이 아닌 다른 방식으로는 공식적인 금융 서비스에 접근할 수 없다. 오늘날 미국의 경우, 혼자나 동업의 형태로 운영하는 대다수의 소규모 기업에 해당하는 비법인 사업체가 부동산을 담보로 받은 대출 규모는 약 5.5조 달러에 이른다. 이는 전체 대출에서 72퍼센트를 차지할 정도다.[2] 맥도날드 비즈니스가 확장하는 과정에서 크록은 촉매제 역할을 했다. 만약 1930년대 후반에 부동산을 소유한 기업가 크록이 정부 지원으로 급속히 성장하던 모기지시장을 만나지 못했더라면, 맥도날드의 상징인 황금 아치는 결코 전 세계로 퍼져 나가지 못했을 것이다. 크록은 자신의 과거를 이렇게 회상했다. "내가 닦은 기반 위에서 맥도날드와 함께 성공을 거두기까지 봉건 시대 영주에게 공물을 바치듯 오랫동안 어려움을 겪어야 했다."[3]

레이 크록의 눈에는, 토지와 부동산을 비즈니스에 활용하는 방식은 1938년에 집을 담보로 대출을 받았던 수준을 훌쩍 넘어서는 것이었다. 맥도날드 비즈니스 모델의 진정한 혁명은 1956년에 시작되었다. 그 무렵 크록은 소프트아이스크림을 판매하는 테이스티-프리즈Tastee-Freez라는 기업에서 회계 일을 하던 해리 소너본Harry Sonneborn을 영입했다. 이후 소너본은 맥도날드 최초의 최고재무책임자가 되었고, 결국 CEO 자리까지 올랐다. 또한 그는 맥도날드를 세계적인 대기업으로 성장시킨 비즈니스 모델의 설계자이기도 했다. 크록과 소너본은 함께 프랜차이즈 부동산 주식회사Franchise Realty Corporation를 설립했고, 새로운 맥도날드 매장을 열기 위해 20년간 땅을 빌려줄 토지 소유주들을 찾아 나섰다. 여기서 소너본은 새로운 매장을 열어 벌어들일 수 있는 수익을 계산한 뒤,

매장 건물을 프랜차이즈 사업자에게 원래 임대료보다 훨씬 높은 금액으로 재임대하는 방식으로 막대한 차익을 얻었다. 그리고 몇 년 후부터는 토지 소유주를 찾는 대신 토지를 직접 매입하기 시작했다. 맥도날드는 그렇게 매입한 토지를 담보로 대출을 받아 새로운 매장을 개설한 뒤, 이를 프랜차이즈 사업자에게 임대했다. 단, 사업자는 반드시 그 건물에서만 매장을 운영해야 했다.[4]

레이 크록은 패스트푸드 산업에서 거물 이상의 존재가 되었다. 말하자면, 새로운 유형의 미국 토지 귀족이었다. 그러나 맥도날드의 초기 금융 설계자들조차 그들이 구상한 비즈니스 모델을 실행에 옮기기 시작할 무렵에는 미국 사회가 앞으로 수십 년간 이어질 토지 가격 상승의 초입에 서 있다는 사실을 깨닫지 못했다. 이후 땅값이 크게 치솟으면서 맥도날드는 엄청난 수익을 올렸다. 그리고 패스트푸드 산업의 인기가 날로 높아지는 가운데, 미국 은행들이 앞으로 수십 년간 밀어 올리게 될 부동산 담보 대출의 파도에 올라타게 되었다. 1961년 크록은 맥도날드 형제로부터 회사를 사들여 프랜차이즈 부동산 주식회사와 합병했다. 오늘날 전 세계 모두가 아는 맥도날드의 비즈니스 모델이 주요 부동산 기업과 한 몸이 된 것이다. 소너본은 맥도날드의 진짜 비즈니스 모델이 무엇인지 분명하게 밝혔다. 그는 맥도날드 햄버거 비즈니스가 사실은 부동산 회사를 운영하기 위한 수단에 불과하다고 종종 농담조로 말하곤 했다.

오늘날에도 세계 최대 기업 중 하나인 맥도날드의 최대 수익은 임대료에서 나온다. 이는 빅맥과 해피밀을 비롯하여 세계적으로 유명한 여러 다양한 메뉴로 벌어들이는 로열티 수익을 모두 합친 것보다 많은 금액이다. 실제로 맥도날드의 총매출에서 임대료가 차지하는 비중은 40퍼센트에 가깝다. 2023년 당시 맥도날드가 보유한 토지와 부동산 자산은 감가상각 전 기준으로 400억 달러에 달했으며, 이는 총자산의 70퍼센트를 조금 넘어서는 수준이다.[5] 다시 말해, 세계에서 가장 유명한 햄버거 기업이 사실은 세계 최대 규모의 부동산 기업이었던 셈이다. 맥도날드 역사에는 소너본의 전략이 깊숙이 스며들어 있다. 만약 애초에 그들이 부동산 사업을 동시에 운영하기로 선택하지 않았더라면, 맥도날드가 지금 어떤 모습일지 상상하기 힘들다.

결코 움직이지 않는 기업의 가치

오늘날 토지가 금융 권력의 원천으로서 중요한 지위를 차지한 이유는, 토지가 세계에서 가장 가치 있는 자산이라는 것 때문만은 아니다. 토지는 이동할 수 없고, 내구성이 극단적으로 높다. 덕분에 대출 기관은 담보 자산의 도난이나 훼손, 혹은 은닉의 위험 걱정 없이 안전하게 돈을 빌려줄 수 있다. 그리고 가구나 기업이 소유한 그밖에 다양한 자산들과는 달리, 은행은 토지의 가치를 비교적 수월하게 평가할 수 있다. 물론 부동산 가치는 계속 오르내리지만(대체로 오른다), 그래도 담보로 잡은 토지의 가치가 세월이 흐르면서 크게 떨어질지 모른다고 걱정할 필요가 없으므로 얼마든지 장기적으로 돈을 빌려줄 수 있다. 또한 토지 소유가 보편적인 현상이라고 말할 수는 없어도, 비교적 널리 대중화되었기에 많은 사람이 이를 활용해서 대출을 받을 수 있다.

부동산을 담보로 활용하는 것은 사업 초창기의 중소기업에는 대단히 중요한 문제다. 그러나 세계적인 기업들의 대차대조표에서도 토지는 주요한 자리를 차지하고 있다. 가치 기준으로 토지와 부동산을 가장 많이 보유하고 있는 기업은 전자상거래 거물인 아마존으로, 그 규모는 2023년 기준으로 1050억 달러에 달한다. 다음으로 역시 같은 해를 기준으로 알파벳과 인텔, 애플이 각각 740억 달러와 510억 달러, 230억 달러의 토지와 부동산을 보유하고 있다. 이들 기업이 소유한 토지는 대규모 물류 네트워크를 구축하거나, 특히 최근 들어 데이터센터 네트워크를 확장하는 과정에 아주 중요한 역할을 한다. 다만 IT 대기업들의 경우에 토지가 기업의 시장가치에서 차지하는 비중은 그리 높지 않다. 토지보다는 브랜드와 지식재산권, 혹은 생산성 높은 숙련 근로자 등 무형 자산이 기업의 전체 자산 가치에서 더 큰 비중을 차지한다.

　사실 오랜 비즈니스 운영으로 재무 성과를 이어온 세계적인 대기업들은 토지와 부동산 담보에 의존하지 않고도 돈을 쉽게 빌릴 수 있다. 이들은 전 세계 대규모 채권시장에서 자산운용사들로부터 투자를 유치할 수 있다. 비즈니스 규모가 크고 오래된 기업들의 경우, 대형 은행들은 이들과 장기적인 관계를 유지하면서 토지나 부동산 대신에 재고나 미래현금흐름을 담보로 돈을 빌려준다. 그러나 수익성이 낮은 기존 산업 분야에서는 토지의 중요성이 훨씬 더 높다. 그리고 경영에 어려움을 겪고 있는 일부 대형 상장사들도 그들이 보유한 부동산 가치가 기업의 전체 가치에서 큰 비중을 차지한다.

　미국의 유서 깊은 백화점 기업, 메이시스Macy's가 바로 여기에 해당한다. 주가를 기준으로 산정한 기업의 총가치를 뜻하는 시가총액이 해당 기업이 소유한 토지와 건물 가치의 총합보다 더 낮은 경우가 실제로 발생한다. 애널리스트들은 메이시스가 보유한 부동산 가치를 50억~140억 달러로 추산한다. 이 금액은 금융시장이 실제로 평가하는 이 기업의 총가치 40억 달러보다 훨씬 높다.[6] 영국의 대형 슈퍼마켓 업체인 테스코Tesco와 세인즈버리스Sainsbury's도 상황은 비슷하다. 두 기업 모두 경쟁이 매우 치열한 시장에서 비즈니스를 운영하면서 한 자릿수의 낮은 수익률을 기록하고 있다. 매출 규모는 크지만, 핵심 비즈니스 자체의 가치는 그만큼 높지 않은 것이다. 그런데 두 기업 모두 그들이 보유하고 있다고 보고한 토지와 부동산의 가치가 시장이 평가한 총가치보다 더 높다. 이러한 이유로 역사가 오래된 기업이 파산할 때, 그들이 보유한 토지가 청산 과정에서 중요한 문제로 떠오르곤 한다. 미국의 상징적인 유통 기업 시어스Sears도 2018년 파산에 이르기까지 10년 가까이 적자를 이어왔는데, 그동안 그들은 부동산을 매각하거나 담보로 활용하여 대출을 받는 방식으로 버텼다.

은행과 기업, 토지 간의 연결고리는 오늘날 경제가 작동하는 방식을 이해하기 위한 핵심 요소임에도 충분한 관심을 받지 못하고 있다. 일부 경제학자는 이 연결고리가 기업가가 비즈니스를 시작할 수 있도록 도와주는 발판 이상의 역할을 한다고 본다. 그들은 개인이 자신이 보유한 자산을 담보로 대출을 받도록 해주는 금융 시스템이 경제 발전을 위한 핵심 근간이라고 설명한다. 더 나아가 전 세계 국가들이 보여주는 경제 성과들 사이의 거대한 편차를 설명해주는 요인으로 꼽는다. 우리는 신용을 창출하고 보장하는 시스템 안에서 토지가 차지하는 역할의 비중을 기준으로 왜 어떤 나라는 가난하고 어떤 나라는 부유한지 이해할 수 있다. 그리고 자본주의가 활발하게 작동하는 곳이 있는 반면, 왜 다른 곳에서는 그렇지 못한지 설명할 수 있다. 이미 수 세기 전에 아메리카 식민지 개척자들이 깨달았던 것처럼, 원활한 신용 흐름은 경제가 활기차게 돌아가게 만드는 원동력이다. 이러한 점에서 토지를 담보로 활용하는 금융 시스템은 국가의 번영을 위한 필요조건이라 하겠다.

토지 개혁의 열기는 제2차 세계대전이 끝나고 점차 식었지만, 토지를 경제적 수단으로 활용하려는 의지는 새롭게 모습을 드러내기 시작했다. 1970년대 초 세계은행은 특히 토지 등기에 많은 관심을 보였다. 토지 등기란 토지 소유자, 특히 소규모 토지를 소유한 개인에게 그가 보유한 토지의 권리를 공식적으로 인증하는 제도를 말한다. 이러한 등기 제도가 존재한다는 것은 무엇보다 농부들이 자신이 소유한 소규모 농지를 담보로 대출을 받을 수 있다는 것을 의미했다. 1984년 세계은행은 타이 정부를 지원하여 전국의 토지를 공식적으로 등록하고 문서로 남기는 야심 찬 사업을 추진했다. 이는 큰 성공으로 이어졌다. 이를 통해 등기를 마친 토지의 가치는 예전에 등기가 되지 않았을 때와 비교해서 75~197퍼센트 더 높아진 것으로 나타났다.[7] 그리고 토지 소유권을 공식적으로 인정받은 농부들은 더 쉽게, 더 낮은 금리로 대출을 받을 수 있게 되었다. 나아가 등기가 이뤄진 토지는 더 활발하게 거래되었고, 토지를 소유한 농부들이 시설과 장비에 더 많이 투자하면서 농업 수확량이 크게 늘었다. 이후 타이 경제는 빠르게 성장했다. 또한 토지 등기 제도는 이전에 토지 개혁 프로그램이 목표했던 토지 재분배 효과도 함께 보여줬다.

그 무렵, 시장을 중심으로 토지와 경제 발전을 바라보는 새로운 접근 방식이 등장했다. 여기에는 대표적인 인물이 있다. 1975년에 울프 라데진스키가 세상을 떠나고 4년 뒤 해외 사업 및 금융 분야의 경력을 마치고 고향으로 돌아온 페루 사업가 에르난도 데소토Hernando de Soto였다. 페루는 그로부터 10년 전에 포퓰리즘 군사정권 주도로 복잡한 토지 개혁을 실시한 바 있었다. 이는 남미 지역에서 실시한 가장 야심 찬 개혁 사업 중 하나였다. 당시 페루 군사정권은 국가 전역의 토지를 모두 몰수했고, 농민 협동조합을 기반으로 토지 소유를 대규모로 재편했다. 그러나 개혁 성과는 그리 긍정적이지 못했다. 실망스럽게 끝난 경우도 많았다. 1970년대에 걸쳐 페루의 농업 생산량은 연평균 0.1퍼센트 성장에 머물렀다. 한때 주요 농산물 수출국이었던 페루는 결국 순수입국으로 전락하고 말았다.[8] 아이러니하게도 토지 개혁이 가장 활발하게 이뤄진 지역에서 노동력의 수준이 오히려 더 낮아지는 현상이 나타났다. 마이클 앨버터스Michael Albertus와 마우리시오 에스피노사Mauricio Espinoza, 리카르도 포트Ricardo Fort의 연구 결과에 따르면, 토지 분배가 광범위하게 이루어질수록 농부들은 노동력을 더 많이 투입해서 소득을 올리고자 했다. 다시 말해, 그들은 도시로 이주하거나 자녀를 학교에 보내지 않고 농촌에 그대로 남아서 자녀들도 함께 농사일을 하도록 했다.[9]

1986년에 데소토는 자신의 첫 책《또 다른 길The Other Path》에서 고향 리마에서 작은 양복점을 시작하면서 겪었던 어려움을 털어놨다. 그 과정에서 그는 대학생들로 구성된 소규모 팀에게서 도움을 받았지만, 까다로운 절차를 거쳐 법적 승인을 받고 사업을 합법적으로 운영할 수 있는 자격을 얻기까지 무려 289일을 기다려야 했다. 게다가 거기에 들어가는 비용도 만만찮았다.[10] 관련 정보를 잘 알고 있는 페루인들도 그 과정에 소요되는 시간과 비용을 감당하기는 쉽지 않았다. 비즈니스를 공식적으로 운영하기 위해 필요한 권리와 허가를 얻지 못할 경우, 전기와 수도 같은 기본적인 공공 서비스는 물론, 보험 등 금융 서비스도 이용할 수 없었다. 그럼에도 대부분 개업에 필요한 권리와 서류 작업 없이 법률 시스템 밖에서 관계 기관의 눈을 피해 사업을 시작했다. 이런 유형의 기업은 부유한 나라에서는 사회 주변부에서 활동하지만, 가난한 나라에서는 비즈니스의 주류를 형성하고 있다. 오늘날 전 세계 노동자의 약 60퍼센트가 이러한 비공식 경제 속에서 일하고 있다. 소득 수준이 중간 이하인 나라의 경우, 경제 활동의 3분의 1이 이와 같은 비공식적인 시장에서 이뤄지고 있다.[11]

페루를 비롯한 많은 개발도상국의 경우, 비즈니스 등록 절차가 복잡하고 비공식 경제가 큰 비중을 차지하기 때문에 빈곤층은 재산권을 지키기 어렵다. 물론 이런 지역에서도 사업가는 농지와 주택, 작업장을 소유할 수 있다. 그러나 소유권을 법적으로 입증하고 방어할 수 없을 때, 자산을 효과적으로 활용할 수 없다. 데소토는 이러한 상황을 일컬어 "사장된 자본dead capital"이라고 했다. 이들 지역의 농업 및 소규모 제조업 기업들도 영국이나 미국처럼 토지와 건물, 기계 등의 자산을 순수하게 경제적인 목적으로 활용할 수 있다. 하지만 서구 세상의 기업들처럼 그 자산을 광범위한 형태의 금융적인 목적으로는 활용하지 못한다. 데소토는 담보가 자본주의를 뒷받침하는 근간이라고 말했다. 이러한 아이디어는 200년 전 미국의 혁명가들이 깨달았던 통찰과 그 맥락을 같이한다. 그의 추산에 따를 때, 21세기로 넘어갈 무렵 개발도상국 세상 전반에 걸쳐 존재하는 사장된 자본의 규모는 순수하게 부동산 가치를 기준으로 9조 달러가 넘었다.[12]

데소토는 비록 유명인도 학계의 거물도 아니지만, 지난 반세기에 걸쳐 가장 영향력 있는 개발경제학자로 인정받을 자격이 충분하다. 그의 연구는 2003년 세계은행이 처음으로 발행한 '기업 환경보고서'에 주요한 영감으로 작용했다. 이 보고서에서 세계은행은 규제 및 재산권 보장의 강도와 관련된 여러 지표를 바탕으로 국가들을 평가했다. 이후 기업환경보고서는 각국 정부가 높은 순위를 차지하기 위해 참조하는 '바이블'과 같은 자료가 되었다. 냉전 초반에 토지 재분배 프로그램이 미국 정책결정자들의 관심을 자극했던 것처럼, 또 주택 소유를 장려하는 정책이 서구 세상에서 큰 인기를 끌었던 것처럼, 데소토의 아이디어는 전 세계 정책결정자들에게 강한 영감을 불어넣었다. 그들은 재산권을 보장하고 금융시장에 접근할 수 있는 문턱을 낮추면, 소외 계층의 삶을 개선할 수 있을 뿐 아니라 데소토 지지자들이 기대한 것처럼 공산주의를 몰락시킬 수 있을 것으로 봤다.

데소토가 《또 다른 길》을 출간했을 무렵, 냉전 체제는 마지막 단계로 접어들고 있었다. 그의 책 제목은 안데스 고산 지대에서 페루군과 전투를 벌인 마르크스주의 게릴라 조직인 '빛나는 길 Shining Path'에서 따온 것이었다(이란과 마찬가지로, 페루 정부도 토지 개혁으로 반란을 막지는 못했다). 페루의 게릴라 조직은 가난한 농민들의 지원으로 살아남을 수 있었다. 재산권의 제도화는 그 자체로 세상을 바꿀 수 있을 것으로는 보이지 않았다. 그러나 데소토의 논리는 페루를 비롯한 여러 국가의 정부 관료들에게 거대한 비전을 보여줬다. 그는 가난한 농민들에게 토지 소유권을 인정하고 자본주의 경제에 참여할 지분을 보장해줌으로써 농촌 경제를 활성화할 수 있을 뿐 아니라, 농민들 사이에 만연했던 혁명적 열망을 누그러뜨릴 수 있다고 주장했다. 여기서 데소토는 60여 년 전 노엘 스켈턴이 영국에서 내놨던 것과 똑같은 주장을, 개발도상국에서 처방으로 제시한 것이다.

재산권과 비공식 경제를 둘러싼 논쟁은 데소토의 첫 책이 출간되고 수십 년 동안 이어졌다. 그리고 개발도상국 지역의 정책적 기조가 바뀌기 시작했다. 실제로 여러 작은 나라 외에도 이집트, 인도네시아, 멕시코, 필리핀, 러시아 등 많은 국가가 데소토에게 자문을 의뢰했다. 그리고 재산권을 제도화하는 실험이 세계 곳곳에서 이뤄졌다. 당시 기존 토지 개혁가들과 울프 라데진스키의 사상은 사라지고 없었다. 대신 대출을 받기 위한 금융 자산으로 토지를 바라보는 개념이 그 자리를 차지했다.

신용의 칼날

토지가 담보로서 기업에, 특히 영세 업체들에 대단히 중요한 자산이라는 사실에는 의문의 여지가 없다. 데소토를 비롯하여 경제 발전에서 담보 자산의 역할을 강조해온 많은 학자의 주장이 옳다면, 토지를 담보로 활용할 수 있게 해주는 금융 시스템은 국가의 경제적 성공을 뒷받침하는 근간이라 하겠다. 그런데 토지를 담보로 활용하는 시스템에는 위험도 동시에 존재하는 것으로 드러났다. 토지를 담보로 돈을 빌리는 방식이 널리 퍼지면서, 토지는 호황과 불황이 반복되는 경기주기와 밀접하게 얽히게 되었다. 토지 가격이 오를 때, 은행들이 상승한 가격을 기준으로 돈을 더 많이 빌려주기 시작하면 전체 대출 규모는 크게 늘어난다. 반대로 토지 가격이 급락할 때, 은행들은 담보로 잡은 토지의 가치가 채무불이행 위험을 낮춰주기에 충분치 않다는 사실을 깨닫게 된다. 이러한 인식이 시장 전반에 넓게 퍼질 때, 금융 시스템 전체가 심각한 타격을 입는다. 바로 이러한 이유로 토지는 지금까지 세계 최악의 금융위기 때마다 핵심적인 요인으로 작용했다. 침체에 빠진 경제에 치명적인 타격을 입히는 능력에서만큼은 그 어떤 자산도 토지를 따라오지 못한다.

우리는 토지가 호황과 불황을 조장했던 실질적인 사례를 역사 속에서 쉽게 발견할 수 있다. 새롭게 독립한 국가에서 거대한 토지 자산을 온전히 활용하고자 했던 미국인들은 금융위기에서 토지가 어떤 역할을 하는지 누구보다 먼저 깨닫게 되었다. 1783년 파리조약으로 7년간 이어졌던 영국과의 전쟁이 공식적으로 끝나자, 미국의 토지 투기꾼들은 새로운 상업적 도전과 돈벌이 사업에 적극적으로 뛰어들었다. 그중에는 자본과 체격 모두 거대했던 투자자가 있었으니, 바로 로버트 모리스Robert Morris라는 인물이었다. 미국의 중요한 건국 아버지 중 하나인 모리스는 독립전쟁 동안에 미국의 육군과 해군을 상업적, 전략적으로 이끄는 과정에 참여하면서 '혁명의 재정가financier of the revolution'로 이름을 알렸다. 국가의 전쟁 자금이 떨어졌을 때, 그는 개인 재산을 털어서 전쟁을 지원하기도 했다. 미국이 독립전쟁을 치르는 동안은 물론 전쟁이 끝나고 10년 동안 모리스는 미국에서 최고의 갑부이자 국가의 영웅이었다.

독립전쟁이 끝난 후 모리스를 비롯한 많은 투기꾼이 선택한 비즈니스 모델은 비교적 단순했다. 모리스는 거액을 대출받아 토지를 매입한 뒤, 유럽 투자자들, 특히 네덜란드인들에게 그 땅을 팔았다. 그 무렵 부유한 네덜란드 투자자들이 모여서 만든 홀랜드 랜드 컴퍼니Holland Land Company는 수백만 에이커에 달하는 미국 땅을 사들이고 있었다.[13] 여기서 모리스와 같은 큰손들은 그때까지

172

그리고 그 이후로도 레버리지를 이용한 투자자들이 모두 공통으로 활용했던 방식을 그대로 적용했다. 즉, 그들은 기존 대출의 만기가 돌아오면 대출을 연장하면서 더 많은 돈을 추가로 빌렸다. 그리고 그 돈으로 더 많은 토지를 사들여서 더 높은 가격에 팔았다. 이 게임을 계속 이어가기 위해, 모리스와 같은 투자자들은 보유한 토지를 팔아서 만기가 된 대출을 상환하기만 하면 되었다. 이 과정에서 토지 가격이 오르기만 하면 문제 될 것은 하나도 없었다. 그러나 그로부터 250년이 흐른 오늘날 우리가 보기에는 어떤가? 이러한 방식은 대단히 익숙하면서도 위험한 투자 전략이다.

1795년 모리스는 또 다른 부유한 토지 투기꾼인 제임스 그린리프James Greenleaf와 존 니컬슨John Nicholson과 함께 노스아메리칸 랜드 컴퍼니North American Land Company를 설립했다. 이 회사의 대차대조표에 기록된 토지는 그 넓이가 600만 에이커로, 뉴햄프셔주 면적에 달할 만큼 거대했다.[14] 그들이 보유한 토지에는 나중에 연방 수도인 워싱턴 D.C.가 될 영토의 대부분이 포함되어 있었다. 당시 그 땅은 건설과 개발이 거의 이뤄지지 않은 상태였다. 1790년대 중반까지도 이들 투기꾼은 유럽의 자본으로 미국 전역의 땅을 사서 높은 가격에 되팔아 부채를 상환하는 기본적인 비즈니스 모델로 엄청난 수익을 벌어들였다.

그러나 세 사람의 연합은 강점이 아니라 약점이 극대화된 도박이었던 것으로 드러났다. 멀리 떨어진 미국 땅에 대한 유럽 투자자들의 관심이 조금씩 줄어들면서, 거대한 레버리지를 기반으로 한 모리스와 동업자들의 비즈니스 모델은 흔들리기 시작했다. 게다가 모리스와 그의 동업자들이 네덜란드 투자자들로부터 거액을 빌려 노스아메리칸 랜드 컴퍼니를 설립했던 바로 그 해에, 네덜란드 공화국은 프랑스 혁명군의 손에 넘어갔다. 그해 말 조지 워싱턴은 새로운 수도가 들어설 토지를 매입하기 위해 모리스에게 자금을 지원해달라고 편지를 보냈다. 그러나 모리스는 이렇게 답장을 보낼 수밖에 없었다. "지금은 그만한 돈이 없습니다."[15] 세 투기꾼에게 그야말로 수치스러운 순간이었다.

　　유럽에서 전쟁이 터지면서 대서양 양쪽 간의 무역과 신용 거래는 완전히 멈춰 섰다. 영국의 전시 의회는 파운드를 금으로 교환하지 못하게 조처했다. 이는 앞으로 20년간 이어지게 될 프랑스와의 전쟁을 시작하면서 영국이 정부 재정을 보호하기 위한 것이었다. 이로써 노스아메리칸 랜드 컴퍼니는 국내와 해외에서 받은 대출을 더 이상 연장할 수 없게 되었다. 모리스는 채권자들의 요구에 여러 필지를 서둘러 매각했지만, 상환 독촉장은 계속 쌓여만 갔다. 미국 독립전쟁 동안에 금융 세상의 영웅으로 추앙받았던 모리스는 1798년에 결국 교도소에 수감되어 3년을 보내야 했다. 개인 투자자로서 불운을 맞이했던 모리스와 그의 동업자들은 새로 독립을 쟁취한 미국이 처음으로 맞닥뜨린 경기침체를 앞당기는 역할을 했다.[16] 1790년부터 1795년까지 미국 경제는 토지 가격의 상승과 신용 확대, 산업 생산 증가에 힘입어 호황을 누렸다. 그러나 1796년부터 생산량이 꺾이기 시작했고, 이전 수준으로 회복하는 데는 약 4년이 걸렸다.[17] 하지만 토지시장의 호황과 이후 모리스의 굴욕적인 몰락으로 시작된 미국의 경기침체는 앞으로 펼쳐질 금융 역사에 대한 맛보기에 불과했다.

거품을 키운 탐욕의 파도

이후 미국 토지시장은 호황을 누리다가 1819년과 1837년에 다시 폭락했다. 그리고 그때마다 경기침체로 이어졌다. 미 전역을 가로지르는 철도가 들어서자 주변 토지 가격이 급등했다가 떨어지면서 1857년과 1873년에 금융위기가 발생했다. 특히 1873년의 위기는 헨리 조지가 토지 개혁을 향해 달려 나가도록 길을 열어줬다. 경기침체의 구체적인 형태는 금융위기마다 다양하게 드러났다. 관여한 금융기관과 구체적인 대출 방식, 경기침체 규모는 미국 토지시장이 호황과 불황을 겪을 때마다 달랐다. 이후 1914년 제1차 세계대전이 발발하면서 지금까지와는 다른 경기주기가 시작되었다. 유럽의 농업이 파탄에 빠지면서, 미국 농민들은 농산물을 수출할 기회를 잡게 되었다. 이후 곡물 가격이 크게 올랐고, 밀 가격은 전쟁터에서 멀리 떨어진 워싱턴주에서도 1913년에서 1920년 여름에 이르는 동안 3배로 뛰었다. 그러나 전쟁이 끝나고 유럽의 농업 생산량이 이전 수준으로 회복되자, 농산물 가격은 1년도 되지 않아 절반 아래로 떨어졌다.[18] 이로 인해 미국의 농지 가격이 급락했고, 많은 농민이 대출을 상환하지 못하게 되었다. 게다가 그동안 대출을 확대해 나갔던 은행들은 손실을 고스란히 떠안게 되었다. 1920년대에 미국의 몇몇 도시가 호황을 누리는 동안에도 농촌 지역에서는 수천 곳의 은행이 문을 닫았다.[19]

이후 한 세기 동안 농지가 전체 토지에서 차지하는 비중은 미국은 물론 전 세계 대부분 지역에서 크게 줄었다. 그러나 이후 세 가지 현상이 서로 밀접하게 얽힌 형태로 동시에 일어나면서 자산으로서 토지의 중요성은 더 높아졌다. 첫째, 주택 소유가 대중화되고 주택 가격이 치솟으면서 부동산이 금융 시스템에서 차지하는 역할이 더 커졌다. 1900년에 영국과 미국, 독일, 프랑스, 일본 등 산업화된 14개 국가에서 주택 담보 대출은 전체 은행 대출의 약 32퍼센트를 차지했다. 이 비중은 이후로 계속 상승해서 1960년 대 후반에는 40퍼센트를 넘어섰고, 1990년대에는 50퍼센트를 뛰어넘었다. 그리고 2007~2008년 글로벌 금융위기 이후 10년이 흘러서는 62퍼센트에 이르렀다.[20] 이러한 패턴을 들여다보던 경제학자 모리츠 슐라리크Moritz Schularick와 오스카르 조르다Òscar Jordà, 앨런 테일러Alan Taylor는 여기에 '모기지 대확산The Great Mortgaging'이라는 이름을 붙였다. 그렇게 상업은행의 건전성과 대출 역량이 토지 시장의 변동과 필연적으로 얽히게 되었다.

자산으로서 토지의 중요성을 높여준 두 번째 현상은, 선진국 지역에서 토지가 주택 가격에 더 많은 영향을 미치게 되었다는 것이다. 모리츠 슐라리크와 카타리나 놀Katharina Knoll, 토마스 슈테거Thomas Steger는 1950~2012년 동안에 산업화된 14개국에서 나타난 주택 가격 급등이 주로 토지 가격 상승에 따른 것임을 확인했다. 그 기간에 주택 가치 상승분의 80퍼센트가 토지 가격 상승에서 비롯되었다.[21] 지난 100년간 선진국 세상에서 주택 자체의 품질이 크게 발전하지는 않았다. 오히려 많은 지역에서는 오래된 주택에 프리미엄을 지급하려는 경향마저 나타난다. 실제로 영국인들은 전후에 획일적인 형태로 빠르게 지은 주택보다 런던의 에드워드 시대 양식 타운하우스를 더 선호한다. 사실 전 세계적으로 주택 가격 폭등에서 건축비가 차지하는 비중은 아주 작은 수준이다.

오늘날 은행 시스템에서 토지가 이처럼 중요한 자산으로 떠오른 것이 토지의 내적 특성 때문만은 아니다. 자산으로서 토지의 중요성을 더 높여준 세 번째 현상은, 전 세계의 은행들을 규제하는 새로운 방식의 등장이다. 규제 방식이 달라지면서 은행들은 부동산 시장에 더 깊숙이 관여하게 되었다. 1989년 13개 선진국이 '바젤 협약Basel Accords'에 서명했다. 이는 은행을 규제하는 방안을 담은 새로운 규범집으로, 은행이 다양한 자산에 위험을 얼마나 부여해야 하는지 그 기준을 제시한다. 당시 미국과 일본, 영국을 비롯하여 전 세계 금융시장에서 큰 부분을 차지하는 유럽의 주요 강대국과 금융 중심지들이 서명에 참여했다. 그리고 이후 수십 년에 걸쳐 수십 곳의 개발도상국도 이 협약에 추가로 참여했다. 처음에 바젤 협약은 단순했다. 이 협약에 따르면, 은행들은 '위험 가중치'를 기준으로 자산과 부채 사이의 완충 장치로서 자본을 얼마나 보유해야 하는지를 결정해야 한다. 가령 어떤 활동이 더 위험하다고 판단할 경우, 거기에 더 높은 위험 가중치를 부여하게 된다.

이 규정에 따를 때, 국채나 현금처럼 사실상 위험이 없다고 판단된 자산의 경우에는 따로 자본을 보유할 의무가 없다. 이러한 자산에 대한 위험 가중치는 0퍼센트다. 반면 무담보 기업 대출의 위험 가중치는 100퍼센트다. 그리고 주택 담보 대출은 50퍼센트다. 간단하게 말해서, 은행은 주택 담보 대출에는 훨씬 더 많은 돈을 빌려줄 수 있고, 일반적인 형태의 무담보 기업 대출에는 조금밖에 빌려줄 수 없다. 그런데 수천 건의 주택 담보 대출을 묶어서 발행한 최고 등급의 주택저당증권Mortgage-backed security의 경우, 위험 가중치가 20퍼센트밖에 되지 않았다. 이후 초기 규정을 수정한 바젤 II 협약이 2004년에 발표되었는데, 여기서는 주택 담보 대출의 위험 가중치가 17퍼센트로 더 낮아졌다. 이와 관련해서 중요한 사실은 첫 번째 바젤 협약과 두 번째 협약 모두 안전한 주택 담보 대출과 위험한 주택 담보 대출을 별도로 구분하지 않았다는 점이다.

다시 말해, 주택 가치의 100퍼센트를 소득이 낮은 사람에게 대출한 경우, 그리고 주택 가치의 50퍼센트를 상환 능력이 높은 사람에게 대출한 경우를 모두 똑같이 간주했다.

전 세계 금융산업에 대한 이러한 새로운 규제가 시작되고 얼마 지나지 않아, 아마도 이 책의 독자들 대부분이 익히 알 만한 토지 붐이 시작되었다. 2006년 말에 이르기까지 10년 가까이 이어진 이번 토지 붐은 미국 현대사에서 가장 거대한 규모로 일어났다. 그동안 미국의 주택 가격은 실질 가치 기준으로 59퍼센트나 상승했다. 특히 애리조나주 피닉스나 플로리다주 탬파처럼 관심이 집중된 지역에서는 2배 넘게 올랐다. 이번 토지 붐은 외형적으로 과거 사례들과 크게 다르지 않았다. 그러나 레버리지와 금융 투기 규모에서는 큰 차이가 있었다. 당시 미국의 금융산업이 자유화되고 주택 소유율을 높이려는 양당 모두의 정치적 열정이 가세하면서, 2004년 미국의 주택 소유율은 국가 역사상 최고 수준인 69퍼센트에 이르렀다. 그리고 그 뜨거운 10년 동안 미국 전역의 주택 담보 대출 규모는 120퍼센트 이상 증가했다. 그중에서도 상환 능력이 낮은, 소위 서브프라임 차입자를 대상으로 한 대출이 폭발적으로 늘었다.

그런데 이번 토지 붐은 분명하게도 미국만의 일은 아니었다. 같은 10년 동안 주택 가격은 선진국 대부분에서 크게 치솟았고 일부 지역은 미국의 상승세를 훌쩍 뛰어넘기도 했다. 캐나다와 뉴질랜드, 호주에서 집값은 각각 66퍼센트, 77퍼센트, 95퍼센트 뛰었다. 스페인과 프랑스는 2배로 올랐다. 영국은 153퍼센트 상승을 기록했고, 아일랜드는 3배 넘게 뛰었다. 전 세계적으로 일어난 집값 폭등과 함께 유럽과 북미 지역에서 주택 담보 대출 규모도 크게 늘었다. 그동안 투자 은행들은 토지 가격 상승세에 올라타고자 주택저당증권mortgage-backed security(MBS)이나 담보부채증권collateralized debt obligation(CDO), 혹은 신용부도스왑credit default swap(CDS) 등 이름도 복잡한 다양한 금융상품을 개발해서 판매했다. 이러한 흐름에 뛰어든 자들 모두 노골적인 탐욕을 감추지 않았다. 돈을 빌리는 자와 빌려주는 자 그리고 정책결정자 모두 한계선을 넘어섰다. 그렇게 금융 거품은 대서양 양쪽 모두에서 일었다. 그들 모두 무모한 투기적 위험을 기꺼이 감수하고자 했다. 그러나 2008년 재앙적인 붕괴를 초래한 모든 금융 활동을 분별없는 접근 방식으로 치부하는 관점은, 사실 널리 퍼진 오해다. 룰렛의 유혹을 뿌리치지 못하는 카지노 손님도 돈을 다 잃을 위험이 있다는 사실을 잘 안다. 그러나 주택시장의 붐이 일어나는 동안에 레버리지를 위한 담보 자산으로서 토지와 부동산의 가치를 한층 더 높여준 것은 바로 안전과 신뢰에 대한 사람들의 믿음이었다.

　　부동산을 보유한 기업들은 시장이 상승하는 동안에 큰 수익을 벌었다. 경제학자 토머스 채이니Thomas Chaney와 데이비드 스리어David Sraer, 다비드 테스마르David Thesmar의 연구에 따르면, 1993~2007년 기간에 부동산 자산 가치가 1달러 오를 때마다 기업들은 6센트를 빌려서 투자했다.[22] 그리고 같은 기간에 중소기업 대부분이 해당되는 비법인noncorporate 기업들이 소유한 미국 부동산의 시장가치가 6조 달러 이상 상승했고, 그 상승분은 수천억 달러 규모의 투자를 위한 새로운 담보로 활용되었다. 잉글랜드 은행Bank of England 소속 경제학자들은 영국에서 기업 소유주가 보유한 주거용 부동산의 가치와 기업 투자 사이에 연결고리가 존재한다는 사실을 발견했다. 2002~2012년 기간에 기업이 아닌 기업 소유주가 개인적으로 보유한 주택의 가격이 1파운드 오를 때마다 기업 투자는 7펜스, 기업의 임금 총액은 10펜스 증가했다.[23]

2005년에 이코노미스트는 전 세계적인 주택 가격 폭등을 설명하면서 역사상 가장 거대한 거품이라는 표현을 썼다. 그리고 전 세계 주택의 총가치가 30조 달러에 이르면서 불과 5년 만에 거의 2배로 늘어났다는 추산을 내놨다.[24] 그러던 2006년, 미국 주택 시장의 고공 행진이 주춤하는 모습을 보이기 시작했다. 그리고 2007년 전 세계 주택 가격이 정점을 찍고 난 후, 모기지시장에서 은행들이 점점 더 복잡하고 거대한 레버리지를 동원하여 쌓아 올린 파생상품의 산이 흔들리게 되었다. 그때까지 월가, 더 나아가 전 세계 금융산업 전체가 토지 가격의 꾸준한 상승에 의존해왔다. 그러나 그 흐름에 미미한 기류 변화가 발생하자, 그것도 시장 가격이 하락한 것이 아니라 상승세가 꺾인 것만으로도 그동안 쌓아 올린 부채의 거대한 산이 무너지기 시작한 것이다. 그리고 2008년 이러한 변화에 가장 취약했던, 또 그 위험에 가장 직접적으로 노출되어 있었던 리먼 브러더스가 엄청난 적자를 보고하기에 이르렀다. 이후 주가가 큰 폭으로 떨어지면서 손실을 메우기 위한 자금 조달이 불가능해졌다.

무너진 것이 상업은행만은 아니었다. 각각 1938년과 1970년에 설립되어 주택 구매를 위한 대출을 지원해온 패니메이Fannie Mae와 프레디맥Freddie Mac 역시 모기지시장과 이에 기반을 둔 파생상품시장이 얼어붙으면서 치명적인 위기를 맞이했다. 2008년 9월 15일 리먼 브러더스가 무너지기 일주일 전, 미 연방정부는 두 기관에 막대한 구제금융을 투입했다. 미 정부의 지원으로 명맥을 유지한 이 두 기관은 지금도 연방주택금융청Federal Housing Finance Agency의 관리 감독을 받고 있다. 이러한 운영 체제는 원래 임시방편으로 마련되었으나, 20년 가까이 그대로 이어지고 있다. 그렇게 주택시장의 거품이 꺼지는 과정에서 미국의 주택 가격은 실질 가치 기준으로 4분의 1 넘게 떨어졌고, 이로써 수조 달러에 달하는 장부상 가치가 사라져 버렸다. 어쩌면 주택 구매를 생각조차 할 수 없었던 미국인들에게 좋은 소식이 될 수도 있었을 것이다. 적어도 토지와 신용의 연결고리가 너무나 강력해서 미국 경제가 80년 만에 최악의 경기침체로 빠져들지 않았다면 말이다.

영국에서도 노던록Northern Rock과 얼라이언스 앤드 레스터 Alliance & Leicester, 코번트리 빌딩 소사이어티Coventry Building Society와 같은 대출 기관은 집값 하락이 시작되면서 심각한 위기를 맞이했다. 이들 모두 영국 정부가 주택 소유 사회를 구축하고자 노력했던 1920~1930년대에 크게 성장했다. 그들은 주택을 구매하려는 사람들에게 집값의 100퍼센트를 넘어서 때로는 125퍼센트에 달하는 돈을 빌려주기도 했다. 이러한 현상은 주택 담보 대출 기준이 얼마나 느슨해졌는지, 또 대출 기관과 차입자 모두가 주택 가격이 앞으로 계속 오를 거라고 얼마나 확신했는지를 잘 보여준다. 그러나 이후 여러 은행과 주택금융조합이 무너지기 시작하면서, 영국 정부는 주택시장의 전면 붕괴를 막고자 일부 은행과 조합을 국유화했다. 영국 외에도 심각한 피해를 입은 유럽 시장에서 경기침체는 미국보다 더 치명적이고 장기적으로 이어졌다. 가령 스페인에서는 집값이 실질 가치 기준으로 정점 대비 3분의 1 넘게 떨어졌고, 아일랜드는 절반 넘게 하락했다.

물론 토지가 금융 광풍이라는 망령에 사로잡힌 유일한 투기 자산은 아니었다. 그래도 그 여파는 어느 자산보다 심각했다.

영국 벨파스트에 위치한 퀸스대학교의 존 터너John Turner와 윌리엄 퀸William Quinn은 역사 속에서 일어난 다양한 금융 거품 사례를 분석하고, 이를 실질적인 유형으로 분류하는 연구를 했다.[25] 여기서 일부 유형의 거품은 레버리지 수준이 비교적 낮았고, 주요한 기술 혁신(혹은 유행)에 의해 촉발되었다. 예를 들어, 1990년대 후반 미국의 닷컴 붐이나 1890년대 영국의 자전거 열풍이 여기에 해당된다. 영국에서 자전거 열풍이 일었던 무렵에는 100여 곳의 자전거 회사가 런던 주식시장에 상장되었고, 수천 건에 달하는 자전거 관련 특허가 쏟아져 나왔다. 이러한 유형의 거품에서는 비록 막판에 뛰어든 투자자들이 손해를 봤지만, 국가 경제 전반에 미친 영향은 크지 않았다. 때로는 사회적으로 도움이 되기도 했다. 가령 자전거 열풍이 일어나는 동안에는 매년 수십만 대의 자전거가 생산되었고, 닷컴 붐 시대에는 현대적인 인터넷 인프라에 대한 투자가 늘어나면서 일반 가구의 인터넷 보급이 크게 확대되었다. 이와는 달리 토지시장을 중심으로 금융 광풍이 일어난 경우, 일반적으로 레버리지가 극단적으로 높았고, 세금이나 규제 변화와 같은 정치적 움직임으로 시작되었다. 300여 년 전 미시시피 토지 거품에서 2000년대 초 글로벌 주택 거품에 이르기까지, 토지 붐은 종종 거대한 은행 레버리지를 수반했으며, 또한 거품이 꺼지고 나서 치명적인 경기침체로 이어졌다.

디지털 시대의 아이러니

거품과 폭발의 순환 주기는 당혹스럽게도 규칙적으로 반복된다. 침체는 그전에 일었던 호황의 필연적인 결과물로 등장한다. 토지 가격이 장기적으로 상승했다고 해서 반드시 이후에 가격이 폭락하는 것은 아니다. 토지 가격의 붕괴가 필연적인 최악의 결과물이라고 단정 짓기도 어렵다. 예를 들어, 2008년 금융위기의 여파로 전 세계 곳곳에서 장기 불황과 침체의 그림자가 드리웠지만, 많은 나라에서 그 충격이 토지 가격에 미친 전반적 영향은 단지 과속 방지턱에 불과했던 것으로 드러났다.

다만 토지 가격이 장기적으로 상승할 때, 누가 은행에서 돈을 빌릴 수 있는지에 큰 변화가 생긴다. 부동산을 많이 보유한 기업과 개인이 유리한 위치를 점한다. 그들은 토지를 담보로 활용해서 더 많은 돈을 쉽게 빌릴 수 있다. 반면 토지가 없는 이들은 대출받기가 더 어려워진다. 사업에 필요한 토지를 구하려면 더 높은 비용을 지급해야 한다. 새롭게 확대된 신용을 차지하는 주체의 변화는 경기 흐름을 더 부정적인 쪽으로 나아가게 만들기도 한다. 프랑스 중앙은행이 발표한 연구 결과에 따르면, 부동산 가격이 10퍼센트 오를 때 부동산을 많이 보유한 기업들은 투자를 늘리는 반면, 담보로 활용할 부동산이 없는 기업들은 투자를 대폭 줄인다.[26] 일반적으로 역사가 깊고 안정성이 높은 기업일수록 많은 부동산을 보유하고 있다. 문제는 이러한 기업들 대부분 비즈니스 수익성이 낮고 생산성도 떨어진다는 점이다.

우리는 이러한 문제를 쉽게 발견할 수 있다. 국제결제은행 Bank for International Settlements(BIS)의 경제학자 제바스티안 되르Sebastian Doerr는 부동산을 많이 보유한 미국 기업들이 담보로 활용할 토지가 없는 다른 기업들에 비해 실제로 생산성이 떨어진다는 사실을 확인했다.[27] 그는 부동산 가격이 폭등했던 2008년에 이르기까지 15년 동안 추가로 확대된 대출 금액이 이처럼 수익성 낮은 기업들로 대거 흘러 들어가면서 경제 전반의 생산성이 크게 떨어졌다고 지적했다. 결론적으로 말해서, 토지를 많이 보유한 생산성 낮은 기업들이 더 젊고 역동적인 기업들의 희생으로 많은 돈을 벌어들인 것이다. 되르의 주장이 옳다면, 부동산 가격 상승으로 투자가 폭증하는 동안에 경제의 생산 잠재력은 점차 떨어지고 있을 것이다. 토지를 많이 보유한 기업들이 대출을 대부분 차지하면서 나머지 기업들이 돈을 빌리기가 더 어려워질 것이기 때문이다.

이처럼 토지와 금융의 강력한 연결고리는 일부 기업의 생명을 필요 이상으로 연장시킬 뿐 아니라, 다른 많은 기업이 돈을 빌리지 못하도록 가로막는다. 주택시장이 과열될 경우, 은행들은 핵심 비즈니스였던 일반적인 기업 대출을 등한시하고, 대신 부동산 관련 기업을 대상으로 대출을 집중한다. 경제학자들의 표현을 빌리자면, 미래 기업가들이 대출시장에서 '밀려난다crowded out.' 경제학자인 인드라닐 차크라보르티Indraneel Chakraborty와 이타이 골드스타인Itay Goldstein, 앤드루 매킨레이Andrew MacKinlay는 1988~2006년 동안 주택시장이 과열된 지역에서 은행 대출을 받은 기업들은 다른 지역의 기업들에 비해 더 높은 금리로 더 적은 금액을 빌렸으며, 이로 인해 투자 규모가 줄었다는 사실을 확인했다.[28]

오늘날 경제가 점차 디지털화되고 있음에도, 소프트웨어와 브랜드, 데이터, 특허 등 지식재산권 중심의 무형 경제의 성장이 오히려 금융시장에서 토지의 중요성을 더 강화하는 것으로 보인다. 최근 은행들은 장비나 기계 같은 기업의 물리적 자산을 담보로 잘 받아들이지 않는다. 가치를 평가하기 힘들기 때문이다. 그렇다면 지식재산권이나 소프트웨어 같은 새로운 유형의 무형 자산에 대해서는 더 그럴 것이다. 경제는 첨단 기술과 디지털 중심으로 흘러가고 있지만, 거꾸로 은행들은 담보 자산으로서 토지에 더 많이 의존한다. 아이러니하게도, 2008년 금융위기 이후로 토지와 금융의 연결고리는 더욱 단단해졌다. 지난 15년간 은행들의 비즈니스는 모기지 쪽으로 더 기울었다. 특히 주요 대형 은행들은 위험을 낮춘다는 명목으로 무담보 기업 대출에서 발을 빼는 방식으로 재무구조를 개선했다. 세계 여러 지역에서 대형 은행의 전체 자산 중 부동산 담보 대출이 차지하는 비중이 지금만큼 높았던 적도 없었다.

토지가 국가 전체의 부에서 차지하는 비중이 높아지고, 또한 금융과 토지의 연결고리가 점점 강해지는 지역에서는 토지 가격의 변동과 무관하게 치명적인 경제적 위험이 항상 존재하게 마련이다. 이것이 바로 오늘날 전 세계 모든 나라가 직면하고 있는 토지의 덫이다. 토지 가격이 오를 때, 신용시장의 호황이 장기간 이어지면서 토지 소유자에게 더 많은 자원이 집중된다. 반면에 세계에서 가장 오래된 자산인 토지를 소유하지 못한 이들은 기회를 더 많이 뺏긴다. 그리고 토지 가격이 떨어질 때, 신용이 순식간에 증발하면서 세상은 고통을 넘어 재앙을 겪게 된다. 이후 금융위기에 따른 경기침체가 수년 혹은 수십 년 이어진다.

7
토지본위제

1989년 8월, 뉴질랜드 수도인 웰링턴에서 정치인들이 모여 토지 문제로 토론을 벌였다. 그 주제는 국내 토지에 관한 것도, 혹은 그 위에 지을 건축물에 관한 것도 아니었다. 그들이 논쟁을 벌인 것은 수천 킬로미터나 떨어진 곳에 있는 토지에 대한 것이었다. 토지의 면적도 크지 않았다. 가로세로 수십 미터 길이의 작은 부지였다. 그렇다고 거기에 궁전이나 군사 시설, 혹은 국경 검문소 같은 중요한 시설이 있는 것도 아니었다. 그곳은 그저 뉴질랜드 정부가 1970년대 중반에 매입한 테니스장과 공공 놀이터 부지였다.[1] 다만 중요한 것은, 그 테니스장과 놀이터가 도쿄 중심부인 시부야에 위치한 뉴질랜드 대사관 바로 옆에 있다는 사실이었다. 그리고 1980년대 말 일본 수도인 도쿄는 그때까지 전례를 찾아보기 힘든 어마어마한 토지 거품이 일었던 곳이었다.

당시 두 번 연속으로 정권을 잡았던 뉴질랜드 노동당은 선거를 코앞에 두고 있었다. 사실 뉴질랜드는 지난 20년간 아주 힘든 시절을 보냈다. 1973년 영국이 유럽경제공동체에 가입하면서 모국인 영국과 과거 식민지였던 뉴질랜드 사이의 호혜적인 교역 관계가 중단되고 말았기 때문이다. 이후로 뉴질랜드 농업은 수출에서 큰 타격을 입었다. 게다가 에너지 가격이 전 세계적으로 크게 올랐다. 결국 뉴질랜드 사회는 1980년대를 지내며 높은 인플레이션과 실업, 정부 부채 증가로 큰 어려움을 겪었다. 다만 1989년에 뉴질랜드 정부는 자축할 만한 성과를 하나 올렸다. 1970년대 중반부터 경상수지 적자가 이어지면서 계속 해외에서 차관을 끌어와야 했지만, 그럼에도 1989년 1분기에 노동당 정부가 처음으로 경상수지 흑자를 달성한 것이었다.

흑자의 이면에는 무언가가 있었다. 다름 아닌, 도쿄 테니스장 부지 매각 대금이 포함된 것이었다. 이는 당시 금액으로 1억 5000만 뉴질랜드 달러, 오늘날 가치로 2억 5000만 미국 달러에 달했다. 그 수입은 뉴질랜드의 주요 경제 지표에 실질적인 영향을 미칠 정도로 컸다. 이에 대해 뉴질랜드 신문 〈더 프레스The Press〉의 한 독자는, 대사관 옆에 테니스장이 아니라 럭비 경기장이 있었더라면 경상수지에 더 큰 도움이 되었을 거라며 냉소적으로 아쉬움을 표했다.[2]

어느 야당 인사는 재무장관에게 공식 통계를 보기 좋게 만들기 위해 분기마다 테니스장을 하나씩 팔아치울 생각이냐고 물었다.[3] 또 다른 이는 뉴질랜드 정부가 가문의 재산을 팔아치우고 있다며 비난했다. 그런데 사실 그것이 뉴질랜드 정부의 일만은 아니었다. 전 세계 많은 정부가 똑같은 생각을 하고 있었다. 그 전년도에는 호주 정부가 도쿄에 있는 대사관 땅을 매각해서 약 4억 5000만 달러를, 오늘날 가치로 10억 달러가 넘는 수익을 챙겼다. 그들은 제2차 세계대전 직후에 그 땅을 사들여 무려 20만 퍼센트에 달하는 투자 수익을 올렸다. 그 돈은 1988년 호주 정부의 재정 적자를 메우는 데 크게 기여했다.[4] 그리고 중국과 쿠바 대사관도 인근 부지를 매각했고, 1990년에는 아르헨티나와 미얀마 대사관도 그 뒤를 이었다.

이처럼 여러 해외 정부가 대사관 땅을 팔아 거둔 엄청난 수익은 1980년대 일본에서 거대한 규모로 일었던 자산 가격 거품을 상징적으로 보여주었다. 1980~1990년에 일본은 금융 강국으로 그 정점에 올라서면서 경제 규모가 80퍼센트 넘게 성장했다. 그 10년간 일본 전역의 토지 가치가 3배 이상 뛰었고, 거품의 중심지였던 6개 대도시의 상업용 토지 가격이 500퍼센트 넘게 치솟았다.[5] 당시 토지 가격 상승세는 지금도 세계적인 기록으로 남아 있다. 동시에 이는 호황을 일으키고 그에 따른 폭락으로 경제에 치명적인 타격을 입히는 과정에서 토지가 수행하는 금융적인 역할을 너무나 잘 보여주는 사례로도 남았다.

일본에서 일었던 토지 가격 폭등의 배후에는 '토지신화土地神話'에 대한 절대적인 믿음이 자리 잡고 있었다. 일본의 가구와 투자자, 기업, 금융가 모두 토지와 그 위의 부동산 가치에 대해, 그 가치의 지속적인 상승에 대해 강한 확신을 품고 있었다. 실제로 그들의 믿음은 제2차 세계대전 이후 수십 년에 걸쳐 옳았던 것으로 드러났다. 부자든 가난한 사람이든 일본 국민 대다수는 토지가 그 어떤 자산보다 투자 수익성이 높다고 믿었다. 물론 토지가 안전한 투자 자산이라는 믿음이 일본에만 국한된 것은 아니었다. 많은 국가의 국민이 그 이전부터, 또 그 이후로도 그렇게 믿었고 결국 그 대가를 치렀다. 그러나 토지 투자에 대한 일본인의 집착과 금융 열풍에 따른 거품은 현대사에서 비견할 만한 사례를 찾아보기 힘든 수준이었다.

　　일본의 경우, 토지와 경제의 움직임은 놀라울 정도로 밀접하게 얽혀 있었다. 몇몇 경제학자와 분석가들은 일본이라는 나라가 '토지본위제土地本位制'에 기반을 두고 돌아가고 있다고 표현하기까지 했다.[6] 사실 이러한 식의 설명은 매우 적절했다. 20세기 초까지 많은 정부가 그들의 통화를 금 가치에 연동시켰듯이, 일본 경제는 실질적으로 토지 가격에 연동되어 있었다. 기업들은 토지를 담보로 은행에서 돈을 빌렸고, 토지 가격이 오르면서 더 많은 돈을 빌릴 수 있게 되었다. 일본 기업들은 가구들로부터 많은 토지를 사들였다. 이는 비즈니스 운영에 필요해서만이 아니라, 나중에 담보로 활용하기 위해서였다. 금본위제를 택한 국가의 경제가 귀금속 가격에 의존했던 것처럼, '토지본위제'에 근간을 둔 일본 경제는 세계에서 가장 오래된 자산인 토지 가격의 변동에 의존하게 되었다. 1930년대에 금본위제를 고수했던 나라들이 결국 재앙을 맞이했던 것처럼, 토지와 신용이 긴밀하게 얽혔던 일본도 똑같은 파국에 이르고 말았다.

　　1989년에 대사관 땅을 매각하려고 했던 각국 정부들은 사실 가문의 재산을 내다 팔고 있었던 게 아니었다. 그들은 일본의 토지 투기가 정점을 지나 마지막을 향해 달려가고 있던 와중에 시기적으로 대단히 적절한 결정으로 현금을 마련한 것이었다. 일본의 주식시장은 도시 지역의 토지 가격 상승과 새롭게 시작된 국가적 번영에 힘입어 크게 치솟았고, 1989년 12월 31일에 최고점에 달했다. 이 기록은 이후 사반세기에 가까운 기간 동안 깨지지 않았다. 그로부터 1년이 지난 1990년 말부터 토지 가격은 하락하기 시작했고, 이 흐름이 10년 넘게 이어졌다. 경기 호황 이후로 이어진 경기침체는 단지 길고 힘든 조정 기간이 아니었다. 토지 가격이 장기적인 하락세로 접어들면서, 20세기 가장 유망했던 경제 성장 스토리가 종말을 맞이하고 있었다.

　　세계 경제의 선두를 달리던 일본이 갑자기 주저앉은 것은 대단히 충격적인 일이었다. 1989년에 일본의 1인당 소득은 달러 기준으로 세계 주요 경제국 가운데 가장 높은 수준이었다. 그러나 1991년 미국의 80퍼센트까지 추격했던 일본의 1인당 GDP는 구매력 요소를 고려하더라도 2022년에 61퍼센트 수준으로 떨어졌다. 같은 기준으로 볼 때, 현재 일본의 경제 수준은 한국이나 이탈리아보다 못한 상황이다. 거품이 꺼지고 30년이 넘도록 일본 경제는 아직 수렁에서 빠져나오지 못했다. 토지 거품이 일어난 과정, 토지 가격이 계속 오를 거라는 절대적인 믿음, 1980년대 말 무모하고 비이성적인 열기는 일본이 지금 겪고 있는 장기 침체를 이해하기 위한 핵심 요소다. 일본의 사례로부터 얻은 교훈은 전 세계적인 차원에서 큰 의미가 있다. 제2차 세계대전이 끝나고 일본 정부가 추진했던 새로운 경제 성장 모델은 동아시아 전역에 강한 영향을 미쳤다. 실제로 한국과 대만은 물론, 중국 정부까지도 기존의 경제 노선을 수정했다. 하지만 토지시장이 급격하게 상승했다가 추락한 이후로, 한때 세계적인 금융 강국으로 미국까지 위협했던 일본 경제는 이제 회복 불가능한 침체의 늪에서 허덕이게 되었다.

엔 마스터, 영웅과 악당 사이

제2차 세계대전이 끝나고 20년이 지나기 전 그리고 울프 라데진스키가 토지 개혁에서 성공을 거두고 15년밖에 되지 않았던 1964년에, 도쿄 올림픽이 열렸다. 그때 일본을 찾은 서구 기자들은 그 나라의 기술력과 눈부신 발전에 깜짝 놀랐다. 일본이 독자적으로 설계하고 생산한 전후 최초의 상업용 항공기인 YS-11이 일본 전역을 돌면서 성화를 봉송했다. 그런데 외신 기자들이 가장 놀란 것은 상공이 아닌 땅 위에 있었다. 그것은 다름 아닌 일본의 유명한 고속철도망이었다. 당시 일본의 경제 규모는 이미 제2차 세계대전 이전 수준을 훌쩍 넘어서 폭발적인 속도로 확장되고 있었다. 경제 성장률이 1960년대 전반에 걸쳐 연평균 약 10퍼센트를 기록했고, 올림픽이 끝난 지 10년이 지나기도 전에 일본은 프랑스와 영국, 서독을 제치고 세계 2위 경제 대국으로 부상했다. 산업혁명이 일어나던 동안에도, 혹은 그 이후로도 이처럼 급속한 성장세는 전 세계 어디서도 찾아볼 수 없었다.

1970년대로 접어들면서 일본의 성장세는 해외의 먼 나라들도 무시할 수 없을 만큼 뚜렷한 모습을 드러냈다. 일본은 단순한 경제 발전을 넘어서 전 세계 비즈니스와 금융 분야에서 강력한 영향력을 행사하는 글로벌 강자로 우뚝 섰다. 일본 산업가들은 제조 방식을 근본적으로 바꾸어 놓았다. 특히 자원 낭비와 불필요한 재고 및 과잉생산의 척결을 강조한 도요타 엔지니어들이 구축한 생산 시스템이 전 세계로 퍼져 나가기 시작했다. 일본 주식회사Japan Inc.는 무기를 생산하던 제국주의 시대에서 제품을 생산하는 세계 무역의 시대로 넘어갔다. 해외 경영자와 관리자들은 일본 기업들이 활용한 생산 공정에 주목했다. 그러나 미국의 많은 제조기업은 일본이라는 새로운 경쟁자의 등장으로 치명적인 위협에 처하게 되었다.

일본 경제는 엄청난 규모의 투자에 힘입어 국내는 물론 해외에서 급속도로 성장했다. 일본의 관료와 정치인들은 초고속 성장을 장기적으로 이어 나가기 위해서 어떤 재정적 뒷받침이 필요할지 고민하기에 이르렀다. 이는 나중에 일본의 이웃인 한국과 대만, 중국의 정치인들 역시 자국의 급격한 산업화 시기에 직면하게 될 질문이기도 했다. 일본 정부는 해외에서 인정받은 자국 브랜드를 강화하기 위해 경제적 차원에서 다양하게 개입했다. 예를 들어, 수출 촉진을 위해 엔화 가치를 의도적으로 낮게 유지하는 정책을 펼쳤다. 그리고 1949년 설립된 통상산업성은 해외 시장에 진출하려는 기업과 산업 분야를 대상으로 저리로 돈을 빌려줬다. 이를 위해 일본 정부는 은행의 예금 금리를 낮게 유지해야만 했는데, 오늘날에는 이러한 정책을 '금융 억압financial repression'이라고 부른다. 동시에 일본 정부는 자본의 해외 유출을 막기 위해 금융 자산을 비롯한 다양한 국외 자산에 투자하지 못하도록 철저히 단속했다.

그런데 1964년 서구 기자들이 신칸센을 타고 놀라움을 감추지 못하던 시점에도 경제 호황에 따른 의도치 않은 부작용이 이미 조금씩 모습을 드러내고 있었다. 주요 도시를 중심으로 토지 가격이 오르고 있었던 것이다. 특히 제2차 세계대전 이후 수십 년에 걸쳐 런던을 제치고 세계 최고의 도시로 성장한 도쿄의 땅값은 고공 행진을 이어갔다. 일반적으로 이러한 현상은 빠른 산업화와 도시화의 결과물이기도 했다. 영국과 미국도 급속한 개발 과정에서 땅값이 크게 치솟았다. 다만 일본의 토지 가격 상승은 소득 증가를 훌쩍 넘어서는 수준이었다. 일반적인 일본 가구는 토지와 그 위의 건물을 최고의 투자 대상으로 여겼다. 그건 그 외에 투자할 만한 자산이 거의 없었고, 은행의 예금 금리 또한 아주 낮았기 때문이었다.

일본의 세무 당국도 토지에 대해서만큼은 관대한 정책을 펼쳤다. 토지 및 부동산 관련 세금을 피할 수 있는 실용적인 기술을 소개하는 다양한 책이 전국 베스트셀러 목록에 이름을 올리기도 했다. 일반적으로 소득세는 작년 소득을 기준으로 부과되는 반면, 주로 재산세와 상속세로 구성되는 토지세는 수년 전의 토지 및 건물 가치를 기준으로 부과되었다. 그것은 지방정부들이 부동산 가치 평가를 제때 하지 않았기 때문이었다. 그러나 부동산 가격이 오랜 기간에 걸쳐 매년 두 자릿수로 올랐기 때문에, 공식적인 감정액과 시장 가격 사이의 차이가 클 수밖에 없었다. 일본의 부동산 거품이 절정에 달했던 1990년에도 부동산세가 일본 전체 세수에서 차지한 비중은 6퍼센트에 불과했다. 일본의 부동산 가격이 비정상적으로 높았던 상황에서도 그 세금은 영국의 7퍼센트와 미국의 14퍼센트에 못 미쳤던 것이다.[7] 이는 결국 투자 자산 전반에 대한 과세 형평성을 왜곡시켰다. 가령 점점 덩치를 불려가던 주식시장에서 얻은 배당금 수익은 과세 대상이었지만, 부동산 매각으로 벌어들인 차익은 세금을 물지 않아도 되었다. 이러한 불균형은 일본에서 토지를 한층 더 매력적인 투자 자산으로 만들어주었다.

토지 거품이 점점 커지면서 일본 내에서 문제가 발생하는 동안, 일본 정부의 금융 억압 정책은 해외에서 긴장을 조성하기 시작했다. 일본 기업들의 새로운 경쟁력과 일본 정부의 외환 및 수출 정책은 미국과의 무역 마찰을 불러일으켰다. 당시에는 미국과 일본 모두 알지 못했지만, 태평양을 사이에 두고 벌어진 무역전쟁은 일본 부동산 시장에 불을 지피면서 이후 폭락으로 이끄는 무대를 마련했다. 1970년대 초반부터 유가가 상승하는 상황에서 일본을 필두로 한 해외 제조기업들의 경쟁이 더해지면서 한때 세계 최고를 자랑했던 미국 산업은 심각한 타격을 입었다. 1979년에는 미국 학자 에즈라 보걸Ezra Vogel이 펴낸 《세계 최고 국가로서의 일본Japan as Number One》이 베스트셀러가 되면서, 언젠가 일본이 세계 최고 강대국이 될 것이라는 불안감이 일었다. 1950~1980년 사이 일본의 수출 규모는 엔화 기준으로 100배 가까이 성장하면서 미국의 최대 수입국이 되었다.[8] 과거 적국이었던 일본의 경제 번영은 점차 미국인들의 심기를 불편하게 만들었다.

1980년 11월, 경기침체와 사회적 불안 속에서 출범한 레이건 행정부는 일본을 더 이상 두고 볼 수 없다는 판단을 내렸다. 제2차 세계대전이 끝나고 수십 년간 일본은 엔화 약세와 다양한 정책적 개입을 바탕으로 자국에서 생산한 제품의 해외 경쟁력을 높여왔다. 그리고 이제 그들의 성공은 미국 정치의 주요한 화두가 되었다. 일본 정부는 1970년대부터 금융 규제를 조금씩 완화해왔다. 그러나 이제 레이건 정부는 규제 완화의 속도를 더 높이고 엔화를 강화하라는 압박을 가하기 시작했다. 그들은 일본 정부에 자본의 자유로운 흐름과 엔화 절상을 허용하는 규제 완화를 최우선 과제로 요구했다.

이러한 상황에서 일본 정부의 주요 인사 모두가 자국 경제를 성장시킨 규제 시스템을 완화하라는 압박에 반발한 것은 아니었다. 1982년에 미국 정부는 일본 신임 총리인 나카소네 야스히로에게서 뜻밖의 협력 기회를 발견했다. 뼛속 깊이 보수주의자였던 나카소네는 미일 양국 갈등에도 불구하고 레이건 행정부와 단단한 관계를 구축하고자 했다. 나카소네는 일본 정치판에서도 대단히 보기 드문 인물이었다. 정부 개입에 회의적이었던 그는 엔화 강세가 오히려 일본에 득이 될 것으로 봤다. 실제로 그는 엔화 가치의 상승이 경제 성장에 박차를 가하고 소비 경제를 활성화할 것이며, 이를 발판으로 일본은 값싼 제품을 생산하는 나라에서 국제적으로 더 높은 지위로 발돋움할 것이라고 확신했다.

미국 정부의 강한 압박이 지속되는 가운데, 나카소네 정부는 지난 40년간 이어져온 일본의 금융 모델을 조금씩 해체하기 시작했다. 1984년에는 수십 년 동안 시장의 힘과 외부 세상으로부터 보호해왔던 국내 금융 시스템 내부의 은행들과 금융시장을 자유화하는 작업에 착수했다. 당시 국제적으로 활동하던 한 펀드매니저는 〈뉴욕타임스〉 기사에서 일본의 금융시장을 "올해 가장 두드러진 성과를 드러낸 주인공"으로 평가했다.[9] 이후 12개월에 걸쳐 많은 일본 은행의 주식 가격이 2배 혹은 3배로 뛰었다. 그리고 이러한 흐름 속에서 일본 대기업들은 더 이상 국내 대출 기관에 머무르지 않았다. 그들은 회사채와 해외 투자자로부터 자금을 조달하기 위해 적극적으로 나섰다. 1984년에 일본 기업들은 총 5.1조 엔 규모의 회사채를 발행했고, 해외에서도 2.8조 엔의 자금을 조달했다. 두 수치 모두 전년 대비 40퍼센트 넘게 증가한 수준이었다.[10]

일본의 금융 방화벽을 허물기 위한 미국의 공세는 1985년에 절정을 이뤘다. 불만 가득한 미국 정부를 달래고자 나카소네 총리가 직접 나서서 일본 소비자들에게 수입 제품을 많이 구매해달라고 호소하기까지 했다. 도쿄의 고급 쇼핑가인 긴자 거리에 내걸린 대형 사진 속에서 나카소네 총리는 소비자들을 내려다보며 이렇게 애원하고 있었다. "수입을 통해 전 세계 모든 나라와 손을 잡읍시다."[11] 그러나 총리의 간곡한 요청은 별 효과가 없었다. 엔화 환율도 달러당 260엔 수준에 그대로 머물러 있었다. 그해 9월, 미국과 프랑스, 일본, 영국, 서독의 재무장관들이 뉴욕 플라자 호텔에 모여 외환시장에 대한 개입을 통해 미국 달러 가치를 떨어뜨리기로 전반적인 합의를 맺었다. 그 결과를 떠나, 이 협약은 현대사에서 가장 성공적인 국제 통화 협상의 사례 중 하나로 큰 관심을 모았다. 그 회담이 열릴 무렵, 전 세계적으로 달러 가치가 정점을 찍고 있었다. 그러나 이후 3년도 지나지 않은 1987년 말에 달러 가치는 절반으로 떨어졌고 환율은 달러당 130엔 아래로 하락했다.

　　　그럼에도 태평양 건너편 비평가들은 일본 정부의 미온적인 태도에 만족하지 않았다. 1985년에는 〈뉴욕타임스 매거진〉에서 아시아 특파원으로 오랫동안 일한 시어도어 화이트Theodore White가 '일본으로부터의 위험The Danger From Japan'이라는 제목의 표제 기사에서 조만간 미국 국민은 "전쟁의 최종 승자가 누구인지" 알게 될 것이라고 경고했다.[12] 나카소네 정부가 경제 자유화를 추진하고 나서도 레이건 행정부는 1987년 일본을 상대로 높은 관세를 부과했다. 특히 전자제품에는 100퍼센트에 달하는 관세 폭탄을 던졌다. 당시 미국 사회에서는 반일 감정이 들끓고 있었다. 한 미국 신문에는 일본의 무역 흑자를 비난하면서 일본이 방위비를 스스로 부담하게 하라는 광고가 실리기도 했다. 나아가 당시 뉴욕에서 새롭게 떠오르고 있던 한 부동산 개발업자는 직접 광고를 게재해서 이렇게 주장했다. "우리의 위대한 나라가 더 이상 조롱의 대상이 되도록 내버려둬서는 안 된다."[13] 그 개발업자는 다름 아닌 도널드 트럼프Donald Trump였다.

　　　미국의 불평이 끊이지 않았음에도 엔화의 강세는 일본 산업에 강한 타격을 입혔다. 1986년에 일본의 수출 규모는 엔화 기준으로 18퍼센트 떨어졌고, 이후 명목 가치 기준으로 플라자 합의 이전으로 회복하기까지 10년이 걸렸다. 나카소네 역시 엔화 가치의 급등을 우려했다. 이후 엔화 강세로 경기침체가 이어지는 엔고 불황円高不況의 시대가 열렸다. 일본은행 Bank of Japan(BOJ)은 수출 부진에 따른 어려움을 완화하기 위해서 1986년에 네 차례, 1987년 초한 차례 금리 인하를 단행했다. 이후 3년 가까이 일본은행의 기준 금리는 2.5퍼센트에 머물렀고, 이는 일본 역사상 가장 낮은 수준이었다. 같은 기간 미국의 기준금리가 6~10퍼센트, 영국이 7~15퍼센트였던 것과 뚜렷한 대조를 이룬다.

그러나 수출 주도형 경제가 주춤하는 동안에도 일본의 토지 붐을 떠받칠 기둥들은 이미 자리를 잡아가고 있었다. 큰 폭의 금리 인하와 금융 자유화가 만나면서 부동산 시장을 더 높이 밀어 올렸고, 그 과정에서 토지와 신용의 연결고리는 더욱 단단해졌다. 1980년대에는 회사채시장이 새롭게 열리면서 일본의 대형 은행들은 돈을 빌려줄 새로운 고객을 찾아 나서야 했다. 그런데 바로 여기에 문제가 있었다. 국내 대기업과 긴밀한 관계를 유지해온 일본 대형 은행들은 재무 분석에서 전문성이 떨어졌다. 돈을 빌려줄 만큼 신용이 좋은 신규 고객은 누구인지, 국내 시장에서 점차 성장하는 중소기업 중 누가 그런 고객인지 선별하는 작업은 그들에게 그야말로 악몽과 같았다. 그래서 이들 은행은 쉽게 담보를 잡을 수 있는 토지와 부동산 분야에 대출을 집중하기 시작했다. 특히 부동산 기업은 일본의 은행들에 새로운 기회로 인기가 높았다. 1985~1990년 기간에 일본의 전체 은행 대출 규모는 80퍼센트 정도 증가했는데, 그중 60퍼센트가 부동산과 건설 기업에 대한 대출에 따른 것이었다.[14]

그 결과, 일본의 토지 가격이 전 세계 어디서도 찾아볼 수 없는 모습으로 폭등했다. 1984~1990년까지 6년 동안 일본의 GDP

는 약 33퍼센트 증가했던 반면, 전국에 걸친 토지 가격 상승은 78퍼센트로 2배를 넘었다. 이러한 현상은 대도시를 중심으로 두드러지게 나타났다. 도쿄를 비롯하여 고베와 교토, 나고야, 오사카, 요코하마 등 대도시에서 상업용 토지 가격은 같은 기간에 333퍼센트나 치솟았다. 또한 토지 가격 상승은 주식시장의 폭등과 맞물렸다. 1980년대 후반에 닛케이 225 지수는 3배 가까이 뛰었다. 그런데 이번 토지 가격 상승은 규모와 특성에서 제2차 세계대전 이후에 일어났던 변화와는 사뭇 달랐다. 일본 경제는 여전히 성장하고 있었지만, 그 속도는 1960년대의 절반에도 미치지 못했다. 다시 말해, 이번 토지 가격 상승은 급속한 경제 확장이나 도시화로 인해 일어난 결과가 아니었다. 대신에 엄청나게 늘어난 대출 때문이었다.

　　토지 가격이 급등하면서 운 좋게도 많은 토지를 이미 보유하고 있던 기업들은 재정적으로 엄청난 힘을 확보하게 되었다. 1984년 금융시장 규제 완화 이후 1990년 말에 이르기까지 비금융기업이 받은 대출 규모가 급속도로 늘어나서 거의 2배가 되었다. 그렇게 악순환이 시작되었다. 토지 가격이 오를수록 기업들은 더 많은 돈을 끌어다 쓸 수 있게 되었고, 그렇게 빌린 돈의 상당 부분을 다시 토지와 부동산 매입에 쏟으면서 토지 가격이 더 올랐다. 게다가 은행의 대출 심사 기준이 점차 느슨해지면서 기업들은 토지를 손쉬운 세금 회피 수단으로 활용하기 시작했다. 일본 세무 당국의 과세 기준이 토지 가격이 오르는 속도를 제대로 따라잡지 못하면서, 토지 열기가 가장 뜨거웠던 시기에 부동산에 대한 실질 세율은 절반 가까이 떨어졌다. 1985년에 0.19퍼센트로 이미 낮았던 평균 재산세율은 1989~1990년에 0.11퍼센트로 더 떨어졌다. 부동산 가치에 대한 공식적인 감정 평가는 실제 시장 가격을 전혀 반영하지 못했다.[15] 도쿄의 경우, 재산세 수입은 부동산 시장 전체 가치의 0.05퍼센트에 불과했다.[16]

　　10년 전에 미국의 도로에서 일본 자동차가 점점 더 늘어나는 광경에 충격을 받았던 미국인들은 이제 일본 투자자들이 미국 전역의 주요 상업용 부동산을 사들이기 시작하면서 다시 한번 일본 경제가 몰고 온 새로운 변화를 체감하게 되었다. 일본의 토지 가격이 급등하면서 엄청난 부를 쌓은 일본 기업들은 엔화 가치가 오르는 동안에 서구 세상으로 달려 나가 부동산을 마구 사들이기 시작했다. 해외 부동산 매입이 정점에 달했던 1989년에 일본 기업들은 140억 달러에 달하는 해외 자산을 사들였다. 1985년과 비교해서 10배가 넘는 규모였다.[17] 일본의 거품이 절정에 달했던 1990년 초에 미쓰비시 부동산Mitsubishi Estate이 뉴욕 록펠러센터 건물 지분의 과반을 인수하겠다고 발표한 것은 또 하나의 상징적인 사건이었다. 당시 매입 금액은 8억 4600만 달러로 엄청난 규모였다. 한 추산에 따르면, 그 금액도 미쓰비시 부동산이 주로 자국 부동산으로 보유하고 있던 총 840억 달러의 자산 가치에서 1퍼센트를 살짝 넘는 정도에 불과했다.[18] 이러한 경기 호황의 분위기는 일본 안팎의 대중문화에서도 확인할 수 있었다. 1988년 액션 영화 〈다이 하드Die Hard〉에서 브루스 윌리스와 앨런 릭먼이 한 빌딩을 배경으로 추격전을 벌이는 장면이 등장했는데, 그 건물의 이름이 나카토미 플라자Nakatomi Plaza였던 것은 우연이 아니었다.

　　일본의 이러한 부동산 호황은 금융 규제 완화와 급격한 금리 인하, 토지 투자에 대한 세제 혜택 등의 이유로 설명할 수 있다. 그러나 이러한 열기에는 비이성적인 측면도 다분히 존재했다. 일본의 거품이 아직 정점을 찍기 이전인 1987년에 과열된 도심지역의 상업용 부동산의 임대수익률은 1퍼센트도 되지 않았다. 만기와 상관없이 안전한 일본의 국채 수익률보다도 낮은 수준이었다.[19] 그리고 1989년에는 기업 가치의 과대평가 여부를 판단하기 위해 참조하는 일반적인 지표인 경기조정 주가수익비율cyclically adjusted price-to-earnings(CAPE)이 100점에 육박했다. 이는 10년 뒤 정점에 오르게 될 미국 닷컴 붐의 2배에 달하는 점수였다.

일본 도시 지역의 토지 총가치는 터무니없는 수준으로 치솟았다. 거품이 절정에 이르기까지 3년이나 더 남았던 1987년에, 도쿄 중심가에 위치한 주거용 토지 1제곱미터당 가격은 약 400만 엔으로, 런던의 10만 엔보다 40배나 비쌌다. 1980년대가 저물 무렵에 일본의 총 토지 가치는 GDP의 5배를 넘어섰는데, 이는 1985년의 3배 남짓에서 크게 높아진 것이었다.[20] 결론적으로 말해서, 당시 일본의 총 토지 가치는 미국의 4배 이상이었다. 하늘 높이 치솟았던 도쿄 사무실 땅값을 기준으로 할 때, 1제곱마일도 안 되는 일본 황궁의 땅값이 미국 캘리포니아주 전체 땅값보다 비싸다는 이야기가 나올 정도였다.

토지 광풍의 여파는 일본의 은행과 기업의 재무제표를 뒤어넘었다. 운 좋게도 적절한 시기에, 적절한 곳에 있었던 투자자들은 토지 가격이 치솟으면서 막대한 이익을 얻었다. 그러나 그런 행운이 없었던 대부분의 사람들에게 새로운 엘리트 집단의 성공은 기분 좋은 일이 아니었다. 산업화된 많은 나라와 달리 극단적인 불평등의 문제를 지금까지 잘 피해왔던 일본 사회도 이제 뚜렷한 빈부 격차를 드러내게 되었다. 그때까지 일본에서는 볼 수 없었던 새로운 과시적 소비 세대가 대중 앞에 모습을 드러냈다. 1970년대에

루이비통이나 구찌 등 유럽 명품 브랜드들은 파리와 밀라노로 몰려든 일본 관광객들의 수요를 확인하고 난 뒤 일본에 하나둘 매장을 열기 시작했다. 거품의 정점에 다가서던 1989년, 인구가 미국의 절반밖에 되지 않았던 일본이 세계 최대의 명품시장에서 왕관을 차지했다.

자산시장의 호황으로 승자와 패자가 무작위로 갈리면서 엄청난 부가 소수에게 갑작스럽게 집중되었다. 그 결과, 심각한 사회적 불평등이 모습을 드러냈다. 그러나 문제는 거기서 멈추지 않았다. 토지 가격이 폭등하자 투기꾼들은 기존 세입자와 소규모 토지 소유주에게 큰돈을 쥐어주고 강제로 이주하거나 땅을 팔도록 했다. 그리고 그렇게 확보한 땅을 대규모 개발업자에게 넘겼다. 그 과정에 수백 년 동안 이어져 내려온 일본의 범죄 조직인 야쿠자가 관여했다. 버티는 주민을 내쫓아서 땅을 사들이는 사업을 의미하는 '지아게地上げ'는 대단히 수익성 높은 비즈니스로 떠올랐다. 토지 매입자는 지아게 역할을 해준 이에게 통상 매입 가격의 약 3퍼센트를 수수료로 지급했는데, 도시 지역의 토지 가격이 급등하는 시절에 이는 엄청난 금액이었다.[21] 대도시를 중심으로 개발 붐이 일어나던 동안에 야쿠자들은 건설 산업에 조금씩 발을 들여놓고 있었다. 데이비드 캐플런David Kaplan과 앨릭 듀브로Alec Dubro는 일본의 범죄 세계를 다룬 책에서 공공 건설 프로젝트에 투입된 전체 자금의 1~5퍼센트가 야쿠자에게 흘러 들어갔고, 경찰 추산을 기준으로 야쿠자가 운영한 건설 업체가 전국적으로 900곳에 달했다고 언급했다.[22]

일부 야쿠자 조직은 부동산 사업에 직접 뛰어들었다. 야쿠자 두목인 이시이 스스무는 도박죄로 6년간 복역하고 1984년에 출소한 뒤 곧바로 도쿄 부동산 사업에 뛰어들었다. 그는 지아게를 전문으로 하는 업체를 설립해서 수백만 달러를 벌어들였고, 그 돈으로 급등하는 주식과 부동산 시장에 투자했다. 1989년에 '세계에서 가장 부유한 갱스터'라는 별명을 얻은 스스무가 일본과 해외에서 보유한 자산은 40억 달러에 달했다. 일본의 거품 시대가 막바지에 이르렀을 무렵, 스스무는 자신이 관리하는 기업을 통해 미국의 한 자산운용사를 인수하는 과정에서 프레스콧 부시Prescott Bush(당시 미국 대통령이었던 조지 H. W. 부시의 형)에게 도움을 받았고, 그 대가로 25만 달러를 건넸다는 사실이 드러나면서 전 세계 언론의 주목을 받기도 했다.

일본의 거품 시대에 야쿠자 그리고 명품을 사랑하는 새로운 금융 엘리트 집단이 악당의 역할을 맡았다면, 백기사의 역할을 맡은 이도 있었다. 1989년 12월, 중앙은행에서 평생을 일한 미에노 야스시三重野康가 일본은행의 총재 자리에 올랐다. 그는 이전부터 자신의 소신을 분명히 밝혀왔다. 특히 그는 1988년에 주식과 부동산 투기 활동에 대해 불편한 심기를 과감히 드러냈다. 그리고 총재에 오르고 나서는 미에노의 입장이 일본은행의 공식적인 견해가 되었다. 1989년 취임 기자회견에서 미에노는 토지와 주식 가격의 급등, 그에 따른 부의 불평등으로 일본 사회가 큰 어려움을 겪고 있다고 지적했다. 이후 그는 금융시장의 광기를 정상으로 돌려놓겠다는 확고한 의지로 금리 인상 작업에 착수했다.

그러나 자산 가격이 급등하면서 미에노와 일본 국민이 겪게 된 어려움은 그리 오래가지 않았다. 미에노가 총재로 취임한 지 2주도 채 지나지 않은 그리고 일본은행이 처음으로 금리를 인상하고 사흘이 지난 1989년 12월 29일에, 닛케이 225 지수는 최고점을 찍었다. 일본은행은 기준금리를 1990년 8월에 이르기까지 2.5퍼센트에서 6퍼센트로 단계적으로 높였고, 이후 11개월 동안 그대로 유지했다. 이로 인해 부동산 거품을 뒷받침했던 재융자 비용이 크게 증가했다. 그리고 도시 지역 부동산 가격이 점차 하락세로 접어들었다. 1991년에 상업용 토지 가격은 4퍼센트 떨어졌고, 1992년과 1993년에 각각 11퍼센트씩 잇달아 하락했다.

물론 미에노가 이후 경기침체에 분명하고 직접적인 원인으로 작용하기는 했지만, 일본 정부도 거품 시대를 이제는 끝내야 한다고 말하고 있었다. 1990년 3월, 일본 재무성은 부동산 분야 대출을 제한하기 시작했다. 1991년 4월에는 의회가 나서서 토지세를 높였다. 과세 규모는 국제 기준에 비해 여전히 낮았지만, 자산 가격의 상승세가 이미 꺾인 상황에서 이러한 변화는 토지 소유자들에게 절대 달갑지 않은 새로운 압박으로 작용했다. 특히 토지 매입을 위해 많은 돈을 빌렸거나, 혹은 여러 다른 투자를 위해 토지를 담보로 맡긴 이들은 더 큰 부담을 느꼈다. 사실 일본 정부의 토지세 정책은 양방향으로 부정적인 영향을 미쳤다. 세율 인하는 거품을 키웠고, 세율 인상은 거품 붕괴를 가속화했다. 거품이 꺼지고 5년 동안 토지 가격은 크게 떨어졌지만, 토지세를 통한 정부 수입은 50퍼센트 넘게 늘었다.[23]

금융 전문가들이 당시 상황을 정확하게 이해하기까지는 꽤 오랜 시간이 걸렸다. 1991년 1월에 일본 장기신용은행 수석 경제학자는 〈뉴욕타임스〉와의 인터뷰에서 지금 일본의 진정한 문제는 국내 경제 상황이 아니라 걸프전이라고 언급했다.[24] 이 기사에서 그는 당시 일본 정부의 접근 방식을 정확하게 보여줬다. "미에노 야스시 일본은행 총재는 부동산 가격을 잡고 경제를 안정화하기 위해 고금리 정책을 계속 이어가야 한다는 설교를 하루가 멀다고 계속 내놓고 있습니다. 그는 토지 가격이 20퍼센트 떨어져도 개의치 않을 것이며, 그 정도 손실은 은행들이 얼마든지 감당할 수 있다고 공개적으로 생각을 밝혔습니다."

　　1992년에는 일본의 한 작가가 미에노의 도덕적인 입장에 힘을 실어주는 베스트셀러를 출간했다. 그건 일본의 '토지본위제'라는 개념을 창안한 경제학자 노구치 유키오野口悠紀雄가 쓴 《거품의 경제학The Economics of the Bubble》이라는 책이었다. 그는 극단적으로 높은 수익이 자산 소유자들에게 집중되면서 노동의 미덕과 공공의 가치가 훼손되었다고 주장했다. 논의의 타당성을 떠나, 미에노와 노구치는 사실 일본 국민의 정서를 대변하고 있었다. 많은 국제 전문가도 일본의 거품 붕괴를 긍정적으로 바라봤다. 금리 흐름이 역전되기 직전인 1991년 잡지 〈유로머니〉는 미에노를 올해의 중앙은행 총재로 선정했다. 그리고 1993년 〈월스트리트저널〉은 미에노 사진을 전면에 내세운 기사에서 그를 "엔 마스터Yen Master"라고 칭송했다.[25] 그 인터뷰 기사에서 미에노는 이번 경기침체가 "필연적이면서도 바람직한" 과정이라고 말하면서, 1980년대 말에 그가 목격했던 "도덕적 타락"에 관한 이야기를 늘어놨다.

대차대조표 불황과 정책 실패

미에노는 전 세계로부터 환호를 받았지만, 일본의 토지 거품을 의도적으로 터뜨린 결과가 서서히 모습을 드러내려 하고 있었다. 조만간 전 세계가 그 실상을 목격하게 될 터였다. 거품이 가장 심했던 지역의 상업용 토지 가격이 고점을 기준으로 80퍼센트 넘게 폭락했다. 그렇게 악순환이 시작되었다. 토지 가격이 무너지면서 은행들이 휘청거렸고, 그에 따라 신용이 위축되면서 기업들은 투자나 사업 확장 대신 부채 상황에 주력해야 했다. 1989년에 일본은행이 통화를 옥죄기 시작했을 무렵, 세계에서 가장 규모가 큰 20대 기업 중 13곳이 일본 기업이었다. 시가총액 기준으로 세계 최대 기업 4곳은 모두 일본 은행들의 차지였다. 오늘날 일본 은행들을 고려할 때 당시 상상할 수조차 없는 상황이었는데, 2024년 기준 일본에서 가장 큰 은행도 전 세계 100대 기업에 이름을 올리지 못하고 있기 때문이다.

1992년, 일본 금융 시스템에 미칠 심각한 파급 효과의 조짐이 처음으로 모습을 드러냈다. 주택시장의 문턱을 낮추기 위해 설립한 민간 대출 기관을 일컫는 주센住專 기업들이 휘청였다. 이들 기업은 토지 가격 붕괴의 직격탄을 맞았다. 토지 거품이 일어나는 시기에 많은 주센 기업이 안전한 주택 담보 대출시장에서 수익률 높은 상업용 부동산 시장으로 넘어가 있었다. 그해 실시된 정부 조사에 따르면, 주센이 제공했던 최대 50개 대출 중 3분의 2가 이미 상환이 불가능한 상태였다. 이에 일본 정부는 10개년 재건 프로그램을 내놨다. 다만 이러한 접근 방식의 기반에는 토지 가격이 바닥을 치고 나면 회복세로 돌아설 것이라는 토지 신화에 대한 믿음이 있었다. 하지만 담보 가치가 계속 떨어지면서 부실채권 규모는 늘어만 갔다. 상환 불능으로 분류된 대출의 규모에 대한 추정치는 계속해서 상향 조정되었다. 그리고 1995년에 결국 7곳의 대출 기업이 파산을 맞이했다. 일본 정부는 엄청난 손실을 메우기 위해 막대한 자금을 쏟아부었다. 이것이 불황 이후 첫 번째 구제금융이었지만 마지막은 아니었다. 일본 정부는 이후로도 여러 차례 국민의 세금으로 금융 기업들을 구제해야 했다.

일본 정책결정자들은 피해 규모와 부실채권 증가세에 깜짝 놀랐다. 그들은 대출 기준과 방식을 수정했고, 부실 현황을 인정하지 않는 은행에는 더 구체적인 숫자를 요구했다. 그러나 많은 정부 관료는 여전히 토지 가격이 다시 오르면 문제는 해결될 것으로 기대했다. 그들은 실질적인 회복이 끝내 이뤄지지 않을 것이라는 사실을 깨닫지 못했다. 당시 금융 감독 시스템도 엉망이었다. 수십 곳의 금융 기업이 아무런 감독을 받지 않고 방만한 운영을 이어가다가 위기에 빠졌다. 정부 관료들도 금융기관 사이의 연결고리가 금융 시스템 전반을 위기로 몰아가고 있다는 사실을 제대로 파악하지 못했다. 1992년 3월에 일본 재무성은 금융 산업 전반이 떠안고 있는 부실채권의 규모가 약 8조 엔에 이를 것으로 추산했다. 물론 적은 금액은 아니지만, 그래도 충분히 감당할 수 있는 규모였다.[26] 그러나 일본 금융감독청이 설립된 1998년 중반에 이르자, 이 수치는 123조 엔으로 훌쩍 늘어나 있었다. 이는 일본 GDP의 약 4분의 1에 해당하는 규모였다.[27]

일본의 토지 붐이 거꾸로 돌아가기 시작하자, 해외 부동산 시장에 뛰어들었던 기업들은 서둘러 철수하기 시작했다. 그중 몇몇 기업은 그 과정에서 심각한 타격을 입었다. 예를 들어, 1989년 록펠러센터를 사들이면서 미국 언론의 지면을 휩쓸었던 미쓰비시 부동산의 미국 지사는 1995년에 끝내 파산을 맞이했다. 부채에 발목을 잡힌 많은 일본 기업이 큰 손실을 감수하고서 부동산을 매각했다. 미국 부동산 시장의 최대 해외 고객 중 하나인 슈와 투자 주식회사Shuwa Investments Corporation는 1986년에 로스앤젤레스 도심에 위치한 아르코 플라자 복합단지를 6억 2000만 달러에 사들였다.

그러나 17년이 흐른 뒤에는 단지 내 오피스 건물들을 절반도 안 되는 가격에 팔아치워야 했다.

1990년대 전반에 일본의 금융 산업은 토지 거품이 꺼지면서 발생한 문제들로 계속 어려움을 겪었다. 1991년에 일본의 대형 은행들 대부분 주요 신용평가사들로부터 AA나 AAA 등급을 받았다. 그러나 1998년에 그 등급을 그대로 유지한 곳은 하나도 없었다.[28] 일본의 은행들은 1997~1998년까지 한국과 동남아시아 경제를 무너뜨린 아시아 금융위기의 가해자이자 피해자였다. 일본의 대출 기관들이 해외 시장에서 갑자기 철수하면서, 지금까지 그들이 중요한 역할을 해왔던 아시아 금융시장에서 신용 공백이 발생했다. 1997년 말 중간 규모의 증권사인 산요 증권Sanyo Securities이 무너졌을 때, 일본의 규제 당국은 상황의 심각성을 제대로 이해하지 못했다. 그들은 산요 증권은 은행이 아니라서 파산해도 금융 시스템 전반에 큰 영향을 미치지 않을 것으로 판단했다. 그러나 불안한 몇 주가 지나고 난 뒤, 대형 은행과 증권사들이 줄줄이 도산하기 시작했다. 1998년 말에는 시가총액 기준으로 세계에서 아홉 번째로 큰 대출 기관이자 한때 미국의 어떤 은행보다 컸던 일본 장기신용은행이 파산하면서 국유화되었다. 거품 붕괴의 여파는 분야에 따라 20년 가까이 이어졌다.

미국의 주택 거품과 일본의 토지 거품은 자산 가격이 하락한 규모와 기간에서 차이를 보였다. 미에노가 처음 금리를 인상하고 14년이 흐른 그리고 그가 은퇴하고 10년이 지난 2003년에도 일본의 은행들은 파산과 구제금융을 여전히 반복하고 있었다. 만약 미국 정부도 2008년 주택 거품 붕괴 시 일본처럼 미온적으로 대처했더라면, 은행들을 살리기 위한 구제금융이 2022년까지 이어졌을지도 모른다. 미국의 주거용 부동산과 미개발 토지의 총가치는 2006년에 24조 1000억 달러로 정점을 찍었다가 2011년에 18조 2000억 달러로 폭락했다. 5년 사이에 전체 가치의 4분의 1이 줄어든 것이다. 일본의 토지 총가치는 15년간 하락을 이어오다가 2005년에 바닥을 쳤다. 그 과정에서 가치는 절반으로 줄었다. 특히 값비싼 도심의 노른자 땅은 폭락했다. 토지 거품이 꺼지고 30여 년이 흐른 지금도, 일본의 토지 가격은 정점 대비 절반을 조금 넘긴 수준이다. 세계 최고의 규제 당국과 가장 보수적인 금융기관들도 정부 관료와 정치 기득권이 합작해서 만들어낸 끔찍한 금융 환경을 헤쳐 나가기에는 역부족이었던 것이다.

1990년대에 일본은행의 총재들과 재무성 관료들, 정치 지도자들 모두 전쟁이나 최악의 자연재해에서나 벌어질 법한 자산 가치의 폭락을 목격했다. 당시 일본의 정책결정자들은 불안정한 금융 상황에 조심스럽고 신중하게 접근했어야 했다. 그러나 미에노는 도덕적 십자군처럼 가차 없이 대응했다. 상황을 제대로 파악하지 못했던 그의 후임자들 역시 제대로 대처하지 못했다. 1989~2004년까지 토지에서 발생한 누적 자본 손실은 1000조 엔이었다. 오늘날 환율로 약 8조 달러에 달하는 엄청난 규모다.

가혹한 금융적 고통이 1980년대 호황을 누린 기업들에만 돌아갔더라면, 그래도 경기침체는 인과응보로 여길 수 있었을 것이다. 그러나 많은 은행과 기업의 재무구조가 악화하면서 일본 경제 전체가 앞으로 완전히 벗어나지 못할 수렁 속으로 빠져들었다. 거품과 붕괴를 수십 년간의 경기침체로 바꿔놓은 핵심 요인은, 부동산 가격 폭락에 따른 지속적인 악순환이었다. 일본의 평균 GDP 성장률은 1970~1980년대 4퍼센트대에서 1990년대에 1.5퍼센트로,

2000년대에는 0.5퍼센트로 떨어졌다. 거품 시대가 끝날 무렵에 과열된 금융 활동을 억제하고자 했던 일본의 정책결정자들은 토지 자산이 금융 시스템에 얼마나 깊숙이 뿌리내리고 있는지 이해하지 못했다. 토지 가격이 계속 하락하는 한, 국가의 경제 시스템을 전면적으로 개혁하지 않는 한, 실질적인 경제 회복은 불가능한 일이었다.

일본의 경제 성장만 멈춰 선 것은 아니었다. 인플레이션도 완전히 멈춰 섰다. 1993년 말에서 2020년 말에 이르기까지 일본의 물가는 거의 움직이지 않았다. 그 기간 초반에 4퍼센트 오른 게 전부였다. 반면 같은 기간에 미국의 물가는 79퍼센트나 올랐다. 이로 인해 일본 기업들의 채무 문제는 더 악화됐다. 1980년대에 일본 기업들은 대출을 받으면서 시간이 흐르면 인플레이션 효과로 채무 부담이 줄어들 것으로 기대했다. 그러나 그런 일은 일어나지 않았다. 은행들도 이익을 보지 못했다. 대출을 상환하지 못한 기업들이 토지와 부동산을 넘겨야 했을 때, 그 가치는 담보로 맡겼을 때보다 크게 떨어져 있었기 때문이다.

도쿄에 있는 노무라 연구소Nomura Research Institute에서 수석 경제학자로 오래 활동한 리처드 쿠Richard Koo는 일본이 어떻게 경제적 혼란에 이르게 되었는지 흥미로운 설명을 내놨다. 그는 일본이 "대차대조표 불황balance sheet recession"을 겪었다고 말했다. 그가 언급한 대차대조표 불황이란 부채(은행에서 받은 대출)가 갑작스럽게 자산(떨어진 부동산 가치)을 넘어서면서 발생한 경기침체를 말한다. 당시 가치가 오른 토지를 담보로 대출을 받았던 기업과 가계는 지출을 줄이는 방식으로 대처했다. 이는 개별 기업과 가계의 입장에서는 합리적인 접근 방식이었다. 그러나 그렇게 경제 전반이 대규모로 지출과 대출을 동시에 줄이면서 국가 전체가 장기적이고 치명적인 불황 속으로 빠져들게 되었다.

　　이러한 상황에서 일본의 중앙은행은 소득 수준을 다시 끌어올리고자 최선을 다했지만, 현실적으로 어려움이 있었다. 1991년 중반에서 1995년 말에 이르는 동안 일본은행은 기준금리를 6퍼센트에서 0.5퍼센트로 단계적으로 인하했다. 그러나 어떻게든 부채를 줄이고자 했던 기업과 가구들은 별 반응을 보이지 않았다. 금리를 아무리 낮춰도 그들은 대출을 늘리려 하지 않았다. 리처드 쿠가 보기에, 통화정책으로 일본 경제를 되살릴 수 있는 유일한 방법은 중앙은행이 애초에 터뜨리려고 했던 거품을 다시 부풀리는 것뿐이었다. 그러나 그건 설득력 있는 방안이 아니었다. 쿠는 일본 경제를 구제하기 위한 재정 부양책을 제시했다. 여기서 그는 토지 중심의 투자를 장려하는 대신에 소비를 촉진해야 한다고 주장했다. 시장 전반이 소비를 멀리하는 상황에서 일본 정부가 할 일은 적극적으로 나서서 시장의 역할을 대신하는 것이었다.

　　그러나 국가 경제를 되살리려는 일본 정부의 시도는 규제 당국의 대응과 마찬가지로 미온적인 수준에 머물렀다. 일본 정부는 막대한 규모의 차입을 했지만, 그 목적은 재정 자극으로 경제를 구제하기 위해서가 아니라 경기침체로 세수가 갑자기 줄어들었기 때문이었다. 일본 정부의 조세 수입은 명목 가치 기준으로 1991~2013년 기간에 3분의 1 넘게 줄었다. 그리고 2019년이 되어서야 위기 이전으로 회복할 수 있었다. 결론적으로 말해서, 일본 정부는 수요를 끌어올리기 위해 경기 부양 프로그램을 내놨지만, 지원 규모에 대해서는 잘못된 판단을 내렸다. 일본 정부는 이후로도 기업 투자를 촉진하기 위해 다양한 유인책을 잇달아 발표했다. 그러나 그 지원 대상은 보유한 토지 자산의 가치가 폭락한 기업들이었다. 일반적인 시기였다면 대단히 매력적인 정책이었겠지만, 이들 기업은 대출을 늘리려 하지 않았다.

1997년 일본 정부는 국제통화기금IMF의 환호 속에서 놀라운 결정을 내렸다. 이는 소비세를 3퍼센트에서 5퍼센트로 상향 조정한 것으로, 쿠가 제시했던 처방과는 정반대되는 선택이었다. 1980년대 말과 1990년대 초 일본은행의 일관적이지 못한 정책 결정이 거품 붕괴와 그에 따른 금융 불안을 초래했다면, 이후 경기 회복을 주도해야 할 재무성은 그들의 역할을 철저히 외면함으로써 1990년대 말 이후로 이어진 불황의 수렁을 더 깊게 만들고 말았다.

재패니피케이션의 그림자

일본의 토지 거품 붕괴와 그에 따른 경제적 여파가 2000년대 초반까지 이어지면서 점점 심각해지고 있던 또 다른 문제와 맞물리게 되었다. 토지 거품이 꺼질 무렵, 일본 인구의 중위 연령median age[인구를 나이순으로 세웠을 때 한가운데에 있는 사람의 나이-옮긴이]이 40세로 높아졌다. 제2차 세계대전 동안에 태어나 1960~1980년대 일본의 고속 산업 성장을 이끌었던 세대가 노령화되기 시작했다. 이들 중 나이 많은 이들은 이미 은퇴했다. 일본의 출산율은 1970년대에 여성 1인당 2명 미만으로 떨어졌고, 이는 이후 전 세계로 확산된 출산율 감소의 세계적인 선례가 되었다. 이민으로 인한 인구 유입은 미미했기 때문에 일본의 노동시장으로 새롭게 진입하는 인구수는 매년 줄어들었다. 토지 가격이 바닥을 찍었던 2005년 무렵에는 15~64세에 해당하는 생산가능인구가 매년 수십만 명씩 감소했다. 이처럼 점차 심화하는 일본 사회의 고령화 현상은 오늘날 낮은 경제 성장의 핵심 요인으로 보인다.

섬나라로서의 특성 역시 도움이 되지 않았다. 부유한 민주주의 국가들을 기준으로 할 때, 일본은 여전히 내향적인 나라다. 그리고 이러한 특성은 오늘날 지식 중심의 세계 경제에서 항상 걸림돌로 작용하고 있다. 실제로 일본의 해외 직접투자 foreign direct investment(FDI) 수준은 굉장히 낮다. 유엔 무역개발회의에 따르면, 일본의 FDI는 GDP의 6퍼센트에도 못 미치는 수준이며 이는 자급자족 경제 시스템을 고수하고 있는 북한보다도 낮다.[29] 생산성 향상을 위한 혁신의 기반이라 할 수 있는 과학기술 분야의 국제적 협력도 극단적으로 제한적이다. 일본 경제를 오랫동안 관찰해온 리처드 카츠 Richard Katz는 일본 경제가 다양한 분야에서 고립되어 있다고 지적한다. 선진국 가운데 일본은 과학 분야의 국제 협력에서 최하위를 차지하고 있다. 일본 과학자 중 해외 연구 경험이 있는 사람의 비중은 2.7퍼센트에 불과하다. 이 역시 선진국 평균인 6.5퍼센트와 뚜렷한 대조를 보인다.[30]

오늘날 일본은 많은 도전 과제에 직면해 있다. 그래도 토지 거품과 그 붕괴에 따른 여파야말로 한때 놀라운 성장을 기록했던 일본이 궤도를 벗어나게 만든 주범이다. 경기침체가 느린 속도로 전개되면서 일본이 직면한 모든 문제는 점점 더 심각해졌다. 전 세계, 특히 유럽과 동아시아 지역의 정책결정자들은 '재패니피케이션 Japanification', 다시 말해 일본과 같은 경기침체의 위험을 두려워하고 있다. 그 두려움은 충분히 납득할 만하다.

그래도 1990년대 이후로 일본의 경제 상황은 마찬가지로 토지에 따른 침체를 겪고 있는 다른 나라들과 비교할 때 오히려 최상의 시나리오에 가깝다. 적어도 일본에서 내전의 조짐은 없었다. 선진국 기준으로 보더라도, 일본은 고도로 발전했고 실업률은 아주 낮으며 불평등도 심각한 수준은 아니다. 일본은 놀라울 정도로 강한 사회적 결속력 덕분에 다른 나라였다면 무너졌을 수도 있는 최악의 경기침체를 버텨냈다. 그리고 앞으로도 그럴 것이다.

8
험난한 깨달음의 여정

1980년대 일본 도심의 상업용 부동산 가격이 급격하게 치솟았다가 폭락하는 동안, 동중국해 건너편에서는 이보다 더 큰 아시아 지역의 토지 거품을 만들어낼 결정이 이뤄지고 있었다. 당시 중화인민공화국에서 토지와 부동산을 비롯한 모든 자산은 국가 소유였다. 공산당이 주도하는 계획 경제하에서 상업 활동은 제대로 이뤄지지 못했고, 노동자와 농민들은 그들의 고용주인 국가가 제공하는 집에서 살았다. 다만 중국의 토지시장은 이제 40년의 정체기에서 벗어날 채비를 하고 있었다.

1949년, 국민당 정부와 공산당 반군 세력 사이에서 20년간 간헐적으로 이어졌던 내전이 끝났다. 마오쩌둥 주석은 국가의 통치 시스템을 혁신하기 위한 수단으로 토지에 주목했다. 공산당은 중국 전역의 수많은 농민에게 다소 의심스러운 약속을 했다. 그것은 지주들이 소유한 토지를 재분배함으로써 농촌 지역의 대규모 소작농 계급이 번영하는 공동체의 주체로 우뚝 설 수 있도록 만들겠다는 것이었다. 사실 이는 울프 라데진스키가 소련식 전제주의가 아시아 지역을 통합할 것이라고 우려했던 바로 그 정책이기도 했다.

마오는 내전 초반부터 중국의 권력을 쟁취하는 과정에서 농촌 지역 인구가 중요한 역할을 할 것이라는 사실을 잘 알고 있었다. 1927년 그는 자신이 태어난 후난성에서 지주들에 맞서 일어났던 농민 반란을 지지하면서 이렇게 썼다. "혁명은 저녁 만찬을 즐기거나 글을 쓰거나 그림을 그리거나 혹은 자수를 놓는 일이 아니다." 공산당의 미래가 도시에 달렸다고 믿었던 일부 정치 지도자들은 당시 농촌에서 일어나고 있는 혼란을 우려했지만, 마오는 농촌의 전통적인 질서를 무너뜨리는 것이야말로 혁명 완수에 있어 무엇보다 중요한 과제라고 확신했다. 그는 이렇게 썼다. "단도직입적으로 말해서, 한동안 농촌 전역에 공포 분위기를 조성할 필요가 있다."[1]

공산당이 내전 과정에서 영토를 확장해 나가는 가운데, 마오는 스스로 완곡하게 이름 붙인 토지 개혁을 추진함으로써 자신의 약속을 이행하기 시작했다. 일본이나 대만이 추구했던 재분배 방식 대신, 그는 반공 잔당 세력을 무력과 공포로 억누르는 광범위한 개혁을 추진해 나갔다. 현대 중국을 연구하는 사학자 프랑크 디쾨터Frank Dikötter의 추산에 따르면, 1947~1952년 동안 공산당이 토지 개혁을 추진하는 과정에서 150만 명 이상이 목숨을 잃었다.[2] 희생자 가운데 상당수는 대지주가 아닌 소농이거나 이웃 주민이 악의적으로 혹은 겁에 질려 고발한 평범한 농민들이었다. 마오는 개혁 과정에서 1000명 중 한 명은 반혁명 분자라는 자신의 믿음을 바탕으로 조금은 완화된 목표를 세웠다. 그는 지방정부들에게 그중 절반, 즉 2000명 중 한 명을 처형하고 상황의 변화를 지켜보도록 지시했다.

　그러나 처형된 이웃의 토지를 차지한 가난한 농민도 그 땅을 오래 소유하지는 못했다. 라데진스키가 경고했듯이 또 소련에서 이미 그랬던 것처럼, 애초에 중국 공산당은 자유로운 소농들로 이뤄진 나라를 세울 생각이 없었다. 1956~1958년에 중국 전역에 걸쳐 전면적인 집단화 사업이 진행되면서 소규모 농지는 대규모 국영 농장으로 통합되었다. 또 모든 형태의 개인적 토지 소유는 금지되었고, 협동조합이나 국영 기업과 같은 고용주가 농민들에게 집을 제공했다. 그렇게 이후 20여 년에 걸쳐 중국 내 모든 토지는 국가의 소유와 통제, 관리하에 놓이게 되었다.

　1976년 마오가 세상을 떠나면서 30년에 가까운 중화인민공화국의 통치도 막을 내렸다. 그가 국가 산업화를 위해 추진했던 토지 집단화 사업은 경제적인 목표를 달성하지 못한 가운데 수백만 명의 목숨만 앗아갔다. 또한 마오는 생애 마지막 10년에 걸쳐서는 최고 권력자로서 안위를 지키고자 중국 사회를 다시 한번 혼란에 빠뜨렸다. 그리고 젊은 이념적 추종자 수백만 명을 모아 나중에 홍위병이라는 이름으로 알려진 조직을 구축해서 중국 사회를 뒤엎고 교사와 부모, 여러 권위 있는 인물들의 사고방식에서 반동사상의 뿌리를 제거하고자 했다. 이후 2년 동안 홍위병은 사회 전반에서 일어난 폭력 및 파괴 활동에 관여했다. 결국 1968년에 군이 나서서 홍위병 세력을 제압했지만, 과격주의와 음해, 무질서가 난무하는 정치적 혼란은 이후로 8년간 더 지속되었다.

　수십 년의 혼돈이 지나가고 새롭게 등장한 중국의 정치 지도자들은 다시 권력을 강화하기 시작했다. 마오 시절에 숙청당했던, 작은 키의 줄담배를 피우는 덩샤오핑이 경쟁자를 물리치고 중국의 최고 지도자로 부상하면서 군과 당을 모두 장악했다. 평생을 공산당 당원으로 살았던 덩은 마오 시절에 중국 사회가 정상 궤도를 크게 벗어났다고 생각했다. 이전에 그는 당에 대한 불충으로 처벌받은 적이 있었다. 1969~1973년에는 다른 많은 정치인처럼 수도에서 멀리 떨어진 곳에서 노역했다. 그는 정치 세계와는 완전히 단절된 채 장시성의 한 트랙터 공장에서 일했다. 그의 아들 덩푸팡도 홍위병에 체포되어 큰 부상을 당한 후 결국 반신불수가 되었다. 당시 교도관들이 덩푸팡을 창문 밖으로 밀었다는 소문이 퍼졌지만, 가족은 구체적인 내용을 공개하지 않았다.

덩은 뜻을 같이하는 개혁가들과 함께 수십 년간 국가가 통제해왔던 농업과 산업 시스템을 바꿔 나갔다. 그 과정에서 10억 명의 중국 인구가 반세기 만에 처음으로 세계 경제 속으로 편입되었다. 당시 중국은 교통과 통신, 에너지 인프라가 턱없이 부족했고, 주택난도 심각했다. 5억 명에 달하는 노동연령 인구의 상당수가 비효율적인 국영 기업에 고용된 상태였다. 그럼에도 그들은 젊고 교육 수준이 비교적 높았으며, 기업가적 열망으로 부풀어 있었다. 중국의 1인당 경제 생산력은 인도보다 낮았지만, 글을 읽고 쓸 줄 아는 인구 비중은 인도의 2배였다. 경제를 뒷받침할 인프라만 갖춰진다면, 중국의 엄청난 잠재력이 실현될 수 있을 것처럼 보였다.

덩은 이를 위해서는 무엇보다 자본이 필요하고 판단했다. 지난 수십 년간 잘못된 경제 계획으로 많은 투자가 비생산적으로 이뤄졌다. 파탄에 빠진 중국의 노동자와 농민도, 시대에 뒤떨어진 금융기관도 경제 혁명을 재정적으로 뒷받침할 상황이 아니었다. 소규모 해외 차입마저도 불가능한 상태였다. 덩의 권력 기반은 약했고, 그를 해외 세력의 꼭두각시로 여기는 공산당 강경파의 위협은 계속되었다.

　수십 년 동안 이어진 집단화 사업이 끝나고, 누가 토지를 소유하고, 어떻게 이용하고, 어떻게 금융적으로 활용할 것인지를 둘러싼 논의가 중국 정치판에서 다시 주요 과제로 떠올랐다. 이와 관련해서 덩의 측근 중에는 대단히 개혁적인 인물이 있었다. 그는 바로 1980~1987년에 국무원 총리를 지내고 1987~1989년에 공산당 총서기를 역임한 자오쯔양趙紫陽이었다. 18세 때 공산당 당원이 된 자오쯔양은 덩의 경우와 마찬가지로 문화대혁명 시절에 유배 생활을 한 뒤, 다시 정계로 돌아왔다. 그는 마오 정권에 충성하는 젊은 홍위병들로부터 지주의 아들이라는 이유로 공격받았고, 몇 년간의 유배 생활 기간에 공장 노동자로 일했다. 이후 덩이 권력을 잡으면서 정치적으로 복권된 그는 1970년대 말에는 쓰촨성 당서기로 임명되었다. 이후 자오가 추진한 시장 중심적 농업 개혁 프로그램은 그 드넓은 지역을 경기침체에서 구제한 것으로 인정받았다.

　자오는 중국의 현대화를 설계한 인물 중 하나로, 이후 폭발적인 경제 성장을 뒷받침하게 될 시스템을 구축하는 과정에 참여했다. 나중에 그는 자신이 전국인민대표대회에서 자리를 차지한 홍콩 부동산 재벌 헨리 폭Henry Fok에게서 몇몇 산업 지구에 국한되지 않고 도시 개발을 가속화할 수 있는 아이디어를 얻었다고 밝히기도 했다. 1980년대 중반, 자오를 만난 자리에서 폭은 이렇게 물었다. "토지가 있는데 어찌 돈이 없을 수 있겠습니까?"[3] 처음에 자오는 그 의미를 이해하지 못했다. 그러나 곧 깨달았다. 1997년까지 영국 식민지였던 홍콩에서는 정부가 모든 토지를 소유하면서 광범위한 토지 임대 사업으로 재정을 충당하고 있었다. 폭은 250년 전 아메리카 개척자들이 깨달았던 바로 그 지혜를 자오에게 전한 것이다. 토지를 잘 활용하면 막대한 자금의 원천으로 전환할 수 있다는 사실이었다.

대영 제국의 마지막 거점이자 자유로운 자본주의를 상징하는 인구 500만 도시 홍콩은 이제 중화인민공화국의 금융 미래에서 중대한 역할을 맡게 되었다. 자오가 폭을 만났을 때, 그 부동산 거물은 조언을 통해 중국의 개발을 위한 거대한 기회의 문을 열어주었다. 그러나 동시에 폭의 아이디어는 끝내 경기침체로 이어진 거대한 거품의 씨앗이었던 것으로 드러났다. 당시 중국의 개혁가들이 배움을 얻고자 했던 홍콩은 어떤 면에서는 경제 기적의 사례였지만, 오늘날 세계적으로 높은 집값과 심각한 불평등을 드러내고 있는 곳이었다. 홍콩은 토지를 얼마나 소유하고 있는지에 따라 부자와 가난한 자가 결정되고, 갑부들 대부분이 부동산으로 큰돈을 번 곳이다. 또한 현대 경제에서 토지가 얼마나 부정적인 영향을 미칠 수 있는지를 전 세계 어느 도시보다 더 상징적으로 보여주는 곳이기도 하다. 이러한 점에서 홍콩의 역사와 식민지 시절부터 핵심 자산으로서 토지가 했던 역할에 대한 고찰은 오늘날 중국이 주택시장에서 겪고 있는 어려움을 이해하는 열쇠가 될 수 있다.

성장의 부메랑

1985년 자오쯔양이 헨리 폭을 만났을 때, 홍콩이 토지를 공공 재정을 뒷받침하는 수단으로 활용해온 역사는 이미 150년 가까이 이어져 오고 있었다. 토지 사용권을 장기적으로 판매하는 관행은 영국이 홍콩을 점령했던 초창기 시절로 거슬러 올라간다. 1839년에 시작된 아편전쟁에서 패배에 직면한 청나라는 1841년 1월 20일에 홍콩을 대영 제국에 양도했다. 그리고 6일이 흘러 영국 군함 설퍼 HMS Sulphur가 황량한 그 섬에 도착했고, 오늘날 성완에 해당하는 지역에 영국 국기를 올렸다. 홍콩섬에 도착한 영국 관료들은 서둘러 움직였다. 1842년 영국 정부가 홍콩을 식민지로 공식 선포하기도 전에, 새로운 관료들이 그 섬에 도착한 지 5개월이 되기도 전에, 그들은 첫 번째 토지를 매각했다.

1841년 6월 14일, 홍콩과는 달리 이미 무역상과 관광객들로 북적이던 항구 도시 마카오에는 홍콩 해안 지대의 토지 입찰에 참여하려는 영국 상인들이 몰려들었다. 그날 몇몇 토지 임차권은 지금도 비즈니스와 금융 세상에서 유명한 기업들에 연장 불가 조건으로 넘어갔다. 현재 런던 증권거래소에 상장되어 있고, 2024년 기준 시가총액이 120억 달러에 이르는 다국적 기업 자딘 매디슨Jardine Matheson & Co.도 세 개의 필지를 낙찰받았다. 해당 입찰에서 총 거래 규모는 565파운드로, 오늘날 가치로 5만 파운드가 안 되는 금액이었다.[4] 새로운 식민지 정부가 토지 매각에 열성적이었던 것만큼 상인들도 토지 매입에 적극적이었다. 이들은 그렇게 매입한 땅 위에 조만간 중국에서 유럽으로 수출할 상품으로 가득 차게 될 물류 창고를 서둘러 짓기 시작했다.

1768년 설립된 영국 식민부Colonial Office의 관점에서 볼 때, 토지 임차권의 판매 및 경매는 새로운 무역 거점을 구축하는 데 필요한 재원 마련에 이상적인 방법이었다. 당시 영국 정부는 식민지 재정과 관련해서 모든 신생 식민지는 자체로 재원을 충당해야 한다는 것을 원칙으로 삼고 있었다. 이제 영국 식민지들은 재무성으로부터 지원을 받을 수 없었지만, 대신 본국 정부를 위해 캐시카우 역할을 할 의무도 없었다. 행정 인력이 부족했기에 식민지 내에서 소득세나 판매세를 징수하는 일은 쉽지 않았다. 반면 토지 매각은 상대적으로 수월했다. 구획을 나누고 임차인을 등록하기만 하면 끝이었다. 임대 기간은 이후 한 세기 동안 늘어나거나 줄어들기도 했지만, 기본 원칙은 홍콩의 식민지 시절 내내 그리고 그 이후로도 오랫동안 유지되었다. 1997년 홍콩이 중국에 반환되고 나서도 토지 경매는 홍콩의 최대 단일 세수 원천으로 남았다.

1841년 홍콩의 역사적 근간이 실질적이면서 상징적인 차원에서 형성되기 시작했다. 당시 홍콩의 무역 감찰관으로 부임한 찰스 엘리엇Charles Elliot 선장은 홍콩을 자유항으로 선포했다. 이로써 무역 거래에서 관세를 비롯한 모든 세금이 면제되었고, 홍콩에서 활동하는 상인들 모두 영국 정부의 보호를 받게 되었다. 당시로서는 세간의 주목을 받지 못한 지역인 것에 비해 놀라운 선언이었다. 그때까지 홍콩에는 어부들 몇천 명이 군데군데 흩어져 살고 있었을 뿐, 이렇다 할 번화가나 상업 지역도 없었다. 또 영국 정부가 새롭게 차지하게 된 이 섬에 영국인 모두가 만족한 것도 아니었다. 외무장관이자 나중에 총리에 오른 파머스턴 경Lord Palmerston은 엘리엇에게 이렇게 말했다. "집 한 채 찾아보기 힘든 황량한 홍콩섬을 이양받았더군요. 그곳이 무역 중심지가 될 일은 아마도 없을 겁니다."[5] 물론 명백한 역사적 오판이었다. 홍콩은 무역 중심지를 넘어서 세계 최대 항구로 성장했다. 그러나 엘리엇은 외무장관의 예측이 빗나갔다는 사실을 확인할 시간적 여유가 없었다. 그해 8월에 해임을 통보받고 영국으로 돌아가야 했기 때문이다.

나중에 초대 식민지 총독이 될 헨리 포틴저Henry Pottinger가 새 행정관으로서 중국과 전쟁을 다시 시작하기 위해 원정대를 이끌고 홍콩에 도착했다. 당시 바위투성이 홍콩섬에 만족하지 못했던 영국 정부는 광저우나 상하이, 샤먼 등 기존 대도시를 무력으로 개항하고자 계획하고 있었다. 그 새로운 섬의 미래에 확신이 없었던 포틴저는 자신의 부관들에게 홍콩을 확장하는 일에 서두르지 말라고 당부했다.

그러나 1842년 1월 다시 홍콩을 찾았을 때, 포틴저는 그들이 자신의 지시를 따르지 않았다는 사실을 확인했다. 왕립 공병대는 1년 전 영국 군함이 들어왔을 때보다 2배 이상 늘어난 1만 5000명의 홍콩 인구를 위해 길이 6킬로미터가 넘는 도로를 이미 건설한 상태였다. 나중에 이 도로는 오늘날 널리 알려진 퀸스 로드의 출발점이 되었다. 얼마 전까지도 천막과 임시 오두막이 군데군데 흩어져 있던 이 새로운 식민지에 인구가 점차 늘면서, 많은 석조 건물과 호텔, 양복점, 병원, 식당, 창고를 비롯하여 사창가와 교도소까지 들어섰다. 포틴저는 이러한 변화에 대해 부관들에게 미안한 마음을 느꼈다고 했다. 그는 당시 식민지 인도의 총독인 엘런버러 경Lord Ellenborough에게 이렇게 말했다. "이 정착지를 파괴하지 않고자 개발을 최대한 늦추려고 했습니다. 그러나 영국의 보호 아래 식민지를 건설하려는 의지가 너무도 강해서 거대하고 부유한 도시가 형성되는 광경을 지켜볼 수밖에 없었습니다."6 파머스턴과 포틴저 그리고 영국 정부 모두 새로운 무역 거점으로 몰려들고 있던 남중국 지역의 상인들에게 그 자유항이 얼마나 매력적인 곳인지 제대로 이해하지 못했던 것이다.

홍콩에서 토지 가치는 식민지 초기 시절부터 원활한 행정을 위해 대단히 중요했다. 이후 개발이 진행되면서 토지 수요는 점점 더 높아졌고, 토지 매각에 따른 수입도 그에 따라 증가했다.

1842년 3월에 토지 등기소가 설립되면서 임차인은 자신의 토지 사용권을 다른 이에게 팔 때 거래 내역을 기록으로 남길 수 있게 되었다. 같은 해 8월에는 난징조약이 체결되면서 중국의 다섯 개 항구가 추가로 국제 무역시장에 개방되었다. 그리고 그 시장에는 영국 동인도회사가 참혹한 중국의 아편굴에 필사적으로 팔고자 했던 아편 거래도 포함되었다. 이후 홍콩은 대영 제국의 지배로 완전히 넘어갔다. 1843년 6월에 체결된 조약으로 홍콩은 공식적인 영국 식민지가 되었다. 이후 홍콩의 행정관과 상인들은 더욱 열정적으로 개발 사업에 나서게 되었다.

포틴저는 새 식민지에서 토지 매각을 추진하는 방식과 관련해서 지침을 하달받았다. 그 내용의 핵심은 토지 소유권을 민간에 영구적으로 넘겨서는 안 된다는 것이었다. 대영 제국의 행정관들은 세수 원천을 영원히 확보하고자 했다. 1843년에 훗날 총리가 될 식민부 장관 더비 백작Earl of Derby은 포틴저에게 토지 경매에서 "임차인이 견고한 구조물을 짓는 데 필요한 기간 이상으로" 임대 기간을 설정하지 말도록 구체적인 지시를 내렸다.[7] 다시 말해, 토지 사용권은 판매할 수 있지만, 토지 소유권은 왕실에 남아 있어야 한다는 것이었다. 그들은 임대 기간이 만료되면 토지가 정부로 자동 반환되게 함으로써 사용권 판매에 따른 수익이 영구적으로 이어지도록 했다. 홍콩이 무역 거점으로 성장하면서 이러한 비즈니스 모형은 효과적으로 기능했다. 토지 가격이 오르면서 경매를 통한 수입이 늘었고, 식민지 당국은 과중한 세금이나 영국 정부의 보조금에 의존하지 않고도 홍콩을 얼마든지 개발해 나갈 수 있었다.

이후 한 세기에 걸쳐 홍콩은 영국 식민지로서 면적과 인구를 기준으로 계속 성장을 이어 나갔다. 만을 사이에 두고 홍콩을 마주 보는 구룡반도는 2차 아편전쟁이 끝나고 홍콩에 병합되었다. 1886년 홍콩 정부가 향후 토지 사용 계획을 수립하던 무렵, 그들이 토지 임대로 거둬들인 수입은 15만 홍콩 달러를 넘었다.[8] 나아가 1898년에 영국 정부는 혼란 속의 청나라 황실을 다시 무력으로 압박하여 구룡에서 심천강에 이르는 신계New Territories 지역과 이를 둘러싼 수백 개의 부속섬을 대상으로 99년간의 임차권을 확보했다. 20세기 초부터 제2차 세계대전 발발에 이르기까지 홍콩 인구는 4배 이상 늘었다. 1911년에 청나라가 무너지면서 수천 년을 이어왔던 중국의 왕조 시대가 막을 내렸고, 이후 수십 년간 내전과 정치적 혼란이 이어졌다. 이러한 상황에서 난민들은 안전을 위해 홍콩으로 계속 몰려들었고, 그 과정에서 토지 가격이 급격하게 상승했다.

20세기 중반으로 접어들면서 아시아와 아프리카, 아메리카 대륙의 많은 유럽 식민지가 독립하기 시작했다. 그러나 홍콩은 이후로도 반세기 동안 영국의 교두보 역할을 하면서 실질적으로 마지막 해외 식민지로 남았다. 제2차 세계대전 기간에 홍콩 인구는 160만 명에서 60만 명으로 크게 줄어들었다. 수십만 명이 중국 본토로 달아나거나 일본군에 의해 본토로 강제 추방되었다.[9] 또한 미군의 공습으로 많은 홍콩 주민이 집을 잃기도 했다. 그러나 중국의 치열한 내전 끝에 마오쩌둥이 승리하면서 홍콩 인구는 다시 증가세로 돌아섰고, 얼마 지나지 않아 전쟁 이전 수준을 회복했다. 중국 난민들이 혼란스러운 본토를 떠나 남쪽으로 내려오면서, 1951년에 홍콩 인구는 200만 명에 육박했다. 이후 40년에 걸쳐 홍콩 인구는 10년마다 약 100만 명씩 늘었다.

세계는 변화하고 있었다. 새로 독립을 쟁취한 개발도상국 세상에서는 좌파 정부들이 모습을 드러냈다. 서구 세상에서는 낮은 세금과 최소 규제, 자유무역 등 홍콩에 식민지 정부가 들어설 무렵에 유행했던 보수적인 19세기 금융 원칙이 인기를 잃었다. 대신에 두 차례의 세계대전 그리고 유럽과 미국을 휩쓴 가혹한 대공황 이후로 정부가 경제에 전면적으로 개입하는 새로운 세계 질서가 탄생했다. 다양한 산업 정책과 수요 관리, 수출입과 임금 및 물가에 대한 정부 개입은 1945년에 전쟁이 끝나고 30년간 그리고 일부 지역에서는 그 이후까지 널리 확대되었다.

홍콩의 경우는 달랐다. 식민지로 계속 남았던 홍콩에서는 정부 개입에 반대하는 사회적 정서가 그대로 이어졌다. 전쟁 직후 홍콩의 재무장관으로 부임한 제프리 팔로스Geoffrey Follows는 일본 제국의 가혹한 지배로 폐허가 된 홍콩 경제를 되살리고자 했다. 그는 당시 유럽에서 유행하던 개입주의 정책을 따르기보다 앞으로 있을지 모를 경제적 충격에 대비해 유연성을 강화하는 차원에서 외환보유고 확충에 집중했다. 그리고 세금 및 규제와 관련해서 무역상들이 홍콩을 매력적이라 느꼈던 최소 개입 원칙을 그대로 고수했다. 홍콩의 중국계 비즈니스 공동체 역시 현대적인 관리 경제 체제에 강하게 반발했고, 소득세를 도입하려는 시도에 저항했다.[10]

1961~1971년 동안 홍콩 재무장관을 역임한 스코틀랜드인 존 제임스 쿠퍼스웨이트John James Cowperthwaite는 홍콩 초기 행정관들의 원칙을 그대로 이어받았다. 그는 자유무역과 흑자 예산 정책, 제한적인 정부 역할을 옹호했다. 이념적으로 대단히 충직했던 쿠퍼스웨이트는 초등교육을 무상 의무 교육으로 전환하려는 시도에도 반대했다. 이 정책은 쿠퍼스웨이트가 퇴임한 1971년에서야, 그리고 영국에서 의무 교육을 법으로 정한 지 한 세기가 흘러서야 실

시되었다. 쿠퍼스웨이트의 뒤를 이어 1980년까지 재무장관을 지낸 필립 해던케이브Philip Haddon-Cave는 이후 홍콩 총독의 자리에까지 올랐다. 그는 경제에 대한 "적극적 불간섭positive non-intervention"이라고 부른 정책 노선을 새롭게 주창했고, 전반적으로 기존 자유주의 사상을 바탕으로 홍콩을 통치했다.[11] 앞의 세 인물 모두 정부 차입에 반대했고, 홍콩이 영국 정부로부터 재정적 독립을 유지해야 한다고 강조했다.

　　홍콩의 금융 관료들은 본국인 영국과 엇박자를 내고 있었지만, 그래도 영국 정부는 제국의 식민지가 거의 사라진 상황에서 홍콩이 자율적으로 움직이도록 방임하는 방식에 전반적으로 만족했다. 홍콩은 자유시장 경제학자 밀턴 프리드먼이 칭송했듯이 낮은 세금과 야경국가로서의 정부를 수호하는 요새였다. 실제로 프리드먼은 1980년에 자신의 책을 기반으로 제작된 PBS 다큐멘터리 시리즈 〈선택할 자유Free to Choose〉에서 이렇게 홍콩을 추켜세웠다. "홍콩의 부지런한 사람들은 자유시장의 힘을 바탕으로 한때 바위투성이 불모지였던 땅을 아시아에서 가장 번성하고 성공한 지역 중 하나로 바꿔놓았다."[12] 프리드먼의 이러한 지적은 틀리지 않았다. 홍콩은 다시 호황을 맞았다. 1960~1980년 동안에 홍콩의 1인당 실질 GDP는 중국 본토에서 문화대혁명의 혼란이 이어지는 와중에도 3배 넘게 뛰었다. 그리고 산업화가 급속도로 진행되면서 직물 중심의 대량 생산 시스템은 장난감과 시계, 전자제품, 라디오 등 주로 서구 수출을 위한 다양한 품목으로 확장되었다.

　　그런데 세계 각국이 점차 경제 개입으로 나아가는 흐름과는 달리, 자유시장 천국이라는 명성을 쌓아가던 홍콩에서는 식민지 초기부터 정부 재정을 뒷받침해왔던 토지의 중요성이 다시 주목받기 시작했다. 사실 세금 인상이나 차입 확대를 마땅치 않게 여겼던 홍콩 정부에는 토지 가격을 의도적으로 끌어올리고픈 뚜렷한 동기가 있었다. 조그마한 아파트라도 장만하거나 좁은 사업장에서 비즈니스를 운영하려는 사람들은 피해를 보겠지만, 토지 가격이 오르면 정부 재정이 훨씬 넉넉해질 것이었다. 반대로 토지 가격이 하락하면 정부 재정은 곤란을 겪을 수밖에 없었다. 1970년대에 토지와 정부 재정 사이에 형성된 이러한 파괴적인 연결고리에는 '고지가 정책high land price policy'이라는 오명이 붙었다. 그 표현에는 아파트를 사거나 사업을 운영하려는 홍콩 주민들이 겪어야 할 고통을 외면한 채 토지 가격을 의도적으로 끌어올린 정부 정책에 대한 비난의 목소리가 담겨 있었다. 그러나 식민지 초기 행정 관료들로부터 수십 년 뒤 그들의 정책을 그대로 계승한 중국 지도자들에 이르기까지 이들 모두는 이러한 비난을 강력하게 부인해왔다.

충분히 예상할 수 있듯이, 홍콩의 성장과 폭발적인 인구 증가는 토지가 한정된 홍콩의 토지 가격에 중대한 영향을 미쳤다. 1963년에는 한 영국 하원의원이 홍콩의 과열된 시장이 "런던의 토지 가격을 무색하게 만들었다"라고 언급할 정도였다. 당시 홍콩의 1인당 소득 수준은 영국의 3분의 1 이하였고, 부유한 런던과는 비교 상대가 아니었다.[13] 홍콩 정부는 토지 가격이 오르면서 토지 임대를 통한 재정 수입에 더 의존하게 되었다. 일본의 식민 통치 여파에서 아직 온전히 회복하지 못한 1950년을 기준으로 볼 때, 토지 사용권 판매에 따른 수입, 부동산 임대 가치를 기준으로 한 재산세 그리고 기존 토지 임대료를 모두 합친 토지 관련 정부 수입은 전체 재정 수입에서 15퍼센트도 되지 않았다.[14] 그러나 이후 이 수치는 꾸준히 올라서 1956년에는 20퍼센트, 1961년에는 25퍼센트를 넘어섰고, 1960년대 초에는 정부 재정의 3분의 1을 차지하게 되었다. 그리고 그 비중은 이후 20세기 전반에 걸쳐 평균적인 수준으로 유지되었다.

부동산 독과점의 덫

홍콩 정부가 토지 가격을 마음대로 끌어올릴 수 있던 것은 아니었다. 홍콩 토지시장은 점차 그 도시의 현대사 방향을 결정짓게 될 불황으로 접어들고 있었다. 중국 본토에서는 마오쩌둥의 문화대혁명으로 폭력 사태가 빚어지면서 1965년에 홍콩 금융시장이 큰 타격을 받았다. 홍콩에서 멀리 떨어지지 않은 물길 건너편에 광둥성 홍위병이 있었다. 이후 정치적 광풍이 국경을 넘어 홍콩으로 밀려들었다. 1967년에는 홍콩에서도 폭동이 일었다. 호전적인 노동조합이 대규모 시위를 주도했고, 중국 공산당과 연결된 좌파 조직이 폭력 사태를 조장하고 도심 곳곳에 급조해서 만든 폭발물을 설치했다. 중국 정부가 여전히 소유하고 있던 중국은행Bank of China 본사 건물은 영국 지배자에 맞서 일어나라고 홍콩 시민을 선동하는 현수막과 확성기로 둘러싸였다. 마오쩌둥이 이 기회를 틈타 홍콩을 침략할 거라는 소문이 떠돌았다. 만약 그게 현실이 된다면, 소규모 영국 병력으로는 막아낼 방법이 없었다. 그해 말 홍콩 중심가의 토지 가격은 3년 전 제곱피트당 1000~1200홍콩 달러에서 200~300홍콩 달러로 주저앉았다.[15]

　　그러나 동시에 1967년의 사회 혼란은 오늘날 홍콩을 위한 중요한 전환점이었던 것으로 드러났다. 이전 120년 동안 홍콩의 기득권층은 대부분 영국인이었다. 자딘Jardine이나 스와이어Swire,

휠록Wheelock, 와프Wharf 등 유서 깊은 무역 회사들이 홍콩 기득권층을 대표하는 이름이었다. 이들 중 일부는 초기 경매를 통해 많은 토지 사용권을 사들였다. 그 밖에도 호퉁Hotung 가문이나 풍Fung 가문처럼 식민지 정부와의 긴밀한 관계를 통해 부를 축적한 소규모 영중 혼혈 엘리트 집단도 있었다. 그런데 이들 기득권층이 점차 사회적 신뢰를 잃어가면서 투자도 줄어들었다. 이러한 공백기는 진취적인 중국계 사업가들에게 절호의 기회가 되었다. 그들은 1967년 시위로 인한 사회적 혼란 속에서 토지를 엄청난 규모로 사들이면서 기존 엘리트 집단의 자리를 대체하기 시작했다. 이들 가운데는 당시 값싼 플라스틱 제품을 생산하던 젊은 사업가 리자청李嘉誠도 있었다. 1960년대 중반에 리자청은 세 필지의 부동산을 보유하고 있었다. 그와 더불어 귀금속시장의 거물인 정위퉁鄭裕彤도 토지 가격이 크게 떨어진 기회를 잡아 부동산 재벌로 성장했다.

　　새로운 부동산 거물들은 역사상 최고의 토지 거래로 승자의 자리에 올랐다. 리자청과 정위퉁은 다른 많은 사업가처럼 토지교환 권리증으로 알려진 약속 증서를 마구 사들였다. 홍콩 정부가 1960년부터 발행하기 시작한 이 증서는 나중에 홍콩 부동산 재벌들의 부를 떠받치는 근간이 되었다. 수십만 명에 이르는 난민이 중국 본토에서 홍콩으로 넘어오면서 인구 증가에 따른 주택 수요가 더욱 늘었다. 이러한 상황에서 중국 본토와 가깝고 대부분 농촌이던 신계 지역은 향후 공공 및 민간 주택 중심의 위성 신도시 개발을 위한 최적의 장소로 주목받았다. 예산을 아끼고자 했던 홍콩 정부는 신계 지역의 토지 소유자들에게 꽤 매력적인 제안을 내놨다. 추가 협상의 여지가 없는 보상금을 받아들이거나, 나중에 신계 지역에 신도시들이 들어설 때 토지를 받을 수 있는 교환 권리증을 선택하는 것이었다.[16] 여기서 교환 권리증을 선택할 경우, 5제곱피트 농지를 소유한 사람은 나중에 이를 2제곱피트 면적의 신규 주거용 토지로 바꿀 수 있었다.

영국 식민지 정부는 예산 균형에서 원칙적인 입장을 고수했지만, 토지 교환에 있어서는 대단히 관대했다. 그들은 토지 교환 권리증의 양도를 허용했다. 그래서 새롭게 등장한 개발업자들은 권리증의 진정한 가치를 제대로 알지 못하는 농민들로부터 수천 장을 손쉽게 사들일 수 있었다. 이 정책이 종료되기 3년 전인 1983년, 토지 교환 권리증을 보유한 이들에게 돌아갈 개발용 농지의 규모는 3600만 제곱피트로, 축구장 750개에 달하는 면적이었다. 그것도 세계에서 가장 땅값이 비싼 도시로 급성장하게 될 홍콩에서 말이다.[17] 이는 개발업자들에게 엄청난 횡재였다. 그들은 이를 바탕으로 대형 토지 은행을 설립할 기반을 마련했다. 그리고 재빠른 움직임으로 어마어마한 수익을 창출했다. 2024년 중반, 신훙지新鴻基 부동산과 헨더슨 랜드Henderson Land가 토지 은행을 통해 보유하고 있던 토지 규모는 총 4.5제곱마일로, 이는 홍콩의 높은 인구 밀도를 고려할 때 수십만 명을 수용하기에도 충분한 면적이었다.[18]

일반적으로 세계 어느 지역이든 생산비와 인건비, 세금 등의 비용을 제외한 수익이 매출에서 차지하는 비율(즉, 순이익률net income margin)이 10퍼센트 정도일 때, 재무적으로 탄탄한 기업으로 인정받는다. 그러나 엄청난 성공을 거둔 기업들, 특히 새롭게 떠오르는 산업을 선도하는 기업들은 이보다 더 높은 순이익률을 기록하기도 한다. 가령 시가총액 기준으로 미국 최대 기업인 마이크로소프트Microsoft는 지난 30년간 평균 28퍼센트의 순이익률을 기록했다. 그리고 세계 최고의 반도체 칩 생산 기술을 확보한 대만의

TSMC는 1992년 이후로 평균 34퍼센트의 순이익률을 기록하고 있다. 두 회사 모두 기술 경쟁력을 지키기 위해 매년 수십억 달러를 연구개발에 투자한다. 그것은 잠시라도 경쟁에 뒤처질 때, 수익 구조에 심각한 문제가 발생할 수 있기 때문이다.

그러나 비즈니스 세상에서 이와 같은 세계적인 대기업들의 놀라운 성과도 수익률 측면에서 홍콩의 부동산 개발업체들과는 상대가 되지 못한다. 홍콩 최대 부동산 기업인 신홍지 부동산은 1990년 이후로 평균 48퍼센트의 순이익률을 기록했다. 신홍지를 비롯하여 이와 비슷한 홍콩의 몇몇 부동산 기업은 홍콩 내에서는 물론, 아시아, 더 나아가 전 세계적으로도 가장 수익성 높은 기업으로 인정받는다. 물론 그렇다고 해서 홍콩의 대형 부동산 기업과 이를 소유한 갑부들이 아무도 모르는 은밀한 부동산 개발 기술을 갖고 있는 것은 아니다. 그들이 놀라운 성과를 수십 년 동안 유지해올 수 있었던 것은 독과점을 기반으로 홍콩 부동산 시장을 강력하게 지배했기 때문이다.

리자청이 설립한 부동산 업체인 CK 자산 홀딩스 유한회사 CK Asset Holdings Limited와 정위퉁이 설립한 신세계 개발New World Development은 홍콩의 '빅4' 개발업체 중 두 자리를 차지했다. 그리고 신홍지 부동산과 헨더슨 랜드가 나머지 두 자리를 차지했다. 워프와 휠록 등 유서 깊은 영국의 무역 회사들과 항만과 통신업을 운영했던 허치슨 왐포아Hutchison Whampoa와 같은 기업은 1970~1980년대를 거치면서 이들 홍콩 부동산 거물에게 흡수되어 사라졌다. 무역과 기업가 정신의 허브라는 홍콩의 명성이 무색하게도, 거기서 엄청난 부를 일궈낸 최고의 갑부들 대부분은 부동산 개발업자이거나 그의 자녀들이다. 리자청은 홍콩의 토지시장이 폭락했을 때

재빠르게 움직이면서 홍콩 현대사에서 대부분의 기간 동안 최고 갑부의 자리를 지켰다. 다음으로 헨더슨 랜드 설립자인 리자오지李兆基가 그 뒤를 바짝 쫓고 있으며, 정위퉁의 장남인 헨리 청Henry Cheng이 그다음을 잇고 있다.

홍콩의 대표 부동산 기업들은 정부가 장기간에 걸쳐 토지를 경매하는 방식을 수정하는 과정에서도 큰 혜택을 입었다. 홍콩 정부가 토지 경매를 시작했던 19세기부터 20세기 중반에 이르기까지는 선납금이 낮은 대신, 일반적으로 75년에 달하는 임대 기간에 걸쳐 매년 정부에 납부하는 지대ground rent가 높았다. 그러나 이후 홍콩 정부는 명목상 지대를 낮은 수준으로 유지했다. 게다가 20세기로 들어서면서 인플레이션이 치솟았을 때, 실질적인 지대 비용은 극단적으로 낮은 수준이었다. 오늘날에는 정부로부터 토지를 매입하는 비용의 대부분이 선납금이며, 매년 납부하는 지대는 거의 의미가 없는 수준으로 낮아졌다. 홍콩 투자자 데이비드 웨브David Webb는 홍콩에서 대표적으로 비싼 구역에 자리 잡은 대형 쇼핑몰인 퍼시픽 플레이스Pacific Place의 사례로 그 방식을 설명했다.[19] 당시 유서 깊은 홍콩 대기업인 스와이어가 그 쇼핑몰 부지를 매입했는데, 그 개발 비용이 약 10억 달러에 달했다. 40년 전 기준으로 엄청난 금액이었다. 그런데 그 부지의 임대 기간인 75년에 걸쳐 스와이어가 정부에 내야 할 연간 임대료는 1000홍콩 달러로 150미국 달러도 되지 않는 금액이었다. 이처럼 토지 매입에 들어가는 비용 대부분이 선납금으로 바뀌면서, 거대한 자본을 보유한 소수의 초대형 기업만이 대규모 개발 프로젝트 입찰에 뛰어들 수 있게 되었다.

토지 가격이 치솟으면서 홍콩 경제는 근본적으로 변화했고,

거기서 성장하게 될 비즈니스의 유형도 바뀌었다. 1965년 국제과학경영위원회International Council for Scientific Management는 이렇게 지적했다. "높은 토지 가격이 홍콩 기업가들의 창의성을 억누르고 있다."[20] 토지 집약적 산업에 대해 기업들이 느끼는 압박감은 이후 수십 년간 점점 더 커졌다. 어느 정도 작업 공간이 필요한 기업의 경우, 비용 상승이 매출 상승을 훌쩍 넘어서기도 했다. 그동안 홍콩의 경제 성장을 이끌어왔던 산업은 이제 그 기반을 다른 지역으로 옮겨야 했다. 1980년대 중반에 홍콩 경제의 20퍼센트를 차지했던 제조업은 20세기가 끝나갈 무렵에 비중이 5퍼센트로 줄어들었다. 그리고 지금은 1퍼센트 정도에 불과하다. 또한 전체 은행 대출에서 기업 대출이 차지하는 비중도 크게 줄었다. 50년 전을 기준으로, 홍콩의 전체 은행 대출에서 제조업 대출은 5분의 1, 도소매업 대출은 3분의 1을 차지했다.[21] 그러나 지금은 두 산업 모두를 합쳐도 10퍼센트를 넘지 못한다. 은행 대출은 점차 가계(주로 주택 담보 대출)와 부동산 개발업체를 대상으로 하는 대출로 넘어갔다. 이 두 유형의 대출을 합치면 오늘날 전체 대출시장에서 60퍼센트를 차지한다. 이는 50년 전 20퍼센트였던 것과는 극명한 대조를 이룬다.

홍콩의 일부 지도자는 극단적으로 높은 토지 가격이 국가 운영에 부정적인 영향을 미친다는 사실을 잘 알고 있었다. 그러나 이러한 문제를 해결할 의지도, 능력도 없었다. 홍콩 반환 당시에 영국의 식민지 총독을 지냈고 오늘날 중국 정부가 점차 드러내 보이는 반자유주의 노선을 일관되게 비판해왔던 크리스 패튼Chris Patten은 부동산 개발업체들이 독식했던 '터무니없이 거대한 이익'을 억제하고 고지가 정책을 끝내려 했다고 말했다.[22] 그러나 개발업체에 대한 압박이 주식시장 붕괴로 이어질 수 있고, 또한 반환 시점이 임박한 상황에서 재정 모형을 급하게 수정할 때 발생할 위험에 대한 불안감으로 끝내 자신의 뜻을 관철시키지 못했다.

　　홍콩 반환 이후로 첫 번째 행정장관에 오른 둥젠화董建華는 매년 8만 5000채의 아파트가 새롭게 들어설 토지를 공급함으로써 극단적으로 오른 부동한 가격을 잡겠다고 공언했다. 그러나 1997년에 터진 아시아 금융위기로 부동산을 소유한 홍콩 시민들이 큰 어려움을 겪으면서 그의 계획은 사실상 무산되고 말았다. 2003년까지 아파트 가격이 계속 하락하면서 무려 60퍼센트나 떨어졌고, 1990년대에 가격 상승으로 얻은 모든 이익이 사라졌다.[23] 그러나 홍콩의 부동산 시장이 바닥을 쳤을 때도 국제 기준으로 결코 싸다고는 말할 수 없었다. 당시 50제곱미터 면적의 홍콩 아파트 한 채 가격은 17만 5000미국 달러를 조금 넘는 수준이었다. 이는 홍콩 중위 가구 연 소득의 8배에 달하는 금액이었다.[24] 그 무렵, 홍콩 정부는 토지 매각을 제한했고, 농지를 주거용 부지로 전환하는 사례도 드물었다. 홍콩 정부의 토지 매각 사업은 1999년에 재개되었다가 2002년에 다시 중단되었다. 그리고 토지 매각에 따른 수입과 용도 전환 건수가 1998년 수준으로 회복한 것은 2011년이 되어서였다.[25] 토지 가격이 폭락했을 때, 홍콩 정부는 그들의 의도를 숨기지 않았다. 그들은 토지 공급을 의도적으로 제한하는 방식으로 가격의 추가적인 하락을 막고자 했다.

　　한편으로 홍콩 경제가 토지와 긴밀하게 연결되면서 그 영향이 뚜렷하게 드러났다. 다른 한편으로 상황은 겉으로 드러난 것보다 훨씬 더 심각했다. 무엇보다 홍콩은 높은 토지 가격으로 전 세계 어느 금융 중심지보다 부동산 경기의 상승과 하락에 훨씬 더 취약해졌다. 아시아 금융위기가 터지고 10년간 많은 토지를 보유한 홍콩 엘리트 집단은 어려움을 겪었지만, 이후로 일생일대의 호황을 맞이했다. 2008년 전 세계 여러 지역의 부동산 시장이 글로벌 금융위기로 휘청이고 있을 무렵, 중국 경제의 규모가 폭발적으로 증가하면서 홍콩 부동산 시장은 다시 떠오르기 시작했다. 중국이 세계 최대의 경제 성장을 일궈내는 과정에서 관문으로서 역할을 했던 홍콩은 단순한 무역 거점을 넘어서, 중국 기업들과 점점 부유해지는 13억 중국 인구가 외부 세상의 공기를 들이마시는 '금융의 폐'와 같은 존재였다. 홍콩 부동산 가격은 폭발적으로 치솟았다. 2008년 말에서 2018년 말에 이르기까지 인플레이션을 고려해도 약 150퍼센트 상승했다.

글로벌 부동산 조사기관인 CBRE에 따르면, 2019년 기준으로 홍콩의 평균 주거용 부동산 가격은 124만 달러인데, 이는 밴쿠버보다 약 40퍼센트, 런던보다 80퍼센트나 높은 수준이다.[26] 그러나 이 데이터도 홍콩 부동산 가격이 얼마나 비싼지 잘 보여주지 못한다. 그 이유는 일반적으로 홍콩 아파트의 면적이 세계 대부분 지역의 주택보다 훨씬 좁기 때문이다. 같은 해 홍콩 주민이 거주 공간에 지급한 비용은 제곱피트당 2091달러로, 이는 뉴욕시의 4배에 달한다. 토지와 부동산이 홍콩의 전체 부에서 차지하는 비중은 그야말로 엄청나다. 파리경제대학 경제학자 토마 피케티Thomas Piketty와 리양Li Yang의 추산에 따를 때, 2018년에 홍콩 전체 가구가 보유한 자산에서 주택이 차지하는 비중은 75퍼센트를 넘었다. 미국의 경우, 주택시장이 정점을 찍었던 글로벌 금융위기 직전에도 35퍼센트를 넘지 않았다.[27]

최근 15년간 토지 가격이 크게 치솟았음에도 홍콩의 주택 공급은 참담한 수준을 면치 못했다. 2010~2024년에 홍콩의 개발업체들이 건설한 주택 수는 연평균 1만 5000채를 살짝 넘는 정도였다. 이는 20세기의 마지막 15년 동안 건설된 주택 물량의 절반에도, 둥젠화가 약속했던 물량의 5분의 1에도 미치지 못하는 수준이었다. 홍콩의 개발업체들은 엄청난 이익과 터무니없이 높은 부동산 가격에 대한 비판에 농지를 주거 및 상업용 부지로 전환하는 과정에서 정부가 부과하는 비용을 감당하려면 어쩔 수 없이 토지를 대규모로 보유할 수밖에 없다고 둘러댔다. 그러나 개발업체와 정부 사이에 책임 공방을 떠나, 주택 공급 부족에 따른 피해는 오로지 너무 높은 가격에 주택을 살 수밖에 없는 홍콩의 잠재 구매자들의 몫이었다.

물론 홍콩의 관료와 정치인, 부동산 거물들이 담배 연기로 자욱한 골방에 모여 주민들이 감히 엄두를 낼 수 없을 정도로 집값을 올리는 음모를 꾸미지는 않았을 것이다. 홍콩의 많은 정부 관료는 고지가 정책을 실시한 적이 없으며, 부동산 가격이 천문학적인 수준으로 높아진 것은 정부의 의도가 아니었다고 항변한다. 어쩌면 진심이었을지 모른다. 그러나 문제의 핵심은 단순하고 명확하다. 홍콩 정부가 토지를 모두 소유하고 있고, 부동산 가격은 세계 최고 수준이며, 부동산 기업을 소유한 플루토크라트plutocrat[부와 권력을 모두 가진 이-옮긴이]가 최고의 갑부이기 때문이다. 그것이 우연이든, 의도적 설계든, 혹은 악의나 부패의 결과물이든 간에 고지가 정책은 홍콩의 엄연한 현실이다. 개발업체와 부유한 주택 소유자, 관료와 정치인들 간의 이해관계가 홍콩을 그렇게 만들어 놓은 것이다.

아주 낮기로 유명한 홍콩의 세율도 고지가 정책의 현실을 고려한다면 허상에 가깝다. 실제로 개인 및 법인 소득세율은 대단히 낮고, 직접 판매세는 지금도 존재하지 않는다. 그러나 홍콩 주민은 터무니없이 높은 부동산 가격에 따른 임대료를 부담해야 한다. 세계에서 가장 높은 제곱피트당 주거용 부동산 가격이 허울 좋은 낮은 세율 대신에 치러야 할 대가인 셈이다. 홍콩의 대표적인 부동산 개발업체인 신홍지와 케리 부동산Kerry Properties에서 모두 근무했던 앨리스 푼Alice Poon은 높은 임대료를 홍콩의 "숨겨진 세금"이라고 부른다.[28] 만약 앞으로 부동산 가격이 크게 떨어진다면 토지 임대를 통한 재정 마련에 문제가 생길 것이며, 그렇게 되면 홍콩 정부도 최저 수준의 세율과 비교적 낮은 수준의 정부 부채를 더는 동시에 유지할 수 없을 것이다.

최근 홍콩의 부동산 시장은 다시 침체기로 접어들었다. 2019년 심각하게 치달았던 시위, 홍콩 정부의 독재화, 최근 몇 년간의 중국 경제 둔화 그리고 전 세계적으로 크게 치솟은 금리 모두 부담으로 작용했다. 주택 가격은 실질 가치를 기준으로 정점에 비해 3분의 1 넘게 떨어졌다. 그런데도 2024년 말 기준 홍콩의 50제곱미터 아파트 한 채 가격은 90만 달러에 이른다. 이는 현재 홍콩 가구 평균 소득의 20배가 넘는 금액이다. 부동산 시장의 하락으로 홍콩은 경기침체에 빠졌지만, 그렇다고 주택 가격이 살 만한 수준으로 떨어진 것은 절대 아니다.

토지와 주택을 가진 자와 못 가진 자 사이의 거대한 경제적 격차가 2019년에 홍콩 사회를 집어삼킨 대규모 시위의 유일한 원인은 아니었다. 홍콩 특유의 독립적인 지리적 정체성, 중국 정부의 시민권과 참정권 침해 또한 시민들이 민주화 운동을 열렬히 지지한 뚜렷한 원인으로 작용했다. 1997년 멀리 떨어진 제국주의 권력의 손에서 또 다른 권력의 손으로 넘어간 홍콩은 사실상 자율권을 보장받았던 적이 한 번도 없었다. 그리고 주택시장의 불평등으로 빈부 격차가 크게 벌어지면서 특히 홍콩의 젊은 세대에게는 기존 정치 체제를 유지하거나 지킬 아무런 동기도 남아 있지 않았다.

높은 토지 가격이 다양한 성공 요건을 골고루 갖춘 도시에 장기적으로 치명적인 피해를 입힐 수 있다는 사실을 잘 보여주는 대표적인 사례를 꼽으라면, 홍콩이야말로 전 세계 최고의 후보일 것이다. 기업가 정신으로 무장한 창조적인 인재 보유, 낮은 세금과 가벼운 규제, 세계 최대 생산 및 소비 국가 중국으로 들어서는 관문이라는 확고한 입지야말로 홍콩의 뚜렷한 경쟁력이다. 그러나 토지와 부동산 시장의 왜곡으로 인해 전 세계가 부러워할 만한 홍콩의 경쟁력은 오히려 덫이 되고 말았다. 오늘날 홍콩의 소득 수준은 항상 비교 대상으로 거론되는 동남아시아 도시 국가인 싱가포르에 크게 뒤처져 있다.

토지 문제로 지금 홍콩이 겪고 있는 어려움은 경제적, 정치적 문제를 훌쩍 넘어선다. 자오쯔양이 헨리 폭을 만나 토지와 부에 관한 새로운 아이디어를 접한 순간, 홍콩은 이미 중국 정부가 토지와 주택 및 정부 재정 문제에 대처하는 새로운 접근 방식을 시험하는 무대가 되었다. 그렇게 홍콩의 혁신을 억압하고 경제적 불평등을 조장한 다양한 요인이 세계 2위의 경제 대국으로 흘러 들어가게 되었다. 그 과정에서 결과에 대한 신중한 고민은 찾아볼 수 없었다.

선전에 드리운 홍콩의 그림자

1980년대에 토지 경매는 자오쯔양을 비롯한 중국의 개혁 지도자들의 상상력을 사로잡았다. 그것은 1840년대 홍콩의 식민지 행정관들이 매력을 느꼈을 때와 같았다. 세계에서 가장 오래된 자산을 활용해 정부 재정을 마련하는 방식은 행정적인 차원에서 너무나 간편했기에 외면하기 쉽지 않았다. 또한 이 방식을 효과적으로 실행한다면, 토지를 가장 생산적인 분야에 할당할 수 있었다. 게다가 외국 자본의 유입에 대한 강경파 공산주의자들의 우려를 불식시키는 데도 어느 정도 도움이 될 터였다. 해외 투자자들은 전 세계 많은 신흥 시장에서 그랬듯이 언제든 마음을 바꿔먹고 자본을 회수할 수 있었다. 다만 토지만큼은 그럴 수 없었다.

식민지 정부가 토지를 소유한다는 점에서, 홍콩의 토지 시스템은 역설적이게도 이념적인 장점도 있었다. 공산주의 국가임을 자처한 중국은 이러한 방식으로 이념의 경계를 조금은 흐리게 만들 수 있었다. 다시 말해, 토지의 사적 소유는 법적으로 금하면서도 토지 사용권은 얼마든지 판매할 수 있었다. 일부 강경파 공산주의 인사들은 갑작스러운 변화에 불만을 품었지만, 대부분은 새로운 시스템을 도입해도 기존의 특권이나 정치적 권한을 내려놓을 필요가 없다는 사실을 금방 간파했다. 오히려 토지 사용권 판매를 통한 수익으로 권력을 한층 강화할 수 있을 뿐 아니라 사리사욕을 채울 수 있는 기회까지 엿볼 수 있었다. 40년 전 무력적인 탄압으로 사라졌던 중국의 지주 계급이 그렇게 부활한 것이다.

자오쯔양이 토지 자산을 정부 재정의 근간으로 삼을 수 있는 잠재력을 파악한 유일한 중국의 정책결정자는 아니었다. 중국 정부는 토지 경매라는 실험의 배양접시를 홍콩의 강 건너편에서 찾았다. 1980년에 중국 정부는 선전시를 최초의 경제특구special economic zone(SEZ)에 포함시켰다. 선전은 덩샤오핑이 구상한 경제 계획의 핵심이자 중국 경제의 차세대 선봉이었다. 1981년 중국 정부는 외국인 투자자도 경제특구에서 토지 사용권 증서를 신청할 수 있도록 허용했다. 그렇게 사용권을 따낸 투자자는 지방정부에 임대료를 내야 했다. 토지 사용자가 그 권리를 양도하거나 담보로 활용하거나 혹은 사고팔지 못하도록 막기는 했지만, 토지를 돈으로 거래할 수 없다는 중국 사회의 중요한 금기에 조금씩 금이 가기 시작했다.

　　1980년대 중반이 되자 그동안 광둥 해안 지대의 변두리로 머물렀던 선전이 상업 중심지로 거듭나면서 많은 기업가와 개혁 관료들이 몰려들었다. 1970년대 말에 선전의 인구는 수십만 명 정도였는데, 이는 베이징의 20분의 1도 되지 않았다. 그러나 불과 몇십 년 만에 선전은 중국에서 가장 규모가 크고 번영한 도시 중 하나로 성장했고, 오늘날 중국 대기업들의 본거지가 되었다. 세계 무대에서 활동하는 화웨이와 ZTE 같은 IT 기업과 더불어, 국내외에서 빠르게 성장하는 전기차 생태계의 거물인 BYD도 선전에 본사를 두고 있다. 선전은 중국이 제대로 기능하지 못하는 관리 체제의 경제에서 세계적인 금융 강국으로 변모했음을 보여주는 가장 상징적인 도시다. 동시에 토지와 부동산의 역할 변화가 어떻게 국가 전체를 바꿔놓을 수 있는지 뚜렷하게 보여주는 대표적인 지역이기도 하다.

　　중국 정부는 토지 사용권 판매로 재원을 마련하는 선전의 모형을 국경을 맞댄 영국 식민지인 홍콩으로부터 그대로 가져왔다. 마오쩌둥이 세상을 떠난 지 11년이 흐른 1987년 12월, 중화인민공화국 수립 후 첫 번째 민간 토지 경매가 선전시청에서 열렸다. 여기서 선전시는 축구장보다 조금 더 넓은 8588제곱미터에 달하는 토지를 50년 기간으로 임대함으로써 100만 달러가 조금 넘는 재원을 마련했다.[29] 중국 관료와 언론 기자, 선전시 관료들이 자리한 그 경매 행사에는 홍콩 경제학자와 사업가 수십 명도 함께 참석했다. 그날 경매 진행자가 사용한 망치는 홍콩 정부가 선전시에 선물한 것이었다. 1841년 홍콩에서 그랬던 것처럼, 이번 토지 경매 역시 온전히 합법적인 행사는 아니었다. 중국이 헌법 수정을 통해 토지 사용권의 소유 및 판매에 대한 법률적 장애물을 제거하고 중국 전역의 경매 사업을 허용하기까지는 그로부터 6개월이 더 걸렸다. 그렇게 중국이 토지를 활용하는 혁신의 여정이 시작되었다.

이후로 중국의 여러 시 정부들이 선전의 모델을 도입하여 자체적으로 토지 경매를 실행하고 재정을 마련해 나갔다. 그러나 당시 경매 사업을 추진했던 공산당 관료들이나 경매로 토지를 임대받은 이들 가운데 그 시스템이 19세기 초 영국 식민부로부터 단계적으로 전해 내려온 것이라는 사실을, 그리고 약 150년 전에 머나먼 제국이 설계한 것이라는 사실을 이해한 이는 아마도 없었을 것이다. 또한 곧바로 드러나지는 않겠지만, 언젠가 틀림없이 등장하게 될 그 시스템의 결함까지도 함께 물려받게 될 거라는 사실을 이해한 이도 없었을 것이다.

9
역사상 최대의
부동산 거품

1992년, 덩샤오핑은 여든여덟 살이었다. 그가 추진해온 경제 개혁은 이미 3년째 제자리걸음이었다. 그가 주도한 톈안먼 광장의 유혈사태 이후로 금융과 정치 분야의 모든 자유화 시도가 멈춰 섰다. 세계는 그 학살에 경악했고, 중국 지도부는 익숙한 과거로 돌아갔다. 1989년 말 베를린 장벽이 무너지고 뒤를 이어 소련이 해체되면서 중국 내 공산당 강경파는 개방이 곧 국가의 통제력을 위협하는 위험천만한 도박이라고 믿게 되었다. 덩샤오핑의 경제 개혁을 열성적으로 지지했던 이들은 보수 세력에 의해 권력의 주변부로 밀려났다. 1989년 11월, 덩샤오핑이 공식적으로 자리에서 물러나면서 장쩌민江澤民이 뒤를 이어받았다. 중국 정부는 개혁과 개방 정책을 포기하지는 않았지만, 변화를 지지하는 세력이 수세에 몰린 상태였다.

덩샤오핑 측근 개혁가들과는 달리, 자오쯔양 총리는 적어도 공산당 지도부가 보기에 정치적 자유주의자였다. 그는 공직에서 다시 한번 물러나게 됐는데, 이번에는 마오주의 강경파가 아닌 덩샤오핑에 의해서였다. 베이징에 계엄령이 선포되기 하루 전인 1989년 5월 19일, 자오쯔양은 톈안먼 광장에서 단식 투쟁을 하고 있던 학생들을 만나 해산을 요구했다. 그는 앞으로 학생들의 목소리에 귀를 기울이겠다고 약속하면서 이렇게 말했다. "여러분은 우리와 다릅니다. 우리는 이미 늙었고 중요하지도 않습니다." 이 말은 자오쯔양의 마지막 공식 발언으로 남았다. 그는 총리직에서 물러난 후 15년을 베이징에서 가택 연금으로 살다가 2005년에 세상을 떠났다. 1970~1980년대 중국 정치에 대해 자오쯔양이 솔직하게 적어 내려간 일기는 오디오 녹음으로 해외로 밀반출되었다가 그의 사후에 책으로 출간되었다.

1990년대 초 중국의 정치 지도부는 개혁에 등을 돌렸지만, 덩샤오핑은 마지막 전투를 준비하고 있었다. 1992년 1월 19일, 덩샤오핑은 전직 최고 지도자로서 중국에서 처음으로 토지 경매를 실험했던 장소인 선전을 찾았다. 중국 정부의 새 지도부가 개혁을 가로막고 있는 상황에서도 선전은 뜨거운 활기로 분주했다. 거기서 덩샤오핑은 선전시 시장과 지역 공산당 서기와 함께 골프 카트를 타고 중국 최초의 놀이공원 중 하나인 스플렌디드 차이나Splendid China를 둘러봤다. 그리고 레이저디스크를 생산하는 기업의 본사도 방문했다.[1] 선전을 시찰하고 난 뒤, 덩샤오핑은 주강 삼각주와 주하이 및 광저우 인근을 둘러보면서 여러 차례 연설했다. 거기서 그는 개혁은 되돌릴 수 없는 흐름이며, 개혁을 지지하지 않는 정부 관료는 자리에서 물러나야 한다고 주장했다. 또 지금까지 개혁이 성공적으로 추진되었기에 중국이 톈안먼 시위의 혼란을 버텨낼 수 있었다며, 개혁이 없었다면 중국은 다시 한번 참혹한 내전의 수렁으로 빠져들었을 것이라고 역설했다.

덩샤오핑이 국경 건너편에서 연설 중이라는 소식에 홍콩의 기자들이 취재를 위해 서둘러 달려갔다. 그런데 당시 중국 본토의 언론은 모두 덩샤오핑의 정적들이 장악하고 있는 상황이었다. 그 때문에 신문과 라디오, TV 등 중국 언론 어느 곳에서도 덩샤오핑의 순회강연 소식을 다루지 않았다. 그러나 덩샤오핑 방문 후 두 달이 흘러 선전의 한 지역 신문이 그 소식을 승인이 나지 않은 상태에서 보도하면서 중국 전역에 널리 알려지게 되었다. 당시 〈선전특구일보Shenzhen Special Zone Daily〉의 편집부 차장이었던 천시톈Chen Xitian은 엄격한 보안을 조건으로 덩샤오핑의 방문 일정에 동행 요청을 받았다. 덩샤오핑의 방문 후 2개월이 지난 3월 26일, 이 신문은 많은 지면을 할애하여 덩의 연설과 방문 일정을 자세하게 다룬 기사를 보도했다. 중국 전역의 많은 관료가 그 기사에 주목했고, 이후 그를 존경해온 많은 공산당 지도자들이 당의 지침을 과감하게 어기고 경제 현대화에 뛰어들었다. 그해 말에는 장쩌민도 덩샤오핑의 행보에 힘을 실어줬다. 고위 관료들이 참석하는 최고 회의인 제14차 중국공산당 전국대표대회에서 장쩌민은 '사회주의 시장경제'라는 생소한 개념을 세계에 소개했고, 이는 1993년 중국 헌법에 명문화되었다. 그렇게 개혁의 흐름이 다시 시작되었다.

오늘날 선전은 현대 중국 경제의 최전선에 서 있으며, 중국의 기업가적 잠재력을 상징적으로 보여주고 있다. 그리고 베이징과 상하이, 광저우 등 중국의 다른 어떤 부유한 대도시보다 더 확고한 덩샤오핑 프로젝트의 성과물로 남았으며, 개방에 대한 중국의 의지를 잘 드러내고 있다. 특구로 지정되기 전까지만 해도 선전 지역에는 사람이 거의 살지 않았다. 수백 년의 오랜 전통을 자랑하는 중국의 대도시들과 달리, 오늘날 중국 남부의 상업 중심인 선전에 거주하는 인구 대부분은 타지에서 온 이주민이거나 그들의 자녀 혹은 손주들이다.

1992년 덩샤오핑이 중국 남부를 돌며 연설을 할 무렵, 중국의 부동산 시장은 걸음마 단계에 불과했다. 대다수 국민이 자기 집을 장만할 기회를 잡기까지는 그로부터 몇 년의 세월이 더 걸렸다. 그리고 법적으로 금지되었던 소유와 상속의 권리가 헌법에 명시되기까지는 10년 이상이 더 소요됐다. 그러나 덩샤오핑이 남부 지역을 순회한 이후로 중국은 놀라운 속도로 바뀌었다. 경제 규모가 폭발적으로 증가하면서 토지를 자산으로 활용하는 과정에서 발생하는 심각한 문제들이 드러나기 시작했다. 결론적으로 말해서, 중국은 규모의 측면에서 세계 최대의 토지 거품을 만들어냈다. 이는 2008년 금융위기를 앞둔 미국의 과열된 시장조차 평범하고 합리적인 것처럼 보이게 만들 정도였다. 토지는 중국의 경제와 정치 시스템 전반에 강한 영향을 미쳤다. 그리고 오늘날 중국이 직면한 다양한 문제의 원천으로 여전히 남아 있다.

선전은 중국의 상업적, 기술적 역량을 보여주는 상징일 뿐아니라 토지시장과 관련된 심각한 문제를 드러내는 상징이기도 하다. 선전의 부동산은 중국 내에서는 물론 전 세계 어느 도시와 비교해도 뒤지지 않을 만큼 비싸다. 부동산 시장이 정점을 찍었던 2022년에 선전 지역의 주택 가격은 제곱미터당 약 7만 위안, 즉 1000달러가 조금 안 되는 수준이었다.[2] 당시 선전보다 소득 수준이 훨씬 높았던 샌프란시스코의 주택 가격은 제곱피트당 750달러 정도였다. 사실 선전은 홍콩의 부동산마저 저렴하게 보이게 만드는 전 세계 몇 안 되는 도시 중 하나다. 주택 소유율이 아주 높은 중국 대부분의 도시와는 달리, 선전에서 주택을 소유한 인구의 비중은 약 30퍼센트로 서구 대도시보다 낮은 수준이다.

작은 황금 상자, 토지 재정의 탄생

1990년대 말, 중국에 새로운 부동산 호황을 일으킨 두 가지 강력한 요인이 등장했다. 토지시장을 폭발적으로 성장하게 만든 요인 중 하나는 덩샤오핑이 남부 지역을 순회한 지 2년이 흘러 의도치 않게 도입되었다. 1994년 중국은 중앙정부와 지방정부 사이에 세금과 지출 비중을 조정했다. 당시 중국의 경제 체제는 수십 년 동안 뚜렷하게 분권화 상태를 유지해왔다. 지방정부는 관할 지역 내 생산 시설을 소유했고, 국영 기업과 집단농장을 자체적으로 운영했다. 그리고 세금을 거두고 예산을 집행하는 과정에서도 주도적인 역할을 했고, 세수의 일부를 중앙정부로 올려보냈다. 그런데 1994년부터는 세수에 대한 통제권이 전면적으로 중앙정부에 주어졌다. 이제 중국의 지방정부와 시 정부들은 예전처럼 주도적으로 세금을 걷고 재정을 지출하는 대신, 세금 대부분을 중앙정부로 올려보내고 예산을 할당받게 되었다.

　　지방정부의 재정 통제력을 빼앗은 이번 결정에 관심을 보인 것은 중국 관료들과 일부 해외 중국 전문가들뿐이었다. 다만 이는 중국이 토지시장을 개방하는 시점과 맞물리면서 대단히 중요한 의미를 띠게 되었다. 지방정부가 보유할 수 있는 세수의 비중은 1년 사이에 78퍼센트에서 44퍼센트로 줄었지만, 지방 및 시 정부의 지출 규모에는 변화가 거의 없었다.[3] 1993년에 중국의 지방정부들은 자체로 거둔 세금으로 재정 지출을 모두 충당할 수 있었지만, 1994년이 되자 그들이 보유하는 세수로는 지출의 60퍼센트도 충당할 수 없게 되었다. 결국 그들은 새로운 재정 원천을 찾아야 했다.[4] 세수와 지출 구조를 수정한 1994년 결정은 지금까지 중국 정부가 선택한 수많은 정책 가운데 토지시장을 가장 뜨겁게 달군 요인으로 작용했다. 그리고 그 여파는 30년간 이어지고 있다.

세수 권한이 중앙정부에 집중되면서 지방정부의 지도자들은 곤경에 처했다. 이와 같은 상황에서 미국의 주 정부나 지방정부라면 은행이나 채권시장에서 돈을 빌렸겠지만(현명한 선택이든 아니든), 중국 정부는 이를 엄격히 금하고 있었다. 갑자기 재정적 난관에 봉착한 중국의 지방정부들은 창의성을 발휘하여 소위 '작은 황금 상자little golden box'라고 불리는 불투명한 수입원으로 시선을 돌렸다. 이후로 중국 주민들, 특히 중앙정부의 통제력이 미치지 않는 멀리 떨어진 농촌 지역 주민들은 비공식적이면서 부당한 그리고 때로는 살아 있는 모든 것에 부과된 명백히 불법적인 행정 수수료에 시달리게 되었다. 이러한 각종 수수료는 세수를 보완하는 수단을 넘어 점차 지방정부의 거대한 부패를 가능하게 만들었다. 중앙정부로부터 멀리 떨어진 지역일수록 지방정부는 이러한 음성적인 재원을 더 쉽게 마련할 수 있었다. 1990년대 말이 되면서 중국의 중앙정부도 지방정부들의 교묘한 재정 마련 방식으로 농촌지역 주민들이 극심한 고통을 받고 있다는 사실을 파악하게 되었다. 그러면서 많은 주민의 반발을 샀던 기존 관행을 통제하기 시작했다.

그러나 중앙정부가 나서서 의심스러운 재정 통로를 단속하던 와중에도 지방정부들은 재정적 구속에서 벗어날 수 있는 더 나은 방법을 찾아냈다. 10년 전 선전에서 시작된 토지 판매 수입은 예산 외 수입으로 따로 분류되었기 때문에, 주민들에게 부과했던 수수료와 마찬가지로 중앙정부에 보고할 필요가 없었다. 그렇게 토지 판매는 지방 예산의 거대한 구멍을 메워줄 중요한 통로이자 세수와 지출 사이의 심각한 불균형을 바로잡을 수 있는 유일한 방안으로 자리 잡았다. 1990년대 말로 접어들면서, 토지 매각은 수익성 높은 사업일 뿐 아니라 중앙정부가 세수 증대 차원에서 장려하는 방안으로 각광받았다. 토지 판매에 따른 수익이 지방정부 재정에서 차지하는 비중은 20세기 말 10퍼센트 미만에서 2010년에는 3분의 2를 차지하게 되었다.[5] 중국의 중앙정부가 지방정부에 가한 압박은 홍콩 정부가 했던 것보다 더 강력하게 토지 가격을 끌어올리는 원동력으로 작용했던 것이다. 중국의 지방정부들은 중앙정부의 압박으로 토지 매각을 통해 최대한 많은 수입을 올려야만 했다.

다음으로 10년에 걸친 주택 붐이 더욱 뜨겁게 타오르도록 만든 두 번째 요인은, 새로운 형태의 산업과 사무직 분야로 전환하면서 점차 부유해진 중국의 가구들이었다. 역사상 처음으로 수천만 중국인이 소비와 투자에 쓸 충분한 소득을 올리게 되었다. 1994년 중국 정부의 강압적인 세제 개편으로 지방정부들이 예산 외 수입을 확보하기 위해 서둘러 움직이기 시작했던 무렵, 국영 기업에서 일하는 근로자들은 자신이 거주하는 집을 구매할 수 있는 권리를 얻게 되었다. 이를 계기로 많은 중국 가구가 재산을 축적하기에 이르렀다. 이후 1998년에 중국 정부가 국영 기업 근로자들에게 주택 구매권을 제공하는 기존 관행을 법으로 영구히 금지하면서, 공식적인 민간 주택 공급 시대가 개막했다. 20세기의 마지막 10년과 21세기의 첫 10년에 걸쳐 중국의 GDP는 연평균 약 10퍼센트로 성장했다. 그리고 주거용 부동산 시장에 대한 투자는 그보다 더 높은 연평균 20퍼센트 이상으로 증가했다.

토지 붐이 뜨거웠던 홍콩에서 투자자들은 활발한 금융시장에 접근할 수 있었고, 또한 해외 투자에도 자유롭게 뛰어들 수 있었다. 이처럼 다양한 자산에 투자할 수 있는 폭넓은 선택권은 부동산 시장의 열기가 비현실적으로 뜨거워질 위험을 낮추는 역할을 하게 마련이다. 그런데 당시 중국 본토의 시민들은 부동산을 제외하고는 투자할 만한 대상이 거의 없었다. 일본 정부가 고속 성장기에 그랬던 것처럼, 중국 정부 역시 금융 시스템을 강하게 통제함으로써 국가의 저축을 자국의 산업 거물들에게 몰아줬다. 그리고 은행 예금 금리를 의도적으로 낮게 유지함으로써 은행들이 중국이 자랑하는 국영 기업에 저리로 대출해주도록 했다. 중국 경제가 전 세계 어느 곳보다 빠르게 성장하는 동안에도 은행 예금 금리는 인플레이션을 고려하면 종종 마이너스 수준이었다.

중국 가구들이 투자를 위해 선택할 수 있는 다른 자산은 거의 없었다. 1990년에 상하이 증권시장이 중국 내전이 끝나고 처음으로 문을 열었다. 그러나 중국의 주식들은 일반 가구와 전문 투자자 모두에게 위험하고 수익률 낮은 투자 대상일 뿐이었다. 중국이 경제를 개방하면서 자국에서 생산된 제품이 동부 해안의 항구를 거쳐 세계의 모든 무역로를 따라 수출되기 시작한 후에도, 공산당 지도부는 중국 시민들이 해외 금융 상품에 돈을 투자하도록 허용할 생각이 없었다. 그들은 국내 자본을 엄격히 통제했고, 국경을 넘나드는 자금의 흐름을 관리함으로써 중국 통화의 가치를 통제하려 했다. 그러나 국제적인 비즈니스 네트워크를 확보한 중국의 갑부들은 해외 투자 규모를 허위로 부풀리거나 수입 물품의 대금을 조작하는 방식으로 자금을 해외로 빼돌릴 방법을 항상 찾아냈다. 반면 일반 시민이 큰돈을 해외로 반출하기란 대단히 어려웠고,

그것은 지금도 마찬가지다. 결국 대부분의 중국 투자자에게는 부동산을 최대한 많이 사들이는 것이 유일한 투자이자 중국 경제의 급속한 성장으로부터 이익을 누릴 수 있는 최고의 방법이었다.

중국에서 새로운 토지 재정 모델이 모습을 드러내기 시작했을 때, 중국 가구들이 저축을 해야 할 필요성도 커졌다. 중국 공산주의 시스템이 조금씩 느슨해지면서, 지금껏 국영 기업들이 제공해왔던 사회복지 제도도 함께 허물어졌다. 중국은 여전히 명목상 공산주의 국가였지만, 노동자와 은퇴자를 위한 정부 지원 규모는 크게 줄었다. UN 산하 국제노동기구의 발표에 따르면, 2020년 기준으로 중국인들이 받는 연금의 평균 액수는 월 170위안 정도로, 이는 25달러도 되지 않는 금액이었다. 이 돈으로는 중국 내 가난한 지역에서도 생활이 힘들다.[6] 또한 대규모 인구 이동으로 중국 노동자들의 삶은 더욱 불안정해졌다. 가구의 등록과 복지를 관리하는 중국의 호구 시스템은 자신이 태어난 지역에서만 복지 혜택을 받을 수 있도록 규정해놓았다. 다만 1990년부터 수억 명의 인구가 일자리를 찾아 고향을 떠나 생산 활동이 활발하게 이뤄지는 도시로 이주하면서, 기존의 복지 혜택을 잃게 되었다. 결국 중국 가구들은 돈을 모아서 비싼 집을 사는 것이야말로 미래를 위한 가장 안전한 투자라는 합리적인 판단을 내리게 되었다. 그렇게 중국 가구의 재정적 미래는 전 세계 어느 나라보다 주택에 더 많이 의존하게 되었다.

수십 년간 이어진 교조적인 공산주의 시대가 끝나자, 부동산 소유에 대한 법적 제한이 사라졌다. 그와 동시에 사회적 지위와 토지 소유 사이의 오래된 연결고리가 다시 모습을 드러냈다. 유럽과 마찬가지로 제국주의 시대의 중국에서도 토지 소유는 지위의 상징이었고, 세대를 거쳐 부를 대물림하는 것은 사회적으로 중요한 목표였다. 민간 부문이 주택시장을 차지하면서 신붓감을 찾는 남성이 부부가 함께 살 집을 마련해야 한다는 공산주의 이전의 사회적 통념이 다시금 부활했다. 더 많은 부동산을 원하는 가구들의 새로운 수요, 최대한 많은 토지를 매각하려는 지방정부의 열망, 포효하는 중국 경제가 맞물리면서 새로운 시장과 앞으로 수십 년에 걸쳐 펼쳐질 광란의 투기 무대가 마련되었다. 역사상 최대의 주택 붐이 일어날 모든 조건이 갖춰진 것이다.

황제들의 도박

머지않아 일어날 중국 내부의 거대한 이주 물결을 타고 도시로 흘러갈 수백만 노동자들 가운데, 쉬자인許家印이라는 인물도 있었다. 쉬자인은 34세 때 우양제철소Wuyang Iron & Steel Company에서 관리자로 일하고 있었다. 그는 대학을 졸업하고 나서 대형 국영 기업에서 10년간 근무했다. 그러나 많은 이들이 그렇듯 그 역시 전통적인 중국 경제 속에서 자신의 삶과 일에 만족하지 못했다. 그는 승진에서 탈락한 후 덩샤오핑의 남부 지역 순회강연에서 큰 감명을 받고는 직장을 그만두고 번영하던 선전으로 떠났다. 쉬자인은 광둥식 이름인 후이카옌으로 개명하고, 성장하는 민간 분야에서 일자리를 찾아 나섰다. 처음 들어간 무역회사에 그는 관리자 직급으로 승진했다. 그러나 중산층 화이트칼라의 안락한 삶으로는 만족하지 못했다. 1996년, 중국 경제의 새로운 비전을 직접 실현해보기로 결심한 그는 회사를 설립했다. 후이카옌은 예전 직장에서 100만 달러를 빌려 헝다恒大라는 부동산 개발업체를 세웠다. 나중에 이 업체는

에버그란데 그룹Evergrande Group이라는 이름으로 세상에 알려지게
된다.

　　중국 지방정부들이 토지 판매로 재정을 마련하는 일에 골
몰하면서, 새롭게 등장한 부동산 개발업체들도 빠른 속도로 성장
했다. 이들 업체는 토지 사용권을 어떻게든 더 많이 팔려는 지방정
부와 안전한 투자처를 모색하는 잠재적인 토지 구매자 사이에서
중개자 역할을 했다. 중국의 국영 기업이 노동자에게 주택을 공급
할 법적 의무가 이미 사라졌던 1997년, 후이카옌은 다소 늦게 부
동산 시장에 뛰어들었다. 1990년 12월에 선전 증권거래소가 문을
열자마자 재빠르게 주식을 상장했던 기업 중에는 000002라는 종
목 코드로 이름을 올린 곳도 있었다. 이는 중국 최대 부동산 개발
업체 중 하나인 차이나 반케China Vanke였다. 1992년에는 또 다른 대
형 개발업체인 컨트리 가든Country Garden이 설립되었다.

　　낡고 허물어져 가는 중국의 기존 주택 단지는 주로 집단농
장이나 국영 기업 인근에 들어서 있었는데, 마오쩌둥의 하향식 경
제 시절에 유리한 위치였다. 그러나 그 시대는 이미 저물었다. 이제
중국인들은 성장하는 도시에 새로 들어선 민간 기업들과 가까운
현대적인 도시형 아파트 단지를 원했다. 신규 아파트를 건설하는
업체에 있어 가장 중요한 경쟁력은 속도였다. 17세기 초 뉴잉글랜
드에 도착한 영국 개척자들에게 무한히 펼쳐진 땅이 그랬던 것처
럼, 중국의 부동산 개발업체들에게 빠르게 성장하면서 도시화되어
가는 중국은 주택 개발 사업을 위한 미지의 땅이었다. 이들에게 가
장 중요한 일은 경쟁자가 도착하기 전에 최대한 빨리 땅을 차지하
는 것이었다. 당시 부동산 개발업체들은 중국의 거침없는 경제 성
장과 비교해도 놀라운 속도로 사업을 확장해 나갔다. 2000년에 중

국 최대 건설사 중 하나로 자리 잡은 반케는 갈급한 중국인들에게 주택을 팔아서 37억 위안에 달하는 매출을 올렸다. 그리고 2021년에는 4528억 위안의 매출을 기록했다.[7] 중국의 GDP가 1100퍼센트씩 성장하던 동안에 대형 부동산 개발업체들은 그보다 10배 높은 성장이 가능했던 것이다. 그런데 이러한 폭발적인 사업 확장이 가능하려면, 부동산 판매 수익으로 다시 토지를 매입하는 방식으로는 부족했다. 그보다 대규모 차입이 필요했다. 2000~2020년 기간에 중국 부동산 개발업체들의 총부채 규모는 당시 중국 GDP의 19퍼센트에 달하는 2조 위안에서 GDP의 85퍼센트에 달하는 86조 위안으로 크게 늘었다.[8] 주택 담보 대출의 비중이 압도적으로 높은 가계 대출도 2006년 가처분소득의 약 25퍼센트 수준에서 2020년에 130퍼센트 이상으로 급증했다.[9] 일부 자료에 따르면, 오늘날 주택이 중국 가구의 자산에서 차지하는 비중은 80퍼센트에 이른다.[10]

경쟁 기업들보다 더 빠르게 성장한 에버그란데는 더 탐욕스럽게 돈을 끌어다 썼다. 이들이 광저우의 살충제 공장 부지를 값싸게 사들여 건설한 주택들은 광분한 구매자들에 의해 불과 몇 시간 만에 모두 팔렸다. 후이카옌의 비즈니스 모델은 단순했다. 엄청난 규모의 차입을 통해 투자자들이 거들떠보지 않은 변두리 땅을 사들여 제국을 확장하는 것이었다. 오래되지 않아 광저우와 베이징, 선전, 상하이 등 해외 기업과 관광객에게 익숙한 중국 내 부유한 '1선tier one' 도시들의 땅이 모두 동이 났다. 그러자 에버그란데를 비롯한 중국의 부동산 개발업체들은 이미 개발이 이뤄진 동부해안 지역에서도 한참 떨어진 소규모 2선, 3선 도시들로 사업 영역을 확장해 나갔다. 총자산 중 지방정부로부터 사들인 토지 사용권의 비중이 압도적으로 높았던 에버그란데의 자산 규모는

2004년 약 50억 위안(당시 기준으로 10억 달러가 안 되는)에서 2020년 2조 3000억 위안(3000억 달러가 넘는)으로 정점을 찍으면서, 연평균 50퍼센트가 넘는 성장률을 기록했다. 또한 토지를 계속 사들이기 위해 모든 방식을 동원해 돈을 빌리면서 기업의 부채 규모도 폭발적으로 늘었다.

　2009년 10월, 서구 세계가 글로벌 금융위기의 상처를 치료하고 있던 동안에도 중국의 주택시장은 호황을 누렸고, 에버그란데의 주식은 처음으로 홍콩 증권거래소에 상장되었다. 그러나 그때도 중국 정부는 국영은행들이 부동산 개발업체들에 빌려준 자금의 규모에 이미 불안을 느끼고 있었다. 그해 중국의 주택 가격은 20퍼센트 넘게 올랐다. 이후 중국 정부는 부동산 개발업체들의 은행 대출을 제한했지만, 이는 이들 기업이 해외 채권시장으로 달려가게 만드는 역효과를 낳았다. 그렇게 그들은 아시아 최대 달러 차입자가 되었다. 대침체가 이어지면서 전 세계적으로 금리가 크게 떨어진 가운데, 투자처에 목마른 전 세계 펀드 매니저들은 중국 개발업체들이 발행한 수익률 높은 채권에 눈독을 들이기 시작했다. 에버그란데와 채권시장은 천생연분으로 드러났다. 2010~2020년 동안 에버그란데가 발행한 채권 규모는 90억 위안 미만에서 2300억 위안 이상으로 크게 늘었다. 그들은 채권 투자자들에게 오랫동안 꽤 높은 이자를 지급했다. 에버그란데 채권의 수익률은 일반적으로 10~20퍼센트 수준이었다.

　홍콩 증시에 상장될 무렵, 입지가 좋은 토지를 더 많이 사들이고자 했던 에버그란데는 단지 빠른 성장에 만족하지 않았다. 계속해서 불어나는 대출 이자를 갚기 위해서라도 그들은 엄청난 속도로 성장해야 했다. 이미 그들은 폰지 사기의 기본 구조를 갖추고 있었다. 즉, 새로운 부채로 이전 부채를 갚아 나가고 있었던 것이다. 이러한 상황에서 자금 조달 속도가 느려지면 심각한 문제가 발생할 가능성이 있었다. 에버그란데 주식이 홍콩 증권거래소에 상장되고 얼마 지나지 않아, 몇몇 회의론자들이 그 기업에 주목하기 시작했다. 금융 분석가들과 공매도 투자자들은 차입 비중이 대단히 높은 에버그란데의 토지 투기 모델이 지속 불가능할 뿐만 아니라, 다양한 형태의 금융 비리를 숨기고 있을 것으로 추측했다. 2012년에 공매도 기업인 시트론 리서치Citron Research의 설립자 앤드루 레프트Andrew Left는 에버그란데가 이미 지급불능 상태에 빠졌다고 주장했다. 이어서 과거 분식회계 전력을 거론하면서 부정 회계 및 뇌물 공여로 그 기업을 고발했다. 또한 에버그란데 설립자를 향해서는 "웨스트 앨라배마대학교가 개설한 일종의 통신 교육 프로그램으로 박사 학위를 땄다"며 공격했다.[11] 그러나 레프트는 자신의 조사 행위로 고소를 당했고, 2016년에는 허위 정보 유포로 유죄 판결을 받으면서 홍콩 주식시장에서 5년간 거래 금지를 당했다.

중국의 개발업체들은 더 많은 차입을 위해 끊임없이 노력했다. 공급업체나 하청 업체에는 어음을 발행해 최대한 결제를 미루고, 현금을 지급해야 하는 거래는 최대한 연기했다. 그리고 결국에는 더 나은 차입 방안을 마련했다. 새로운 아파트 공급을 약속하는 '선분양' 방식으로 예비 주택 구매자들로부터 미리 돈을 끌어모은 것이다. 개발업체는 구매자에게 약간의 할인을 제공하면서 최대한 이른 시점에 자금을 확보했다. 2015년부터 코로나19가 발발하기 직전인 2019년 말에 이르기까지 부동산 개발업체들의 은행 대출은 약 18퍼센트 증가했고, 채권 발행은 약 19퍼센트 늘었다. 그리고 같은 기간에 선분양 건수가 무려 103퍼센트나 증가하면서 중국 내 개발업체들이 가장 선호하는 자금 조달 방식으로 자리 잡았다. 이러한 자금 조달 방식은 열성적인 개발업체 입장에서는 현명한 선택이었지만, 추후 가장 위험한 형태의 차입인 것으로 밝혀졌다.

선분양이 중국만의 특수한 방식은 아니다. 실제로 전 세계 부동산 개발업체들 모두 선분양을 통해 얻은 자금으로 건설비를 충당하고 있다. 아파트 구매자는 먼저 계약금을 내고 대출을 받아 중도금을 납부한 뒤, 정해진 일정에 맞춰 잔금을 치르고 주택을 인도받는다. 그런데 중국에는 개발업체가 선분양으로 받은 자금을 다른 공사비로 전용하지 못하게끔 제삼자가 돈을 보관하는 에스크로 시스템이 없었다. 중국 부동산 개발업체들은 바로 그 허점을 이용했다. 규제가 느슨한 지역에서는 공사를 시작하는 단계에서 신규 물량을 쉽게 판매할 수 있었고, 그들이 주택 구매자로부터 받은 선분양 대금을 다른 프로젝트에 쓰지 못하도록 막을 제도적 장치는 없었다.

일단 신규 주택 구매자들이 아직 지어지지 않은 아파트를 분양받기 위해 돈을 지불하면, 개발업체는 그들보다 몇 달 혹은 몇 년 전에 돈을 지불한 구매자들에게 약속했던 다른 아파트를 짓는 데 그 돈을 사용했다. 그야말로 선분양은 개발업체를 위한 완벽한 자금 조달 방식이었다. 중국의 가구들은 은행이나 자산운용사와 달리 조직적이거나 전문적인 채권자 집단이 아니었다. 그들이 미리 지불한 돈은 말하자면 개발업체에 무이자로 제공한 대출이었으며, 그들은 개발업체의 변명에 속아 넘어갈 만큼 순진했기에 대출은 무기한 연장이 가능했다. 코로나가 터지기 직전에 중국에서 판매된 아파트 중 실제로 건축이 완료된 것은 15퍼센트에 불과했고, 85퍼센트에 가까운 물량은 여전히 선분양으로 남아 있었다. 이 구조가 유지되는 동안, 즉 판이 무너지기 직전까지 중국의 개발업체들은 실제로 짓고 있던 규모보다 두 배나 많은 주택을 시장에 내놓고 있었다.

중국 개발업체들의 금융 과잉이 절정에 이르렀을 때, 구매자들의 투기도 최고점에 달했다. 중국에 주택 붐이 막 시작되던 무렵, 주택을 구매한 이들 대부분은 그때까지 국영 기업이나 정부가 제공하는 주거 시설에서 살던 무주택자들이었다. 그러나 2010년대로 접어들면서 중국의 주택 소유율은 80퍼센트를 넘어섰다. 그리고 지속적인 자본 이익을 기대하는 주택 구매자들은 마땅한 다른 투자 대안을 찾지 못해서 두 번째 집, 혹은 세 번째 집을 추가로 사들였다. 2018년 초 청두에 있는 서남금융경제대학의 중국 가계 재무 연구소의 발표에 따르면, 주택 구매의 약 44퍼센트는 이미 집이 있는 사람들에 의해 이뤄졌고, 또 다른 25퍼센트는 집이 두 채 이상인 사람들에 의해 이뤄진 것이었다.[12]

에버그란데의 비즈니스는 2017년에 정점을 찍었다. 그해 주가가 최고치를 기록하면서 에버그란데의 시가총액이 500억 달러를 넘어섰다. 이에 후이카옌은 알리바바Alibaba의 설립자 마윈馬雲이나 텐센트Tencent의 설립자 마화텅馬化騰과 같은 IT 거물을 제치고 중국 최고의 부자로 우뚝 섰다. 2010년에 후이카옌이 인수했던 축구팀 광저우 에버그란데Guangzhou Evergrande는 이후로 매 시즌 중국 슈퍼리그에서 우승을 차지했다. 에버그란데는 은행과 보험, 의료 분야에서도 자회사를 설립했다. 이듬해는 미국 전기차 업체 패러데이 퓨처Faraday Future에 투자하면서 자체 전기차 생산을 위한 행보를 시작했다. 그러나 동시에 에버그란데는 사반세기에 걸쳐 일어난 부동산 거품을 상징적으로 보여주는 가장 극단적이고 부조리한 사례이기도 했다. 이제 에버그란데와 더불어 그 비상식적인 비즈니스 모델을 뒷받침해오던 토지 거품도 서서히 막다른 골목으로 접어들고 있었다.

세 가지 레드라인과 거품 붕괴

중국 지도자들이 전역에 걸쳐 벌어지고 있던 충격적인 수준의 대출 확대와 비이성적인 금융 투기의 실태를 전혀 알지 못한 것은 아니었다. 그러나 지방정부의 입장에서 볼 때, 주택 가격을 잡는다는 것은 곧 정치적 차원에서 태양을 똑바로 바라본다는 의미와 같았다. 부동산은 이제 지방정부가 재정 지출을 감당하기 위한 수입원천을 넘어 지역 경제를 돌아가게 만드는 핵심 원동력으로 자리 잡았다. 그리고 급격하게 상승한 부동산 자산 가치가 중국 중산층의 번영을 떠받치는 기둥이 되었다. 또한 건설업은 단지 주택을 건설하는 역할을 넘어 국가의 연간 GDP 성장에서 5분의 1 이상을 차지하는 존재가 되었다. 이러한 흐름에 제동을 건다는 것은 중국의 경제와 정치 시스템 전반을 위협하는 일이었다. 그래서 어느 지방정부도 섣불리 그러한 시도를 하지 못했다.

　　일본이 예전에 그랬던 것처럼, 중국도 고속 성장을 거치면서 그들만의 토지 신화를 낳았다. 부동산 가격은 끝없이 오른다는 믿음이 사회 전반에 팽배했다. 단지 부동산 시장의 마법에 대한 맹목적인 믿음만은 아니었다. 많은 주택 구매자가 냉소적인 관점에서 정부가 부동산의 가격 하락을 그냥 내버려두지는 않을 것이라고 확신했다(실제로 이러한 확신은 아주 오랫동안 옳은 것으로 드러났다). 그러므로 중국 가구들은 집값이 얼마나 오르든, 두 번째 혹은 세 번째 아파트를 비워두더라도 일단 사놓는 것이 전적으로 합리적인 선택이라고 보았다. 개발업체들의 논리도 같았다. 가치가 오를 수밖에 없는 자산을 더 많이 확보하자면 최대한 많은 돈을 빌려야 했다.

2016년 말, 시진핑習近平 주석은 부동산 시장에 새로운 구호를 내걸었다. "집은 투기가 아니라 주거를 위한 것이다." 이러한 지침이 상부로부터 하달되자 중국 전역의 공산당 간부들이 발 빠르게 움직이며 되뇌기 시작했다.[13] 그러나 이후 몇 년간 이 구호는 그저 상투적인 문구에 불과한 듯 보였다. 중국 지방정부들은 시장이 과열되었다고 판단될 때만 2주택 구매를 위한 주택 담보 대출을 제한하거나 계약금을 높이는 조처를 했다. 하지만 GDP 성장 목표 달성이 불확실해지거나 지역 은행과 개발업체들이 재정 위기에 빠질 조짐이 보이면, 적극적으로 나서서 부동산 시장을 활성화하고 지역 경제를 신속하게 되살리고자 했다. 선전이나 광저우 같은 인기 높은 도시들은 아파트 면적을 기준으로 가격 상한제를 시범적으로 실시하기도 했지만, 집을 판매하려는 자들은 필사적으로 탈출구를 찾았다. 선전의 한 부동산 중개인은 불법적인 부동산 거래를 숨기기 위해 수백만 달러짜리 바나나와 두리안을 들고나오기까지 했다.

덩샤오핑이 남부 지역을 순회한 이후 처음으로 중국의 토지와 부동산 시장에 중대한 변화가 나타날 조짐이 보였다. 2020년 8월에 중국인민은행People's Bank of China과 주택부의 고위 관료들이 주요 부동산 개발업체 대표들을 한자리에 불러 모았다. 시진핑의 구호가 드디어 현실로 드러나기 시작한 것이다. 잔치는 끝났고 냉

엄한 현실이 다가왔다. 관료들은 개발업체의 부채 규모와 자본 대비 부채 비율, 현금 보유고를 기준으로 대출을 제한하는 새로운 규제안을 제시했다. '세 가지 레드라인Three Red Lines'이라는 이름이 붙은 이 지침은 그해 말부터 시행될 예정이었다. 그렇게 되면, 주요 개발업체가 기존 대출을 상환하는 경우를 제외하고 은행이나 채권시장에서 추가로 돈을 빌리기는 대단히 어려워질 것이었다. 일부 업체는 기존 대출의 상환 목적으로도 추가 대출을 받을 수 없었다. 그 무렵 에버그란데는 많은 개발업체 중 부채 규모가 가장 큰 기업이었다.[14]

이제 기업들은 전례 없는 강도로 허리띠를 졸라매야 했다. 당시 이들 개발업체가 받았던 충격은 부동산 시장에만 국한되지 않았다. 에버그란데를 비롯하여 차이나 반케와 컨트리 가든과 같은 기업들은 일반 대기업이 아니라 중국 경제를 돌아가게 만드는 핵심 중재자였다. 그들은 어떻게든 더 많은 토지를 팔려는 지방정부 그리고 안정적인 자산 가치와 확실한 자본 수익을 제공하는 부동산에 열정적으로 투자하려는 중국 가구들을 이어주는 역할을 했다. 이러한 상황에서 중국 지도자들은 세 가지 레드라인을 실행함으로써 만찬 석상에서 접시들은 그대로 놔두면서 테이블보만 확 잡아당기고자 했다.

이번에 충격을 받은 쪽은 주택 구매자들이었다. 선분양을 받은 구매자들은 이미 지불한 돈이 몽땅 사라지고 아파트를 영원히 받을 수 없게 될지 모른다는 합리적 의심을 품게 되었다. 구리와 콘크리트에서 마케팅 서비스에 이르기까지 모든 것을 부동산 개발업체에 공급해온 하청업체들 역시 그들이 받은 수천억 달러의 어음이 부도날 수도 있다는 두려움에 휩싸였다. 200년 전 아메리카 땅에 새로운 공화국이 들어설 무렵에 로버트 모리스라는 금융가가 부채를 끌어모아 시도했던 토지 투기가 결국 막다른 골목에 다다랐던 것처럼, 에버그란데의 모험도 이제 끝을 향해 달려가고 있었다. 이러한 우려가 현실로 드러나면서, 에버그란데를 비롯한 여러 개발업체가 발행했던 채권의 가치가 폭락했다. 그 채권들이 거래되는 과정에서 적용되는 할인율의 폭은 아주 빠른 속도로 커져만 갔다.

중국 정부가 마침내 부동산 개발업체들의 급속한 사업 확장에 제동을 걸었을 때, 후이카옌이 선전에 설립한 그 대형 개발업체는 798개에 달하는 개발 프로젝트를 추진 중이었다. 적어도 그들은 그렇게 밝혔다. 당시 에버그란데가 중국 전역에 걸쳐 보유하고 있던 토지의 면적은 2억 3100만 제곱미터에 달했다. 이는 맨해튼이나 런던 1구역의 4배에 달하는 넓이로, 수백만 명을 수용할 수 있는 규모였다. 그러나 중국 정부가 세 가지 레드라인을 도입한 지 1년도 지나지 않아 에버그란데는 무너지기 시작했다. 2021년 9월, 에버그란데는 예전에 그들이 발행한 고수익 채권을 필사적으로 사려고 덤벼들었던 해외 투자자들에게 만기 도래한 채무를 상환하지 못했다. 건설에 필요한 원자재를 공급했던 업체들에도 대금을 지급하지 못했다. 심지어 직원들에게 돈을 빌려달라고 구걸하기까지 했다. 설립 25년을 앞둔 2021년 12월 9일, 신용평가사들은 결국 에버그란데가 채무불이행 상태에 빠졌음을 선언했다.

이후 부동산과 관련된 모든 부조리를 성토하는 시위가 중국 전역을 휩쓸었다. 에버그란데가 채무불이행 상태로 들어가자 아파트 구매자들은 광저우에 있는 기업 본사로 몰려들었다. 아파트 신규 물량의 가격을 할인했던 개발업체들은 이전에 더 높은 가격으로 샀던 거주자들의 거센 항의에 직면했다. 공사가 갑자기 중단되면서 선분양으로 아파트를 계약했던 일부 사람들은 지금까지 기다려왔던 그들의 집이자 투자 대상인, 그러나 지금은 빈껍데기로 남은 방치된 건물로 무단으로 들어가 살기 시작했다. 은행 대출금을 갚아 나가고 있던 중국 전역의 계약자 중 수백 명은 새집을 받지 못할 수도 있다는 불안감에 대출 상환을 거부하기도 했다.

　　문제는 에버그란데만이 아니었다. 에버그란데는 중국 부동산 개발업체들이 벌인 위험천만한 게임에 뛰어든 가장 무모한 선수였으며, 충격적인 규모의 부채와 무리한 사업 확장으로 해외에서도 유명했다. 2023년 말, 비교적 안전한 투자처로 인정받으면서 해외 채권시장에서 낮은 금리로 돈을 빌려왔던 차이나 반케나 컨트리 가든 같은 대형 기업들조차 채무불이행 사태를 막기 위해 안간힘을 써야 했다. 중국 부동산 개발업체들이 발행한 채권의 수익률이 폭등했다. 이는 거품 붕괴가 임박했음을 알리는 신호였다. 중국 정부의 강력한 금융 규제는 이제 기업 차원을 넘어서 국가 전체의 거시경제 지표로도 나타나기 시작했다. 즉, 부동산 투자가 주저앉았다. 2024년을 기준으로 중국의 부동산 투자 규모는 정점을 찍었던 2021년과 비교하여 3분의 1 가까이 줄었다.

상공의 은행으로 전락한 아파트들

중국의 주택 거품은 공급 과잉과 공급 부족 양상을 동시에 드러냈다. 개발업체들이 탐욕스러운 수요가 일어난 지역에 엄청나게 많은 물량을 공급하면서 수많은 빈집이 등장했다. 중국 가구 재정 조사China Household Finance Survey를 실시한 간리Gan Li의 추산에 따르면,

2017년 기준으로 도시 지역의 주택 중 5분의 1 이상이 비어 있었다. 많은 이가 집값이 계속 오를 거라는 기대 심리로 마구 사들인 결과였다.[15] 오늘날 중국 전역에 걸쳐 비어 있는 수천만 채의 아파트는 구리와 콘크리트, 철강 등 건설에 필요한 물질적 자원과 인적 자원의 어마어마한 낭비를 보여주는 기념물로 남았다. 엄청난 규모의 경제적 오판을 드러내는 실질적 상징인 것이다.

그런데 중국 전역에 걸친 공급 과잉에도 불구하고 주택 가격은 수요 공급의 기본 원칙을 무시하듯 떨어지지 않았다. 중국 정부가 결국 주택 거품을 만들어낸 부동산 개발업체들을 규제하기로 결정했을 때, 소득 대비 주택 가격 비율은 13.4였다. 이 수치는 가장 비싼 도시만이 아니라 50개 대도시를 대상으로 산정한 것이었다.[16] 실제로 중국의 집값은 샌프란시스코와 런던의 집값(2024년 기준으로 소득 대비 주택 가격 비율은 각각 10과 9.1 정도였다)이 저렴해 보일 정도였다. 집을 장만하려는 중국인들은 소득의 상당 부분을 수십 년 동안 모아야 한다. 실제로 중국의 저축률은 GDP 대비 46퍼센트로 세계 최고 수준에 해당한다. 이는 한국의 34퍼센트와 일본의 28퍼센트보다 훨씬 높은 수치이며, 20퍼센트도 안 되는 영국과 미국보다 2배 이상 높다. 이 엄청난 규모의 저축에서 상당 부분이 부동산 시장으로 흘러 들어가 집값을 천정부지로 높였다.

해외 전문가들은 지나치게 과열된 중국 부동산 시장이 2008년 서구 세상이 그랬던 것처럼 빠르고 극단적인 형태로 붕괴할 것으로 예상했다. 세계 각지에서 일어난 고통스러운 경험은 올랐던 것은 결국 떨어지게 마련이며, 그 결과 거품을 만들어낸 차입자와 대출자 모두 파멸에 이르게 된다는 교훈을 주었다. 그런데 그 교훈이 유독 중국에서만큼은 통하지 않는 듯하다. 1980년대와

1990년대 그리고 그 이후로도 덩샤오핑과 그 후계자들은 중국 경제를 개혁하고 세계 시장에 개방했지만, 그러면서도 금융 시스템을 강력히 통제해왔다. 오늘날 금융은 중국 경제에서 가장 개혁이 더디면서 정부의 통제력이 강한 분야 중 하나다. 대출은 여전히 은행을 통해 주로 이뤄지며, 중국의 대형 은행들 대부분 정부가 소유하고 있다. 또한 대출의 상당 부분이 신용도와 무관하게 수많은 국영 기업들로 흘러 들어간다. 중앙정부는 대출 규모와 경제 성장 목표를 지방정부와 은행에 내려보낸다. 이처럼 강력한 금융 통제와 더불어, 자본 역시 엄격하게 통제하며 일반 시민이 자금을 해외로 유출하지 못하게 단속하고 있다. 다시 말해, 중국 정부는 금융 붕괴를 막기 위한 거대한 도구함을 보유하고 있는 셈이다.

이러한 이유로 거품이 완전히 꺼지는 것을 막거나 주택시장에 대한 일종의 연명 치료를 하고자 한다면, 중국 정부는 얼마든지 그렇게 할 수 있다. 다만 그렇게 금융 흐름을 반대 방향으로 돌리게 되면, 엄청난 대가를 치를 수밖에 없다. 지난 30년 동안 중국의 토지와 부동산 시장은 막대한 이익을 창출했다. 그러나 호황이 무분별하게 이어지면서 물질적, 재정적 자원이 부동산 시장으로 쏠렸고, 그 밖의 분야는 이러한 흐름에서 소외되었다. 중국 및 해외 학자들은 점점 쌓여가는 연구 성과를 통해 놀라운 결론에 이르고 있다. 그것은 중국 부동산 시장의 극단적 과열이 경제 전반의 생산 잠재력에 부정적인 영향을 미쳤으며, 이러한 피해가 때로 대단히 이례적인 형태로 나타났다는 것이다.

중국의 은행들은 부동산 개발업체와 주택 담보 대출을 찾는 신규 주택 구매자를 대상으로 한 대출 규모를 점차 늘려나갔다. 이러한 흐름은 2008년 세계 금융위기로 이어진 주택시장 호황기에 미국 내 지역 은행들의 모습과 별반 다르지 않았다. 1967년 홍콩 중심가에 문화대혁명 슬로건을 내걸었던 유서 깊은 국영 대출 기관인 중국은행이 대표적 사례다. 2002년 중국은행 주식이 홍콩 증권거래소에 처음 상장되었을 때만 해도, 다양한 형태의 부동산 대출이 차지하는 비중은 20퍼센트를 넘지 않았다. 대부분의 대출은 산업 분야, 특히 국영 기업들의 활동 분야에 집중되었다. 그러나 2019년이 되자 다양한 형태의 부동산 대출이 차지하는 비중이 40퍼센트를 넘어섰다.

주택시장이 크게 성장하고 부동산 가격이 급등하면서, 특히 중소 지방 은행들이 가계와 기업의 주요 대출 기관으로 기능하는 지역 내 기업들은 대출에서 심각한 어려움을 겪었다. 경제학자 하랄트 하우Harald Hau와 디페이 어우양Difei Ouyang은 한 연구에서, 토지 가격이 급등한 지역에서 소규모 제조업체들의 차입 비용이 크게 증가했다는 사실을 보여줬다.[17] 은행의 대출 총량이 정해져 있는 상태에서, 서구와 마찬가지로 중국의 은행들에 있어 주택 담보 대출은 위험한 무담보 기업 대출보다 더 안전한 선택지일 수밖에 없다. 하우와 어우양이 조사했던, 부동산 가격이 급등한 172개 도시에서 지역 기업들이 대출에 곤란을 겪으면서 기업 투자는 21퍼센트 줄었고, 총생산량은 36퍼센트, 전반적인 생산성은 12퍼센트 하락했다.

국제통화기금의 연구팀 경제학자 위스Yu Shi에 따르면, 중국 내 다양한 산업 부문에서 생산성이 높은 기업들도 점차 부동산 분야로 진출하는 경향을 보였다.[18] 위스는 2018년에 발표한 논문에서, 중국에서 생산성이 최고 수준에 해당하는 제조업체들은 지역 부동산 시장이 크게 성장할 때 연구개발 및 주력 사업에 대한 투

265

자를 줄이는 대신 토지 투기로 넘어갔다는 사실을 보여줬다. 그리고 1995~2010년 기간에 만약 부동산 호황이 없었더라면 제조업 분야의 생산성이 연간 0.5퍼센트 더 높았을 것으로 추산했다. 이러한 현상은 부동산 거품이 생산성을 갉아먹는 다양한 효과와 마찬가지로 단기적으로는 잘 드러나지 않는다. 그러나 토지 호황이 25년간 지속될 때, 그 누적 효과는 결코 무시할 수 없게 된다.

모든 경제에 활력을 불어넣는 핵심 요소라고 할 수 있는 기업가 정신과 관련해서도 집값 폭등은 부정적인 소식을 전한다. 베이징에서 활동하는 경제학자 리싱리Lixing Li와 샤오위우Xiaoyu Wu에 따르면, 젊은 예비 기업가들은 높은 부동산 가격에 직면하면서 종종 창업의 꿈을 포기한다. 주택 소유자는 집값 상승의 이익을 누리지만, 결혼을 앞두고 집을 장만해야 하는 젊은이들은 갚아야 할 주택 담보 대출이 점점 더 늘어나는 현실에 직면하고 있다. 연구 결과에 따르면, 2000~2010년 기간에 중국 기업들의 평균 수익률은 5.6퍼센트였던 반면, 주택 가격 상승률은 연평균 9.4퍼센트를 기록했다. 주요 도시에서 집값이 급등할 때, 기업가 수는 줄어든다.

빠르게 성장한 중국의 부동산 개발업체들이 벌인 폰지 게임은 전국적으로 부풀어 올랐던 거품의 원인이 아닌, 그 결과물이었다. 중국 정부 역시 그 게임에 적극적으로 뛰어들었다. 소득이 놀라울 정도로 빠르게 증가하는 동안, 중국 정부가 토지를 국가 발전 모델을 뒷받침하는 핵심 자산으로 삼으면서 그 가격은 끝도 없이 치솟았다. 결국 그 모델을 빌려온 홍콩보다 토지 가격 상승에 더 크게 의존하는 신세가 되고 말았다.

중국의 급격한 토지 붐은 세계 다른 지역의 사례를 무색하게 만들 정도로 규모가 거대했다. 중국 정부가 수십 년간 지속된 거품에 마침표를 찍고 5년이 흐른 뒤, 주택시장이 얼어붙으면서 발생한 여파는 아직도 이어지고 있다. 일부 지역에서는 국영 개발 업체들이 민간 업체를 대신하여 토지를 사들였음에도, 중국의 부동산 가격은 여전히 세계적으로 대단히 높은 수준이다. 토지 붐은 멈춰 섰지만, 거품이 꺼지는 속도는 놀라우리만치 느렸다. 중국 정부는 일본의 사례와 마찬가지로 다양한 지원책으로 출혈을 막으려 애를 썼지만, 공격적인 재정 정책으로 소득을 끌어올리는 단계로까지는 나아가지 않았다. 한때 부동산으로 흘러갔던 거대한 규모의 대출 대신에, 은행들은 제조업체에 대한 대출을 크게 늘리면서 수출 증대에 기여했다. 이러한 중국 대외 무역의 폭발적 성장에 대해서는 미국을 비롯하여 자국 제조업이 입을 타격을 우려한 전 세계 많은 나라가 적대적으로 대응하고 있다.

과거에 일본이 그랬던 것처럼, 중국에서도 토지를 자산으로 거래하는 시장은 토지에 가치를 부여하는 실질적인 활용과는 완전히 동떨어져 있었다. 이러한 점에서 중국의 부동산 시장은 경제가 발전하고 생산성이 높아진 도시 지역을 중심으로 주택 부족이 심각한 문제로 떠오른 서구의 값비싼 주택시장과 확연히 다르다. 부동산 외에 마땅한 투자처가 없는 중국인들 입장에서, 상하이나 선전 같은 번화한 도시부터 세계적으로 잘 알려지지 않은 가난한 내륙 지역 도시에 이르기까지 산발적으로 들어선 고층 아파트는 주거 공간인 동시에 상공의 은행 계좌다. 토지 가격이 어쨌든 계속 오를 것이라는 믿음은 중국인들을 부추겨 어디서 살아야 할지에 대한 고민 없이 무분별한 투기에 뛰어들게 만들었다.

오늘날 중국의 소득 성장세는 크게 둔화되었다. 2020년대 말이 되면 중국 경제 성장률은 3~4퍼센트 수준에 머무를 것이다.

그렇게 되면 사람들이 집값 상승을 기대했던, 경제 성장률이 두 자 릿수를 기록했던 호황기와는 전혀 다른 상황이 펼쳐질 것이다. 빠 르게 변화하는 인구 구성 역시 중요한 문제로 부상할 것이다. 오늘 날 중국에서 가장 인구가 많은 세대는 50대 초반이다. 30~60세 인 구는 여전히 많지만, 그보다 젊은 세대의 인구는 줄어들고 있다. 이러한 상황에서 중산층이, 특히 집을 이미 2~3채 보유한 일부 인 구가 은퇴 자금을 마련하기 위해 주택을 처분하려 할 때, 과연 누 가 그 집을 사줄 것인가?

중국은 세계 어느 나라보다 토지의 덫에 깊숙이 물려 있다. 만약 집값이 폭락하게 내버려둘 경우, 비록 중국 공산당이 중산층 주택 소유자들로부터 지지를 잃지 않는다고 해도 금융 시스템에 대한 그들의 통제력은 시험에 직면할 것이다. 중국의 전제주의 지 도자들과 그 국민이 맺은 사회계약의 골자는 정치적, 시민적 자유 를 빠른 경제 성장에 대한 약속과 맞바꾸는 것이었다. 그러나 비정 상적으로 높은 중국 사회의 집값이 초래한 결과는 이미 그 국민에 게 큰 고통을 안기고 있다. 반대로 집값이 다시 반등하거나 소득 대비 가격이 지금처럼 높은 수준을 유지할 경우, 한때 번영했던 중 국 경제는 점차 활력을 잃고 말 것이다. 그리고 현재 중국이 선택 한 중간노선은 장기적인 침체의 여정이다.

10
싱가포르 열풍

이제 세상은 중국이 재정적으로 토지에 지나치게 의존했던 암담한 결과를 지켜보고 있다. 지난 30년간 토지는 중국의 경제 모델과 긴밀하게 얽혔고, 일본이 호황기에 그랬던 것처럼 거대한 투기와 레버리지 전략의 대상이 되었다. 부동산 시장이 꺼지면서 중국 경제는 장기적인 경기침체로 빠져들고 있다. 정부가 토지를 활용하여 재원을 마련할 수 있다는, 홍콩으로부터 얻은 깨달음은 오늘날 중국이 토지의 손을 잡고 뛰어든 불행한 모험의 출발점이었다.

만약 중국 지도자들이 홍콩이 아닌 다른 사례로부터 교훈을 얻었더라면, 상황은 지금과 크게 달랐을 것이다. 덩샤오핑이 중국 최고 지도자에 올라 해외 투자의 문을 조금씩 열기 시작하기 2개월 전인 1978년 11월, 그는 동남아시아 국가인 싱가포르를 처음으로 방문했다. 그 무렵 자오쯔양은 엄격한 통제하에 놓여 있던 쓰촨 지역의 농업 시스템을 개혁하는 과업에 매달려 있었다. 선전에서 토지 경매가 시작되기까지는 10년, 중국 주택시장이 본격적으로 민영화되기까지는 앞으로 20년의 세월이 더 남아 있었다.

덩샤오핑이 싱가포르의 파야레바르 공항에 도착했을 때, 뜨거운 활주로에서 그를 맞이한 인물은 싱가포르가 독립 국가로 세계 무대에 등장하기 전인 1959년부터 그 도시 국가를 통치해왔던 리콴유李光耀 총리였다. 그 이후로도 그는 14년간 더 집권했고, 2015년에 세상을 떠날 때까지 싱가포르의 정치 거물로 존재감을 이어갔다. 사실 그 두 사람 사이에 공통점은 거의 없었다. 활주로 위에 선 리콴유는 덩샤오핑보다 30센티미터는 더 커 보였다. 1920년대 초부터 공산당 당원으로 활동했던 덩샤오핑은 수십 년간 무장 혁명가로서 당국의 추적을 피해 다녔다. 그 30년의 세월 동안에 그는 국민당에 이어 일본 제국 그리고 다시 국민당에 맞서 싸웠고, 마침내 중화인민공화국 수립을 맞이했다. 반면 케임브리지에서 법학을 공부한 변호사 리콴유는 국내 좌파 운동을 신생 국가에 맞선 반란으로 지목하고 탄압했던 인물이었다.

1978년에 싱가포르 인구는 250만 명도 되지 않았던 반면, 중국은 세계에서 인구가 가장 많은 나라였다. 두 사람 사이의 공통점으로 종종 거론되는 민족적 배경도 사실상 실체가 없었다. 리콴유의 선조들은 몇 세대 전 중국 동해안 지역을 떠나왔고, 그는 줄곧 영어만 쓰며 성장했다. 중국어 공부는 정계에 입문한 뒤인 30대에 시작했고, 새로운 언어를 배우는 과정에서 겪었던 어려움을 책에서 토로하기도 했다. 반면 중국 쓰촨성에서 성장한 덩샤오핑은 지역 억양이 뚜렷했다. 그는 젊은 시절 파리에서 공부하고 일하면서 프랑스어를 배웠지만, 영어는 하지 못했다.

두 인물이 만났을 무렵, 중국은 수십 년 동안 이어진 사회적 혼란과 세계 무대의 고립에서 벗어나려 하고 있었다. 1976년 마오쩌둥이 세상을 떠났을 때, 그는 10년 넘게 해외에 나가지 않았고, 그동안 폭력으로 얼룩진 문화대혁명으로 중국은 경제적, 사회적으로 황폐해졌다. 당시 리콴유가 덩샤오핑을 만나 논의해야 할 가장 시급한 과제는 중국 국경을 넘어 확산 중이던 광신적인 공산주의를 막는 일이었다. 그 만남에서 리콴유는 주요 안건으로 동남아시아 공산주의 반군 세력에 대한 중국 정부의 지원을 중단해달라고 요청했다. 반면 새로운 중국 지도부는 지역에서 점차 영향력을 키워가고 있던 싱가포르와 기본적인 외교 관계를 맺고자 했다.

덩샤오핑은 싱가포르와의 관계에서 더 큰 비전을 품고 있었다. 홍콩 사례에서 배움을 얻었던 중국의 개혁 지도자들은 점차 번영해 나가는 싱가포르가 어떻게 돌아가고 있는지 살피고자 했다. 당시 홍콩과 싱가포르는 한국 및 대만과 함께 빠르게 산업화되는 '아시아의 호랑이'로 주목받고 있었다. 중국에 투자할 해외 자본을 모색하던 덩에게 외국의 부유한 화교 기업가들은 당연히 만나야 할 대상이었다. 홍콩과 싱가포르 모두 상업과 금융의 중심지이자 국제 자본주의를 상징하는 도시였다. 그리고 제2차 세계대전 이후 수십 년 동안 세계적으로 자유무역에 대한 열망이 그리 뜨겁지 않았던 동안에도 자유무역을 먼저 받아들인 곳이기도 했다.

리콴유는 싱가포르에 거대한 신규 교역 상대가 생길 가능성에 주목했다. 그는 덩샤오핑에게 간단한 제안을 내놨다. 그때까지 150년에 걸쳐 많은 중국인이 폭정과 사회 혼란을 피해 본토를 떠나 그 열대의 섬으로 넘어왔다. 그리고 '쿨리 coolie'라고 불리는 비숙련 노동자로 빈곤하게 살아가고 있었다. 그들 대부분 글을 알지 못했고, 고된 육체노동을 하면서도 돈은 거의 벌지 못했다. 리콴유는 덩에게 이러한 중국 이민자들로 가득한 싱가포르가 지금과 같은 번영을 거뒀다면, 관료와 사상가로 넘쳐나는 중국 사회가 진정한 해방을 맞이할 때 무엇을 성취할 수 있을지 상상해보라고 말했다.[1] 이후 덩은 제철소와 전자제품 제조업체, 석유화학 공장들이 밀집한 싱가포르의 떠오르는 산업 중심지인 주롱을 방문했다. 또 그 도시 국가의 국민에게 주택을 공급하는 정부 기관 주택개발청 Housing & Development Board도 찾았다.

중국 지도자들이 싱가포르에 관심을 가진 이유는 단지 경제적인 번영 때문만은 아니었다. 리콴유는 서구 자유주의와 권위주의 사이 어딘가에서 정치적 틈새를 찾아 정부를 세웠다. 싱가포르 사회는 예전이나 지금이나 중국에 비해 훨씬 더 자유롭다. 물론 서구 세계에 비해서는 덜 자유로운 상태다. 선거가 치러지고 소수 정당이 경쟁을 벌이지만, 리콴유가 설립에 참여한 인민행동당 People's Action Party(PAP)이 지금껏 싱가포르 정치를 지배하고 있다. 덩이 싱가포르를 방문했을 무렵에 인민행동당은 의회 전석을 차지하고 있었고, 지금도 압도적 다수를 유지 중이다. 싱가포르는 다민족 사회이지만, 특정 민족이나 종교 집단의 감정을 자극할 수 있는 발언을 금하는 엄격한 법을 시행하고 있다. 또한 세계에서 가장 부패가 적은 국가 중 하나다. 이는 과거에는 부패가 만연했다는 점에서 특히 이례적인 성취라 하겠다.

덩샤오핑은 이후로 1983년과 1989년에 두 차례 더 싱가포르를 방문했다. 그리고 1992년 역사적인 남부 순회강연에서는 싱가포르를 중국이 추구해야 할 사회 질서의 모범으로 꼽았다. 이후 중국 지도부는 소위 '싱가포르 열병Singapore fever'에 걸렸다. 수백 명의 관료와 전도유망한 당 간부들이 싱가포르를 찾아 그 도시 국가의 통치 시스템을 배웠다. 이후 수십 년에 걸쳐 수만 명에 이르는 중국 중견 관료들이 연구 시찰 목적으로 싱가포르를 방문했다. 그리고 그중에는 1992년 39세의 나이로 그곳을 찾았던 지역 공산당 서기 시진핑도 있었다.

　　그러나 중국 방문자들은 싱가포르에서 얻은 가치 있는 교훈을 제대로 적용하지 못했다. 만약 중국의 지도자들이 토지 및 주택과 관련해서 싱가포르 사례를 더 충실히 따랐더라면 큰 도움을 얻었을 것이다. 현재 싱가포르는 세율이 낮은 금융 중심지이자 1인당 소득이 세계에서 가장 높은 나라 중 하나이며, 인구 밀도가 두 번째로 높다. 싱가포르는 홍콩과 마찬가지로, 영국으로부터 법률과 금융 제도 대부분을 물려받았다. 동남아시아의 이 도시 국가에 관한 이야기들은 싱가포르 역시 오늘날 성공한 많은 나라가 겪는 구매력 위기와 그에 따른 금융 불안정이 나타날 완벽한 조건을 갖추고 있음을 말해준다. 그러나 이 나라는 다른 부유한 도시나 국가들과는 완전히 다른 모습을 보였다. 한때 왕성했던 홍콩의 기업가 정신을 질식시키고 2008년에 서구 세상을 흔들어놨으며, 1990년대 일본의 성장 스토리를 가로막고 오늘날 중국을 병들게 만든 토지와 부동산 문제를 어떻게든 피해 간 것이다.

　　싱가포르는 소유의 나라다. 가구 중 90퍼센트 가까이가 주택을 소유하고 있으며, 이는 대부분의 선진국을 훌쩍 앞서는 수치다.[2] 현재 영국과 미국, 프랑스, 호주, 뉴질랜드와 같은 나라의 주택 소유율은 60~70퍼센트 수준이다. 활기가 넘치고 인구 밀도가 높은 세계적인 금융 중심지의 경우에는 그 비중이 이보다 더 낮다. 홍콩 주민 중 절반 정도가 주택을 소유하고 있고, 런던의 경우도 크게 다르지 않다. 뉴욕시의 주택 소유율은 30퍼센트 수준에 불과하다. 그런데 싱가포르의 경우 주택 소유율은 높은 반면, 다른 주요 국제 허브들과 비교할 때 주택 가격은 상당히 낮다. 싱가포르의 평균 주택 가격은 연 평균소득의 약 3.8배다. 이는 로스앤젤레스의 3분의 1 수준이며, 싱가포르와 자주 비교되는 홍콩에는 4분의 1도 되지 않는다.[3] 소득 대비 주택 가격을 기준으로 할 때, 싱가포르는 미국 오클라호마주 털사나 스코틀랜드 글래스고 같은 지역과 비슷하거나 더 저렴한 수준이다. 실제로 세계적인 주요 허브 도시들을 놓고 볼 때, 싱가포르 주택 가격은 분명히 가장 저렴한 축에 속한다.

싱가포르는 전 세계 어느 나라보다 더 성공적으로 토지의 덫을 피해왔다. 저렴한 주택 가격과 높은 주택 소유율은 싱가포르 정부가 지난 60년간 추구해온 독특한 모델의 결과물이다. 토지와 주택을 관리하는 싱가포르만의 특별한 접근 방식은 시민들에게 엄청난 혜택을 가져다줬을 뿐 아니라, 금융 안정에도 크게 기여했다. 덩샤오핑과 자오쯔양이 토지의 집중화가 점점 심해지던 홍콩의 상황을 좀 더 비판적인 시선으로 바라봤더라면, 혹은 1980년대 말 높은 토지 가격이 지역 기업들에 가했던 과중한 압박을 잘 인식했더라면, 오늘날 중국의 모습은 크게 달라졌을 것이다. 다만 싱가포르가 전하는 교훈은 중국의 상황에 대한 가정적인 추론을 넘어 더욱 보편적인 의미가 있다. 전 세계 선진국과 개발도상국 모두 이 작은 도시 국가가 지금까지 내린 판단을 자세히 들여다볼 필요가 있다. 특히 아직 토지를 자산으로 활용하는 접근 방식을 시도하지 않는 나라라면, 이를 통해 상황을 바로잡기에 늦지 않았다는 깨달음을 얻을 수 있을 것이다.

해협 위에 세운 제국의 씨앗

오늘날 싱가포르의 토지 소유 및 주택 시스템이 정착된 지는 60년밖에 되지 않았지만, 그 시작은 200년 넘게 거슬러 올라간다. 싱가포르는 홍콩보다 20년 앞서 현대적인 형태로 설립되었고, 그 과정은 비교적 유사했다. 1819년 1월 28일, 동인도회사East India Company(EIC) 행정관 토머스 스탬퍼드 래플스Thomas Stamford Raffles 경이 그 섬에 도착했다. 당시 동인도회사는 아시아 지역 상업에 엄청난 영향을 미치고 있었을 뿐 아니라, 18세기와 19세기에 걸쳐 아시아 대륙 곳곳에서 정치적으로 강한 존재감을 드러냈다. 그 기업은 영국보다 더 거대한 규모의 군대를 거느리고 있었으며, 전 세계에서 가장 큰 조직을 자랑했다. 처음에 영국 정부는 공공과 민간의 협력 차원에서 남아시아 지역에 걸친 무역 독점권을 동인도회사에 부여했다. 이후 그 기업은 해외의 어떤 경쟁자들로부터든 그 권리를 지켜내고자 했다.

　　37세의 래플스가 싱가포르에 도착했을 때, 그는 오늘날 인도네시아 영토인 수마트라 남부 해안을 따라 펼쳐진 후추 농장 지대의 중심지였던 영국령 벤쿨렌의 부총독으로 부임한 상태였다. 이전에도 그는 오늘날 자카르타가 있는 이웃 섬 자바의 총독을 지낸 경력이 있었다. 사실 래플스는 식민지 행정관 집안 출신이었다. 그는 카리브해에서 태어났는데, 거기서 그의 아버지는 선장으로서 설탕과 당밀을 영국으로 운반하는 역할을 했다. 아들 래플스는 런던에 있는 동인도회사 본사에서 하급 직원으로 사회생활을 시작했다. 젊은 래플스가 오늘날 식당과 술집이 즐비한 싱가포르 보트키 구역에 도착했을 때, 행정가로서의 일을 평생 천직으로 삼았던 그는 이미 영국 관료로서 오랜 경력을 쌓은 터였다.

　　래플스가 도착했을 때만 해도 싱가포르는 활기가 넘치는 곳이 아니었다. 유럽 제국주의 세력이 그곳에 이르기 수백 년 전,

그 섬은 테마섹Temasek이라는 이름으로 알려진 무역 거점이었다. 1819년경에는 인근 말레이반도에서 건너온 수백 명의 거주민과 어부들이 흩어져 살았다. 그럼에도 이 섬에 대한 래플스의 기대는 컸다. 그는 인도네시아 수마트라와 오늘날 싱가포르가 가로지르는 서부 말레이시아 사이의 믈라카 해협에 자유항을 건설하겠다는 목표를 세웠다.[4] 1819년 믈라카는 지금과 마찬가지로 해상 무역로의 병목 구간과 같은 곳이었다. 오늘날 싱가포르 동쪽으로는 중국과 일본, 인도네시아를 이루는 수천 개의 섬들이 펼쳐져 있다. 그리고 서쪽으로는 믈라카 해협이 벵골만으로 이어져 있고, 그 너머로 인도와 유럽의 부유한 지역이 자리하고 있다. 믈라카 해협에서 가장 좁은 곳은 폭이 3킬로미터 정도에 불과하다. 2019년 기준, 약 3조 9000억 달러 규모의 화물이 매년 이 해협을 통해 이동하는 것으로 추산되었다. 동아시아 기업들이 유럽으로 수출하는 거의 모든 물자가 믈라카 해협을 따라 서쪽으로 흘러가고, 그 반대 방향으로는 중동에서 생산된 석유와 가스가 이동한다.[5] 이 해협을 이용하면 항로를 수백 킬로미터나 단축할 수 있고, 또한 수심이 얕은 남쪽의 순다 해협을 지날 위험도 없다.

많은 이가 래플스처럼 그 섬에서 기회를 봤다. 그가 단순한 형태의 교역 거점을 마련하고 5년이 흘렀을 때 싱가포르 인구는 1만 명을 넘어섰다.[6] 이후 오늘날 인도네시아와 말레이시아에 해당하는 영토로부터 이주민들이 건너오기 시작했다. 1821년에는 처음으로 중국 이민자들이 푸젠성에서 정크선을 타고 넘어왔다. 그리고 인도인 이주 노동자들도 동인도회사를 따라 싱가포르로 건너왔다. 이는 동인도회사가 진출한 지역마다 일어나는 일이기도 했다. 이들 세 이민자 집단을 통해 오늘날 중국계가 다수를, 말레이계와 인도계가 소수를 차지하는 싱가포르 민족 구성이 이뤄졌다.

래플스에게 가장 시급한 과제는 그 무역 거점에 상업용 허브에 필요한 인프라를 구축할 재원을 마련하는 것이었다. 총독으로 부임했던 시절에는 10년 넘게 인도네시아 제도 전역에 걸쳐 공공 재원을 마련할 방법을 여럿 시도했지만 성과가 없었다. 그리고 1808년, 나폴레옹 전쟁이 유럽 본토는 물론 유럽 제국들의 식민지 지역으로 번져나갈 무렵에 그는 프랑스와 결탁한 네덜란드 점령자들로부터 자바섬을 분리했다. 당시 네덜란드가 자바에서 발행했던 지폐는 가치가 폭락해서 휴지 조각에 불과했다. 또 이전에 자바섬을 점령했던 제국주의 세력들은 특정 작물을 세금 대신 납부하도록 하는 강제 경작제를 활용했다. 반면 래플스는 일거양득의 효과를 노리고 토지를 기반으로 과세를 부과하는 제도를 도입하고자 했다. 그가 구상했던 원대한 비전에 따르면, 자바의 왕실과 귀족은 농지를 임대하고 스페인 달러로 임대료를 받는다. 그들은 스스로 적합하다고 판단한 작물을 재배하도록 할 수는 있지만, 그 땅에서 일하는 농민에게 그밖에 다른 세금을 부과해서는 안 됐다.[7]

래플스는 자신이 동남아시아 지역에서 보낸 시절을 기록한 글에서, 애덤 스미스의 경제학 서적인 《국부론The Wealth of Nations》을 여러 차례 인용했다. 이는 그가 그 책으로부터 자신의 프로젝트에 대한 아이디어를 얻었음을 추측하게 해주는 대목이다. 사실 스미스는 헨리 조지가 그의 대표작을 출간하기 한 세기 전부터 토지 과세를 줄곧 주장해왔다. 그러나 래플스의 비전은 공공 재정 확보의 차원을 넘어서는 것이었다. 그가 꿈꿨던 것은 자바 지역의 사회적 구조를 심층적인 차원에서 개혁하는 일이었다. 가장 먼저 그는 자바섬에서 노예 거래를 법으로 금했다. 그건 많은 문제를 일으키고 있는 강제 경작제가 노예제와 밀접하게 얽혀 있다고 판단했기 때문이었다. 그는 이렇게 썼다. "이 비인간적인 거래가 이 섬을 황폐화시켰다. 네덜란드의 독점으로 노예무역이 번성하면서 해상에서 공정한 상인들이 사라지고 납치범과 해적들이 그 자리를 대신 차지했다."[8]

나폴레옹 전쟁이 끝나고 자바섬이 다시 네덜란드로 반환될 무렵, 래플스의 시도는 아직 미완성의 상태였다. 그가 폐지하고자 했던 지폐는 가치가 폭락했음에도 계속 유통되고 있었다. 예전 네덜란드 관료들이 다시 자바로 돌아왔을 때, 그들은 영국이 토지 매각으로 거둔 임대료 수입이 래플스가 상부에 자랑스럽게 보고했던 것보다 훨씬 적다는 사실을 확인했다. 비록 래플스의 시스템이 제대로 작동하지는 않았지만, 네덜란드 사정관들은 그 잠재력을 알아차렸다. 1816년에 서부 자바 지역의 한 마을을 담당하게 된 행정관 J. 더브라윈J. de Bruijn은 이렇게 말했다. "보완해야 할 결함은 여전히 많다. 그럼에도 지난 영국 행정부는 토지 임대 제도를 처음으로 도입하면서 네덜란드 정부에 중요하고 핵심적인 도움을 줬으며, 여기서부터 앞으로 대단히 의미 있는 성과가 나오게 될 것이다."[9] 밭은 이미 갈려 있었던 셈이다.

이후 래플스는 싱가포르에서 토지와 공공 재정에 관한 자신의 이상을 더 성공적으로 구현해냈다. 토지를 활용해서 재정을 마련하는 방식은 지금도 싱가포르의 중요한 근간으로 남아 있다. 이후 1824년에 체결된 두 조약은 네덜란드와 조호르 술탄국Johor Sultanate(싱가포르와 수백 미터 바닷길을 사이에 둔 말레이 왕국)이 보기에 싱가포르의 지위를 영구적인 영국령으로 인정하는 역할을 했다. 싱가포르 행정관들은 홍콩과 마찬가지로 그 나라의 최종 지위가 확정되기 전부터 토지 매각 사업을 추진했다. 1823년 1월에 래플스는 한 친구에게 이렇게 자랑을 늘어놨다. "토지의 가치는 이미 크게 올랐어. 상업용으로 입지가 좋고 전면 길이가 20미터에 달하는 부지 몇 필을 5만 달러가 넘는 금액으로 공매로 내놨더니 30분 만에 낙찰이 되었더군." 그렇게 토지 사용권을 따낸 이들은 새로운 싱가포르 정부에 계약금과 함께 매년 임대료를 납부했다. 래플스는 이렇게 덧붙였다. "무역 거래에서 세금을 하나도 거둬들이지 않고서도 재원을 충분히 마련할 수 있었어. 덕분에 모든 행정 비용을 충당할 수 있었고, 그 금액은 매년 증가할 것으로 보인다네."[10] 그로부터 16년 뒤에 태어난 헨리 조지도 래플스의 이 자랑만큼은 틀림없이 인정했을 것이다.

지금까지도 싱가포르는 래플스를 건국의 아버지로 기리고 있다. 1819년 그가 이 땅에 도착했던 곳과 가까운 도심 비즈니스 구역의 한 광장에는 그의 이름이 새겨져 있다. 래플스 칼리지Raffles College는 지금도 싱가포르의 명문 중등 교육기관으로 남아 있으며, 그의 이름을 딴 병원과 쇼핑몰, 거리도 심심찮게 찾아볼 수 있다. 그러나 세 차례 방문을 모두 합쳐도 그가 싱가포르에 머문 기간은 1년이 채 되지 않는다. 그중에서 1822년 10월부터 1823년 6월까지 머물렀던 8개월이 가장 긴 체류 기간이었고, 이후 자신이 설립한 무역 거점을 떠난 그는 다시 돌아오지 않았다. 그래도 래플스는 세계적으로 이례적인 형태로 토지와 주택 시스템의 기반을 완성했다.

홍콩과 싱가포르는 이후로 100년 동안 멀리 떨어진 대영 제국의 아시아 무역 거점으로서 비슷한 여정을 밟아 나갔다. 두 항구

도시를 통치했던 관료들은 정기적으로 지역을 서로 옮겨 다니며 비슷한 조직에서 순환 근무를 했다. 홍콩 총독을 지낸 인물들 가운데 적어도 세 명은 그 이전이나 이후에 해협식민지Straits Settlements의 총독으로 임명된 경력이 있었다. 여기서 해협식민지는 싱가포르와 믈라카의 도시들 그리고 현재 말레이시아 본토에 있는 딘딩과 서해안 쪽에 있는 페낭을 아우르는 집합 구역을 의미했다. 1840년대 홍콩에서 시작된 영국 식민지 정부의 토지 임대 사업은 이후 한 세기에 걸쳐 싱가포르 재정 운영의 근간으로 자리 잡게 되었다.

　　20세기 초까지도 두 도시는 영국령 인도에서 중국으로 수출되는 아편의 주요 중개지로서 역할을 했다. 영국은 엄청난 이익을 가져다주는 마약 무역을 이어 나가고자 이미 두 차례 전쟁을 치른 바 있었다. 홍콩과 마찬가지로 싱가포르도 호황을 누렸다. 20세기로 넘어갈 무렵에 인구는 20만 명을 넘어섰고, 1931년에는 50만 명 이상으로 증가했다. 그러나 1942년 2월, 대영 제국의 난공불락 요새로 여겨졌던 싱가포르는 일본 제국의 가차 없는 공격에 맥없이 무너지고 말았다. 홍콩이 항복한 지 일주일만이었다. 윈스턴 처칠은 싱가포르 함락을 일컬어 "영국 역사상 최악의 재앙이자 가장 비참한 항복"이라고 말했다.

토지의 덫을 피한 싱가포르의 운명

1945년 제2차 세계대전이 끝나고 기존 유럽 제국들이 해체되면서 현대 세계가 재편되기 시작할 무렵, 이 쌍둥이 교역 도시의 운명도 엇갈리기 시작했다. 일본의 지배를 받았던 경험은 싱가포르에 새로운 국민적 정체성을 형성하는 계기가 되었다. 대영 제국이 그들을 버리고 떠난 상황에서 생존을 위해 위태롭고 고독한 싸움을 이어 나가야 한다는 인식이 싱가포르의 대다수 도시민의 마음속에 불안감으로 자리 잡았고, 이러한 정서는 지금도 여전히 남아 있다. 이후 싱가포르는 독립을 향해 서둘러 움직였다. 1963년에 말레이 연방에 편입되었다가 1965년에 최종적으로 독립 국가가 되었다. 반면 홍콩은 1997년에 중국으로 반환될 때까지 영국의 지배를 50년간 더 받았다.

싱가포르와 말라야Malaya의 지도자들이 느슨한 형태의 협정을 기반으로 말레이시아라는 새로운 독립 국가를 세웠지만, 그 연방은 2년을 채 넘기지 못했다. 해결책이 보이지 않는 인종 갈등과 더불어, 세금과 예산을 둘러싼 갈등도 연방 해체의 원인으로 작용했다. 쿠알라룸푸르에 있는 말레이 지도자들은 자국민을 우대하는 정책을 실시하려고 했지만, 싱가포르는 중국계가 다수를 이루고 있었다. 1965년 갑작스러운 독립을 맞이했을 때, 싱가포르 사회는 가난하고 불안정한 상태였다. 국가의 경제 수준은 1인당 소득을 기준으로 멕시코나 남아프리카공화국보다 더 낮았다. 연방에서 떨어져 나오면서 싱가포르의 기업들은 더 이상 해협 건너편의 대규모 시장에 접근할 수 있는 혜택을 기대할 수 없게 되었다. 그 새로운 섬나라에는 농업을 위해 새롭게 개발할 땅도 없었고, 200만 인구는 대부분 지저분한 빈민가나 곳곳에 흩어져 있는 시골 마을 캄퐁에서 살고 있었다. 내세울 만한 천연자원도 없었고, 식수조차 자체 공급할 여력이 안 되었다. 이러한 상황에서 싱가포르는 인구가 50배나 더 많고 1963년부터 말레이시아와 콘프론타시Konfrontasi라는 비공식 전쟁을 치르고 있던 인도네시아로부터 위협을 받았다. 싱가포르가 독립하기 불과 몇 달 전에도 인도네시아의 해병들이 은밀하게 침투해서 도심 건물을 폭파한 일이 있었다.

리콴유는 말레이시아와의 합병을 강력하게 옹호했던 인물 중 하나였다. 1965년 8월, 그는 TV 방송에 출연하여 연방 탈퇴를 발표하면서 공식 석상에서는 드물게 눈시울을 붉혔다. 하지만 그 작은 나라가 확실한 자원과 강력한 동맹도 없이 살아남을 수 있을지 불확실한 순간에, 싱가포르 정부는 미래의 경제 번영을 향한 길을 열어가기 시작했다. 리콴유는 토지와 그 소유 시스템을 중심으로 새로운 비전을 구상했다. 싱가포르가 아직 완전하게 독립하기 전인 1964년, 리콴유 총리는 이렇게 자신의 원칙을 밝혔다. "사유지를 소유한 사람이 공공 예산이 들어간 개발 사업으로 이익을 얻어서는 안 됩니다. 공공 개발로 토지 가치에서 발생한 이익은 토지 소유자가 아니라 공동체가 누릴 수 있도록 보장하는 법안을 마련하겠다고 이미 언급했습니다. 토지가 점점 희소한 자원이 되어가고 토지 수요에 대한 압박이 높아지는 상황에서, 공공의 이익을 위해 토지 가치를 통제해야 할 것입니다."[11]

싱가포르는 오랫동안 토지를 활용해 재정을 마련해왔지만, 독립할 당시만 해도 리콴유에게 주어진 권한은 그리 크지 않았다. 인구는 빠르게 증가하는 반면, 확장할 수 있는 영토는 거의 없었기에 싱가포르의 새 정부는 고층 건물을 건설해서 인구를 수용하는 방안을 모색했다. 새 독립 정부는 1966년에 토지수용법Land Acquisition Act을 제정했다. 이후로 이 법은 오늘날 싱가포르의 토지와 주택 시스템의 근간이 되었다. 리콴유 행정부는 바로 이 법을 근거로 토지 소유자의 의사와 관계없이 민간이 소유한 토지를 시장가보다 훨씬 낮게 매입하고, 또한 기존의 행정 당국이 판매했던 장기 임대권을 강제로 해지할 수 있게 되었다. 다음으로 싱가포르 정부는 '7년 규칙'이란 것을 도입했다. 이는 정부가 토지를 매입할 때, 최근 7년간 공공 투자를 통해 인근에 들어선 도로나 학교 및 기타 제반 시설로 인한 가치 상승은 매입 가격에 반영하지 않는다는 것이었다. 소유주가 수용에 반대하더라도 저항할 방법은 거의 없었다. 이 새로운 법으로 싱가포르 정부는 국가의 토지 대부분을 확보하고 공공 소유로 전환할 수 있었다. 오늘날 싱가포르는 국가 토지의 약 90퍼센트를 소유하고 있으며, 이는 1960년의 2배에 달한다.[12]

싱가포르가 말레이시아 연방에 남아 있었다면, 이 법은 통과될 수 없었을 것이다. 사실 이 법안은 싱가포르가 독립하기 전인 1965년에 이미 논의되었지만, 첫 단계부터 쉽지 않았다. 말레이시아 헌법 제13조에는 국가가 사유재산을 수용할 때는 합당한 보상을 지급해야 한다고 규정하고 있었기 때문이다. 이는 지금도 마찬가지다. 이러한 보호 조항이 그대로 남아 있었더라면, 싱가포르 정부가 토지 소유자에게 제시한 보상금이 지나치게 낮으므로 틀림없이 재판부로부터 수용 결정을 취소하라는 결정이 나왔을 것이다. 싱가포르는 독립하는 과정에서 말레이시아 헌법의 기본권 개념은 그대로 가져왔지만, 13조만큼은 예외였다.

리콴유는 자기 인생과 싱가포르 통치 경험에 관해 여러 권의 책을 썼지만, 토지와 관련해서 받았던 철학적, 역사적 영향에 관한 언급에는 인색했다. 특히 미국의 선동가 헨리 조지에 대해서는 아무 말도 하지 않았다. 토지 연구에 주목한 핀란드 학자 안네 하일라Anne Haila는 영국의 페이비언 사회주의자Fabian socialist [19세기 말 영국 페이비언 협회의 사상을 따라 점진적, 평화적 개혁을 추구했던 사회주의자-옮긴이]들에 대한 호의적인 관심이 그의 사고방식에 영향을 미쳤을 것이라고 주장했다.[13] 1940년대 말 영국 유학 시절에 리콴유는 페이비언 사상가들을 만났고, 그들의 평등주의와 진보주의 이상에 공감했다. 그는 케임브리지대학교에서 수학하기 전에 잠시 적을 둔 런던정경대학교에서 들었던 온건한 사회주의 학자인 해럴드 래스키Harold Laski의 강의에서도 긍정적인 인상을 받았다고 언급했다.[14] 1870년대 이후로 영국 좌파는 헨리 조지와 그의 사상에 강한 영향을 받았고, 이후 페이비언들은 토지 가치세에 대한 서구의 정치적 관심이 시들고 나서도 그 개념을 계속 지지했다.

싱가포르 독립 당시 재무장관을 역임한 고켕스위Goh Keng Swee는 자신이 받은 영향에 관해 구체적으로 밝혔다. 그로부터 20년 전, 고는 래플스 칼리지 시절에 리콴유를 만났다. 고는 나중에 싱가포르 총리가 될 리콴유에게 개인적으로 경제학을 가르치기도 했다. 이후 고는 런던정경대학교에서 공부하고, 1956년에 경제학 박사 학위를 받았다. 그는 애덤 스미스와 데이비드 리카도 등 토지세를 처음으로 주창했던 계몽주의 사상가들을 존경했고, 이들은 스탬퍼드 래플스가 그보다 100년 앞서 영감을 얻었던 인물이기도 했다. 고는 런던에서 대학을 다니는 동안 공부했던 존 메이너드 케인스John Maynard Keynes의 현대적인 사상보다 18세기 말에서 19세기 초반에 자유시장을 주장했던 고전 경제학자들의 이념이 싱가포르에 더 실질적인 영향을 미쳤다고 밝힌 바 있다. 1961년에 발표한 글에서, 고는 아시아 지역의 지주 계급에 대한 부정적인 견해를 뚜렷하게 드러내기도 했다. "많은 전통적인 사회에서 작고 강력한 지주 계급이 경제 발전을 가로막는 모습을 종종 발견하게 된다. 이러한 지주들 대부분 경제 발전에 필요한 기업을 설립하거나 경영하기 위한 혁신 정신이나 현대적인 경영 방식에 대한 이해가 부족하다. 기존의 지주들은 기업가가 아니며, 그래서 주로 농민을 착취해 축적한 부를 경제 발전을 위해 사용하지 않는다."[15]

그러나 서구의 시각으로 바라볼 때, 싱가포르가 독립 후 수십 년 동안 실행했던 토지 수용과 보상 방식은 좋게 말해서 인색하고, 나쁘게 표현하자면 강제 몰수라고 할 수 있다. 싱가포르 정부는 때로 시장 가격에 한참 못 미치는 할인가를 강요했다. 극심한 인플레이션이 발생한 1973년에도 보상 수준은 달라지지 않았다. 이후 물가가 치솟고 경제 규모가 3배로 성장했던 13년의 기간에도 조정은 이뤄지지 않았다. 그동안 싱가포르 정부는 저항할 방법이 없는 토지 소유주들로부터 시장가에 턱없이 모자란 보상금만 지급하고는 토지를 대규모로 사들였다. 그렇게 확보한 토지로 도시 철도MRT 시스템을 새롭게 구축했고, 증가하는 싱가포르 인구를 감당하고자 주택개발청 주도로 수십만 채의 아파트를 건설했다.

싱가포르의 토지 수용 제도는 이후 정부의 토지 수요 방식에 따를 수밖에 없는 토지 소유주들에게 덜 고통스러운 형태로 점차 개선되었다. 수십 년 동안 대규모 매입으로 방대한 토지를 성공적으로 확보한 싱가포르 정부는 더 이상 예전처럼 가혹한 정책을 고수할 필요가 없었다. 실제로 2007년 이후로 싱가포르 정부는 매입하는 모든 토지에 대해서 온전한 시장 가격을 기준으로 소유주에게 보상금을 지급하고 있다. 그렇다고 해도 종종 시장 가격보다 더 높은 보상금을 지급하는 여러 서구 국가에 비해서는 덜 관대한 수준이기는 하다. 현시점 싱가포르 정부는 기존 원칙을 그대로 고수하고 있다. 원칙의 핵심은 토지는 그밖에 자산과는 분명히 다르며, 그러므로 주택이나 인프라 건설을 위해 정부가 언제든 수용할 수 있다는 것이다.

　토지수용법이 싱가포르 특유의 주택 시스템에 연료를 제공하는 역할을 했다면, 정부가 운영하는 주택개발청은 그 엔진으로 기능했다. 이 기관은 덩샤오핑이 싱가포르를 처음 방문하면서 찾았던 곳이기도 했다. 1960년에 설립된 싱가포르 주택개발청은 정부가 매입한 토지에 주택 단지를 설계하고 건설하는 과제를 맡았다. 그리고 설립 이후로 싱가포르의 정치와 경제 분야에서 핵심 기관으로, 나아가 가장 중요한 정부 조직으로 자리 잡았다. 알파벳 약자인 'HDB'는 이제 싱가포르 전역에 들어선 수많은 아파트를 가리키는 보통 명사가 되었다. 지금까지 이들이 건설한 아파트는 오늘날 싱가포르 전체 주택에서 약 80퍼센트를 차지한다.

　주택개발청이 아파트 건설 프로젝트에 본격적으로 착수했을 무렵, 주택난은 싱가포르에서 가장 급박한 정치적 과제였다. 빈민가의 주거 환경은 그야말로 참담했고, 전염병이 전국에 범람했다. 1961년에는 허름한 무허가 판잣집들이 늘어선 대규모 정착촌인 부킷 호 스위Bukit Ho Swee에 불이 나면서 수만 명의 주민이 하룻밤 사이에 집을 잃었다. 이후 HDB는 소박한 형태의 실용적인 아파트 단지를 신속하게 건설하여 새로운 거주민에게 저렴한 가격에 임대하기 시작했다. HDB의 초기 프로젝트는 당시 선진국 세상에서 나타나고 있던 사회적 현상을 똑같이 보여준다. 즉, 도심 지역의 가난한 민영 주거 시설이 빠르게 철거되고 난 뒤, 국가나 지방정부 혹은 주택조합이 소유하고 관리하는 공공주택 단지가 새롭게 들어선다. 미국에서도 전국의 도시를 중심으로 공공주택 프로젝트가 추진되었고, 영국과 프랑스, 서독의 경우에는 지방정부들이 운영하는 카운실 하우스council house라는 공공주택 단지가 들어섰다.

　　그러나 유럽 전역의 사회주의자나 사회민주주의를 추종하던 정치인들이 꿈꿨던 대규모 정부 소유 시스템과는 달리, 리콴유는 싱가포르 시민들이 세입자로 살아가도록 만드는 일에 조금도 관심이 없었다. 그는 싱가포르가 독립하기 전인 1964년부터 국민주택 소유 프로젝트Home Ownership for the People Scheme를 추진했다. 덕분에 월 소득이 800싱가포르 달러 이하인 도시 가구 대부분은 비교적 낮은 계약금으로 새로운 HDB 아파트를 살 수 있게 되었다.[16] 다만 이들이 매입했던 것은 토지까지 영구히 소유하는 자유보유권freehold 주택이 아니었다. 다시 말해, 토지 지분이 빠진 순수한 아파트 건물만 살 수 있었던 것이다. 일반적으로 이러한 아파트는 99년의 임대 기간으로 분양되었고, 토지는 기간 만료 후 국가에 반환되었다. 그래도 HDB 아파트를 매입한 사람은 자신은 물론 자녀까지 살 수 있는 안정적인 거주권을 보장받았고, 또한 그 권리를 자녀에게 상속할 수도 있었다. 하지만 세계 대부분 지역과는 달리 토지를 영구히 소유하거나 대대로 물려줄 수는 없었다.

　　리콴유가 민주주의와 일당독재 사이 어딘가에서 정치 모델을 개척했던 것처럼, 그가 구축한 주택 시스템 역시 고유한 혼합형이었다. 대학 시절에는 영국의 온건파 사회주의자들을 흠모하기도 했지만, 주택 소유에 대한 리콴유의 사상은 20세기 초 '자산 소유 민주주의property-owning democracy' 개념을 구상한 보수당 정치인 노엘 스켈턴과 1980년대 마거릿 대처Margaret Thatcher에 더 가까웠다. 리콴유는 부동산을 소유한 자가 그것을 임대한 자보다 그 자산을 더 잘 관리할 것으로 믿었다. 싱가포르는 더는 식민지가 아니라 엄연한 독립 국가였다. 그러므로 시민들이 집을 소유하게 되면, 국가의 발전과 진정한 이해관계를 형성하게 될 것이라 확신했다. 동시에 그는 국민에게 의무도 요구했다. 지금도 신체 건강한 싱가포르 남성이라면 모두 2년간 국방의 의무를 수행해야 한다. 또한 그는 국방의 의무를 다한 남성과 그 가족에 합당한 보상을 제공해야 한다고 믿었다.

싱가포르에서 주택을 소유한 가구의 비중은 빠르게 증가했다. 주택 소유를 장려하는 정책을 실시한 지 몇 년이 지난 1970년, 싱가포르에서 주택을 소유한 인구의 비중은 29퍼센트 정도였다. 그러나 그로부터 20년 후에 그 수치는 3배로 뛰었다.[17] 그사이 주택 품질도 상당히 높아졌다. 이제 HDB 아파트에서 과거 빈민가 지역 주민을 구제하기 위해 날림으로 지은 천편일률적인 소련식 아파트의 흔적을 더 이상 찾아볼 수 없게 되었다. 새롭게 들어선 아파트 단지들은 전 세계 고급 공동주택과 비교해도 전혀 손색이 없었다. 그리고 아파트 단지 아래에는 수영장과 야외 정원, 쇼핑몰 및 싱가포르의 명물 호커 센터Hawker Centre[동남아시아 지역에서 흔히 볼 수 있는 대규모 실내 푸드 코트-옮긴이]가 들어섰다.

시간이 흐르면서 싱가포르 정부는 이러한 혼합형 주택 시스템 내에서도 시장이 기능할 여지를 조금씩 넓혀나가면서 사람들이 주택을 거래할 수 있도록 허용했다. 그래도 완전한 민간 주택 시장과는 차별화되는 핵심적인 제약 사항들은 그대로 남았다. 가령 장기 거주권이 없는 외국인은 HDB 아파트를 살 수 없다. 그리고 싱가포르 가구는 한 번에 한 채의 아파트만 소유할 수 있다. 또한 주택개발청에서 분양받은 주택은 5년 이후부터 매매가 가능하다. 이러한 제한은 다른 나라에서 쉽게 찾아볼 수 있는 단기 매매property-flipping를 방지하는 역할을 한다. 나아가 싱가포르의 독특한 주택 시스템은 정부가 나서서 주택 단지의 인종 구성을 세부적으로 관리하도록 규정하고 있다. 대표적으로, 1980년대 말에 도입된 할당제는 국가 전체의 인종 비율을 전반적으로 유지하도록 거래를 제한함으로써 특정 인종이 집중되거나 인종 간 지역 편중 현상이 나타나지 않도록 예방하고 있다.

싱가포르의 주택 금융 시스템은 세계 어느 지역과도 같지 않은 형태로 진화했다. 생애 최초로 HDB 주택을 구매하는 사람은 싱가포르의 의무 저축 프로그램인 중앙적립기금Central Provident Fund(CPF)에서 주택 가격의 75퍼센트까지 대출받을 수 있다. 게다가 소득 최하위 계층은 나머지 25퍼센트에 대한 보조금도 지원받을 수 있다. 2024년 기준, 싱가포르 사람들이 중앙적립기금에서 받는 주택 담보 대출의 이자율은 2.6퍼센트로, 30년 만기 주택 담보 대출을 신규로 받을 때 평균 6퍼센트가 넘는 금리를 적용받는 미국과 뚜렷한 대조를 이룬다. 동시에 싱가포르 정부는 전국 주택시장의 5분의 1에 해당하는 소규모 민간 시장에서 주택을 여러 채 매입한 사람들에게 불리한 방향으로 세금과 금융 시스템을 설계했다. 가령 두 번째 주택을 매입할 때 적용되는 인지세는 20퍼센트가 넘고, 세 번째 이후로는 최대 30퍼센트까지 올라간다. 그리고 두 번째 주택을 살 때 일반 은행에서 받을 수 있는 대출 금액은 주택 가격의 45퍼센트로 제한되며, 세 번째 이후로는 35퍼센트로 제한된다. 싱가포르는 이러한 주택 금융 시스템을 근간으로 첫 번째 주택은 쉽게 살 수 있도록 하되, 여러 채를 소유하는 것은 대단히 어렵게 만들었다.

이 시스템이 보여준 성과에는 논란의 여지가 없다. 홍콩이 토지를 국유화하고 이를 재정 수입원으로 활용함으로써 소수 부동산 개발업체에 엄청난 부를 몰아줬던 것과는 달리, 싱가포르는 시민에게 저렴한 가격으로 주택을 공급함으로써 토지 자산이 사회 전반에 널리 확산하도록 만들었다. 토지 정책 전문가인 싱가포르 경제학자 속용팡Sock-Yong Phang은 자산 기준으로 하위 50퍼센트 가구가 국가의 주택 자산에서 25퍼센트를 소유하고 있다고 지적했다.[18] 반면 홍콩이나 런던, 뉴욕 등 주택 소유율이 50퍼센트에 못 미치는 주요 금융 중심지의 경우, 하위 50퍼센트가 소유한 주택 자산 비중은 사실상 0퍼센트다. 이와는 대조적으로 싱가포르 시스템은 주택 소유율은 높게 유지하면서, 동시에 주택을 쉽게 소유할 수 있도록 허용하는 방식이 미래 세대가 주택을 구매하는 데 장애물이 되지 않도록 관리하고 있다.

　　홍콩 정부가 의도적이든 아니든 높은 토지 가격 정책을 줄곧 고수해왔다면, 싱가포르 정부는 시민들을 위해 의도적으로 낮은 주택 가격 정책을 펼쳐왔다. 두 나라 모두 영국 식민지 행정부가 남긴 제도를 그대로 이어받았지만, 20세기 후반에 들어서면서 서로 다른 방향으로 나아갔다. 싱가포르는 토지를 엄격하게 규제하는 방식으로 토지 확장이 극단적으로 제한된, 국제 상업 허브로서 대단히 불리한 조건으로부터 국민을 보호했다. 아이러니하게도 주택 소유율이 매우 높은 싱가포르 사회는 주택시장의 변동에서 홍콩보다 더 안정적인 모습을 보인다. HDB가 공급한 주택과 민간 시장이 공급한 주택을 모두 합해서, 싱가포르 가구 자산에서 주택이 차지하는 비중은 44퍼센트다.[19] 홍콩 통계청이 정확하게 이러한 자료를 발표하지는 않았지만, 경제학자 토마 피케티와 리양은 홍콩 가구의 총자산에서 주택이 차지하는 비중이 75퍼센트를 넘어설 것으로 추산한다.

싱가포르가 토지를 활용하는 방식 그리고 광범위하면서도 제한적이고 공정하게 주택 자산을 보장하는 제도는 대단히 독특하다. 스탬퍼드 래플스와 리콴유, 고켕스위 세 사람 모두의 헌신이 없었더라면, 이 시스템은 완성되지 못했을 것이다. 그리고 결국 싱가포르는 지금과는 달리, 기업과 투자 자본을 유치하기 위해 치열하게 경쟁하는 전 세계 값비싼 도시와 비슷한 모습이 되었을 것이다. 우리는 그 위험성을 싱가포르 내 비교적 작은 민간 주택시장에서 확인할 수 있다. 싱가포르의 주택 소유자 중 약 5분의 1은 민영 아파트와 콘도 혹은 개인 소유 토지에 건설한 단독주택(토지 소유 주택landed property이라고 하는)에 살고 있다. 아주 부유한 사람들은 일반형보다 더 비싼 대형 고급 HDB 아파트를 넘어서 이런 형태의 주택을 선택하여 더 여유롭게 살 수 있다. 싱가포르 정부는 외국인이 부동산을 소유할 수 없게 엄격히 규제하기 때문에, 이러한 주택에는 주로 외국인 화이트칼라 근로자들이 임대로 살고 있다. 정부가 공공주택이나 인프라 건설을 위해 언제든 토지를 수용할 위험이 항상 존재하는 상황에서도 싱가포르의 민간 주택시장은 선진국 가운데서도 가장 비싼 축에 속하며, 소득 대비 주택 가격 비율이 13.5에 이른다.[20]

토지 공급의 정치경제학

싱가포르의 도심 비즈니스 구역과 창이공항 사이에는 녹지로 울창한 한적한 주거 지역 카통이 있다. 카통에는 사방이 높이 솟은 아파트 단지와 호텔들로 둘러싸인 가운데 자리 잡은 흰색의 우아한 단독주택이 있다. 싱가포르와 그 토지 제도에 관한 또 다른 교훈을 들려주는 이 단층 주택은 HDB 아파트 단지가 들어서기 훨씬 이전인 1898년에 지어졌다. 싱가포르 사람들이 '굿 클래스 방갈로good class bungalow(GCB)'라는, 다소 독특한 이름으로 부르는 이 주택은 개발을 위해서라면 옛날 건축물은 과감히 철거했던 이곳에서 좀처럼 찾아보기 힘든 과거의 유물이다. 이 건물을 한 세기 넘게 소유하고 있는 초아Choa 가문은 19세기 중반에 싱가포르로 이주한 부유한 중국계 왕실 집안인데, 주말 별장 용도로 이 집을 사용해왔다. 아파트 수백 채를 지을 수 있는 넓이의 이 방갈로 부지는 2011년에 1억 싱가포르 달러가 넘는 금액에 매각되었다.[21] 그런데 이 건물의 이름은 지금의 용도를 고려할 때 다소 흥미롭다. 마린 퍼레이드가街 37번지에 있는 이 방갈로의 대문 기둥에는 '시브리즈Seabreeze(바닷바람)'라는 문구가 새겨져 있는데, 이는 이 집이 과거 해변에 있었음을 말해준다. 그러나 현재 이 집은 복잡한 쇼핑센터와 주택 개발지를 마주 보고 있으며, 인근 해변과 0.5킬로미터 이상 떨어져 있다.

그것은 싱가포르가 토지를 중요하면서 특별한 자산으로 만들어주는 기본 원칙 중 하나를 바꿔버렸기 때문이다. 다시 말해, 그들은 새로운 토지를 생산해냈다. 동인도회사 초기 시절로 거슬러 올라가는 싱가포르의 토지 간척 역사는 1960년대 이후로 놀랄 만한 규모의 지리적 확장을 보여주고 있다. 사실 오늘날 싱가포르 전체 영토 중 약 4분의 1은 독립 당시에는 아예 존재하지도 않았다. 지금은 싱가포르 주민 수천 명이 시브리즈 방갈로와 해변 사이에 있는 마린 드라이브 구역의 HDB 아파트 단지에 살고 있다. 현재 믈라카 해협으로까지 확장된 인기 많은 이스트코스트파크East Coast Park는 머지않아 추가로 조성된 인공 토지와 더 넓은 주택 단지로 둘러싸인 거대한 담수 저수지의 한쪽 면에 불과하게 될 것이다. 창이공항에 내리거나 혹은 싱가포르의 상징적인 지평선을 이루는 마리나 베이 샌즈Marina Bay Sands 타워에서 경관을 즐기는 관광객들은 과거에는 존재하지 않았던 매립지 위에 올라서 있는 셈이다.

싱가포르의 도심이나 분주한 주거 지역을 돌아다니는 외국 방문객들은 주택과 사무실 건물, 쇼핑몰, 호커 센터가 빼곡하게 들어선 모습을 만나게 된다. 토지는 소유자에게 대단히 가치 높은 자산일 뿐 아니라, 기업에 소중한 투자 자산이라는 점을 분명하게 인식한 싱가포르 정부는, 토지가 숨 막히게 부족한 홍콩과는 달리 산업용 토지를 충분히 확보했다. 덕분에 싱가포르에서 제조업은 GDP의 약 20퍼센트를 차지하고 있다. 이는 1퍼센트에 불과한 홍콩과 극명한 대조를 이룬다. 나아가 싱가포르 정부는 국내 및 해외 기업이 연구개발 사업을 활발하게 추진할 수 있도록 과학 연구 및 산업 부지도 충분히 확보했다. 이를 위해 서쪽 끝자락에 있는 투아스 지역에 수천 헥타르에 달하는 산업용 토지를 매립으로 개간했다. 지금 새로운 매립지 위에 건설 중인 투아스 항구는 2040년대에 완공될 경우 세계 최대의 자동화 항구가 될 것이다.

토지와 관련하여 싱가포르 정부의 개입 정책이 국가 번영에 얼마나 기여했는지 정확하게 측정할 수는 없지만, 홍콩과의 차이는 점점 뚜렷하게 드러나고 있다. 첨단 기술 제품의 수출 및 지식재산권 수입을 기준으로 홍콩은 세계 순위에서 크게 뒤처져 있는 반면, 싱가포르는 각각 세계 1위와 15위를 기록하고 있다. 또한 인구 대비 연구개발 인력도 홍콩보다 2배 이상 더 많이 확보하고 있다.[22] 지난 10여 년간 싱가포르 기업과 개인이 매년 4000~7000건의 특허를 출원했던 반면, 홍콩은 수백 건에 불과하다.[23] 금융 시스템에서도 두 도시 간의 차이는 극명하다. 싱가포르는 토지시장의 변동에 더 안정된 모습을 보이며, 부동산 산업 대출이 전체 대출에서 차지하는 비중은 약 28퍼센트, 가계 주택 담보 대출은 22퍼센트 정도다.[24] 반면, 홍콩은 주택시장이 수년간 침체를 이어오고 있음에도 부동산 산업 대출의 비중이 35퍼센트, 가계 주택 담보 대출은 43퍼센트를 기록 중이다.[25]

경제 성과를 기준으로 할 때, 오랜 경쟁의 승자는 명백하다. 싱가포르의 공정한 토지 및 주택 모델은 경제 활력을 위축시키기보다 촉진하는 방향으로 작용했다. 21세기에 접어들 무렵, 홍콩과 싱가포르의 가구 소득 수준은 비슷했지만, 지금은 싱가포르가 홍콩보다 70퍼센트가량 더 높다. 홍콩이 더 나은 선택이었다고 말할 수 있는 이들은 토지 가격 폭등으로 엄청난 이익을 챙긴 자들뿐이다.

싱가포르는 영토가 한정된 그 어떤 도시나 국가보다 주택 소유를 토지에서 분리하는 과제에서 더 큰 성공을 거뒀다. 싱가포르의 토지 제도는 주택 소유로 소중한 거주 공간과 가치 높은 투자처, 성장과 안전을 모두 확보하고자 한 사람들의 욕망을 충족시키면서, 동시에 주택을 소유하지 못한 이들을 희생하면서까지 부가 성장하지는 못하도록 제어하는 역할을 했다. 헨리 조지는 아마도 싱가포르 정부가 정보를 독점하는 방식에 찬성하지 않았을 것이다. 그러나 결과를 놓고 볼 때, 싱가포르야말로 조지가 150여 년 전에 품었던 이상을 전 세계 어느 나라보다 더 충실하게 구현했다.

다시 중국으로 돌아가 보자. 한때 지역 정치인과 관료들 사이에서 '싱가포르 열풍'이 뜨겁게 타올랐다. 싱가포르를 수차례 방문한 일부 중국 관료는 자국의 주택시장을 동남아시아의 이 도시

국가와 유사한 형태로 만들겠다는 야심을 품고 고국으로 돌아갔
다. 싱가포르 학자 류훙Hong Liu과 왕팅엔Ting-Yan Wang은 그들의 나
라를 찾았던 중국 관료들이 싱가포르의 모델에서 어떤 부분을 가
장 매력적으로 느꼈는지 확인하고자 설문 조사를 했다. 그 결과,
중국 관료 중 4분의 3이 싱가포르의 주택 시스템을 꼽은 것으로
드러났다.

    2010년 충칭 시장 황치판黃奇帆은 중국 부동산 문제를 확인
하고는 더 이상 민간 주택시장만으로는 충분하지 않다는 결론을
내렸다. 그리고 싱가포르처럼 정부가 주택시장에 적극적으로 개입
해야 한다고 주장했다. 2011년 그는 중국 최초로 부동산세를 도입
했다. 여기서 그는 일부 고가 주택과 두 번째 주택을 대상으로
0.5~1.2퍼센트의 비교적 낮은 세율을 적용했다. 그러나 그 과정에
서 황치판의 정치 인맥이 그의 과감한 움직임에 방해가 된 것으로
드러났다. 그의 측근 중에는 충칭시 공산당 서기이자 상무부 장관
을 지낸 보시라이薄熙來가 있었다. 그는 2012년에 스캔들에 휘말렸
고, 뇌물수수와 부패 혐의로 유죄 판결을 받았다. 보시라이는 단지
야심 있는 정치인만은 아니었다. 그는 당시 중국의 최고 지도자로
떠오른 시진핑의 최대 정치적 경쟁자였다. 보시라이의 실각 이후
로 그의 측근들은 자세를 바짝 낮춰야 했다.

    싱가포르의 주택과 토지 모델을 열렬히 지지하는 이들도
이를 따라 하기는 절대 쉽지 않다는 사실을 인정한다. 싱가포르가
그 고유한 모델을 설계했을 때는 주택 소유가 흔치 않았고, 인구의
4분의 3이 도시 빈민가나 가난한 마을에 살았다. 반면 민간 토지
소유가 어느 정도 진행된 나라에서는 싱가포르의 성공 사례를 따
라 하기란 불가능에 가깝다. 무엇보다 토지를 소유한 대규모 인구

로부터 토지를 수용해야 하기 때문이다. 유일한 대안은 토지 소유자에게 시장 가격에 따라 혹은 그 이상으로 보상을 제공하는 것인데, 그러려면 엄청난 비용이 들 수밖에 없다.

그럼에도 토지를 엄격히 통제하면서 혼합형 주택시장을 성공적으로 끌어가는 이 특별한 도시 국가는 지금도 전 세계가 참고할 만한 교훈을 남기고 있다. 특히 아직 토지 가치를 본격적으로 활용하지 않은 개발도상국에 더 의미 있을 것이다. 싱가포르는 건전한 시장경제의 장점을 다양한 방식으로 받아들이면서도 전 세계 토지시장, 특히 국제적으로 비슷한 매력을 지닌 글로벌 도시에서 반복되어온 심각한 불평등과 금융적 위험을 성공적으로 막아내고 있다. 그 비결은 전 세계 대부분 지역에서 통용되는 토지의 원칙을 과감히 깨트리거나 변형해 자국 이익에 맞게 활용한 것이었다.

11
몰락하는 도시와
떠오르는 도시

1956년 1월 17일, 디트로이트 전역의 집 문 앞으로 그 도시의 이름을 딴 신문 〈디트로이트 프리 프레스Detroit Free Press〉가 배달되었다. 그 지면에는 미국 자동차 생산량이 다시 기록을 경신했다는 기사가 실려 있었다. 1955년 한 해 동안 미국에서는 900만 대가 넘는 자동차와 트럭이 생산되었고, 그 대부분이 디트로이트 곳곳에 자리 잡은 공장에서 출고된 것이었다.[1] 그런데 그날이 미국의 산업 자본주의와 그 상징인 디트로이트에 기념비적인 순간이 된 데는 또 다른 이유가 있었다. 〈디트로이트 프리 프레스〉가 가판대에 깔리고 몇 시간 뒤에, 포드 모터 컴퍼니Ford Motor Company 주식이 처음으로 뉴욕 증권거래소에 상장되었다. 당시 포드의 기업 공개는 미국 역사상 최대 규모를 기록했다. 무려 722개 은행이 주식 공모에 참여하면서 포드는 6억 5700만 달러의 자금을 끌어모았는데, 이 금액은 오늘날 가치로 70억 달러 이상이다.[2]

그 무렵 미국의 자동차 도시라 할 수 있는 디트로이트에 살고 있다는 것은 그 자체로 축복이었다. 미국 자동차 산업은 절정기를 맞이하면서 국가 경제력의 상징이 되었다. 당시 포드는 세계에서 세 번째로 큰 기업으로, 매출이 미국 GDP의 1퍼센트에 달했다. 투자자들은 이 상징적인 기업의 주식을 사기 위해 오랜 세월을 기다렸다. 1903년에 미시간주에서 포드를 설립한 헨리 포드 시니어Henry Ford Sr.는 기업 공개를 결사반대했다. 포드 시니어는 도전적인 산업가이자 자선가이면서 극렬한 반유대주의자였는데, 9년 전 세상을 떠나기 직전에 아들에게 이런 말을 남겼다. "유대인 투기꾼들에게 회사 주식을 넘기느니 공장 벽돌을 하나씩 허물어버리겠다."[3] 그러나 그의 후계자들은 자본시장의 가치에 대해 그와는 생각이 달랐다.

1956년경 미국의 빛나는 산업 지대에서는 녹슨 흔적을 어디서도 찾아볼 수 없었다. 당시 미국 전체 노동 인구의 3분의 1 정도가 다양한 형태로 제조업에 종사하고 있었다. 디트로이트의 '빅 3'로 불렸던 포드와 제너럴 모터스General Motors, 크라이슬러Chrysler는 경쟁 상대가 없는 미국 자동차 산업의 거물이었다. 20세기 초 수십 년 동안 디트로이트는 폭발적으로 성장했다. 미국 남부의 흑인 노동자들과 미시간과 그 너머 지역의 백인 농촌 노동자들이 새로운 산업 분야에서 일자리를 잡기 위해 디트로이트로 몰려들었다. 여기에다가 처음으로 미국 땅을 밟은 그리스인과 마케도니아인, 이탈리아인, 아르메니아인도 이 중서부 도시에 자리를 잡았다. 이들 빅3는 미국이 제2차 세계대전의 승패를 결정짓는 군수 산업의 강국으로 떠오르는 과정에서 핵심적인 역할을 했다. 1940년까지만 해도 크라이슬러는 몇 가지 경트럭 모델을 생산하여 미군에 납품하는 업체였다. 그러나 이후 몇 년 사이에 수십만 개의 발화용 폭탄과 탄약, 수많은 항공기 부품, 그리고 미군 M3 전차의 절반 이상을 생산하는 군수 기업으로 도약했다. 디트로이트에 자리 잡은 크라이슬러 본사 공장은 제2차 세계대전에 참여한 대부분의 국가보다 5년 동안 더 많은 전차를 생산했다.

미국은 자동차 산업을 비롯해 거의 모든 분야에서 전 세계적으로 실질적인 경쟁자가 없었다. 1950년대 미국 인구는 전 세계 인구의 6퍼센트에 불과했지만, 지구상에서 생산된 자동차 5대 중 4대를 만들어냈다. 이후 1970년과 1980년대에 미국 자동차 산업에 치명적인 위협을 가하게 될 일본 자동차 기업들은 그때만 해도 보잘것없었다. 1955년에 일본이 생산한 자동차는 2만 대 정도로 미국의 1퍼센트에도 미치지 못했다. 혼다나 닛산이라는 이름을 들어본 미국인은 거의 없었다. 1958년 도요타는 도요펫 크라운Toyopet Crown이라는 모델로 미국 시장에 처음 진출했지만, 결과는 참담했다. 도요타의 차는 느리고 불안정했으며, 미국의 도로 사정과도 맞지 않았다. 국내 및 해외에서 절대적 영향력을 과시하던 디트로이트와 인근 중서부 주요 산업 도시 주민들이 일본 제조 기업들이 그들의 지위에 위협을 가할 것이라고 걱정할 이유는 하나도 없었다.

미국 산업 지대가 전성기를 누리고 있을 무렵, 주택 소유율도 가파른 상승세를 기록했다. 1940~1960년 기간에 매달 평균 7만 3000가구가 주택을 구입했다. 미국 전체 가구 중 주택을 소유한 가구의 비중은 44퍼센트에서 62퍼센트로 올랐다. 1950년에 디트로이트의 평균 주택 가격은 9379달러였는데, 이는 포드에서 일하는 미화원 연봉의 3년 반어치에 해당하는 금액이었다.[4] 1950년에 미국 전체의 주택 가격 평균은 일반 가구 소득의 2배가 조금 넘는 수준이었다. 이는 오늘날 맞벌이 비중이 훨씬 높음에도 미국의 평균 주택 가격이 중위 가구 소득의 약 5.5배라는 사실과 뚜렷한 대조를 이룬다.[5] 지금의 화폐 가치로 환산할 때, 1950년도에 미국의 중위 주택 가격은 약 9만 7000달러였다. 이는 2024년 중위 주택 가격인 35만 5000달러에 3분의 1도 안 되는 수준이다.

경제 활동이 어디서 일어나는지, 어느 지역이 생산적이거나 비생산적인지, 그 이유는 무엇인지 그리고 그러한 상황이 바뀔 수 있는지를 연구하는 학문인 경제 지리학economic geography은 오늘날 전 세계 정치 논의에 강한 영향을 미치고 있다. 이러한 논의에서는 종종 분노와 원망이 터져 나온다. 예전에 흥성했던 지역들은 이제 소외당하고 있다고 느끼는 반면, 지금 성공을 누리는 지역들은 멀리 떨어진 다른 지역까지 그들이 지원해야 하는 처지가 되었다고 한탄한다. 그러나 20세기 중반에 미국 사회는 경제 지리적으로 대단히 균등했다. 전국에 걸쳐 도심 지역의 집값은 대개 비슷했다. 이미 개발이 이뤄진 동부 해안 지역의 주요 도시들의 경우, 규모가 크고 경제적으로 다각화되어 있었다. 중서부 산업 중심지는 경기 호황을 누렸다. 또한 로스앤젤레스는 자동차 소유가 늘면서 점차 교외 지역으로 개발을 확장하고 있었다. 디트로이트의 일반적인 주택 가격은 샌프란시스코(1만 704달러)와 시카고(1만 1383달러), 뉴욕시(1만 2387달러) 등 다른 대도시와 큰 차이가 없었다.[6] 어느 대도시에 살든 일반적인 형태의 주택을 소유한 근로자 가구는 얼마든지 집을 팔고 다른 주요 도시로 넘어가 비슷한 크기의 집을 장만할 수 있었다.

1956년 무렵 미국인들의 입장에서 헨리 조지가 살았던 토지 독점이 심각하고 절망과 불평등이 만연했던 세상은 이제 먼 옛날이야기에 불과했다. 미국 사회가 도금시대Gilded Age를 거치면서 일어난 실업과 도시 지역의 갈등, 급진주의 정치가 점차 사라지면서 그 자리를 대규모 주택 소유와 산업 사회의 풍요 그리고 대공황 이후 등장한 야심 찬 사회보장 시스템이 차지했다. 디트로이트의 노면전차 시스템과 같은 대중교통망 건설 사업이 본격적으로 시작되면서 많은 교외 지역이 호황을 맞이했다. 이러한 상황에서 자동차 소유가 폭발적으로 증가하면서 변화의 흐름은 더 빨라졌다. 아메리카 영토 개척은 이미 60년 전에 끝났지만, 도시가 점차 확장하면서 등장한 산업 중산층은 새로운 지평을 바라보게 되었다. 오늘날 여든을 훌쩍 넘긴 세대가 아니라면 실감하기 어렵겠지만, 강력한 산업 성장과 지역 간 평등, 저렴한 주택 공급이 함께 어우러진 이 시기는 여전히 아메리칸드림의 상징으로 남아 있다.

황금기를 연 마지막 잔치

그 무렵 디트로이트의 산업적 위용을 확신했던 근로자들은 그만큼 풍요와 자신감이 넘치는 시절이 다시는 찾아오지 않으리라는 사실을 절대 알 수 없었다. 포드의 기업 공개 이후로 미국 산업의 영광이 절정에 오른 지 15년이 흘러, 디트로이트를 비롯한 미국 제조업의 핵심 도시들은 앞으로 완전히 회복하지 못할 장기 침체의 늪으로 빠져들기 시작했다. 1960년대 말부터 일본의 산업 르네상스를 이끈 주력 기업들을 필두로, 해외 자동차 업체들이 미국 시장에 진입하기 시작했다. 미국 승용차 시장에서 수입차의 비중은 1955년 1퍼센트 미만에서 1970년 24퍼센트로 급증했다.[7] 게다가 1973년에는 석유수출국기구OPEC의 부유한 산유국들이 유가를 일방적으로 인상하면서 미국의 가계와 기업은 에너지 가격 폭등에 직면하게 되었다. 특히 자동차처럼 에너지 집약적인 제품을 생산하는 기업들은 전례 없는 압박을 받았다.

디트로이트를 향한 해외 경쟁사들의 공세가 시작되던 바로 그때, 그 도시는 1960년대 말에 터진 인종 간 폭력 사태로 극심한 혼란에 빠져 있었다. 1967년 디트로이트 폭동이 발생했을 때는 미시간주 방위군만이 아니라, 미 육군 공수사단 두 부대가 진압을 위해 출동했다. 이후로 도시 인구가 외곽 지역으로 빠져나가는 흐름이 더욱 가속화되었다. 1950년에 180만 명에 달했던 디트로이트의 인구는 21세기로 넘어갈 무렵에 100만 명 아래로 떨어졌다. 산업이 정점에 달했을 때 디트로이트의 부동산을 매입했던 이들에게 이러한 변화는 재앙과 같았다. 미국 온라인 부동산 시장 조사기관인 질로Zillow의 발표에 따르면, 2024년 말 디트로이트의 평균 집값은 약 7만 3600달러로, 이는 실질 가치 기준으로 1950년의 절반을 조금 넘는 수준이며, 미국 평균 주택 가격인 34만 5000달러의 5분의 1에 불과하다.[8]

물론 미국 자동차 산업에 대한 일본 기업들의 위협부터 1970년대 석유 위기와 이후 등장할 통신 기술 분야의 새로운 산업 혁명에 이르기까지 향후 미국의 경제 지평에 무슨 일이 벌어질지 예측해보라는 건, 1950년대 후반을 살아가는 미국인들에게 무리한 요구였을 것이다. 실제로 일반 시민은 물론, 시대를 앞서가던 많은 기술 전문가와 금융가, 사업가들도 미국 산업과 전국에 걸친 부의 분포를 크게 바꿔놓을 변화를 감지하지 못했다.

그러나 전 세계 가구들은 이러한 예측을 할 수 있어야만 했다. 그건 부모와 조부모가 어디에 살고 어디서 일을 할 것인지, 집을 살 것인지 말 것인지(일반적으로 한 가구가 평생에 걸쳐 내리게 되는 가장 중요한 투자 선택)에 대한 결정이 가난한 가구와 부유한 가구, 중간 가구를 구분하는 핵심적인 역할을 했기 때문이다. 토지 가격의 상승으로 벌어들인 엄청난 부를 개인의 역량으로 인정하기 어려운 것처럼, 가격 폭락으로 입은 거대한 손실도 개인의 잘못으로 치부하기는 힘들다. 디트로이트의 몰락은 산업이 붕괴한 지역에 자신의 운명을 건 사람들이 겪은 고통에 관한 이야기다. 그리고 지난 반세기 동안 미국을 비롯하여 전 세계에서 벌어진 경제 지형의 극단적인 변화를 잘 보여주는 사례다. 오늘날 경제 성장과 활동이 생산성 높은 몇몇 대도시로 집중되고 있다. 이러한 현상은 오늘날 세상에서 토지가 오히려 더 중요해진 이유를 설명해주는 한 가지 핵심 요소다.

서구 산업의 주요 도시들이 쇠퇴하기 전부터 선견지명이 있는 몇몇 인물들은 산업 세상이 어떻게 달라질지 예측했다. 이제 세상은 세계 무역의 패턴이나 에너지 가격의 변화만이 아니라 기술 분야의 근본적인 변화를 앞두고 있었다. 이러한 변화를 정확하게 내다본 인물 중에는 영화 〈2001: 스페이스 오디세이〉의 시나리오를 공동 집필한 영국의 미래학자 아서 클라크Arthur C. Clarke도 있었다. 1964년 클라크는 BBC 방송에 출연해 다가오는 혁명에 대해 시청자들에게 이렇게 설명했다. "트랜지스터 개발 그리고 무엇보다 위성의 등장에 따른 통신 기술의 발전으로 놀라운 혁신이 이뤄지면서 우리는 어디에 있든 서로 즉각 의사소통할 수 있는 세상에 살게 될 겁니다."[9]

클라크의 예언이 단지 기술 분야에만 그친 것은 아니었다. "앞으로 50년 후면 우리가 지금 런던에서 하는 것처럼 타히티나 발리에서도 똑같이 비즈니스를 운영할 수 있게 될 겁니다." 그는 이러한 변화가 도시의 삶을 완전히 바꿔놓을 것으로 봤다. 클라크는 이렇게 덧붙였다. "그런 시대가 도래하면 온 세상이 한 점으로 수렴할 것이며, 만남의 장소로 역할했던 도시의 전통적인 기능은 그 의미를 잃어버리게 될 것입니다. (…) 그런 날이 찾아와 도시가 모두 사라지더라도, 전 세계가 하나의 거대한 교외처럼 변하지 않기를 소망할 뿐입니다."[10]

그런데 아서 클라크가 언급했던 기술 혁신은 샌프란시스코만에서 모습을 드러내고 있었다. 포드의 기업 공개가 있기 전, 디트로이트의 산업 전성기가 시작되던 1955년에, 캘리포니아 마운틴뷰 샌안토니오가의 한 평범한 사무실에서, 전 세계 산업 구조를 새롭게 재편하게 될 사건이 벌어지고 있었다. 훗날 반도체 연구로 노벨상을 받게 되는 물리학자 윌리엄 브래드퍼드 쇼클리William Bradford Shockley가 직접 개발에 참여한 트랜지스터를 가지고 비즈니스에 도전하고 있었던 것이다. 그가 설립한 쇼클리 세미컨덕터Shockley Semiconductor는 실리콘을 기반으로 반도체 칩을 연구하는 업체로, 서부 해안 지역에 최초로 들어선 기업이었다.

디트로이트 주민들이 앞으로 그곳이 쇠퇴할 거라고 예상하지 못했던 것처럼, 캘리포니아의 한 도시가 경제적 지형 덕분에 세계적인 기술 산업의 개척지가 되리라고 예상한 사람은 거의 없었다. 사실 쇼클리는 방위산업체 레이시온Raytheon의 계열사로 기업을 운영하고자 했다. 만약 그랬더라면, 그 회사는 금융과 전문 기술에서 지리적 이점이 높은 동부 해안 지역에 자리 잡았을 것이다.[11] 실제로 쇼클리는 샌프란시스코에서 남쪽으로 수백 킬로미터 떨어진 풀러턴이나 플로리다의 한 곳을 후보지로 고려했다. 그에 관한 일화에 따르면, 그가 마운틴뷰를 최종 선택한 이유는 당시 자신의 노모가 살고 있던 팰로앨토와 가까웠기 때문이었다. 그렇게 최종 장소를 결정했을 때, 가장 먼저 그는 기술 산업이 집중되어 있던 미국 동북부 지역에서 경험 많은 과학자와 기술자를 데려와야 하는 과제에 직면했다.

그로부터 2년이 흐른 1957년, 쇼클리의 회사에서 일하던 야심 찬 젊은 직원 여덟 명이 독립해서 회사를 설립했다. 이후로 샌프란시스코만은 기술 산업의 새로운 중심지로 자리 잡게 되었다. 다만 당시에는 노련한 투자자들도 아직 걸음마 단계에 불과했던 반도체 산업이 엄청난 기회가 되리라고는 예상하지 못했다. 새로 분사한 기업에 투자를 유치하기 위해 부지런히 뛰어다녔던 젊은 MBA 졸업생 아서 록Arthur Rock은 포드와 크라이슬러 등 수십 곳의 기업으로부터 거절을 당했다.[12] 그러다 마침내, IBM 공동 설립자의 아들이자 발명가이고 사업가인 셔먼 페어차일드Sherman Fairchild에게서 투자 약속을 받는 데 성공했다. 그렇게 페어차일드 세미컨덕터Fairchild Semiconductor가 세상에 모습을 드러냈다. 쇼클리 세미컨덕터를 떠나 회사를 차렸던 젊은 엔지니어들은 나중에 '8인의 배신자Traitorous Eight'라는 이름으로 알려지게 되었다.

1959년에 페어차일드 세미컨덕터는 오늘날 전자 산업의 근간이라 할 수 있는 집적회로를 처음으로 상업적이고 지속 가능한 방식으로 생산하기 시작했다. 설립된 지 10년도 되지 않은 1966년에 직원 수가 1만 1000명으로 불어났다.[13] 그 8인의 배신자 중에는 1968년에 미국의 전자 거물 인텔Intel을 설립한 로버트 노이스Robert Noyce와 고든 무어Gordon Moore도 포함되어 있었다. 그 이후로도 페어차일드의 초창기 직원들이 독립해서 설립한 수십 곳의 기업이 줄을 이었다. 이들 기업은 나중에 '페어칠드런Fairchildren'이라는 이름으로 불렸다. 반세기 전 헨리 포드가 디트로이트를 완전히 새로운 산업의 고향으로 만든 것처럼, 결국 미국이 전 세계를 제패하게 될 기술 산업을 개척한 이들은 안개로 자욱한 캘리포니아의 한 외곽 지역을 새롭게 번영하는 산업 중심지로 만들어가고 있었다. 대량 생산 시대에는 미국 중서부 산업 도시들이 2차 산업혁명의 수도로서 역할을 했다. 그리고 이제 실리콘밸리는 전자공학과 디지털 기술, 궁극적으로 인터넷 시대의 개막으로 막대한 이익을 거둘 3차 산업혁명의 수도로 떠오르고 있었다.

토지 가격의 재발견

아서 클라크가 예측을 내놓은 지 5년 그리고 페어차일드 세미컨덕터가 설립된 지 10년이 흐른 1969년, 캘리포니아에 흩어져 있던 연구원들이 미 국방고등연구계획국 네트워크US Advanced Research Projects Agency Network(ARPANET)를 통해 기초적인 형태의 전자 메시지를 처음으로 주고받는 데 성공했다. 원래 캘리포니아대학교 로스앤젤레스 캠퍼스UCLA 연구원들은 북쪽에 위치한 스탠퍼드대학교 연구팀에게 'login'이라는 단어를 전송하려고 했다. 그런데 오류가 발생해서 의도치 않게 처음 두 글자인 'lo'만 전송되었다. 그래도 이는 온라인 통신의 최초 성공 사례로 남았다. 클라크는 새로운 전자기술이 몰고 올 변화의 잠재력을 알고 있었다. 실제로 그는 서로 멀리 떨어져 있는 사람들이 실시간으로 의사소통을 나누는 미래가 도래할 것이며, 또한 그런 혁신이 언제 일어나게 될 것인지 정확히 예측했다.

　클라크가 통신 기술의 혁신으로 도시가 해체될 것이라고 전망했던 이유는 어렵지 않게 이해할 수 있다. 수천 년 동안 거리는 경제 지리에서 가장 중요한 요인이었다. 석탄이 등장하기 전까지 사람들은 경제 활동에 필요한 연료를 얻기 위해 숲 근처에 마을을 이루고 살아야 했다. 그러나 19세기에 철도를 통해 먼 거리를 빠르게 이동하게 되면서 도시의 규모와 형태가 혁신적으로 바뀌었다. 노동력과 자원, 주요 중심지에 대한 접근성이 도시의 부동산 가치를 크게 높였던 것처럼, 클라크가 예측한 기술 혁신도 100년 전 도시화와 마찬가지로 세상을 바꿔놓을 것으로 보였다. 사실 클라크가 상상한 미래는 헨리 조지 시대에 시작된 흐름을 거꾸로 되돌리는 것이었다. 다시 말해, 인류 문명의 조직 단위였던 도시가 종말을 맞이하면, 토지 소유에 따른 심각한 불평등도 사라질 것으로 보였다.

그러나 기술 변화에 대한 클라크의 선견지명은 옳았어도, 도시의 미래에 대한 예측은 완전히 빗나갔다. 1950년대에 쇼클리 세미컨덕터에서는 인간이 살고, 일하고, 여가를 즐기는 방식을 완전히 바꿔놓을 중대한 변화가 탄생했다. 그러나 도시의 종말은 그 변화 속에 포함되지 않았다. 물론 미국의 디트로이트와 버펄로, 클리블랜드, 영국의 리버풀, 프랑스의 릴, 벨기에의 샤를루아, 이탈리아의 토리노 등 주요 산업 도시들이 오랫동안 극심한 경기침체를 겪고 있다. 그러나 생산성 높은 세계적인 대도시들의 경제 가치는 더 높아지면서, 땅값은 계속 치솟고 있다. 거리의 중요성이 사라지지 않은 것이다. 핵심적인 차원에서 거리의 중요성은 오히려 더 높아졌다.

디지털 시대의 승자와 패자

인류 문명의 구성 단위인 도시는 사라지지 않았다. 오히려 컴퓨터와 인터넷, 휴대전화 등 현대적인 통신 기술이 확산하면서 서구 세상의 많은 지역, 특히 번영과 관심이 집중된 일부 도시를 중심으로 주택 가격이 폭등했다. 그에 따라 세계적인 도시와 뒤처진 지역 사이의 격차는 점점 더 벌어졌다. 경제는 무형의 디지털 서비스가 지배하는 방향으로 흘러가고 있지만, 런던이나 뉴욕처럼 번영하는 세계적인 도시들은 여전히 창의성과 혁신의 중심지로 인기를 누리고 있다. 나아가 엔지니어와 금융인, 기술 근로자, 학자, 언론인 등 지식 전문가 집단이 성장하고 생산성 높은 근로자들이 소수 도시 중심지로 몰려들면서 이들 지역의 가치는 더 높아지고 있다.

2006년 경제학자 조지프 귀르코Joseph Gyourko, 크리스토퍼 메이어Christopher Mayer, 토드 시나이Todd Sinai는 이처럼 생산성과 인기가 대단히 높은 대도시에 '슈퍼스타 도시superstar city'라는 이름을 붙였다.[14] 이들은 1950~2000년 기간에 미국 내 여러 지역을 대상으로 주택 가격 상승률을 추적했다. 그동안 샌프란시스코의 주택 가격은 평균 3.5퍼센트 상승했다. 시애틀과 오리건주 포틀랜드는 각각 2.7퍼센트와 2.4퍼센트 상승을 기록했다. 반면 클리블랜드와 데이턴, 뉴욕주 로체스터 등 녹슨 산업 지대 도시들의 상승률은 1퍼센트에도 미치지 못했다. 연간 성장률에서 작은 차이는 세월이 흐르면서 거대한 격차로 누적된다. 세 사람은 20세기 후반기에 미국 전역의 소득 증가가 고소득 가구로 집중되었다고 지적했다. 이러한 고소득 가구들이 제한된 토지와 주택을 놓고 서로 경쟁하고, 더 높은 가격을 제시하여 저소득층을 제치고 부동산을 차지하는 과정에서 주택 가격은 급등했다. 그들이 슈퍼스타 도시라는 이름을 붙이고 난 뒤에도 이들 도시의 가치는 더 높아졌다.

산업 도시가 쇠퇴하고 슈퍼스타 도시가 떠오르면서 미국 전역의 대도시 주택 가격이 전반적으로 비슷했던 시절은 이제 아득히 먼 과거가 되었다. 2024년 말 기준으로, 샌프란시스코의 중위 주택 가격은 126만 달러로, 전국 평균의 3배가 넘는다. 로스앤젤레스도 99만 5000달러를 살짝 넘는 수준으로 그 뒤를 바짝 쫓고 있다. 이 두 캘리포니아 도시의 주택 가격은 21세기로 접어들면서 300퍼센트가량 상승했다. 이는 전국 평균을 한참 웃도는 수준이다. 2008년 글로벌 금융위기 이후로 이어진 경기침체도 값비싼 미국 도시에서는 장벽이 아닌 과속 방지턱에 불과했다. 반면 일리노이주 디케이터나 웨스트버지니아주 찰스턴, 오클라호마주 이니드 등 정체된 대도시의 집값은 지난 사반세기 동안 2배도 오르지 못했다.

그런데 참으로 아이러니하게도, 디트로이트 시정부의 진보적인 행보는 오히려 토지 가격 하락에 따른 고통을 더 키웠다. 1890년대부터 쇠퇴 조짐이 보이기 시작한 1950년대 초에 이르기까지 디트로이트 시정부의 유일한 재정 원천은 재산세였다. 당시 디트로이트에 재산세를 도입했던 헤이즌 핑그리 시장은 헨리 조지의 동지로, 훗날 미시간 주지사를 지내기도 했다. 디트로이트 인구가 줄고 투자자들이 그 도시에 대해 부정적인 전망을 내놓으면서, 한때 든든한 재정 원천이었던 재산세 수입이 크게 떨어졌다. 1950년대 후반에서 1990년대 중반에 이르기까지 디트로이트 인구는 40퍼센트나 감소했다. 투자자들의 암울한 경제 전망이 토지 가격에 영향을 미치면서 시정부의 재산세 수입은 같은 기간에 80퍼센트 가까이 떨어졌다. 이는 그동안 디트로이트시 정부가 재산세율을 꾸준히 인상했음에도 불구하고 나타난 결과였다.[15] 디트로이트의 재정을 뒷받침했던 엔진이 거꾸로 돌아가기 시작한 것이다. 다행히 2000년대 초에 미국 주택시장의 거품이 일면서 디트로이트의 재산세 수입이 어느 정도 회복되는 듯 보였지만, 2008년 글로벌 금융위기 여파로 토지 가격이 폭락하면서 2013년 디트로이트 시정부는 결국 파산을 선언하고 말았다. 미국 역사상 최대 규모로 시정부 재정이 무너진 사건이었다.

디트로이트 토지 가격의 폭락으로 담보 가치와 세수가 줄면서 경기침체의 골은 더 깊어졌다. 반면 슈퍼스타 도시에서는 주택 가격이 계속 오르면서 경제 호황이 증폭되었다. 부동산 소유자들은 가치가 한층 높아진 자산을 담보로 활용하여 좋은 비즈니스 아이템이나 프로젝트를 실현할 수 있게 되었다. 연방준비제도 경제학자 아룬 굽타Arun Gupta와 호라시오 사프리사Horacio Sapriza, 블라디미르 얀코프Vladimir Yankov가 발표한 연구 결과에 따르면, 미국 경제가 글로벌 금융위기 여파에서 회복 중이던 2013~2019년 기간에 미국에서 나타난 고용 증가의 3분의 1 이상은 부동산 가치 상승 덕분이었다.[16] 그리고 그 효과는 부동산 담보 가치가 크게 치솟았던 지역을 중심으로 뚜렷하게 나타났다.

재산세 수입에 대한 디트로이트 시정부의 높은 의존도는 결국 행정의 악몽으로 드러났다. 반면 캘리포니아의 값비싼 도시들은 시 행정을 한층 더 수월하게 만들었다. 비록 이들 지역의 행정 서비스는 여전히 형편없는 수준이었지만 말이다. 캘리포니아 주정부가 발표한 과세 평가 자료에 따르면, 그 주의 토지 가치는 2012년 1조 9400억 달러에서 2024년 4조 달러로 증가했다.[17] 덕분에 샌프란시스코는 1.17퍼센트 세율의 재산세와 무관하게 재정 수입을 꾸준히 늘릴 수 있었다. 매사추세츠에 있는 연구기관 링컨 토지정책연구소Lincoln Institute of Land Policy에 따르면, 디트로이트가 샌프란시스코와 동등한 수준의 재원을 확보하려면 재산세율을 샌프란시스코보다 20배 이상 올려야 한다.[18]

역사적으로 도시와 지역, 국가의 경제적 운명은 항상 부침을 겪어왔다. 그리고 이러한 현상은 지난 3세기에 걸쳐 경제의 변동성이 높아지고 성장 속도가 빨라지면서 더욱 뚜렷하게 드러나고 있다. 물과 연료, 식량, 교통 편의성, 인적 자원 등 대도시를 돌아가게 만드는 여러 핵심 요인의 중요성은 시대에 걸쳐 기술과 경제 상황의 변화에 따라 달라졌다. 그 과정에서 특정 지역의 경쟁력과 인기도 높아지거나 낮아졌다. 여기서 낙후된 지역을 되살리려는 다양한 노력은 이렇다 할 성과를 내지 못했다. 그나마 경제적 균형을 어느 정도 회복할 수 있었던 것은 정부가 나서서 승자들을 가로막았을 때뿐이었다.

슈퍼스타 도시의 탄생과 사회적 대가

20세기 말 슈퍼스타 도시들의 성장은 동시에 중대한 문제를 예고했다. 대부분 이러한 문제에 재빠르게 대응하지 못했다. 전반적으로 도시들은 그곳에서 살기 원하는 사람들의 급증하는 수요를 수용할 만큼 주택과 인프라를 충분히 확장하지 못했다. 그리고 쇠퇴하는 지역에서 넘어오는 인구를 제대로 받아들이지 못했다. 슈퍼스타 도시라는 이름을 만든 세 경제학자인 귀르코와 메이어, 시나이는 슈퍼스타 도시와 그 외 지역들 사이의 격차가 점점 더 벌어지는 핵심 요인으로, 가격이 급등해도 토지와 주택의 공급은 제한적이며, 특히 토지 공급은 거의 불가능에 가깝다는 사실을 지목했다. 20세기 말에 시작된 경제 지형의 변화는 19세기 말 디트로이트와 같은 도시가 빠르게 성장했던 경우와는 본질적으로 달랐다. 그건 슈퍼스타 도시들의 가치가 증가하는 현상이 이미 인구 밀도가 높고 토지 활용이 충분히 이뤄진 기존 도시 지역을 중심으로 나타났기 때문이다.

슈퍼스타 도시의 시대가 시작되면서 도시 확장은 더욱 어려워졌다. 헨리 조지는 토지를 놀리면서 가격이 오르기만을 기다리는 지주들을 비난했다. 그러나 오늘날 서구 세계의 생산성 높은 지역에서 토지 개발이 더딘 이유는 지주들의 탐욕이나 나태함 때문이 아니라, 정부의 규제와 복잡한 정치적 이해관계 때문이다. 토지 소유자가 자기 땅에 마음대로 건물을 올릴 수 있던 시절은 이미 오래전에 끝났다. 20세기 초부터 제2차 세계대전 발발에 이르기까지 미국에서는 특정 지역에 지을 수 있는 건축물의 유형을 제한하는 조닝zoning 제도에 대한 관심이 높아졌다. 이후 새롭게 등장한 규제는 단독주택 건설은 장려하면서 인구 밀도를 높일 수 있는 공동주택이나 고층 아파트 건설은 제한했다. 이상적인 형태로 도시를 설계하려는 전문가들은 물론, 계급과 인종을 기준으로 도시를 조직하려는 지방 행정가들도 토지 용도를 제한하는 방식에 큰 관심을 기울였다. 1917년 미 대법원이 인종을 기준으로 한 노골적인 조닝 규제를 위헌으로 판결한 지 수십 년이 흐른 뒤에도, 미국 전역의 많은 도시가 실질적으로 인종 분리를 강제하는 정책을 그대로 유지했다. 이것이 미국만의 현상은 아니었다. 이러한 형태의 도시 계획은 전 세계 부유한 지역의 행정가들 사이에서 점점 더 인기를 얻고 있었다.

도시를 외부로 확장하는 과제도 다양한 규제로 인해 힘들어졌다. 영국 정부는 1947년에 도입한 도시 및 국가 계획법Town and Country Planning Act을 기반으로, 현대적인 개발 허가 시스템을 확립했다. 그리고 도시를 둘러싼 개발 금지 구역인 그린벨트를 자체로 지정할 수 있도록 지방정부에 권한을 부여했다. 19세기에는 철도망과 트램이 등장하고, 이후로 자동차 소유가 대중화되면서 새로운 산업 도시들이 성장했다. 이에 따라 사람들이 거주하고 일하는 장소의 형태가 크게 바뀌었다. 다만 슈퍼스타 도시의 시대로 넘어가는 과정에서는 이와 같은 교통 기술의 혁신이 이뤄지지 않았다. 기술적 제약과 엄격한 규제가 만나면서, 값비싼 도심 지역의 생산성을 높이고 수백만 인구가 그 안에서 살면서 일할 수 있도록 만드는 일은 더욱 어려워졌다.

주택 공급이 수요 증가를 따라잡지 못하는 현상은 서구의 모든 부유한 도시에 걸쳐 공통으로 나타나고 있다. 아이러니하게도 아서 클라크가 도시의 해체를 예언했던 현대적인 통신 기술 발전의 중심지인 샌프란시스코야말로, 오늘날 규모 확장에 실패한 세계에서 가장 생산적이고 혁신적인 도시의 상징이라 하겠다. 캘리포니아 주정부의 조사에 따르면, 샌프란시스코는 매년 약 1만 채의 주택을 새로 건설해야 하는 상황이다.[19] 그러나 이 도시의 실제 주택 건설 현황은 이처럼 비교적 현실적인 목표에도 크게 못 미치고 있다. 샌프란시스코의 주택 건설 역사에서 최고 기록은 연간 5000채에 머물러 있다.[20] 이 수치는 전체 주택 규모에서 1퍼센트 남짓한 증가에 불과하다. 사실 연간 1만 채라는 목표도 실질적인 수요를 충족시키기에 턱없이 부족하다. 샌프란시스코의 월평균 임대료가 3400달러로 미국 중위 월급의 절반을 넘는다는 점을 고려할 때, 시정부가 도시의 고밀화와 확장을 허용했더라면 지금보다 2배는 더 커졌을 거라는 주장은 과장이 아니다.

　　이러한 건설 부족 현상은 서구 세계의 값비싼 도시에 걸쳐 뚜렷하게 나타나고 있다. 지리적으로 풍요로운 호주에서도 땅값이 극단적으로 비싼 시드니 도심 주변으로 1층 짜리 단독주택들이 끝없이 펼쳐져 있다. 수백만 명을 더 수용할 수 있는 런던의 교외 지역도 여전히 낮은 인구 밀도를 유지하고 있다. 토론토 면적의 대부분을 차지하는 '옐로벨트Yellowbelt'에는 토지 한 구획당 한 채의 주택만 지을 수 있다. 이처럼 주택 가격이 극단적으로 높은 도시 지역에서는 광활하게 뻗은 단독주택 구역과 초고층 상업 및 주거용 빌딩 구역의 중간 밀도에 해당하는 지대를 찾아보기 어렵다. 이러한 문제는 '사라진 중간missing middle'이라는 이름으로 알려져 있다.

　　이 책은 주택 공급보다 토지 문제에 더 집중하고 있다. 그러나 오늘날 이 두 가지 문제는 서구 세계에서, 특히 주택 가격이 아주 높은 지역에서 긴밀하게 얽혀 있다. 건설 부진은 토지 가치를 끌어올려 토지의 특성에 따른 구속력을 더 강화한다. 워싱턴 D.C.의 싱크탱크인 미국 기업 연구소American Enterprise Institute가 내놓은 자료는 건설 부진이 토지에 미치는 영향을 잘 보여준다. 미국의 중간 규모 도시에서 토지가 전체 부동산 가치에서 차지하는 비중은 40퍼센트 정도다. 또 토지가 여전히 귀한 자원이지만 그나마 예전에는 고층 빌딩 건축을 허용했던 뉴욕시에서는 56퍼센트에 이른다. 반면 미국에서 대표적으로 손꼽히는 값비싼 도시 샌프란시스코와 로스앤젤레스, 산호세는 놀랍게도 각각 69퍼센트와 74퍼센트, 77퍼센트를 기록하고 있다.[21]

　　주택 공급 문제는 날로 심각해지고 있다. 경제학자 크누트

아래 오스트베이트Knut Are Aastveit와 브루노 알부케르크Bruno Albuquer-que, 안드레 아눈센André Anundsen의 연구 결과에 따르면, 2008년 글로벌 금융위기 이후로 미국에서 주택 공급이 가격에 반응하는 정도(즉, 공급 탄력성elasticity of supply)는 크게 떨어졌다.[22] 이 세 경제학자는 금융위기가 터지기 전 주택 가격이 장기간 상승했던 1996~2006년 동안, 주택 가격이 1퍼센트 오를 때 건축 허가 건수가 평균 2.8퍼센트 증가했다고 밝혔다. 그러나 2012~2017년에는 주택 가격이 1퍼센트 올라도 건축 허가 건수는 1.8퍼센트밖에 증가하지 않았다. 특히 샌프란시스코처럼 규제가 강한 상위 10퍼센트 대도시의 경우, 공급 탄력성은 더욱 낮아서 주택 가격이 1퍼센트 오를 때 건축 허가 건수는 0.4퍼센트 증가에 그쳤다.

이와 같은 주택 건축 부진은 다양한 형태의 실망스러운 결과로 이어졌다. 연구원인 존 마이어스John Myers와 벤 사우스우드Ben Southwood, 샘 보먼Sam Bowman은 '주택에 관한 모든 이론The Housing Theory of Everything'이라는 제목의 기사에서 주택 공급 부진에 따라 과소 평가된 다양한 결과를 다루고 있다.[23] 비싼 집값은 젊은 가구가 자녀를 키울 주거 공간을 마련하지 못하게 함으로써 출산율을 떨어뜨리고, 도시의 밀도를 떨어뜨려 자동차가 주요 교통수단이 되게 만듦으로써 비만을 증가시키는 등 세상에 존재하는 모든 문제를 더 심각하게 만든다.

출산율만 놓고 보더라도 문제는 분명하다. 경제학자 리사 데틀링Lisa Dettling과 멀리사 스케티니 커니Melissa Schettini Kearney는 20세기 중반 베이비붐 시기에 나타난 초과 출산 중 약 10퍼센트 (300만 명에 달하는)는 새로운 주택 구매자를 대상으로 주택 담보 대출을 장려했던 연방주택청과 재향군인청Veterans Administration의 프로그램 덕분이었다고 설명한다.[24] 그러나 주택 가격이 오르면 반대 효과가 나타난다. 데틀링은 또 다른 논문에서 주택 가격이 1만 달러 오르면 주택 소유자 집단의 출산율이 5퍼센트 증가하지만, 비소유자 집단의 출산율은 2.4퍼센트 감소한다고 지적했다.[25] 다시 말해, 출산 가능 연령대 집단에서 주택 소유율이 낮을수록 집값 상승이 출산율에 부정적인 영향을 미친다.

서구의 슈퍼스타 도시들에서 주택 공급 부진으로 나타나는 또 한 가지 심각한 문제는 불평등 심화다. 2008년 글로벌 금융위기 이후로 서구 정치권에서는 '가진 자'와 '못 가진 자'에 대한 관심이 다시 떠오르고 있다. 프랑스 경제학자 토마 피케티는 2013년 프랑스어로 출간되고 2014년에 영어로 번역 출간된 자신의 저서 《21세기 자본Capital in the Twenty-First Century》에서 이 주제를 다뤘다. 이 책은 출간 후 2년 동안 150만 부가 판매되면서 피케티는 밀턴 프리드먼 이후 대중적으로 가장 널리 알려진 경제학자가 되었다. 여기서 피케티는 조지의 책이 대서양 양측의 정치 세상에서 논란을 불러일으켰던 미국의 도금시대 이후로 부의 불평등이 다시 최고조에 이르렀다고 주장했다. 그 이유로 자본수익률(간단하게 말해서, 자산 소유자가 기존 자산으로부터 얻는 수익)이 경제성장률을 다시 넘어서기 시작한 현상을 꼽았다. 일부 사람이 다른 사람보다 더 많은 자산을 보유하고 있다는 사실 때문에 부의 불평등이 점점 더 심각해진다는 것이다. 피케티의 진단에 따르면, 이러한 불평등을 완화하기 위해서는 세금, 특히 재산세를 더 많이 거둬야 한다.

다만 피케티가 주목한 부의 격차는 플루토크라트나 전용 제트기를 타고 세계를 돌아다니는 엘리트 집단에 관한 이야기가 아니었다. 20세기 중반 이후로 서구 세계 전반과 보다 광범위한 지역에 걸쳐 점점 더 심각해지고 있는 부의 불평등은 토지를 소유한 자와 소유하지 못한 자 사이에서 뚜렷하게 드러나고 있다. 2015년 당시 매사추세츠공과대학교MIT에서 박사 과정을 밟고 있던 매슈 로그늘리Matthew Rognlie는 자본소득비중capital share, 즉 전체 경제 생산에서 노동이 아닌 자본이 차지하는 비중이 증가한 것은 주로 서구 전역에서 나타난 주택 자산 가치와 분배의 변화 때문이라고 주장했다.[26] 이후 경제학자 잔니 라 카바Gianni La Cava는 추가 연구를 통해, 미국에서 토지와 주택의 자본 소득이 증가한 현상이 신규 주택 건설이 제한된, 다시 말해 공급 탄력성이 낮은 주들을 중심으로 나타났다는 사실을 보여주었다.[27]

우리는 주택 가격의 상승과 토지 가격의 재상승에 주목함으로써 20세기 후반부터 지금까지 부의 불평등이 심화되고 있는 이유 그리고 국가들 사이에서도 부의 불평등이 계속 커지고 있는 이유를 상당 부분 설명할 수 있다. 경제학자 파비안 페퍼Fabian Pfeffer 와 노라 바이트쿠스Nora Waitkus가 부유한 국가들을 대상으로 불평등과 주택 사이의 관계를 들여다봤을 때, 두 사람은 소득 불평등과 부의 불평등 사이의 상관관계가 그리 크지 않다는 사실을 발견했다.[28] 가령 스웨덴과 노르웨이의 경우, 소득 격차는 아주 낮지만 부의 불평등은 이들과 비교할 수 있는 대부분의 나라보다 훨씬 더 심각한 것으로 나타났다. 페퍼와 바이트쿠스는 주택 소유율과 주택 가격의 차이를 함께 고려해야만 국가 간 부의 불평등을 설명할 수 있다고 결론 내렸다.

토지, 숨겨진 불평등의 엔진

주택 공급의 유연성이 낮을수록, 주택시장은 토지의 고유한 특성 모두를 뚜렷하게 드러낸다. 그리고 그만큼 치명적인 결과를 초래한다. 토지 공급이 제한된 슈퍼스타 도시에서 부동산 가격은 금리 변동에 민감하게 반응한다. 토지는 상하거나 부패할 위험이 없으므로, 그 가치는 아주 장기적인 차원에서 현금 흐름과 다양한 여건에 의해 결정된다. 금리가 오를 때, 장기적 기대에 기반을 둔 자산의 가치는 크게 떨어진다. 이는 그 자산이 미래에 창출할 예상 수익이 달라지기 때문이 아니라, 잠재적 대안인 안전한 국채로 얻을 수 있는 수익이 높아지면서 토지의 매력이 그만큼 줄어들기 때문이다. 반면 금리가 하락할 때, 정반대 현상이 일어난다. 투자자가 장기적으로 거둬들일 수 있는 현금 흐름에 대한 기대가 높아지면서 토지의 매력도 상승한다.

이 말은 주택 공급이 가격 상승에 반응하지 않을 때, 금융 안정성이 더 큰 위험에 처하게 된다는 뜻이기도 하다. 생산성과 집 값이 아주 높은 도시들 대부분이 그렇듯, 주택 공급이 크게 제한된 지역에서는 주택 가격이 금리 변동과 같은 통화정책 변화에 대단히 민감하게 반응한다. 브루노 알부케르크는 공저자인 마르틴 이저링하우젠Martin Iseringhausen, 프레데리크 오피츠Frederic Opitz와 함께 한 연구에서, 주택 공급이 제한된 도시들은 공급 탄력성이 높은 지역에 비해 금리가 오를 때 주택 담보 대출 연체와 주택 압류, 지역 은행의 건전성 악화와 같은 문제가 더욱 심각하게 발생한다고 지적했다.[29]

이 책에서 나는, 미국과 그 이전의 북아메리카 영국 식민지에서 토지를 자산으로 활용한 역사를 살피는 데 많은 지면을 할애

했다. 미국 사회에서 토지 투기와 토지 금융의 역사가 깊이 뿌리내려졌다는 사실은 우연이 아니다. 미국의 초창기 금융 개척자들은 토지를 활용하여 신용을 창출하는 방법을 개발했고, 이후 전 세계 많은 나라가 그 뒤를 따랐다. 토지 소유를 둘러싸고 19세기 후반부터 전 세계로 퍼져 나간 정치적 혼란은 한 미국인 정치 사업가에게서 시작되었다. 미국은 토지를 화폐화함으로써 세계에서 가장 먼저 그리고 가장 치명적인 금융 붕괴를 겪었다. 그리고 오늘날 민주주의 사회를 떠받치는 보편적인 주택 소유의 열망 역시 미국 사회를 시작으로 전 세계로 퍼져 나갔다.

그럼에도 불구하고 토지에 따른 문제를 해결해야 한다는 관점에서 볼 때, 오늘날 미국은 몇 가지 분명하고 중요한 측면에서 다른 나라보다 비교적 유리한 상황에 놓여 있다. 유서 깊은 자본시장과 주식 투자 문화 그리고 혁신적인 기업들 덕분에 미국인들은 토지가 아닌 다른 자산에 투자해서 더 높은 수익을 올릴 수 있다. 2024년에 이르는 10년 동안 미국의 주식시장은 연평균 약 13퍼센트 수익률을 기록하면서, 같은 기간에 부동산 가치 상승을 훌쩍 뛰어넘었다. 산업화된 다른 많은 나라와 비교할 때, 미국 가구의 자산은 다양한 금융 자산에 걸쳐 골고루 분산되어 있으며, 부동산에 대한 집중도는 낮은 편이다. 은행이 국가의 금융 시스템에 미치는 영향도 비교적 낮은 수준이며, 토지시장의 주기가 대출과 차입의 변동에 미치는 영향도 크지 않다.

미국은 유럽 제국주의자들이 400년 전 발견한 경제 지리적 혜택을 여전히 누리고 있다. 개척지가 더 이상 남아 있지 않다고 선언한 지 150년이 흐른 지금도, 미국의 토지는 풍부하다. 또한 많은 선진국과는 달리, 생산성이 아주 높은 몇몇 도시에 대한 의존도가 비교적 낮다. 인구 1000만이 넘는 글로벌 거대도시megalopolis는 뉴욕과 로스앤젤레스뿐이며, 두 곳을 모두 합쳐도 미국 전체 인구의 10분의 1을 살짝 넘는 정도다. 영국이나 일본, 중국과 비교해도 미국에는 생산성 높은 중소 도시들이 훨씬 더 많다. 예를 들어, 텍사스주 오스틴과 댈러스, 노스캐롤라이나주 롤리와 더럼, 채플힐을 잇는 리서치 트라이앵글Research Triangle, 위스콘신주 매디슨, 유타주 솔트레이크시티 등 생산성 높은 지역들은 샌프란시스코처럼 확장을 거부한 산업 중심지와는 달리, 규모와 부를 계속 키워나가고 있다.

전 세계 많은 선진국과 비교할 때, 땅값이 극도로 비싼 몇몇 도시들이 국가 전체의 토지 부에서 차지하는 비중은 상당히 낮은 편이다. 이는 풍요로운 영토를 보유한 미국의 지리적 이점 때문이다. 그래서 미국 전체 부에서 토지가 차지하는 비중은 인구 밀도가 높고 경제 다각화가 제대로 이뤄지지 않은 나라들보다 더 낮다. 2023년 미국 전체 민간 자산에서 토지가 차지하는 비중은 약 15퍼센트로 나타났다. 이 수치도 예전보다 높은 편이다. 1950~1975년 기간에 토지가 국가의 부에서 차지하는 비중이 10퍼센트를 넘은 적은 한 번도 없었다. 그래도 미국의 토지 부가 정점을 찍었던 2008년 글로벌 금융위기 직전의 21퍼센트보다는 낮은 수준이다.

이러한 기준으로 살펴볼 때, 많은 다른 나라에서 심각한 상황을 발견하게 된다. 즉, 경제 활동이 생산성 높은 몇몇 소규모 도시에 극단적으로 집중된 모습을 확인할 수 있다. 예를 들어, 캐나다에서는 인구 4분의 1 이상이 토론토와 몬트리올에 살고 있다. 호주는 시드니와 멜버른에 35퍼센트가 넘는 인구가 몰려 있다. 영국은 런던과 이를 둘러싼 잉글랜드 남동부 지역에 전체 인구의 4분의 1이 거주하고 있다. 이처럼 많은 국가에서 경제 지리가 미국보다 더 집중된 형태로 나타나고 있고, 그만큼 토지 및 부동산과 관련된 문제가 심각하다. 미국을 제외한 선진국 지역의 주식시장은 수익률이 연평균 5퍼센트에도 미치지 못하는 저조한 실적을 기록하고 있다. 다른 투자시장의 수익률이 자국의 부동산 시장이나 미국 주식시장에 크게 뒤쳐져 있다는 사실은 토지가 국가 전체 부에서 차지하는 비중이 점점 높아지는 원인으로 작용하고 있다.

영어권 국가 전반에 걸쳐, 토지 가치의 상승은 다른 모든 자산 가치의 상승을 압도했다. 2023년 영국에서 주거 및 상업용 부동산은 연금과 보험, 은행예금, 펀드를 비롯한 모든 유형의 금융 자산을 포함한 국가 전체 자산에서 31퍼센트를 기록했다. 이는 21세기 초 18퍼센트에서 크게 오른 수치다. 캐나다에서는 토지가 민간이 보유한 전체 부에서 25퍼센트를 차지하고 있으며, 이 역시 1999년 17퍼센트에서 오른 것이다. 또한 부동산 열기가 뜨거운 호주에서는 이 수치가 29퍼센트에서 38퍼센트로 뛰었다. 이들 세 나라 모두 민간이 보유한 부에서 토지가 차지하는 비중이 세계가 목격했던 최대의 주택 거품이 꺼지기 직전인 2007년보다 더 높은 수준에 도달했다.

21세기에 토지를 둘러싼 정치는 19세기 말보다 훨씬 더 복잡한 양상으로 펼쳐질 것으로 보인다. 20세기에 걸쳐 주택 소유가 대중화되면서, 토지 소유는 19세기 말보다 더 보편적이고 평등한 모습을 보이고 있다. 토지 소유자가 유권자 집단의 다수를 차지하는 사회의 경우, 토지를 가진 자와 못 가진 자 사이에 갈등을 부추기는 선거 전략으로는 승리를 거두기 힘들 것이다. 특히 선거 정치에 관심이 높은 고령층 유권자의 표를 얻기는 더 어려울 것이다.

토지 가치의 상승과 그에 따른 사회적 격차가 선거에 미치는 영향이 새로운 연구를 통해 뚜렷이 드러나고 있다. 스탠퍼드대학교의 앤드루 홀Andrew Hall과 제시 요더Jesse Yoder, 니샨트 카란디카르Nishant Karandikar에 따르면, 2008년 글로벌 금융위기 이후로 담보 대출을 받은 주택에 대한 압류 건수가 늘어나면서 2016년 미국 대선에 큰 영향을 미쳤다.[30] 세 사람은 2004~2016년 기간에 걸쳐 인구 1000명당 압류가 한 건 늘어날 때마다 힐러리 클린턴의 득표율이 1~1.8퍼센트포인트 떨어졌고, 이러한 현상은 2012년에 버락 오바마가 이겼던 주에서도 도널드 트럼프에게 유리한 방향으로 작용했다는 사실을 발견했다. 진보 성향 연구소인 미국진보센터Center for American Progress도 이와 비슷한 상관관계를 지적했다. 실제로 오바마 행정부와 트럼프 행정부를 거치는 동안 민주당에서 공화당으로 돌아선 미국 중서부 지역 카운티들의 경우, 전통적인 공화당 혹은 민주당 지역과 비교하여 역자산negative equity(주택 가격이 매입 시 받은 담보 대출 금액 아래로 떨어진 상태)에 해당하는 가구 비율이 더 높은 것으로 드러났다.[31] 디트로이트와 플린트, 밀워키 등 미국의 산업 시대를 주도했던 도시들은 힐러리를 지지했지만, 그 격차가 줄어들면서 트럼프 당선에 실질적인 도움을 줬다.

토지 부의 중요성과 그에 따른 영향은 미국을 떠나서도 분명하게 확인할 수 있다. 영국의 경우, 주택 자산이 2016년 유럽연합 탈퇴 국민투표에서 중대하면서도 과소 평가된 영향을 미쳤다. 벤 안셀Ben Ansell과 데이비드 애들러David Adler의 연구에 따르면, 연령과 소득 같은 요인을 고려하더라도 집값이 아주 높거나 지난 20년간 크게 오른 지역에서 유럽연합에 대한 잔류 의지가 강하게 나타났다.[32] 같은 맥락에서 이뤄진 또 다른 연구는 스칸디나비아 지역의 급격한 주택 가격 상승과 스웨덴과 덴마크, 핀란드에서 포풀리즘 우파의 득세 사이에 연관성이 있음을 보여줬다.[33] 프랑스에서도 극우 정당인 국민전선Front National의 대선 후보인 마린 르펜Marine Le Pen에 대한 높은 관심 역시 이러한 영향을 뚜렷하게 보여준다. 집값이 더디게 오르거나 하락한 지역일수록 르펜에 대한 지지율이 더 높은 것으로 드러났다. 포퓰리즘 정치에 동조하지 않는 독자들이 보더라도, 소외된 주택시장이 소외된 정치 운동의 온상이 된 현상은 결코 놀랍지 않을 것이다.

한 세기 전 서구 세계에서 시작되어 전 세계로 확산된 주택 소유의 대중화는 민주적이고 평등하며 정치적으로 조화로운 사회의 보호망으로 기능할 것으로 보였다. 실제로 초기 수십 년 동안 새로운 주택 소유자에 대한 다양한 보조금 정책과 금융 혜택 및 여러 가지 정부 지원은 분명히 그런 역할을 했다. 중산층의 부가 새로운 형태로 형성되면서 헨리 조지가 살았던 시대의 극심한 불평등이 어느 정도 완화되었다.

그러나 부유한 세상에 걸쳐 경제 지형이 달라지면서 슈퍼스타 도시들이 탄생했고, 이러한 움직임은 토지의 파괴적인 영향력에 다시 한번 불을 지폈다. 오늘날 경제 집중화로 생산성이 높아지고 혁신이 등장하는 과정에서, 단일토지세 운동을 자극했던 문제에 대한 사회적 관심이 다시 고조되었다. 그러면서 토지 문제를 한층 새롭고 급박한 시선으로 다시금 바라보게 되었다. 오늘날 출생과 행운이라는 우연의 요소가 승자와 패자를 결정하는 핵심 요인이 되면서, 보편적인 토지 소유를 주장하던 목소리는 힘을 잃고 말았다. 그러나 비록 토지가 정치적 논쟁에서 밀려난 것처럼 보일지 몰라도, 정치 자체에서 사라진 것은 아니다. 토지의 중요성은 오히려 수면 아래서 더 뜨겁게 끓어오르고 있다.

에필로그

울프 라데진스키가 처음 도쿄 땅을 밟은 뒤 전 세계를 무대로 토지 개혁 운동을 펼쳐나간 지도 80년이 지났다. 헨리 조지가 사회적 명성을 얻은 지 150년, 존 스미스가 오늘날의 미국 영토 아메리카 동부 해안에 도착한 지 400년 그리고 고대 바빌론의 문나비투가 토지 소유권으로 법적 다툼을 벌인 지는 3500년이 지났다. 이들이 태어나고 살았던 세상은 서로 달랐지만, 토지의 경제적 중요성은 수백 년 혹은 수천 년의 역사 속에서 변함없이 관통하고 있다. 오늘날 우리가 살아가는 세상은 점점 더 디지털화되어가고 있지만, 현대적인 글로벌 금융 시스템은 오히려 토지의 힘을 새롭게, 때로는 위험천만하게 강화하고 있다.

　오늘날 전 세계 모든 나라는 토지의 덫에 걸려들었다. 토지가 국가의 부와 금융 시스템에서 핵심적인 자리를 차지할 때, 그 가격의 등락은 가계와 기업, 정부 혹은 그 세 경제 주체 모두에 거대한 위협을 가한다. 토지 가치가 상승할 때 값비싼 새로운 경제 중심지에 투자한 운 좋은 토지 소유자들과 그 밖의 지역, 특히 경제적으로 쇠퇴하는 소외된 지역에 투자한 불운한 이들 사이의 격차는 점차 벌어지게 마련이다. 또한 토지 가격이 오를 때 잠재 구매자들과 담보 가치가 증가한 기존 토지 소유자들이 더 많은 대출을 받으면서, 국가적, 국제적 금융위기의 위험성이 높아진다. 그리고 전 세계 많은 지역에 걸쳐 나타나고 있는 토지 가격의 장기적인 상승은 경제의 생산 잠재력을 갉아먹는다. 그것은 자원과 자금이 토지를 담보로 활용할 수 있는 기업에 집중되면서 그렇지 못한 기업은 기회를 박탈당하기 때문이다. 반대로, 토지 가격이 하락할 때 경제적 불평등은 일시적으로 줄어드는 모습을 보인다. 그러나 지속적인 토지 가격 상승에 의존해온 국가의 재정 시스템을 의도적으로 바꾸려는 시도는 국가의 금융 시스템 전반을 위태롭게 만드는 치명타로 작용하기도 한다. 최악의 경우, 국가 경제가 수년 혹은 수십 년간 정체될 위험도 있다.

　　이 책 전반에 걸쳐 소개한 사례들은 지금까지 서로 다른 이야기로 전해져 내려왔다. 아메리카 식민지의 초기 정착민들, 전후 경기 호황을 타고 성장한 일본 기업들, 홍콩과 싱가포르를 세운 영국 관료들, 국가의 변화를 이끈 중국 개혁가들은 어쩌면 별 상관없는 서로 다른 이야기로 보일 수 있다. 하지만 우리가 이러한 이야기 속에서 공통되게 확인할 수 있는 것은 토지를 자산으로 활용하는 방식이다. 일반적으로 토지 활용에 관한 사례들은 우리에게 익숙한 패턴을 보여준다. 경제가 급변하는 과정에서는 적어도 수십 년 동안 토지 부가 비교적 고르게 배분되고 확산되는 모습을 드러낸다. 밀물이 모든 배를 들어 올리는 형국이다. 가령 신대륙의 발견, 새롭고 혁신적인 교통수단으로의 전환, 농업 기술 혁명, 공산주의 경제에서 시장경제로의 전환이 그랬다. 경제적 낙관주의와 폭발적인 성장은 토지 가격의 폭등에 따른 심각한 문제를 적어도 잠시나마 덮어준다. 다시 말해, 급격한 성장과 변화는 필연적으로 증가하는 부채와 정치적, 사회적 갈등의 불씨를 일시적으로 보이지 않게 가려주는 역할을 한다.

그러나 미국의 개척지 종결이나 일본의 자산 거품 붕괴, 2008년 글로벌 금융위기 그리고 지금도 진행 중인 중국의 토지 대출 시스템의 붕괴처럼 장기적인 토지 가격 상승에 따른 사회적 불평등과 금융적 결함이 모습을 드러내기 시작하면 때는 이미 늦었다. 토지 가격이 오를 때, 그 정의상 모두가 승자가 될 수는 없다. 그건 토지가 제로섬 자산이기 때문이다. 국가의 경제 지리가 더 이상 확장을 멈출 때, 생산성 높은 도시에서 더 이상 주택을 건설할 수 없을 때, 또한 경제 성장이 둔화되기 시작할 때, 토지에 따른 문제는 곧장 수면 위로 떠오른다. 결국 경기 둔화와 침체, 혹은 거품 붕괴가 일어날 때, 사람들은 왜 아무도 그걸 예측하지 못했는지 의아해할 뿐이다.

주택 건설의 부진에 따른 피해는 미국 정치판에서 점점 더 중요한 사안으로 떠오르고 있다. 기자인 에즈라 클라인Ezra Klein과 데릭 톰프슨Derek Thompson은 그들의 저서 《풍요Abundance》에서, 자유주의 세상의 많은 도시가 주택 건설과 인프라 확장을 가로막는 복잡한 정치적, 규제적 제약 때문에 더 이상 발전하지 못하고 있다고 주장했다. 낙관적이고 개발 친화적인 정치 연합이 집값이 비싼 미국 도시들을 중심으로 영향력을 발휘할 수 있을지는 앞으로 지켜봐야 할 과제로 남았다. 그래도 이러한 연합에 대한 공적인 논의가 어느 때보다도 활발히 이뤄지고 있다. 지금의 정치 흐름이 그대로 이어진다면, 미국의 상황은 점차 달라질 것이다. 가령 민주당이 장악한 주들은 인구 측면에서 공화당이 장악한 주들보다 증가 속도가 더디기 때문에, 대통령 선거인단 수와 하원 의석수는 줄어들게 될 것이다.

미래가 어떻게 펼쳐질지 자신 있게 말할 수는 없다. 슈퍼스타 도시들이 등장하고 40여 년의 세월이 흐르는 동안 그 성장세가 꺾인 것은 단 한 번뿐이었다. 그것은 코로나 사태 때문이었다. 사람들이 일하는 방식이 갑자기 바뀌면서 전 세계 도시 경제에 즉각적인 변화가 나타났다. 미국에서 재택근무 비중은 코로나 이전 5퍼센트 수준에서 2020년 상반기에 60퍼센트를 넘어섰다. 이후 격리 조치가 해제되고 여행 제한이 풀리면서 일상생활이 다시 시작되고 나서도, 재택근무 비중은 25~30퍼센트로 떨어진 상태에서 유지되고 있다.[1] 반면, 2024년에 미국의 사무실 공실률이 20퍼센트에 육박하면서, 코로나 사태가 전 세계로 확산된 지 거의 4년 만에 최고치를 기록했다.[2]

특히 슈퍼스타 도시 내 중심 구역들은 재택근무 혁명의 후폭풍을 정면으로 맞았다. 많은 도심 지역에서 사무실 임대료가 크게 떨어졌고, 공실률이 지난 5년간 높은 수준을 그대로 이어가고 있다. 그 과정에서 해당 지역의 개발에 투자했던 은행과 투자자들은 큰 타격을 입었고, 그 여파는 지금도 진행 중이다. 이러한 모습은 1990년대에 일본의 은행들이 겪었던 위기의 과정을 압축적으로 보여준다. 많은 대출을 받아 값비싼 부동산을 매입한 기업들은 앞으로 몇 년 동안 금리가 오르고 자산 가치가 하락하면서 대출 연장에 어려움을 겪게 될 것이다. 그나마 전국 다양한 지역에서 사업을 운영하고 비즈니스 다각화를 효과적으로 이룬 대형 은행들은 도심 사무실 공실 문제에 따른 위험을 어느 정도 극복할 것이다. 그러나 상업용 부동산 대출에 주력했던 중소 은행들은 극심한 고통에 직면하게 될 것이다.

그런데 2020년 이후로 도심 지역 유동 인구가 줄고 사무실 절반가량이 비어 있는 상황이 이어지고 있음에도, 도시의 매력은 놀랍게도 다시 회복하고 있다. 도심을 오가는 인구는 크게 줄었지만, 출퇴근과 재택근무를 번갈아 하는 새로운 근무 방식이 자리 잡으면서 통근이 용이하고 녹지가 풍부한 교외 지역의 주택 가격이 크게 치솟은 것이다. 1964년 아서 클라크의 예언처럼 오늘날 디지털 커뮤니케이션이 쉽고 저렴해졌음에도, 일주일에 3일 출근하는 생산성 높은 근로자들은 여전히 서로 가까이 모여 있으려는 의지를 강하게 드러내고 있다. 이러한 모습은 경제학자 아르준 라마니Arjun Ramani와 조엘 알세도Joel Alcedo, 니컬러스 블룸Nicholas Bloom이 '도넛 효과donut effect'라고 부른 현상을 만들어내고 있다. 그들이 말하는 도넛 효과란 미국인들이 도심을 떠나 교외 지역으로 넘어가는 현상을 뜻한다. 또한 세 사람은 2020년 이후로 미국 12대 대도시 지역의 집값은 떨어졌으나, 교외 지역들의 집값은 오히려 40퍼센트 넘게 올랐다는 사실도 확인했다.[3]

산업화와 철도 시스템 확대, 자동차의 대중화가 그랬던 것처럼, 향후 기술적, 사회적 변화는 토지와 관련된 현재 질서를 흔들어 놓을 것이다. 가령 걸음마 단계인 인공지능 산업이 우리의 삶과 근무 방식에 미칠 영향은 아직 예측이 힘든 상태다. 자율주행 자동차의 광범위한 보급이 교통과 통근 방식에 미칠 영향도 지금으로서는 알 수 없다. 그러나 거대한 부와 금융 활동이 기존 시스템을 기반으로 돌아가는 상황에서 갑작스러운 변화가 일어난다면, 그것이 아무리 가치 있는 것이라 해도 우리 사회는 큰 비용을 치러야 할 것이다.

　　대출 열풍의 후유증, 부조리하게 형성되고 강화된 부의 불평등, 토지 자산이 풍부한 기업으로의 자원 편중 문제를 겪고 있는 국가들을 위한 마법 같은 해법은 존재하지 않는다. 이 책도 그런 간단한 처방은 제시하지 않는다. 땅값이 엄청나게 높고 토지가 금융 시스템과 깊이 얽혀 있는 나라들을 살펴보노라면, 옛날 아일랜드 농담이 떠오른다. 길을 잃은 여행자가 농부에게 도시로 가는 길을 묻는다. 그러자 농부는 이렇게 대답한다. "음, 나라면 절대 여기서 시작하지는 않을 거요."

　　그럼에도 장기적인 토지 호황에 따른 최악의 문제를 완화할 수 있는 몇 가지 방법이 있다. 대단히 낮은 공실률과 엄청나게 비싼 임대료로 알 수 있듯이, 세계적으로 값비싼 지역을 중심으로 건설 부진 현상이 보편적으로 나타나고 있다는 사실에 주목할 때, 주택과 인프라 공급을 적극적으로 확대한다면 토지가 전체 부에서 차지하는 비중을 낮출 수 있다. 다음으로, 오늘날 세계에서 가장 부유하고 생산성 높은 지역에서 높은 토지 가치가 주로 운에 의해 결정된 것이라는 사실을 고려할 때, 헨리 조지의 제안보다 훨씬 더 온건한 형태의 토지 가치세만 도입해도 혁신을 가로막거나 재산세로 인해 투자가 위축되는 부작용을 크게 완화할 수 있을 것이다. 오늘날 중국이나 토지 호황 시절의 일본처럼, 특정한 지역이나 시기에 토지는 특히 매력적인 투자 대상이 된다. 그것은 정부가 다른 투자 대안을 억제하거나 제한할 때, 토지가 폭발적인 경제 성장에 뛰어들 수 있는 유일한 투자 수단이 되기 때문이다. 이러한 경우, 자본시장의 성장을 허용하는 정책만으로도 토지시장의 폭등을 완화하면서 동시에 거품 붕괴의 위험도 낮출 수 있다.

오랜 기간에 걸쳐 토지에 부여한 다양한 세제 혜택과 우대 정책만 폐지해도, 이에 따른 심각한 문제를 해결하는 데 큰 도움이 될 것이다. 토지는 지금도 집착의 대상이자 사회적 지위와 계급을 과시하는 상징이다. 무엇보다 토지는 전 세계 수많은 이에게 행운의 투자처였다. 비교적 낮은 위험 수준과 정부의 우호적인 정책 덕분에 장기적으로 수익성 높은 주택 투자는 많은 이에게 성공 비결로 각광받았다.

그러나 토지에 따른 문제를 해결하기 위한 잠재적 처방 모두, 높은 정치적 장벽에 가로막혀 있다. 서구 세상의 대표적인 대도시 중에서 그곳에 살고자 하는 많은 인구의 수요를 수용할 만큼 주택 공급에 성공한 사례는 없었다. 토지 부를 어느 정도 일궈낸 이들은 당연하게도 그들이 보유한 부의 원천에 새로운 세금을 부과하는 제도를 순순히 받아들이지 않을 것이다. 19세기가 저물 무렵에 단일세를 주창했던 이들은 소규모 엘리트 집단을 사회적 병폐의 원천으로 지목하고, 그들이 소유한 토지를 수용해서 다수를 더 잘살게 만들 수 있는 해결책을 내놨다. 당시에는 주택 소유율이 아주 낮고 토지 부가 대단히 집중되어 있었기 때문에 이러한 주장이 절대적 지지를 얻을 수 있었다. 그러나 광범위한 집단이 지금껏 이익을 누려온 엄청난 규모의 토지에 세금을 부과하려는 모든 형태의 시도는, 수십 년간 횡재에 가까운 이득을 취했던 수백만 소규모 토지 소유주의 이해관계와 정면으로 충돌할 수밖에 없다.

전 세계 많은 나라가 토지 문제와 관련해서 미국보다 심각한 상황에 처해 있다. 특히 중국은 완전히 차원이 다른 사례에 해당한다. 중국 정부가 토지시장의 호황에 제동을 건 지 5년이 흘렀지만, 영구적인 혹은 장기적인 해법은 아직 모습을 드러내고 있지 않다. 중국 정부는 가구에 더 나은 투자 기회를 제공하지 않으면서, 또 지방정부에 더 나은 세수 원천을 허용하지 않으면서, 부동산 시장을 억제하고자 했다. 이러한 결정으로 중국 경제는 수렁에 빠지고 말았다. 물론 중국은 정부가 금융 시스템을 강력하게 장악하고 있기에 2008년 금융위기와 같은 위험은 피할 수 있을 것이다. 그러나 국가 경제가 오랫동안 성장해온 토지시장에 크게 의존하고 있는 상황에서 지금까지 경제 성장을 이끌었던 건설 산업과 인프라 투자가 멈춰선다면, 중국은 부동산 시장의 침체에 따른 치명적인 결과에 온전히 직면할 수밖에 없을 것이다. 게다가 일본의 경우처럼 토지시장 붕괴가 노동 인구 감소와 맞물리면서 상황은 향후 더 힘들어질 것으로 보인다.

그런데도 세계의 많은 지역이 여전히 토지를 부의 원천으로, 대출 담보로 혹은 정부 재원으로 활용하는 금융 단계 초반에 머물러 있다. 토지 등기 시스템을 오래전부터 실시해온 나라는 소수에 불과하다. 전국적으로 이러한 시스템을 실행한 기간의 중간값은 45년 정도다.[4] 지금도 많은 나라에서는 토지 등기 제도가 정착되지 않았다. 그래서 전 세계적으로 수조 달러 규모의 토지가 '사장된 자본'으로 남아 있다. 앞으로 이는 거대한 금융 자산의 잠재적 공급원으로 기능할 것이다. 다만 이러한 자산이 생산적으로 활용될 것인지는 또 다른 문제다. 지금까지 토지의 덫을 피한 나라는 거의 없었다. 그리고 그 덫에 걸려들고 나서 빠져나오는 데 성공한 나라 역시 하나도 없었다. 부자 나라든 가난한 나라든 토지의 덫은 어디에나 존재한다. 다시 말해, 토지 부는 그 어떤 부와도 다르고 장기적으로 치명적인 피해를 입힐 수 있다는 사실을 이해하는 것이야말로 문제 해결의 첫걸음이다.

감사의 글

첫 독자이자 편집자로서 소중한 도움을 준 나의 아내 나오미가 없었다면 이 책은 세상에 나오지 못했을 것이다. 앞으로 책을 집필할 생각이 있는 예비 작가들에게 할 수 있는 조언은 자기보다 더 글을 잘 쓰는 사람과 결혼하라는 것이다.

책을 쓰는 동안 지원과 도움을 아끼지 않은 포트폴리오 편집자 노아 슈워츠버그, 내 에이전트 토비 먼디, 제작 편집자 첼시 코언, 교정을 맡아준 도러시 재닉 그리고 이 책을 완성해준 출판팀 모두에게 감사드린다.

이 책의 주제를 놓고 10년 넘게 함께 결실 있는 대화를 나누고(그 사실을 몰랐다고 해도) 글쓰기와 출판에 관한 조언을 준 샘 보먼과 벤 사우스우드, 댄 왕, 간 리, 앤턴 하우스, 스튜어트 리치, 노 선크 코스츠, 매슈 캠벨, 스펜서 자캅, 덩컨 웰던에게도 고마움을 전한다.

주

1 토지에 관한 거짓말

1 Jonathan Woetzel et al., *The Rise and Rise of the Global Balance Sheet* (McKinsey Global Institute, 2021), https://www.mckinsey.com/industries/financial-services/our-insights/the-rise-and-rise-of-the-global-balance-sheet-how-productively-are-we-using-our-wealth.

2 Author's calculations, World Inequality Database, https://wid.world/wid-world/.

3 Bloomberg Billionaires Index, Bloomberg, accessed February 28, 2025, https://www.bloomberg.com/billionaires/.

4 Òscar Jordà, Björn Richter, Moritz Schularick and Alan M. Taylor, "Bank Capital Redux: Solvency, Liquidity, and Crisis," *Review of Economic Studies* 88, no. 1 (2021): 260–286, https://doi.org/10.1093/restud/rdaa040.

2 국가의 형성

1 Captain John Smith, *A Description of New England* (Humfrey Lownes, 1616), 5–13.

2 Smith, *A Description of New England*.

3 *Historical Statistics of the United States, Colonial Times to 1957* (US Bureau of the Census, 1975), 1168.

4 Peter H. Lindert and Jeffrey G. Williamson, "American Colonial Incomes, 1650–1774," Working Paper 19861 (National Bureau of Economic Research, January 2014), https://www.nber.org/system/files/working_papers/w19861/w19861.pdf.

5   John Komlos, "On the Biological Standard of Living of Eighteenth-Century Americans: Taller, Richer, Healthier," Munich Discussion Paper No. 2003-9 (University of Munich, July 2003), https://epub.ub.uni-muenchen.de/53/.

6   Jeffrey G. Williamson and Peter Lindert, "Unequal Gains: American Growth and Inequality since 1700," *VoxEU*, June 16, 2016, https://cepr.org/voxeu/columns/unequal-gains-american-growth-and-inequality-1700.

7   Douglas A. Irwin, *Clashing over Commerce: A History of US Trade Policy* (University of Chicago Press, 2017), 31.

8   William Potter, *The Key of Wealth: Or a New Way for Improving of Trade* (R.A., 1650).

9   Katie A. Moore, "The Blood That Nourishes the Body Politic: The Origins of Paper Money in Early America," *Early American Studies* 17, no. 1 (Winter 2019): 1–36, 15, https://www.jstor.org/stable/e26554723.

10 J. Keith Horsefield, "The Origins of Blackwell's Model of a Bank," *William and Mary Quarterly* 23, no. 1 (January 1966): 121–135, https://doi.org/10.2307/2936159.

11 Claire Priest, "Creating an American Property Law: Alienability and Its Limits in American History," *Harvard Law Review* 120, no. 2 (December 2006): 385–459, https://harvardlawreview.org/print/vol-120/creating-an-american-property-law-alienability-and-its-limits-in-american-history/.

12 K-Sue Park, "Money, Mortgages, and the Conquest of America," *Law & Social Inquiry* 41, no. 4 (Fall 2016): 1006–1035, https://www.jstor.org/stable/26630897.

13 Alvin Rabushka, "Representation Without Representation: The Colonial Roots of American Taxation, 1700–1754," *Hoover Institution*, December 1, 2003, https://www.hoover.org/research/representation-without-representation.

14 Claire Priest, *Credit Nation: Property Laws and Institutions in Early America* (Princeton University Press, 2023), 74–75.

15 Bonnie Martin, "Slavery's Invisible Engine: Mortgaging Human Property," *Journal of Southern History* 76, no. 4 (November 2010): 817–866, https://www.jstor.org/stable/27919281.

16 Benjamin Franklin, *A Modest Enquiry into the Nature and Necessity of a Paper-Currency* (New Printing-Office, 1729).

17 George Athan Billias, "The Massachusetts Land Bankers of 1740," *University of Maine Bulletin* 61, no. 17 (April 1959): 13.

18 William V. Wells, *The Life and Public Services of Samuel Adams*, vol. 1 (Little, Brown and Company, 1865), 27.

19 Claire Priest, *Credit Nation*, 42.

20 Aaron M. Sakolski, *The Great American Land Bubble* (Harper Brothers, 1932), 4.

21 "From George Washington to John Parke Custis, 1 February 1778," *Founders Online*, National Archives, https://founders.archives.gov/documents/Washington/03-13-02-0355.

22 Charles A. Beard, *An Economic Interpretation of the Constitution of The United States* (Macmillan Company, 1913), 151.

23 George R., "The Royal Proclamation of 1763," *The London Gazette*, October 4, 1763.

24 "Mississippi Land Company Articles of Agreement, 3 June 1763," *Founders Online*, National Archives, https://founders.archives.gov/documents/Washington/02-07-02-0134.

25 "From George Washington to William Crawford, 17 September 1767," *Founders Online*, National Archives, https://founders.archives.gov/documents/Washington/02-08-02-0020.

26 Benjamin Franklin, "Observations Concerning the Increase of Mankind, 1751," *Founders Online*, National Archives, https://founders.archives.gov/documents/Franklin/01-04-02-0080.

27 "Signers of the Declaration of Independence," National Archives, https://www.archives.gov/founding-docs/signers-factsheet.

28 Benjamin Franklin, "Scheme for Supplying the Colonies with a Paper Currency, [11–12 February 1765]," *Papers of Benjamin Franklin*, Packard Humanities Institute, https://franklinpapers.org/framedVolumes.jsp?tocvol=12.

29 Aaron Graham, *Bills of Union: Money, Empire and Ambitions in the Mid- Eighteenth Century British Atlantic* (Palgrave Macmillan, 2021), 31–33.

30 John Adams and Jonathan Sewall, *Novanglus and Massachusettensis* (Hews & Goss, 1819), 39.

31 Geoffrey M. Hodgson, "1688 and All That: Property Rights, the Glorious Revolution and the Rise of British Capitalism," *Journal of Institutional Economics* 13, no. 1 (2017): 79–107, https://doi.org/10.1017/S1744137416000266.

32 Kirsten Wandschneider, "Lending to Lemons: Landschafts-Credit in 18th Century Prussia," Working Paper 19159 (National Bureau of Economic Research, June 2013), https://www.nber.org/system/files/working_papers/w19159/w19159.pdf.

3 토지를 둘러싼 전쟁

1 Brian Short, *Land and Society in Edwardian Britain* (Cambridge University Press, 1997), 20.

2 Bernard Mallet, *British Budgets: 1887–88 to 1912–13* (Macmillan and Co, 1913), 396.

3 David Lloyd George, "Limehouse Speech," July 30, 1909, Parliamentary Archives.

4 "Letter from David Lloyd George to William George," August 26, 1909, William George Papers, National Library of Wales, item 2282.

5 "Population and Housing Unit Counts. Table 4. Population: 1790 to 1990," US Census Bureau, 1990.

6 Henry George Jr., *The Life of Henry George* (William Heinemann, 1900), 146–150.

7 Henry George, "What the Railroad Will Bring Us," *Overland Monthly* 1, no. 4 (October 1868).

8 Anna George de Mille, *Henry George, Citizen of the World* (University of North Carolina Press, 1950), 83.

9 Henry George, *Progress and Poverty* (Twenty-fifth anniversary edition, Doubleday, Page & Company, 1912), 272–279.

10 Fred Foldvary, "The Business Cycle," The School of Cooperative Individualism, https://www.cooperative-individualism.org/foldvary-fred_business-cycle-1991.htm.

11 John Stuart Mill, ed. Francis E. Mineka and Dwight N. Lindley, *The Later Letters of John Stuart Mill 1849-1873* (University of Toronto Press, 1972), 1653–1655.

12 George, *Progress and Poverty*, 386.

13 "Property in Land, the Duke of Argyll," *Works of Henry George* (University of Michigan Press, 1888), 8–42.

14 Alexis de Tocqueville, "Social Conditions of the Anglo-Americans," in *Democracy in America* (Saunders and Otley, 1835), https://www.gutenberg.org/files/815/815-h/815-h.htm.

15 George, "What the Railroad Will Bring Us."

16 Jeffrey G. Williamson and Peter Lindert, "Unequal Gains: American Growth and Inequality since 1700," *VoxEU*, June 16, 2016, https://cepr.org/voxeu/columns/unequal-gains-american-growth-and-inequality-1700.

17 George Jr., *The Life of Henry George*, 342.

18 "Lord Granville to Mr. Hoppin," September 27, 1882, Office of the Historian, https://history.state.gov/historicaldocuments/frus1882/d199.

19 "Progress and Poverty," *The Times*, September 14, 1882.

20 "Mr Henry George's 'Social Problems,'" *The Times*, January 23, 1884.

21 T. H. Bonaparte, "Henry George's Impact at Home and Abroad," *American Journal of Economics and Sociology* 46, no. 1 (1987): 109–24, 114, https://www.jstor.org/stable/3486714?origin=JSTOR-pdf.

22 Arthur Nichols Young, *The Single Tax Movement in the United States* (Princeton University Press, 1916), 136.

23 George, *Progress and Poverty*, 314.

24 Henry George, *Protection or Free Trade* (Robert Schalkenbach Foundation, 1935), 47.

25 Samuel J. Thomas, "Maligning Poverty's Prophet: Puck, Henry George and the New York Mayoral Campaign of 1886," *Journal of American Culture* 21, no. 4 (December 1998): 21–40, https://doi.org/10.1111/j.1542-734X.1998.00021.x.

26 "Should Catholics Support Henry George?," *Catholic Telegraph* 55, no. 44 (November 1886).

27 John Pullen, "Henry George in Australia: Where the Landowners Are 'More Destructive than the Rabbit or the Kangaroo,'" *American Journal of Economics and Sociology* 64, no. 2 (April 2005): 683–713, https://www.jstor.org/stable/3488107?origin=JSTOR-pdf.

28 Alfred Henry Lewis, "Henry George's Funeral Rites," *The Sun*, October 30, 1897.

29 "The Funeral of Henry George," *New York Times*, November 1, 1897.

30 Henry George Jr., introduction to *Progress & Poverty*, by Henry George, x.

31 J. H. M. Laslett, "Haymarket, Henry George, and the Labor Upsurge in Britain and America During the Late 1880s," *International Labor and Working-Class History* 29 (1986): 68–82, 76, https://doi.org/10.1017/S0147547900000557.

32 Stephen Davis, "Joseph Jay Pastoriza and the Single Tax in Houston, 1911–1917," *Houston Review* 8, no. 2 (1986).

33 Ernest B. Gaston, "True Cooperative Individualism: An Argument on the Plan of the Fairhope Industrial Association," *Liberty Bell*, April 28, 1894.

34 Matthew M. Harris, "Lessons from Attempted Utopia: Fairhope, AL and Arden, DE," Working Paper (Lincoln Institute of Land Policy, 2004), https://www.lincolninst.edu/app/uploads/legacy-files/pubfiles/998_harris_complete_web.pdf.

35 "Fourteenth Census of the United States: Alabama," US Census Bureau, 1920.

36 "IRS Form 990," Fairhope Single Tax Corporation, 2023.

37 Peter d'A. Jones, "Henry George and British Socialism," *American Journal of Economics and Sociology* 47, no. 4 (1988): 473–91, 486, https://www.jstor.org/stable/3486564?origin=JSTOR-pdf.

38 Jonathan Rose, "Rereading the English Common Reader: A Preface to a History

of Audiences," *Journal of the History of Ideas* 53, no. 1 (1992): 47–70, 56, https://doi. org/10.2307/2709910.

39 Michael Silagi and Susan N. Faulkner, "Land Reform in Kiaochow," *American Journal of Economics and Sociology* 43, no. 2 (1984), 167–77, https://www.jstor.org/stable/ 3486727.

4 흔들리는 땅

1 Karl Marx, "Letter to Friedrich Adolph Sorge," Marxists Internet Archive, June 20, 1881, https://www.marxists.org/archive/marx/works/1881/letters/81_06_20.htm.

2 Anna George de Mille, *Henry George, Citizen of the World* (University of North Carolina Press, 1950), 127.

3 Friedrich Engels, "Letter to Friedrich Adolph Sorge," Marxists Internet Archive, June 29, 1888, https://www.marxists.org/archive/marx/works/1888/letters/88_06_29.htm.

4 Arthur P. Dudden and Theodore H. von Laue, "The RSDLP and Joseph Fels: A Study in Intercultural Contact," *American Historical Review* 61, no. 1 (1955): 21-47, https://doi.org/10.2307/1845326.

5 V. I. Lenin, "Letter from Lenin to Theodore Rothstein," Marxists Internet Archive, January 29, 1908, https://www.marxists.org/archive/lenin/works/1920/jul/15.htm.

6 Jack Schwartzman, "Henry George and George Bernard Shaw," *American Journal of Economics and Sociology* 49, no. 1 (January 1990): 113–127, https://www.jstor.org/ stable/3487528.

7 Tjio Kayloe, *The Unfinished Revolution: Sun Yat-sen and the Struggle for Modern China* (Marshall Cavendish, 2017), 287.

8 Sun Yat-sen, "Program I," in *The International Development of China* (Knickerbocker Press, 1922).

9 M. Rothery, "England Changing Hands: Land Sales in England 1918–21, the Country Landowners Association and the Decline of Landed Society: A European Perspective," paper presented at 11th European Social Science History Conference, 2016, https://pure.northampton.ac.uk/en/publications/england-changing-hands-land- sales-in-england-1918-21-the-country-.

10 Noel Skelton, "Constructive Conservatism," *Spectator*, May 19, 1923.

11 Brian Lund, *Understanding Housing Policy* (Policy Press, 2011), 50.

12 Wendy Wilson and Cassie Barton, *Tackling the Under-Supply of Housing in England* (House of Commons Library, 2023), https://commonslibrary.parliament.uk/

research-briefings/cbp-7671/.

13 Alan Holmans, *Historical Statistics of Housing in Britain* (Cambridge Centre for Housing & Planning Research, 2005), 133, https://www.cchpr.landecon.cam.ac.uk/Research/Start-Year/2005/Other-Publications/Historical-Statistics-of-Housing-in-Britain.

14 Sinclair Lewis, *Ann Vickers* (P. F. Collier, 1933).

15 George J. Stigler, "Alfred Marshall's Lectures on Progress and Poverty," *Journal of Law & Economics* 12, no. 1 (1969): 181–83, https://www.jstor.org/stable/724985.

16 Mark Blaug, *Economic Theory in Retrospect* (Cambridge University Press, 1997), 83.

17 Myron T. Herrick, "The Federal Farm Loan Act," *Atlantic*, February 1917.

18 "Historical Census of Housing Tables," United States Census Bureau, updated October 8, 2021, https://www.census.gov/data/tables/time-series/dec/coh-units.html.

19 "The Housing Problem," *American Architect* no. 2343, November 17, 1920.

20 "Joe Day Again Sells Real Estate," *Life*, September 6, 1937.

21 Aaron M. Sakolski, *The Great American Land Bubble* (Harper Brothers, 1932), 341.

22 Herbert Hoover, "Address to the White House Conference on Home Building and Home Ownership," December 2, 1931.

23 Òscar Jordà, Björn Richter, Moritz Schularick and Alan M. Taylor, "Bank Capital Redux: Solvency, Liquidity, and Crisis," *Review of Economic Studies* 88, no. 1 (January 2021): 260–286, https://doi.org/10.1093/restud/rdaa040.

24 G. M. Hodgson, "1688 and All That: Property Rights, the Glorious Revolution and the Rise of British Capitalism," *Journal of Institutional Economics* 13, no. 1 (March 2017): 79–107, https://doi.org/10.1017/S1744137416000266.

25 Stephen Merrett, *State Housing in Britain* (Taylor & Francis, 2021), 52.

26 Tom Nicholas and Anna D. Scherbina, "Real Estate Prices During the Roaring Twenties and the Great Depression," Research Paper No. 18-09 (UC Davis Graduate School of Management, 2011), 23, http://dx.doi.org/10.2139/ssrn.1470448.

27 Federal Home Loan Banks, "Office of Finance Announces Third Quarter 2024 Combined Operating Highlights for the Federal Home Loan Banks," press release, October 30, 2024, https://www.fhlb-of.com/ofweb_userWeb/resources/2024Q3FHLBCombinedOperatingHighlights.pdf.

28 Matthew Chambers, Carlos Garriga and Donald E. Schlagenhauf, "Did Housing Policies Cause the Postwar Boom in Homeownership?," Working Paper No. 18821 (National Bureau of Economic Research, February 2013), 8, https://www.nber.org/papers/w18821.

29 Dennis J. Ventry Jr., "The Accidental Deduction: A History and Critique of the Tax Subsidy for Mortgage Interest," *Law and Contemporary Problems* 73 (Winter 2010): 233–284, https://www.jstor.org/stable/20779054.

30 Christopher J. Tassava, "The American Economy During World War II," Economic History Association, https://eh.net/encyclopedia/the-american-economy-during-world-war-ii/.

5 땅은 경작자에게

1 *The Speed of Urbanization Around the World* (United Nations Department of Economic and Social Affairs, Population Division, December 2018), https://population.un.org/wup/assets/WUP2018-PopFacts_2018-1.pdf.

2 Hannah Ritchie, Veronika Samborska and Max Roser, "Urbanization," Our World in Data, February 2024, https://ourworldindata.org/urbanization.

3 Louis J. Wolinsky, ed., *Agrarian Reform as Unfinished Business: The Selected Papers of Wolf Ladejinsky* (Oxford University Press, 2017), 148.

4 Samuel Watling, "The Road from Serfdom," *Works in Progress*, February 16, 2024, https://worksinprogress.co/issue/the-road-from-serfdom/.

5 Albin Krebs, "Rexford Tugwell, Roosevelt Aide, Dies," *New York Times*, July 24, 1979.

6 Wolinsky, *Agrarian Reform as Unfinished Business*, 4.

7 Wolinsky, *Agrarian Reform as Unfinished Business*, 289.

8 Wolinsky, *Agrarian Reform as Unfinished Business*, 131.

9 Michael Lipton, *Land Reform in Developing Countries* (Taylor & Francis, 2009), 190.

10 "Tokyo-Yokohama Metropolitan Area Population from 1920," Demographia, https://demographia.com/db-tok1920.htm.

11 Wolinsky, *Agrarian Reform as Unfinished Business*, 40–41.

12 Wolf Ladejinsky, "Agrarian Unrest in Japan," *Foreign Affairs* 17, no. 2 (January 1939): 426–433, 426, https://www.foreignaffairs.com/japan/agrarian-unrest-japan.

13 Ronald Dore, *Land Reform in Japan* (Bloomsbury Publishing, 2013), 131.

14 Wolinsky, *Agrarian Reform as Unfinished Business*, 149–150.

15 Dore, *Land Reform in Japan*, 132.

16 William Gilmartin and Wolf Ladejinsky, "The Promise of Agrarian Reform in Japan," *Foreign Affairs* 26, no. 1 (January 1948): 313–324, https://www.foreignaffairs.com/articles/japan/1948-01-01/promise-agrarian-reform- japan.

17 Joe Studwell, *How Asia Works: Success and Failure in the World's Most Dynamic Region* (Grove Press, 2013), 197.

18 Andrew J. Grad, "Land Reform in Japan," *Pacific Affairs* 21, no. 2 (1948): 115–135, https://doi.org/10.2307/2752510.

19 Tsutomu Takigawa, "Historical Background of Agricultural Land Reform in Japan," *Developing Economies* 10, no. 3 (1972): 290–310, 291, https://doi.org/10.1111/j.1746-1049.1972.tb00283.x.

20 Wolf Ladejinsky, "Agrarian Revolution in Japan," *Foreign Affairs* 38, no. 1 (October 1959), https://www.foreignaffairs.com/articles/japan/1959-10-01/agrarian-revolution-japan.

21 J. Yoshida, "The Japanese Housing Market," *Oxford Research Encyclopedia of Economics and Finance*, January 22, 2025, https://doi.org/10.1093/acrefore/9780190625979.013.920.

22 Jea Hwan Hong and Duol Kim, "Tenancy, Land Redistribution, and Economic Growth: A Case of Korea, 1920–1960" (working paper, KDI School of Public Policy and Management, 2020), 11, https://archives.kdischool.ac.kr/handle/11125/41658.

23 Jonathan Fenby, *Generalissimo Chiang Kai-shek and the China He Lost* (Free Press, 2003), 462.

24 Studwell, *How Asia Works*, 37.

25 Wolinsky, *Agrarian Reform as Unfinished Business*, 104.

26 Bingyuang Hsiung, "On Resolving the Problems Entailed by the Rent Reduction Act of Taiwan's Land Reform," *Developing Economies* 30, no. 2 (September 1992), 200, https://doi.org/10.1111/j.1746-1049.1992.tb00013.x.

27 Oliver Kim and Jen-Kuan Wang, "Land Reform in Taiwan, 1950–1961: Effects on Agriculture and Structural Change" (working paper, Pennsylvania State University, 2024), http://dx.doi.org/10.2139/ssrn.4951831.

28 John Stuart Mill, *Writings on India*, vol. 30 of *Collected Works of John Stuart Mill*, ed. Martin I. Moir and John M. Robson (University of Toronto Press, 1990).

29 Harsh Deo Malaviya, "Land Reforms in India," Economic & Political Research Department, All India Congress Committee, January 1954, 46, https://ia601407.us.archive.org/7/items/in.ernet.dli.2015.63626/2015.63626.Land-Reforms-In-India_text.pdf.

30 Ajit K. Dasgupta, *Gandhi's Economic Thought* (Taylor & Francis, 1996), 127.

31 Jawaharlal Nehru, *Glimpses of World History* (John Day Company, 1942), 424.

32 Wolinsky, *Agrarian Reform as Unfinished Business*, 377.

33 Pranab Bardhan, Michael Luca, Dilip Mookherjee and Francisco Pino, "Evolution of Land Distribution in West Bengal 1967–2004: Role of Land Reform and Demographic Changes," *Journal of Development Economics* 110 (September 2013), 171–190.

34 "The Administration: Odd Man Out," *Time*, January 3, 1955.

35 James Putzel, *A Captive Land: The Politics of Agrarian Reform in the Philippines* (Ateneo de Manila University Press, 1992), 98.

36 Wolinsky, *Agrarian Reform as Unfinished Business*, 217–220.

37 Wolinsky, *Agrarian Reform as Unfinished Business*, 237.

38 David A. Conrad, "Before It Is Too Late: Land Reform in South Vietnam, 1956–1968," *Journal of American-East Asian Relations* 21, no. 1 (2014): 34–57, 43, https://doi.org/10.1163/18765610-02101002.

39 Chester L. Cooper et al., *The American Experience with Pacification in Vietnam: Elements of Pacification* (Institute for Defense Analyses, 1972), 257.

40 "World: Land For South Viet Nam's Peasants," *Time*, July 11, 1969.

41 Wolinsky, *Agrarian Reform as Unfinished Business*, 297.

42 Wolinsky, *Agrarian Reform as Unfinished Business*, 513.

43 Hung-chao Tai, *Land Reform and Politics* (University of California Press, 2023), 307–308.

44 Ethan B. Kapstein, "Iran: Did Land Reform Backfire?" in *Seeds of Stability: Land Reform and US Foreign Policy* (Cambridge University Press, 2017), 209–211.

45 John Foran, *A Century of Revolution: Social Movements in Iran* (University of Minnesota Press, 1994), 167–169.

46 Caroline Schneider, "Celebrating 100 Years of Dr. Norman Borlaug," *CSA News* 59, no. 3 (March 2014): 4–11, https://doi.org/10.2134/csa2014-59-3-1.

47 Hannah Ritchie, "Yields vs. Land Use: How the Green Revolution Enabled Us to Feed a Growing Population," Our World in Data, August 22, 2017, https://ourworldindata.org/yields-vs-land-use-how-has-the-world-produced-enough-food-for-a-growing-population.

48 Lawrence Busch, *The Eclipse of Morality: Science, State, and Market* (Aldine de Gruyter, 2000), 58.

49 Nick Cullather, *The Hungry World: America's Cold War Battle Against Poverty in Asia* (Harvard University Press, 2011), 201.

50 Wolinsky, *Agrarian Reform as Unfinished Business*, 431.

51 John D. Montgomery, John P. Powelson and G. Edward Schuh, "The Land Tenure

Center and U.S. AID Policy," US AID, December 28, 1982.

6 토지 담보와 그 그림자

1   Ray Kroc, *Grinding It Out* (St. Martin's Paperbacks, 1987), 60–61.

2   "Nonfinancial Noncorporate Business, Z.1 Financial Accounts of the United States," Federal Reserve, https://www.federalreserve.gov/releases/z1.

3   Kroc, *Grinding It Out*, 60–61.

4   John F. Love, *McDonald's: Behind the Arches* (Bantam Books, 1995), 152–162.

5   *Annual Report* (McDonald's Corporation, 2023).

6   Suzanne Kapner, "Macy's Billion-Dollar Question: What's More Valuable, Real Estate or the Business?," *Wall Street Journal*, December 12, 2023, https://www.wsj.com/business/retail/macys-billion-dollar-question-whats-more-valuable-real-estate-or-the-business-e6477c8e.

7   Anthony Burns, *Thailand's 20 Year Program to Title Rural Land* (World Development Report, 2004), http://hdl.handle.net/10986/9213.

8   *Peru: Policies to Stop Hyperinflation and Initiate Economic Recovery* (World Bank Country Study, 1989), 224, http://documents.worldbank.org/curated/en/398651468776408898.

9   Michael Albertus, Mauricio Espinoza and Ricardo Fort, "Land Reform and Human Capital Development: Evidence from Peru," *Journal of Development Economics* 147 (November 2020), https://doi.org/10.1016/j.jdeveco.2020.102540.

10 Jeremy Clift, "Hearing the Dogs Bark," *Finance & Development* 40, no. 4 (December 2003), https://doi.org/10.5089/9781451952018.022.

11 Corinne Deléchat and Leandro Medina, "What Is the Informal Economy?," *Finance & Development*, December 2020, https://www.imf.org/en/Publications/fandd/issues/2020/12/what-is-the-informal-economy-basics.

12 Hernando de Soto, *The Mystery of Capital* (Basic Books, 2000), 36.

13 Rik Frehen, William Goetzmann and K. Rouwenhorst, "Dutch Securities for American Land Speculation in the Late Eighteenth Century," in *Housing and Mortgage Markets in Historical Perspective*, ed. Eugene N. White, Kenneth Snowden and Price Fishback (University of Chicago Press, 2014), 287–304.

14 Michael A. Blaakman, *Speculation Nation: Land Mania in the Revolutionary American Republic* (University of Pennsylvania Press, 2023), 275.

15 "To George Washington from Robert Morris, 7 December 1795," *Founders Online*, National Archives, https://founders.archives.gov/documents/Washington/05-19-02-

0172.

16 Nicholas Curott and Tyler Watts, "What Caused the Recession of 1797?," *Studies in Applied Economics* 48 (February 2016), https://sites.krieger.jhu.edu/iae/files/2017/04/Curott_Watts_Recession_of_1797.pdf.

17 Joseph H. Davis, "An Annual Index of U.S. Industrial Production, 1790-1915," *Quarterly Journal of Economics*, 119, no. 4 (November 2004): 1177–1215, https://www.jstor.org/stable/25098716.

18 "Wheat Price Historical Data," US Department of Agriculture, National Agricultural Statistics Service, Washington Field Office, https://www.nass.usda.gov/.

19 Raghuram Rajan and Rodney Ramcharan, "The Anatomy of a Credit Crisis: The Boom and Bust in Farm Land Prices in the United States in the 1920s," *American Economic Review* 105, no. 4 (April 2015): 1439–77, https://www.jstor.org/stable/43495424.

20 Òscar Jordà, Moritz Schularick and Alan M. Taylor, "The Great Mortgaging: Housing Finance, Crises and Business Cycles," *Economic Policy* 31, no. 85 (January 2016): 107–152, https://doi.org/10.1093/epolic/eiv017.

21 Katharina Knoll, Moritz Schularick and Thomas Steger, "No Price Like Home: Global House Prices, 1870–2012," *American Economic Review* 107, no. 2 (February 2017): 331–53, https://www.jstor.org/stable/24911335.

22 Thomas Chaney, David Sraer and David Thesmar, "The Collateral Channel: How Real Estate Shocks Affect Corporate Investment," *American Economic Review* 102, no. 6 (October 2012): 2381–2409, https://www.jstor.org/stable/41724659.

23 Saleem Bahaj, Angus Foulis, Gabor Pinter and Paolo Surico, "Employment and the Collateral Channel of Monetary Policy," Working Paper 827 (Bank of England, 2019), http://dx.doi.org/10.2139/ssrn.3459019.

24 "In Come the Waves," *Economist*, June 16, 2005, https://www.economist.com/special-report/2005/06/16/in-come-the-waves.

25 William Quinn and John D. Turner, "Bubbles in History," Working Paper 2020-07 (Queen's University Centre for Economic History, September 2020).

26 Simon Ray, Denis Fougère and Rémy Lecat, "Real Estate Boom and French Corporate Investment," Banque de France, August 29, 2017, https://www.banque-france.fr/en/publications-and-statistics/publications/real-estate-boom-and-french-corporate-investment.

27 Sebastian Doerr, "Housing Booms, Reallocation and Productivity," Working Paper 904 (Bank for International Settlements, 2020), https://www.bis.org/publ/work904.pdf.

28 Indraneel Chakraborty, Itay Goldstein and Andrew MacKinlay, "Housing Price Booms and Crowding- Out Effects in Bank Lending," *Review of Financial Studies* 31, no. 7 (March 2018): 2806–2853, https://doi.org/10.1093/rfs/hhy033.

7 토지본위제

1 "Daily Summary of Japanese Press," United States Embassy (Japan), February 1989, 15–16.

2 Lyall Lukey, "Letters," *Press*, August 28, 1989, 16.

3 "Parliamentary Debates (Hansard)," first session, 42nd parliament of New Zealand, volume 500, 1987–1989, 11955.

4 "Australia Turns Profit in Japan—200,000%," *Los Angeles Times*, March 11, 1988, https://www.latimes.com/archives/la-xpm-1988-03-11-mn-1421-story.html.

5 "Japan—Commercial Land Price Index, 6 Large City Areas, per Square Meter," Bank for International Settlements, https://data.bis.org/topics/CPP/BIS,WS_CPP,1.0/ Q.JP.4.M.1.4.1.0.

6 Christopher Wood, *The Bubble Economy* (Sidwick & Jackson, 1992), 50.

7 Shigeki Morinobu, "The Rise and Fall of the Land Myth in Japan—Some Implications to the Chinese Land Taxation" (Policy Research Institute, March 2006), 5, https://eaber.org/wp-content/uploads/2011/05/PRI_Morinobu_06.pdf.

8 "Total Value of Exports and Imports (1950–)," Trade Statistics of Japan, Ministry of Finance, https://www.customs.go.jp/toukei/suii/html/nenbet_e.htm.

9 Nicholas D. Kristof, "International Report; World's Stock Exchanges Experience a Difficult Year," *New York Times*, December 31, 1984, https://www.nytimes.com/ 1984/12/31/business/international-report-world-s-stock-exchanges-experience-a-difficult-year.html?pagewanted=3&pagewanted=print.

10 Akiyoshi Horiuchi, "An Evaluation of Japanese Financial Liberalization: A Case Study of Corporate Bond Markets," in *Financial Deregulation and Integration in East Asia*, ed. Takatoshi Ito and Anne O. Krueger (University of Chicago Press, 1996), 167–192, 176.

11 "Popcorn, Claret on the Ginza: Nakasone's Import Campaign Hits Hectic Tokyo Intersection," *Los Angeles Times*, April 14, 1985, https://www.latimes.com/archives/ la-xpm-1985-04-14-mn-8156-story.html.

12 Theodore H. White, "The Danger from Japan," *New York Times*, July 28, 1985, https://www.nytimes.com/1985/07/28/magazine/the-danger-from-japan.html.

13 "There's Nothing Wrong with America's Foreign Defense Policy that a Little Backbone Can't Cure," advertisement, *New York Times, Boston Globe, Washington Post*, September 2, 1987.

14 Mariko Fujii and Masahiro Kawai, "Lessons from Japan's Banking Crisis, 1991– 2005," Working Paper 222 (Asian Development Bank Institute, 2010), 3, https://papers.ssrn.com/sol3/papers.cfm?abstract_id=1638784.

15 Morinobu, "The Rise and Fall of the Land Myth in Japan," 6.

16 Yukio Noguchi, "Land Problem in Japan," *Hitotsubashi Journal of Economics* 31, no. 2 (December 1990): 73–86, 80, https://www.jstor.org/stable/43295909.

17 Roger Farrell, "Japanese Foreign Direct Investment in Real Estate 1985–1994," Pacific Economic Papers 272, (Australia–Japan Research Centre, 1997), 3.

18 James Sterngold, "Many Japanese Wary on Mitsubishi U.S. Deal," *New York Times*, November 1, 1989.

19 Yukio Noguchi, "Land Prices and House Prices in Japan," in *Housing Markets in the U.S. and Japan*, ed. Yukio Noguchi and James M. Poterba (University of Chicago Press, 1994), 11–28, 21.

20 Noguchi, "Land Problem in Japan," 75.

21 Peter Hill, "Heisei Yakuza: Burst Bubble and 'Bōtaihō,'" *Social Science Japan Journal* 6, no. 1 (April 2003): 1–18, 3, https://www.jstor.org/stable/30209410.

22 David E. Kaplan and Alec Dubro, *Yakuza Japan's Criminal Underworld* (University of California Press, 2012), 181.

23 Morinobu, "The Rise and Fall of the Land Myth in Japan," 6.

24 James Sterngold, "Japan Poised for Postwar Boom," *New York Times*, January 28, 1991, https://www.nytimes.com/1991/01/28/business/japan-poised-for-postwar-boom.html.

25 Clay Chandler, "Yen Master: Japan's Central Banker Begins to Win Praise for Saving Its 'Soul,' " *Wall Street Journal*, April 18, 2012, https://www.wsj.com/articles/SB10001424052702303425504577351441424944650.

26 Steven Brull, "Japan, Like U.S., Finds Rate Cuts Alone Won't Cure the Economy," *International Herald Tribune*, July 28, 1992.

27 Edward J. Lincoln, "Japan's Financial Problems," *Brookings Papers on Economic Activity*, no. 2 (1998): 357, https://www.brookings.edu/articles/japans-financial-problems/.

28 Hideaki Miyajima and Yishay Yafeh, "Japan's Banking Crisis: Who Has the Most to Lose?," Discussion Paper Series 03-E-010 (Research Institute of Economy, 2003), 28.

29 "Foreign Direct Investment: Inward and Outward Flows and Stock," UN Trade

& Development, 2024, https://unctadstat.unctad.org/datacentre/reportInfo/
US.FdiFlowsStock.

30 Richard Katz, "Restoring Japan's Leadership in Innovation, Part II," *Japan Economy Watch* (blog), March 20, 2023, https://richardkatz.substack.com/p/restoring-japans-leadership-in-innovation- 466.

8 험난한 깨달음의 여정

1 Mao Tse-tung, "Report on an Investigation of the Peasant Movement in Hunan," in *Selected Works of Mao Tse-tung* (Foreign Languages Press, 1967), https://blogs.law.columbia.edu/uprising1313/files/2017/09/Mao-Readings-Uprising-2-13.pdf.

2 Frank Dikötter, *The Tragedy of Liberation* (Bloomsbury Press, 2013), 83–87.

3 Zhao Ziyang, *Prisoner of the State* (Simon & Schuster, 2010), 108–109.

4 "1842 Map of Initial Land Sales in the Colony," Gwulo, January 16, 2017, https://gwulo.com/media/27278.

5 Frank Welsh, *A History of Hong Kong* (HarperCollins, 1993), 108.

6 Welsh, *A History of Hong Kong*, 141.

7 *Report from the Select Committee on Commercial Relations with China* (Parliament Select Committee on Commercial Relations With China, 1847).

8 Hong Kong Land Commission, *Report from the Hongkong Land Commission of 1886-1887* (Noronha & Co, 1887).

9 "Hong Kong Population History," Demographia, https://www.demographia.com/db-hkhist.htm.

10 Michael Littlewood, *Taxation Without Representation: The History of Hong Kong's Troublingly Successful Tax System* (Hong Kong University Press, 2010), 127.

11 Donald Tsang, "Big Market, Small Government," Chief Executive, The Government of the Hong Kong Special Administrative Region, updated September 18, 2006, https://www.ceo.gov.hk/archive/2012/eng/press/oped.htm.

12 *Free to Choose*, episode 1, "The Power of the Market" (*PBS*, 1980).

13 "Hong Kong," UK Parliament, Hansard, volume 675, April 11, 1963, https://hansard.parliament.uk/Commons/1963-04-11/debates/07e6664e-df6a-4cd9-8a47-f858db4d97d6/HongKong.

14 *Hong Kong Statistics, 1947-1967* (Census & Statistics Department of Hong Kong, 1969), 160–161.

15 Y. C. Jao, *Banking and Currency in Hong Kong* (Palgrave Macmillan, 1974), 263.

16 Roger Nissim, *Land Administration and Practice in Hong Kong* (Hong Kong University Press, 2012), 121–123.

17 Nissim, *Land Administration and Practice in Hong Kong*, 121-123.

18 *Semi-Annual Report* (Sun Hung Kai Properties, 2024); *Semi-Annual Report* (Henderson Land, 2024).

19 David Webb, "Hong Kong Land Lease Reform," Webb-site.com, October–November 2010, https://webb-site.com/articles/leases1.asp.

20 *II IPCCIOS Conference, 1965* (International Council for Scientific Management, 1965).

21 Hong Kong Monetary Authority, "Money and Credit," *Monthly Statistical Bulletin*, https://www.hkma.gov.hk/eng/data-publications-and-research/data-and-statistics/monthly-statistical-bulletin/.

22 Christopher Patten, *East and West* (Crown, 1998), 51.

23 "Real Residential Property Prices for Hong Kong SAR," Bank for International Settlements, https://fred.stlouisfed.org/series/QHKR628BIS.

24 "Property Market Statistics," Rating and Valuation Department, Government of Hong Kong, https://www.rvd.gov.hk/en/publications/property_market_statistics.html.

25 "Land Sale Records," Lands Department, Government of Hong Kong, https://www.landsd.gov.hk/en/resources/land-info-stat/land-sale/land-sale-records.html.

26 *Global Living 2019* (CBRE, 2019).

27 Thomas Piketty and Li Yang, "Income and Wealth Inequality in Hong Kong, 1981-2020: The Rise of Pluto-Communism?," Working Paper (World Inequality Lab, June 2021), https://wid.world/document/income-and-wealth-inequality-in-hong-kong-1981-2020-the-rise-of-pluto-communism-world-inequality-lab-working-paper-2021-18/.

28 Alice Poon, *Land and the Ruling Class in Hong Kong* (Enrich Professional Publishing, 2005).

29 "Shenzhen's Free-Market Trials Awake Interest in Development," *Australian Financial Review*, August 26, 1988, https://www.afr.com/property/shenzhens-free-market-trials-awake-interest-in-development-19880826-k2z3w.

1　Jonathan Chatwin, *The Southern Tour* (Bloomsbury Academic, 2024).

2　"Shenzhen Residential IH/ 2024," Savills, June 25, 2024, https://www.savills.us/research_articles/256536/216743-1.

3　Jun Ma and John Norregaard, "China's Fiscal Decentralisation," International Monetary Fund, October 1998, www.imf.org/external/pubs/ft/seminar/2000/idn/china.pdf.

4　S. Lin, "China's Fiscal Policy and Fiscal Sustainability," in *Assessment on the Impact of Stimulus, Fiscal Transparency and Fiscal Risk*, ed. Takatoshi Ito and Friska Parulian (Economic Research Institute for ASEAN and East Asia, 2011), 77–116, https://www.eria.org/uploads/media/Research-Project-Report/RPR-2010-1.pdf.

5　Cui Jun, Yang Qi and Ding Li, "Land Finance of Chinese Local Governments: Formation and Distortionary Effects on Urbanization," *China Finance and Economic Review* 3, no. 3 (2014): 38–55, https://www.degruyterbrill.com/document/doi/10.1515/cfer-2014-030304/html.

6　*ILO Review of the Multi- tier Pension System in China* (International Labour Organization, December 2022), https://www.ilo.org/media/7506/download.

7　"Financial Accounts," China Vanke, S& P Capital IQ, accessed January 11, 2025.

8　"Total Liabilities of Enterprises for Real Estate Development," National Bureau of Statistics of China, accessed April 15, 2025, http://data.stats.gov.cn/english/easyquery.htm?cn=A01.

9　Nicholas Borst, "How Strong is China's Household Balance Sheet?," Seafarer Funds, March 2022, https://www.seafarerfunds.com/prevailing-winds/chinas-household-balance-sheet/.

10　Jeff Dawson, "Why Are China's Households in the Doldrums?," *Liberty Street Economics*, September 27, 2023, https://libertystreeteconomics.newyorkfed.org/2023/09/why-are-chinas-households-in-the-doldrums/.

11　"Evergrande Real Estate Group," Citron Research, June 21, 2012, https://cdn.gmtresearch.com/public-ckfinder/Short-sellers/Citron%20Research/Evergrande%20Citron%20presentation.pdf.

12　Jamie Powell, "Chinese Real Estate, Charted," *Financial Times*, July 19, 2018, https://www.ft.com/content/0c425314-9850-315e-9c2f-b5c0de4b3e96.

13　"Top Leadership Vows Steps Against Property Bubbles," *China Daily*, December 22, 2016, https://www.chinadaily.com.cn/bizchina/2016-12/22/content_27742959.htm.

14 Jacky Chan and Karen Huang, "At the Forefront of China Property," AMTD, September 29, 2020, https://www.amtdinc.com/wp-content/uploads/Our-Business/Research/Research-Portfolio/20200929_chinaproperty.pdf.

15 Stella Yifan Xie and Mike Bird, "The $52 Trillion Bubble: China Grapples with Epic Property Boom," *Wall Street Journal,* July 26, 2020, https://www.wsj.com/articles/china-property-real-estate-boom-covid-pandemic-bubble-11594908517.

16 Jing Liu, "Series: China's Real Estate Problem 1. The 'Three Red Lines,'" Cheung Kong Graduate School of Business, July 5, 2022, https://english.ckgsb.edu.cn/knowledge/professor_analysis/series-chinas-real-estate-problem-1-the-three-red-lines/.

17 Harald Hau and Difei Ouyang, "Local Capital Scarcity and Small Firm Growth: Evidence from Real Estate Booms in China," Working Paper No. 7928 (CESifo, 2019), https://www.cesifo.org/en/publications/2019/working-paper/local-capital-scarcity-and-small-firm-growth-evidence-real-estate.

18 Yu Shi, "Sectoral Booms and Misallocation of Managerial Talent: Evidence from the Chinese Real Estate Boom," Working Paper No. 2018/221 (International Monetary Fund, September 28, 2018), https://www.imf.org/en/Publications/WP/Issues/2018/09/28/Sectoral-Booms-and-Misallocation-of-Managerial-Talent-Evidence-from-the-Chinese-Real-Estate-46277.

10 싱가포르 열풍

1 Chok Tong Goh, "Speech at the Singapore-Guangdong Development Forum," March 24, 2009, https://www.pmo.gov.sg/Newsroom/speech-mr-goh-chok-tong-senior-minister-singapore-guangdong-development-forum-24-march.

2 "Resident Households By Tenancy," Department of Statistics Singapore, 2024, https://www.singstat.gov.sg/find-data/search-by-theme/households/households/latest-data.

3 Wendell Cox, *International Housing Affordability* (Centre for Demographics and Policy, 2024), https://www.demographia.com/dhi.pdf.

4 Sophia Raffles, *Memoir of the Life and Public Services of Sir Thomas Stamford Raffles* (John Murray, 1830), 380.

5 Lincoln F. Pratson, "Assessing Impacts to Maritime Shipping from Marine Chokepoint Closures," *Communications in Transportation Research* 3 (December 2023), https://doi.org/10.1016/j.commtr.2022.100083.

6   "Head Count: The History of Census- Taking in Singapore," National Library Singapore, January 21, 2020, https://biblioasia.nlb.gov.sg/vol-15/issue-4/jan-mar-2020/head-count-history/.

7   Thomas Stamford Raffles, *The History of Java*, vol. I (John Murray, 1830), 338–342.

8   Raffles, *Memoir of the Life of Sir Thomas Stamford Raffles*, 65.

9   John Bastin, "The Working of the Early Land Rent System in West Java," *Bijdragen Tot de Taal-, Land-En Volkenkunde* 116, no. 3 (1960): 301–12, 312, https://doi.org/10.1163/22134379-90002208.

10 Raffles, *Memoir of the Life of Sir Thomas Stamford Raffles*, 534.

11 Lee Kuan Yew, "Second Reading of the Land Acquisition Act," Singapore Government Press Statement, June 10, 1964.

12 Sock-Yong Phang and Matthias Helbe, "Housing Policies in Singapore," Working Paper Series, no. 559 (ADBI, March 2016), 6, https://www.adb.org/sites/default/files/publication/181599/adbi-wp559.pdf.

13 Anne Haila, *Urban Land Rent: Singapore as a Property State* (Wiley, 2015), 77–78.

14 Lee Kuan Yew, *The Singapore Story*, vol. 1 (Marshall Cavendish, 1998), 104–5.

15 Goh Keng Swee, *The Economics of Modernization and Other Essays* (Asia Pacific Press, 1972), 115.

16 "Own a Flat—for $900 Down," *Straits Times*, February 12, 1964.

17 Sock-Yong Phang and Kyunghwan Kim, "Singapore's Housing Policies: 1960–2013," *Frontiers in Development Policy: Innovative Development Case Studies* (2013): 123–153, 131, https://ink.library.smu.edu.sg/cgi/viewcontent.cgi?article=2543&context=soe_research.

18 Sock-Yong Phang, *Policy Innovations for Affordable Housing in Singapore: From Colony to Global City* (Palgrave Macmillan, 2018), 144–145.

19 "Household Sector Balance Sheet Third Quarter 2024," Department of Statistics Singapore, 2024, https://www.singstat.gov.sg/find-data/search-by-theme/economy/household-sector-balance/latest-data.

20 *Asia Pacific Home Attainability Index* (Urban Land Institute, 2024), https://knowledge.uli.org/-/media/files/research-reports/2024/2024-uli-asia-pacific-home-attainability-index-report.pdf.

21 Si Jia Teo, "Choa Kim Keat's Villa Sold for S$103.8m," *Business Times*, June 8, 2011.

22 Xuyao Zhang, "Innovative Cities: Comparison between Singapore and Hong Kong," Asia Competitiveness Institute, October 6, 2023, https://aciperspectives.com/2023/10/06/chart-of-the-week-october-6-2023-innovative-cities-comparison-

between-singapore-and-hong-kong/.

23 Litianqi Fan and Xuyao Zhang, "A Comparative Analysis of Innovation Policies and Performances between Singapore and Hong Kong," Research Paper #04-2023 (Asia Competitiveness Institute, May 2023), http://dx.doi.org/10.2139/ssrn.4461713.

24 "Commercial Banks, Loans and Advances to Residents by Industry," Monetary Authority of Singapore, https://www.mas.gov.sg/statistics/monthly-statistical-bulletin/i-5a-commercial-banks-loans-and-advances-to-residents-by-industry.

25 Hong Kong Monetary Authority, *Monthly Statistical Bulletin*, https://www.hkma. gov.hk/eng/data-publications-and-research/data-and-statistics/monthly-statistical-bulletin/.

26 Hong Liu and Ting-Yan Wang, "China and the 'Singapore Model': Perspectives from Mid-level Cadres and Implications for Transnational Knowledge Transfer," *China Quarterly* 236 (May 2018): 1012–1013, https://www.cambridge.org/core/journals/china-quarterly/article/china-and-the-singapore-model-perspectives-from-midlevel-cadres-and-implications-for-transnational-knowledge-transfer/932FD45610 3899E6DFCB961F53C88BA8.

11 몰락하는 도시와 떠오르는 도시

1 Leo Donovan, "Car Output Is Record," *Detroit Free Press*, January 17, 1956.

2 "The Power of Relationships Fuels Historic Ford Motor Company IPO," Goldman Sachs, https://www.goldmansachs.com/our-firm/history/moments/1956-ford-ipo.

3 Peter Collier and David Horowitz, *The Fords: An American Epic* (Encounter Books, 1987), 119.

4 "Housing Characteristics of the Detroit, Michigan Standard Metropolitan Area," 1950 Census of Housing, Bureau of the Census, April 1, 1950; "Wage Chronology, Ford Motor Company June 1941–September 1973," Bureau of Labor Statistics, 1973.

5 "Historic Census of Housing Tables," United States Census Bureau 2000, https://www.census.gov/data/tables/time-series/dec/coh-values.html.

6 "Housing Characteristics of Standard Metropolitan Areas (San Francisco, Chicago, New York City)," 1950 Census of Housing, Bureau of the Census, April 1, 1950.

7 "Automotive Trade Statistics 1965–1980," United States International Trade Commission, December 1981, 2.

8 "Zillow Home Values Index," Zillow, 2024, https://www.zillow.com/home-values/

102001/united-states/.

9   "1964: Arthur C Clarke Predicts the Future," BBC, October 25, 2024, https://www. bbc.com/videos/crezjvd55gro.

10   "1964," BBC.

11   Bo Lojek, *History of Semiconductor Engineering* (Springer Berlin Heidelberg, 2007), 68–70.

12   Laura Sydell, "A Rare Mix Created Silicon Valley's Startup Culture," NPR, April 4, 2012, https://www.npr.org/2012/04/04/149870751/a-rare-mix-created-silicon-valleys-startup-culture.

13   Leslie R. Berlin, "Robert Noyce and Fairchild Semiconductor, 1957–1968," *Business History Review* 75, no. 1 (2001): 64, https://doi.org/10.2307/3116557.

14   Joseph Gyourko, Christopher Mayer and Todd Sinai, "Superstar Cities," *American Economic Journal: Economic Policy* 5, no. 4 (November 2013): 167–99, https://www.jstor. org/stable/43189357.

15   Joseph Bishop-Henchman, "Detroit Free Press Explains Why Detroit Went Bankrupt," Tax Foundation, September 16, 2013, https://taxfoundation.org/blog/detroit-free-press-explains-why-detroit-went-bankrupt/.

16   Arun Gupta, Horacio Sapriza and Vladimir Yankov, "The Collateral Channel and Bank Credit," Finance and Economics Discussion Series, Working Paper No. 2022-24 (Federal Reserve, May 2022), https://doi.org/10.17016/FEDS.2022.024.

17   "Summaries of Assessed Values by Property Class," California State Board of Equalization, 2024, https://www.boe.ca.gov/dataportal/dataset.htm?url= PropTaxAssessedValue Summary.

18   *50-State Property Tax Comparison Study For Taxes Paid in 2021* (Lincoln Institute of Land Policy and Minnesota Center for Fiscal Excellence, July 2022), https://www. lincolninst.edu/app/uploads/legacy-files/pubfiles/50-state-property-tax-comparison-for-2021-exec-summary.pdf.

19   *San Francisco Housing Policy and Practice Review* (California Department of Housing and Community Development, October 2023), https://www.hcd.ca.gov/sites/ default/files/docs/policy-and-research/plan-report/sf-housing-policy-and-practice-review.pdf.

20   *San Francisco Housing Inventory* (San Francisco Planning Department, April 2024), 5–6, https://sfplanning.org/resource/housing-inventory-2024.

21   "Land Price and Land Share Indicators," American Enterprise Institute, https:// www.aei.org/housing/land-price-indicators/.

22   Knut Are Aastveit, Bruno Albuquerque and André Kallak Anundsen, "Changing

Supply Elasticities and Regional Housing Booms," Working Paper No. 844 (Bank of England, January 10, 2020), https://papers.ssrn.com/sol3/papers.cfm?abstract_id=3520650.

23 John Myers, Sam Bowman and Ben Southwood, "The Housing Theory of Everything," *Works in Progress*, September 14, 2021, https://worksinprogress.co/issue/the-housing-theory-of-everything/.

24 Lisa J. Dettling and Melissa Schettini Kearney, "Did the Modern Mortgage Set the Stage for the U.S. Baby Boom?," Working Paper No. 33446 (National Bureau of Economic Research, February 2025), https://www.nber.org/papers/w33446.

25 Lisa J. Dettling and Melissa S. Kearney, "House Prices and Birth Rates: The Impact of the Real Estate Market on the Decision to Have a Baby," *Journal of Public Economics* 110 (February 2014): 82–100, https://doi.org/10.1016/j.jpubeco.2013.09.009.

26 Matthew Rognlie, "Deciphering the Fall and Rise in the Net Capital Share," *Brookings Papers on Economic Activity* (Spring 2015), https://www.brookings.edu/articles/deciphering-the-fall-and-rise-in-the-net-capital- share/.

27 Gianni La Cava, "Housing Prices, Mortgage Interest Rates and the Rising Share of Capital Income in the United States," Working Paper No. 572 (Bank for International Settlements, July 2016), https://www.bis.org/publ/work572.pdf.

28 Fabian T. Pfeffer and Nora Waitkus, "The Wealth Inequality of Nations," *American Sociological Review* 86, no. 4 (2021): 567–602, https://doi.org/10.1177/00031224211027800.

29 Bruno Albuquerque, Martin Iseringhausen and Frederic Opitz, "The Housing Supply Channel of Monetary Policy," Working Paper No. 2024/023 (International Monetary Fund, February 2024), https://www.imf.org/en/Publications/WP/Issues/2024/02/02/The-Housing-Supply-Channel-of-Monetary-Policy-544046.

30 Andrew B. Hall, Jesse Yoder and Nishant Karandikar, "Economic Distress and Voting: Evidence from the Subprime Mortgage Crisis," *Political Science Research and Methods* 9, no. 2 (April 2021): 327–344, https://doi.org/10.1017/psrm.2021.3.

31 Michela Zonta, Sarah Edelman and Colin McArthur, "The Role of Midwestern Housing Instability in the 2016 Election," Center for American Progress, November 29, 2016, https://www.americanprogress.org/article/the-role-of-midwestern-housing-instability-in-the-2016-election/.

32 David Adler and Ben Ansell, "Housing and Populism," *West European Politics* 43, no. 2 (2019): 344–65, https://doi.org/10.1080/01402382.2019.1615322.

33 Ben Ansell, Frederik Hjorth, Jacob Nyrup and Martin Vinæs Larsen, "Sheltering Populists? House Prices and the Support for Populist Parties," *Journal of Politics* 84,

no. 3 (July 2022), https://doi.org/10.1086/718354.

에필로그

1 Jose Maria Barrero, Nicholas Bloom and Steven J. Davis, "Why Working from Home Will Stick," Working Paper 28731 (National Bureau of Economic Research, 2021), https://www.nber.org/system/files/working_papers/w28731/w28731.pdf.

2 "A New Working Order: Reimagining Offices in a Hybrid World," Moody's, September 10, 2024.

3 Arjun Ramani, Joel Alcedo and Nicholas Bloom, "How Working from Home Reshapes Cities," *Proceedings of the National Academy of Sciences* 121, no. 45 (May 2024), https://doi.org/10.1073/pnas.2408930121.

4 Michelle D'Arcy, Marina Nistotskaya and Ola Olsson, "Land Property Rights, Cadasters and Economic Growth: A Cross-Country Panel 1000-2015 CE," Working Paper Series 2021:3 (Quality of Government Institute, Department of Political Science, University of Gothenburg, March 2021), https://www.gu.se/sites/default/files/2021-03/2021_3_DArcy_Nistotskaya_Olsson_0.pdf.

찾아보기

360

부동산은 어떻게 권력이 되었나

1판 1쇄 발행 2026년 1월 21일
1판 2쇄 발행 2026년 2월 6일

지은이 마이크 버드
옮긴이 박세연

발행인 양원석 **편집장** 김건희 **책임편집** 곽우정
디자인 상록 **영업마케팅** 조아라, 박소정, 김유진, 원하경, 정민지

펴낸 곳 ㈜알에이치코리아
주소 서울시 금천구 가산디지털2로 53, 20층 (가산동, 한라시그마밸리)
편집문의 02-6443-8932   **도서문의** 02-6443-8800
홈페이지 http://rhk.co.kr
등록 2004년 1월 15일 제2-3726호

ISBN 978-89-255-6994-9 (03320)